이광수 문학의 지적 편력
—문학론의 원천과 형성

서강학술총서
023

이광수 문학의 지적 편력

문학론의 원천과 형성

이재선 지음

서강대학교출판부

서강학술총서 023

이광수 문학의 지적 편력
—문학론의 원천과 형성

초판발행 | 2010년 12월 10일
지 은 이 | 이재선
발 행 인 | 이종욱
편 집 인 | 우찬제
발 행 처 | 서강대학교 출판부
등록번호 | 1978년 9월 28일 제313-2002-170호

주 소 | 서울특별시 마포구 신수동 1번지
전 화 | (02) 705-8212
팩 스 | (02) 705-8612

ISBN 978-89-7273-174-0 94810
ISBN 978-89-7273-139-9(세트)

값 25,000원

* '서강학술총서'는 SK SUPEX 기금의 후원으로 제작됩니다.

책머리에: 서설을 겸하여

『진보적 역사가들』(1968)이란 책에서 사회학자 리차드 호프스테터는 허버트 스펜스의 사상을 고찰함에 있어서 가장 적합한 방법에 대해서 다음과 같이 기술하고 있다. “스펜서와 같은 종속의 역사적 사상가들을 다룸에 있어서 가장 타당한 절차는 그의 한계적 실수들을 흥밋거리로 지적해내려는 것이 아니라, 오류임이 증명된 것을 절단해버리고 과장되게 진술된 것은 축소하며 산만하게 진술된 것은 압축해서 유용한 전망 속에서 그 전체를 적절한 장소에 배치함으로써 그의 사상이 지닌 모든 점들을 살릴 수 있도록 구제의 노력을 다 하는 일이다.” 사회진화론자로서의 스펜서 사상의 평가에 대한 이러한 고찰 방법의 설명을 접하면서 나는 스펜서의 바로 그 자리에 이광수를 관련시키거나 대입시켜보는 것이 그의 문학 사상에 대한 적합한 연구 방법이 아닐까 하는 생각을 해보게 된다. 이광수는 한국의 근대사에 있어서, 특히 근대문학의 사적 전개에 있어서 그 기여와 공헌의 높이가 걸출한 선도자이면서도 또 다른 한편으로는 그의 소설의 주인공들이 흔히 갖고 있는 두 개의 영혼(靈魂), 즉 의식의 내면풍경으로서의 이쪽저쪽 흔들리는 이중성의 진자(팬드럼)처럼, 민족과 친일로 기울어진 상반된 측면이 없다고 할 수 없는, 영욕이 교차하는 양면적인 식민지의 지식인이었기 때문이다. 그래서 친일이 그와 그의 문학을 비판적으로 평가하는 기본적 전제나 잣대가 되어왔다. 이를 두고 평론가인 김현은 진작에 「이광수 문학의 전반적 검토」(1978)란 글에서 다음과 같이 지적한 바 있다.

> 이광수는 만지면 만질수록 그 증세가 덧나는 그런 상처와도 같다. 한국 현대 문학사에 지울 수 없는 흔적을 남겼지만, 그의 친일로 한국 정신사에 역시 감출 수 없는 흠집을 만든 사람이 바로 이광수인 것이다. 그에 대한 평가에는 그러므로 대부분 감정적인 반응이 스며들어가 있다.

우리의 근대문학 비평사와 연구사에 있어서 이광수와 그의 문학에 대한 해석적 관습은 아직도 지나칠 만큼 제한적인 것이 사실이다. 어느 한때는 한국 근대문학의 개척자로서의 긍정적인 측면만 부각되거나 강조되기도 한 적이 있었지만, 근래에 수행되는 대부분의 비평과 연구는 그의 친일성의 요소를 거론하거나 특별히 검출함으로써 문학사에서 이광수란 존재를 친일소탕의 으뜸가는 희생물이나 표적을 삼아서 아예 매몰해버리려는 매우 경직한 이데올로기에 갇혀 있는 형국이다. 그런 점에서 이제야말로 이광수 문학에 대한 이와 같은 시한 없는 적대감(antagonism)의 해석적 관습을 극복할 단계이다. 나라와 주권이 없이 일본 국민으로 살아야만 했던 식민지 시대의 억압된 상황에서 행해진 한때의 한계적 과오나 오점 · 실수만의 지적을 지양하고 절단 · 축소와 선택적 방법을 취하면서 그의 문학에 대한 '구제의 노력'을 다하는 해석의 개방화 및 문학론을 문학론 그 자체로서 보고 재검토하고 살리는, 사려 깊은 다시 읽기 작업이 긴요한 것이다. 이 책은 바로 이런 기반 위에서 아직도 연구의 미개 영역 상태인 이광수의 문학론 · 평론 전반을 바르게 다시 읽고 재점검하려고 하는 것이다. 죽이는 방법보다는 살리는 방법으로 텍스트의 있는 그대로의 내재성, 즉 글을 글로서 제대로 추구하는 방법으로 읽고자 한다.

그래서 이 책은 문학적 근대의 모색을 위하여 이광수가 문학론 · 문학비평 등의 글을 쓰는 지적 편력 과정에서 어떤 책들을 읽고 어떤 공부를 했는가라는 기본 화두를 전제로 그의 문학론의 이론적 원천 탐색과 형성, 문화 환경에 관련되어 있는 다음과 같은 모두 여덟 개의 질문을 던지는 것으로 비롯된다.

첫째, 그의 첫 문학론인 「문학의 가치」(1910)의 이른바 '정의 분자'로서의 정의 문학론은 구체적으로 어디에서 연유하며 '문학'의 서구의 'Literature'와 일치 · 상응하는 일반 원론적 · 개론적이고 근대적인 '문학'의 개념 및 지(知) · 정(情) 문학관은 어떻게 형성 · 전개되었는가. 그리고 그의 문학론은 단지 '정의 분자'론인가? 아니면 지 · 정 또는 정–이(情–理)의 융합론인가?

둘째, 문학과 문학자의 역할과 관련된 이광수의 군중론적 사회심리학 및 예술론적 감염 · 모방 · 암시론 및 지 · 덕 · 체론은 어디에서 연유하는 것인가.

셋째, 예술지상주의적 탐미주의에 대응하는 '인생을 위한 예술'로서의 이광수의 윤리 지향적 예술관과 태도 및 그의 인도적 신이상주의 문학관 및 이상적 자연주의론은 어떻게 형성되었는가.

넷째, 「문사와 수양」(1921)에 투영되어 있는, 세기말 · 데카당스(퇴폐) 문학 및 '도덕적 악성병'으로서의 타락한 문사에 대한 비평인 '퇴화'(degeneration) 효과 및 '재생'(regeneration)의 도덕적 문학 · 예술론은 구체적으로 누구로부터 영향을 받았으며 또 어떻게 이루어진 것인가.

다섯째, 예술개조론인 「예술과 인생」(1922)에 있어서의 두 핵심 주제인

‘생의 예술화’ 및 ‘민중예술론’의 성립의 이론적 원천은 무엇이며 이와 관련하여 예술을 통해서 사회 변화를 지향하는 예술교육의 성립 근거와 이론적 기반과 사상은 무엇인가.

여섯째, ‘시대정신’(Zeitgeist)의 문학, ‘변’(變)의 문학과 대응된 그의 ‘상’(常)과 ‘중용’(中庸)의 문학론의 성립은 비교문학적인 채널이나 네트워크에 있어서 주로 무엇무엇과 서로 연계되어 있으며 또 이는 결국 무엇을 지향하고자 한 것인가.

일곱째, 이광수의 사회진화 사상에 심대한 영향을 주고 있는 진화의 이론은 무엇이며 어떤 경로와 계보로 이루어졌는가. 특히 독일의 다윈주의자인 에른스트 헤켈과의 관계는 어떠한가. 또 진화론 사상은 그에게 전반적으로 어떻게 작용한 것인가.

여덟째, 「민족개조론」은 과연 악명 높은 글인가. 그의 민족심리의 분석 작업이며 개조론인 「민족개조론」(1922)의 ‘민족’(민족성) 및 ‘개조’론의 민족심리학적 및 사회개조론적 이론의 근거 · 기반이나 자극이 된 것은 무엇인가. 그리고 「민족개조론」은 이제까지의 논의들처럼 과연 존재의미가 전혀 없는 ‘악명 높은’ 괴문서의 글인가, 아닌가. 재평가의 여지는 없는 것인가.

주로 1910년에서 1930년대 초중반까지에 이르는 이광수의 문학론과 비평을 횡단하는 이 여덟 개의 물음과 문제에 대한 전례 없이 심화되고 정연한 해답을 제시함으로써 이광수 문학론의 원천과 실체를 편견 없이 간파하는 것이 바로 이 연구 작업이 지향하는 목적이며 이광수 문학론에 대한 비평적 성찰의 길이요 방법이다. 이 본격적인 성찰의 방법을 수행하기 위해서 한국 근대문학의 선도자로서의 이광수가 동서의 어떤 책들을 읽고 또 어떤 공부를 거침으로써 부재 상태에서 근대적 문학론을 형성할 수가 있었는지를 고증적으로, 실증적으로 또는 비교문화론적으로 탐색하는 힘든 과정이 따르게 된 것은 필연적이다. 한 작가나 사상가의 지적·정신적 편력의 과정을 추적해가기 위해서는 시공적으로 한 세기나 두 세기를 넘나들면서 동·서 문학의 원천을 찾아내야만 하고 또 거기에다가 비평의 비평이라고 할 수 있는 분석이나 해석 작업을 함께 병행해야 한다는 것이 말처럼 그렇게 용이한 일이 아니었다.

이광수는 그 공과를 너무나 쉽게 또 너무나 간단히 평가하거나 비난해버릴 만큼 한국 근대문학사에서 결코 미미한 초상이 아닐뿐더러, 그의 문학론을 이해함에는 그가 유학생으로 머문 당시의 일본의 문학 및 이에 대한 영향력을 끼친 서구 사상과 번역 또는 번안된 근대성으로서의 성격을 지닌 일본의 문화적 매개 기능에 대한 이해와 검토를 전제로 한다. 즉 이광수의 문학론을 이해하기 위해서 그 시대의 일본의 문화나 사상 일반과의 만남을 배제해놓을 수 없는 상호연계가 있고 이의 규명을 위한 타자 탐색의 어려움을 수반하고 있다. 그래서 몇몇 대표적 연구자들은 한국 '근대문학' 초기에 형성·정립된 이광수의 계몽사상이나 문학론의 성격을 간단히 정리해서 '사상의 잡거성' 또는 '무구조적 사상'(정명환)으로, 혹은 '일본을 통해 얻어들은 서구문학에 대한 지식의 단편들을 모아둔 것'(권영민)으로 비판하는 경우가 있다. 초기적 부재와 결핍 상태에서 새로운 문학론 정립을 위한 과욕한 수용과 혼성화 현상에 의해서 사상의 잡거성이나 구조화의 결여를 가져올 소지는 거의 필연적일 수밖에 없어서 잡거성의 지적은 분명 적절성이 있다. 그러나 그 같은 사상의 하이브리드(혼성) 현상은 유독 이광수의 경우에만 한정된 현상이 아니었을 뿐더러 당시의 우리 문화의 일반적이고 보편적 현상이었으며, 또 이것이 이광수의 전반적인 글에 해당되는 현상도 아니다. 그리고 '일본을 통해서 얻어들은 서구문학에 대한 지식의 단편들을 모아둔 것'이라는 평가는 설사 그와 같은 채집적 요소나 현상이 없지 않을 수도 있지만, 한국 근대문학에 대한 학구적 비평을 지향하는 논자의 비평언어로서는 아쉽게도 어울리지도 적합하지 않은 시석이다. 그 나름의 진지한 지적 편력이나 성찰의 소산인 문학론을 마치 '얻어들은 단편적 지식' 정도로 그것도 주워 모아둔 것 정도로 기술하는 것은 시대적 문화 환경상 어쩔 수 없는 일본의 매개기능에 대한 의존성의 이광수의 문학론을 한낱 외제 또는 일제 수집품이나 넝마주이 상태로 비속화시킬 소지가 있기 때문이다. 이렇게 이광수의 문학은 친일성의 정치사회적 비평의 그물과 함께 문학적으로도 무구조적 사상의 잡거 · 일본으로부터 얻어들은 단편적 서구문학 지식의 모음이라는 문화비평적 그물에 이중적으로 붙잡혀 있는 상태에 있다. 정치적으로, 해석학적으로 갇혀 있는 것이 이광수 문학 전부의 현주소이다. 과연 문학 그 자체의 가치보다 제한된 기간의 친일의 여부가 문학의 가치를 결정하거나 평가하는 유일 절대가치가 되어야 하는가. 문화적으로 타자의 수용은 무가치한 것인가.

지금은 대상의 배제와 선택은 물론 기초적 단계인 전기 연구를 넘어서서 이광수 문학 그 자체에 대한 보다 유연하고 열려진 해석과 재평가가 요구되는 단계이다. 이를 위해서는 더 이상 이념의 감옥에 가두거나 한계와 오류의 지적에만 집중하는 시각(perspective)으로부터 벗어나 바른 다시 읽기 작업을 통해서 너무 애국심으로 강박된 선행적 읽기에 의해서 왜곡되거나 무시되어버린 가치를 찾거나 역사적 위상을 제대로 바로잡아주는 평가 작업이 바람직한 것이다. 앞에서 절단과 선택의 방법을 전제하였기 때문에, 친일성이 명시화된 「문학의 국민성」(1939), 「내선일체와 국민문학」(1940), 「황민화와 조선문학」(1940), 「신체제하의 예술의 방향」(1941) 등과 같은 글은 친일 경도의 변질이 확실한 것이기 때문에 전지(剪枝)하듯이 논의의 대상으로부터 최소화하거나 제외시키는 것이 타당하다. 이는 '민족의 혼'인 조선의 말과 글을 버린 글들이다.

이광수 문학(론)에 대한 다시 읽기와 다시 생각하기에 한 방법으로서 씌어진 이 책은 이광수 텍스트를 형성 · 구성하는 인터텍스추얼한 특질이 되어 있는 인용의 역할, 그의 글에서의 인용의 수사학에 각별히 유의함으로써 문학적 근대를 위한 그의 독서와 지적 편력을 통해서 그가 수용한 원천들의 지식이 그의 문학론의 형성과 구조에 어떤 영향으로 작용하였는가를 면밀하게 살펴보는 작업이다. 다시 말하자면 현시적 인용은 물론 드러나지 않거나 숨겨져 엄폐된 인용의 실체적 · 암시적 단서들까지도 검토하면서 능력이 미치는 데까지 동서 문학 교류의 문화적 '실크로드'를 찾아나서는 여행 및 사상의 맥락 찾기를 수행함으로써 앞서 제시한 여덟 개의 물음에 대한 바른 해답을 도출해내는 일이다.

이 연구 프로젝트를 수행하는 과정에서 나는 여러 도서관과 사람들로부터 각별하고 고마운 많은 도움을 받았다. 자료와 문헌의 대출 · 복사에 도움을 준 서강대학교 · 서울대학교 · 연세대학교 · 이화여자대학교 · 영남대학교 · 조선대학교 등 여러 대학 도서관에 감사한다. 특히 서강대학교 로욜라도서관에 대량의 소장 도서를 기증함으로써 이 연구를 진행하는 과정에 큰 도움을 받게 해준 도서 기증자 권오청 선생께 일면식도 없지만 고마움을 표한다. 그리고 일본의 자료들을 여러 번 정성껏 구하거나 복사하여 보내준 일본 도야마대학 인문학부의 와타 도모미 교수, 하버드대학 옌칭학회의 비지팅 펠로 연구원으로 연수하는 과정에 있으면서 부탁한 서구의 도서와 자료를 구입 · 복사해서 보내준 허윤진 양, 이곳저곳 지적한 곳을 부지런히 발로 뛰며 자료를 찾아주고 번잡스런 원고를 정리하는 등 힘든 노고를 마다하지 않은 서강대학교 대학원 박사과정 박상익 군의 도움을 너무도 고맙게 기억한다. 이 연구는 바로 이런 많은 고마운 분들이나 도서관의 협조가 없었다면 이루어질 수가 없었을 것이다.

이 연구 작업을 지원해준 서강학술총서 기획위원회의 배려에 감사하고 책을 단아하게 출판해준 서강대학교 출판부에도 깊이 감사한다. 이 작업을 곁에서 지켜보면서 늘 건강을 알뜰하게 챙겨주는 정성스런 집사람에게도 고마움을 전하고자 한다.

2010년 8월 聽山齋에서

이재선

차례

제2부 진화와 개조사상의 계보와 퍼스팩티브

제1부
‘정(情)의 분자론’에서 ‘상(常)의 문학론’까지

제1장
‘정(情)의 분자(分子)’론과 개론형 일반 문학론

1. ‘문학’을 위한 오리엔테이션

> 여전히 시나 산문에서는 예부터 사회와 인류를 위해서 말하는 문인들과 시인들의 목소리가 있을 것이다. 인류는 언제나 글과 문학에서의 목소리와 그 소리의 기록을 필요로 할 것이다.[1]

르네 웰렉의 「문학에 대한 공격」(1982)이란 글에서의 끝말이다. 어떤 상황에서도 확실한 것은 인류는 사회와 인류를 위해서 말하는 문인들과 그들의 목소리와 그 기록을 존중하고 또 필요로 한다는 의미이다. 그런데 한국 근대문학 초기의 황야에서 마치 선지자처럼 빛나고 또 컸던 이광수의 목소리와 기록은 오늘의 우리 인문학에서 아주 망각되거나 희미한 소리인 채로 방치되어 있는 상태에 있다. 용도 폐기할 정도로 아주 낡아서

---

1 René Wellek, *The Attack on Literature and Other Essays*, The University of North Carolina Press, 1982, p. 18.

가 아니라, 폭압적인 식민지 정치상황의 말기에 있었던 그의 의연하지 못한 친일의 과오와 약점으로 인해서 한국문학에 끼친 그의 보다 큰 기여를 놓치고 모조리 전복시키는 해석의 전체주의적 공과 평가의 맹목성과 그 자해적 맹폭에 의해서 버려진 결과이다. 불행하고 안타까운 현실이다. 이제 지금은 지나친 옹호와 변명이나 성급한 단죄와 가학적이고 비하적 공격 이전에 그가 남긴 목소리와 기록에 대한 세심하고 주의 깊은 다시 읽기, 전기(傳記) 쓰기를 넘어선 선입견 없는 객관적이고 학구적인 글 자체의 논의와 해석과 평가가 무엇보다도 더 긴요한 단계이다.

이광수는 세기 전환기의 문학 형태인 신소설의 단계를 넘어서는 1910년대와 1920년대의 한국문학의 담당자로서 가장 선두에 선 근대적인 작가이며 또 문학이론가이다. 그가 1916년에 쓴 「동경잡신」에서 제시하고 있는 것처럼, 망국과 식민지의 청년으로서 마주친 지배국 일본이란 정치적 · 문화적 '타자'에 대한 놀라움과 본받고 싶은 문화적 충격을 받는 동경에서의 유학시절, 야마자키 도시오(山崎俊夫)라는 일인 친구로부터 알게 된 톨스토이와 유학 선배인 홍명희(洪命憙)를 통해서 접하게 된 바이런의 번역과 전기 『바이런, 문계(文界)의 대마왕(大魔王)』(1902)(기무라 다카타로[木村鷹太郎]), 어느 여름, 스스로 접한 기노시타 나오에(木下尙江)의 소설 『불기둥』(火の柱), 그리고 하세가와 덴케이(長谷川天溪)의 자연주의론인 『현실폭로의 비애』(1908), 구니기타 돗보(國木田獨步), 나쓰메 소세키(夏目漱石), 도쿠도미 로카(德富蘆花), 시마자키 도손(島崎藤村) 등의 작품들에 대한 독서와 당시 동경의 문화적 풍조의 소용돌이 속에서 지적 · 정신적인 편력을 거치면서 그는 마침내 작가로서의 길에 입문한다. 근대적 단편소설의 초기 양식인 「어린 희생」, 「김경」 등의 단형서사와 한국 근대문학의 기념비적인 장편소설 『무정』(1917) 등의 작품을 창작하면서, 이와 병행하여 계몽적인 시론(時論)을 쓰고 근대화된 문학의 옹호로서 전 시대와는 다른 '문학', 즉 신문학을 위한, 그리고 이를 알리고 교화하기 위한 문학론들 쓰기에도 선도적으로 착수한다.

문학이란 무엇이며 문학의 가치는 무엇인가. 20세 미만의 어린 나이에 쓴 그의 첫 번째 문학론인 「문학의 가치」(1910)를 비롯해 「문학이란 하(何)오?」(1916)는 문학작품으로서의 문학뿐만 아니라 이론으로서의 문학을 제시함으로써 이를 통해서 문학의 독자성과 미학을 나름대로 정립하고자 하는 글들이다. 특히 「문학이란 하(何)오?」는 이름 그대로 그의 최초의 대표적 문학론이며 한국 근대문학사에 있어서도 최초의 문학론이다. 이런 유형의 글쓰기는 그 뒤에도 「문학에 뜻을 두는 이에게」(1922)와 「문학강화」(1924), 「문학에 대한 소견」(1929), 「문학과 문사와 문장」(1935) 등으로 이어진다. 이 글들은 모두가 당시의 작품들을 대상으로 하는 실천적인 문학비평이기보다는 문학이라는 말의 명칭과 개념이나 정의, 특성과 기능, 장르 분류, 문장론 등 문학의 일반론이거나 문학개론형의 성격을 지닌 근대적 문학 원론이다. 즉 창작은 물론 개론과 문학사 · 문학비평 등 문학 연구와 감상을 위한 새롭고 기초적인 이론을 제공하려는 일반 문학론인 것이다. 문학개론이란 문학의 개요를 기초적 지식의 체계로 알리려는 목적의 글로서 문학 교육적 기능이 있는 것이다. 그래서 이 글들은 "조선과 조선민족을 위한 봉사-의무의 이행"[2]으로서의 그의 소설 쓰기와 더불어 문학을 알리려는 이광수의 문학을 위한 기본론의 오리엔테이션이고, 변증으로서의 강화적 의미를 지니고 있다.

그가 '횡'(橫)과 '종'(縱)의 문학론, 즉 문학개론과 문학사의 중요성에 대해서 얼마나 집착하고 있는가 하는 문제는 「문학에 뜻을 두는 이에게」와 「문학강화」에서 다음과 같이 피력되고 있다.

---

2 이광수, 「여의 작가적 태도」(1931), 『이광수 전집』 제6권, 삼중당, 1963/1968, p. 195.

필자는 문학개론을 하나 써서 사랑하는 제매에게 드리고 싶은 정이 심히 간절하여 지었다. 대저 어떠한 학(學)을 물론하고 그 학에 들어가는 데는 두 가지 문을 통과하는 것이 현대식 연구법의 통례다. 두 가지 문이란 것은 개론(槪論)과 사(史)다. [……] 문학에도 문학개론과 문학사가 있어서 문학의 입문을 성(成)하는 것이다.[3]

그렇다면, 이광수의 '제매'(대중)에게 드리고 싶은 이들 문학에의 입문을 위한 초기의 개론형 또는 원론형 문학론은 그의 어떤 지적 편력과 독서적 섭렵 과정을 거치면서, 형성되고 또 전개된 것일까. 그리고 그 범주는 어떠한가. 이를 살피려는 것이 이 장에서의 주안점이다. 이광수의 문학론은 크게 원론형과 평론형의 두 유형으로 분류된다.

2. 시마무라 호게츠의 '정(情)의 분자'의 문학론과 지정 또는 정-이(情-理) 융합론

문학이라는 자(字)의 유래는 심히 요원하여 확실히 그 출처와 시대는 고(攷)키 난(難)하나, 여하튼 그 의의는 본래 '일반학문'이러니, 인지가 점진하여 학문이 점점 복잡히 되매 「문학」도 차차 독립이 되어 그 의의가 명료히 되어 시가, 소설 등 정(情)의 분자(分子)를 포함한 문장을 문학이라 칭하게 지(至)하였으며(이상은 동양), 영어의 'Literature'(문학)이라는 자(字) 또한 전자와 약동(略同)한 역사를 유(有)한 지라.[4]

---

3 이광수, 「문학강화」(1924), 『이광수 전집』 제6권, 삼중당, 1963/1968, pp. 58~59.
4 이광수, 「문학의 가치」, 『대한흥학보』 제11호, 1910. 3; 『이광수 전집』 제1권, 삼중당, 1963/1968, p. 504~505.

최초의 문학론인 「문학의 가치」(1910)에서 이광수는 '문학'의 개념에 대한 사적 변천을 약술하고 서구의 'Literature'와 상응하거나 동일한 것으로서의 '문학', 또는 '문학이라는 것'의 협의적 의미에서의 근대적이고 새로운 개념을 규정하여서 '정(情)의 분자(分子)를 포함한 문장' 또는 '정적분자(情的分子)를 포함한 문장'이라고 정의하고 있다. 전통적인 '문'(文)과는 달리 시 · 소설 등을 포함하는 '문장'으로서의 언어예술이라는 규정이다. 이것은 문학에 대한 그의 최초의 정의이며 '정의 분자'를 중시하는 문학론이다. 심리학에서 일컫는 이른바 지 · 정 · 의(知情意) 또는 지정(知情)론에서 '정'을 그 핵심 바탕으로 하는 이 같은 문학론에 대한 이광수의 특이한 정의는 사실상 그 자신의 독자적인 관점이나 견해에 의해서 창출되어진 것이 아니다. 그가 아무리 천재일지라도, 20세 미만의 어린 나이에 그것도 겨우 입문하는 초보 단계에서 이미 존재하는 기존의 문학관이나 이론을 인용하거나 참고 수용하지 않고서는 가능할 수가 없었음은 거의 확실하다. 그렇다 할지라도, 이 글은 그의 지적 교육을 넘어선 일종의 감정 교육론인 정육론(情育論)[5]과 함께 '정'을 기초로 한 최초의 문학론이란 점에서 「문학이란 하(何)오?」(1916)와 연계되어서, 비록 짧지만 문학이론사나 비평사적 의의를 충분히 지니고 있는 것만은 분명하다.

그렇다면 과연 문학을 국정한 이 '정의 분자를 포함한 문장' 또는 '정적분자를 포함하는 문장'에서의 '정의 분자(정적분자)'는 어디에서 연유하며 또 '정' 그것이 함의하고 있는 뜻은 무엇일까. 이 두 문제에 대해서 내가 검증하기로는 이제까지의 논의들에서 연결시켜온 쓰보우치 쇼요(坪內逍遙)의 『소설신수』(小說神髓, 1885)에서의 "소설의 주뇌(主腦)는 인정(人情)이

5 시론(時論) 「금일 아한(我韓)청년과 정육(情育)」, 『대한흥학보』 제10호, 1910. 2. "정육을 기면(其勉)하라. 정육을 기면하라. 정은 제 의무의 원동력이 되며 각 활동의 근거지니라."

다"라는 '인정'(정욕)과의 관련설[6]보다는 이광수가 특별하게 존경한 일본의 미학자요 비평가인 시마무라 호게츠(島村抱月, 1871~1918)와 그의 글에서 더 신빙성 있고 직접적인 요인이 있는 것이다. 즉 호게츠가 교수로서 문학과(文學科) 강의록으로 써서 1908년 10월 와세다대학 출판부에서 간행한 『문학개론』의 제5장 「문학과 그 내용: 지정(知情)」에서 '지식의 분자' 또는 '지식적 분자'에 대응하여 문학의 내용이나 현상을 밝히기 위해서 '정의 분자'(情の分子), '정적분자' 또는 '정의 요소'라는 용어를 쓴 것에서 바로 인용 · 수용된 것이다. 이것이 이광수의 '정의 분자'론 또는 정의 문학관을 형성시키는 가장 근접적이거나 직접적인 근거이다. 즉, 이광수의 '정의 분자'는 바로 호게츠의 『문학개론』에서 온 것이다. 이와 관련된 호게츠의 『문학개론』의 해당 문맥들을 몇 대목 옮겨보면 다음과 같다.

① 先つ文學には知識の分子があることだけは明かである.

② せめて文學といひ得べきものには, 數學書或は法律書の如き全然知識的分子のみで成れるものとは違つて, 他に何等かの分子が加味されてるのではないか.

③言語文辭に情の分子が入り來たつた瞬間は, 旣に之のれを書くのの人格或は主觀の現はれ初ぬた時である. 而して感情はその性質上斯くの如く主觀的のものであるから, 到底各人によつて區?たるを免がれない.

④ 偶然情の分子を加味して文學的性質を帶ぶるものと成り得ないこともないと同時に, 情に成れる文學も猶ほ事實や眞理に其の土臺を据えることの必

6 이와 관련된 논의의 대표적인 논구는 다음과 같다. 김윤식, 『근대한국문학연구』, 일지사(1978); 황종연, 「문학이라는 역어: 문학이란 하(何)오? 혹은 한국근대문학론의 성립에 관한 고찰」(1997).

坪內逍遙, 『小說神髓』, 1885. "小說の 主腦は 人情 なり世態風俗こたに次ぐ."

要な場合が多い.

⑤ 殊に情的分子が其の主要素であるといふことは,

⑥ 文學が一面個性の表現であるといはれるのも, 一に情の力によるのである. 斯くの如くにして文學は單に事實を事實として眞理を眞理としてのみ表現せずして, 事實或は眞理プラス感情, 或は知プラス情といふ態を取る.[7]

① 먼저 문학에는 지식의 분자(分子)가 있다는 것만은 분명하다.

② 적어도 문학에서 얻어야 하는 것은 수학책 또는 법률책과 같이 많은 지식 분자만으로 이루어진 것과는 달리 그 밖의 약간의 분자가 가미되어 있는 것은 아닐까?

③ 언어문사에 정(情)의 분자(分子)가 들어왔을 때는 이미 자기가 쓴 인격 또는 주관의 현상 초기이다. 따라서 감정은 성질과 같이 주관적이기 때문에 각 개인에 따라 각자의 구구한 것을 도저히 피할 수 없다.

④ 우연히 정의 분자를 가미한 문학적 성질을 지닌 것으로 완성할 수 없는 것과 동시에, 정(情)으로 만들어질 수 있는 문학은 더욱더 사실과 진리에 토대를 두는 경우가 많다.

⑤ 특히 정적인 분자(情的分子)가 그 주요소라고 하는 것은,

7 시마무라 호게츠(島村抱月), 「文學概論 · 歐洲文藝史 · 文學評論」, 『抱月全集』 第二卷, 博文館, 1930, pp. 9~12. 호게츠는 이 「문학개론」(1908)뿐만 아니라 그의 『新美辭學』(東京專門學校[와세다대학 전신]出版部, 1902)의 제3편[미론] 제2장 「정의 활동과 쾌락」, 그리고 전집 발간 때 「미학급 미술상의 연구」에 포함된 「심미적 의식의 성질을 논함」(1884), 『와세다문학』 소재의 제1, 2장에서도 지 · 정 · 의와 정을 의식의 성질 장과 심미적 의식의 요소 장에서 다룸으로써 그의 '情'에 대한 각별함을 제시한 것이다. 『新美辭學 · 美學硏究』 抱月全集 第一卷, 1928, pp. 395~404, pp. 470~476. 참조. 여기서 특히 인용 ③의 경우는 C. T. Winchester의 다음과 같은 구절과 상당히 유사하다. "the moment the element of emotion enters language, the personality of the speaker begins to express itself", *Some Principles of Literary Criticism*, The Macmillam Co, 1899/1925, p. 47. 백대진(白大鎭)이 「문학에 대한 신연구」(『시세계』 4권 2호, 1916)에서의 '문학은 문장에 情意를 附한다'도 이와 관련된다.

⑥ 문학이 모든 개성의 표현이라고 말해지는 것도, 하는 것도 이미 정의 힘에 의한 것이다. 이와 같이 문학은 단순히 사실을 사실로서 진리를 진리로서만 표현하는 것이 아니라 사실 또는 진리 플러스 감정, 또는 지 플러스 정이라는 형태를 취한다.

이렇게 호게츠는 지정의(知情意) 또는 지정(知情) 가운데서 정을 미론(美論)이나 심미적 의식의 요소로서 중시하고 있기 때문에 과학으로 대표되는 지적 현상과는 달리 문학의 정적 현상을 지적하기 위해서 특별히 '정의 분자'라는 말을 쓰고 있다. 물론 '분자'라는 말은 나쓰메 소세키(夏目漱石)의 「문학론」(1907), 구리야가와 하쿠손(廚川 白村, 1880~1923)의 『근대문학십강』(1912) 등 당시의 문학 이론서들에서도 흔히 쓰인 것으로 영어 'element'(요소)의 번역어로서 통용된 것이다. 그러나 '정적분자'라는 말은 당시의 다른 문학 개론서들에서 두루 쓰던 용어는 아니다. '정적분자'는 호게츠에게 있어 문학을 이루는 내용상의 문제이며, '~를 포함한 문장'의 '문장'이란 문학이 글, 외형, 표현 매체로서의 '언어문사'[8]로써 이루어지는 언어작품인 것을 함의한다. 따라서 외형인 언어문사(言語文辭)인 문장에 그 내용인 정의 분자가 들어오거나 포함되는 것이 바로 문학이라는 개념이다. 그렇다고는 할지라도, 앞의 인용에서 보는 것처럼 호게츠에 있어서의 문학에는 '지식의 분자'나 '지'(지적 분자)도 포함된다. 이른바 지정융합의 현상이다. 그래서 호게츠는 이를 '지(知) 플러스 정(情)이라는 태(態)'[9] 라고 일컫고 있다. 문학은 단지 사실을 사실로서 진리를 진리로서만 표현하지 않고 사실 또는 진리 플러스 감정, 혹은 지 플러스 정이라는 태를 취

---

8 시마무라 호게츠, 「文學概論」(1908), 『抱月全集』 第二卷, 1929, 博文館, pp. 8~9 및 제6 『文學と情』, pp. 12~14 참조.

9 앞의 책, p. 10.

한다는 것이다. 그러므로 문학의 개념과 밀접한 의미를 갖고 있는 '정적 분자'(정의 분자)라는 어휘는 이광수 자신도 「문학에 뜻을 두는 이에게」(1922)에서 권장 도서의 머리로서 지정 · 소개하고 있는 『윈체스터 문예비평론』, 즉 윈체스터(C. T. Winchester)의 *Some Principles of Literary Criticism*(1899/1925)에서의 '문학의 본질요소인 정서'(emotion the essential element)나 '정서적(정적) 요소'(emotional element)[10]와 상응하거나 일치 또는 번역된 용어인 것이다. 정(情)과 emotion의 일치화 현상인 것이다.

서구의 문학론으로부터 명시적으로 영향을 받고 있는 일본의 메이지-다이쇼 초기의 일련의 문학개론 또는 문학론[11]에서도 '정' 또는 '감정', '정서'를 문학의 정수적 특성이나 요소로 하고 있는 것이 거의 일반화되다시피 한 현상이다. 또 이들 개론서들은 윈체스터의 책을 가장 많이 원용한다. 이광수의 초기 문학론은 이런 호게츠 등의 개론류의 문학론을 접함으로써 성립되며, 「문학이란 하(何)오?」와 1920년대의 문학론에 이르게 되면, 그 영향의 범역은 호게츠는 물론 윈체스터, 소세키, 이가라시 치카라(五十嵐力), 혼마 히사오(本間久雄), 톨스토이 등으로 넓어지게 된다. 그런 점에서 '정' 또는 '정의 분자'를 접점으로 해서 이광수와 시마무라 호게츠의 상호관계를[12] 비교문학적으로 살펴보는 것은 긴요한 작업이 될 것

---

10 C. T. Winchester, *Some Principles of Literary Criticism*, The Macmillam Co, 1899/1925. p. 56, p. 62. 특히 이 책의 3장은 전체가 「문학의 정서적(정적) 요소」(pp. 62~116)로 구성되고 5장은 「문학의 지적 요소」(Intellectual Element in Literature)(pp. 146~181)이다.

11 이 시기의 문학개론 또는 문학론으로서 太田善男, 『문학개론』(1906); 夏目漱石, 『문학론』(1907); 生田長江, 『문학입문』(1907); 上田敏著, 『문예강화』(1927); 島村抱月, 『문학개론』(1908); 本間久雄, 『문학개론』(1920/1928) 등이 있다. 이밖에도 伊藤銀月, 『文學概說』(1909)이 있다고 하나 현재까지 확인할 수 없었다.

12 근래 이 문제에 관련된 다음의 두 논문은 의의 있는 시도이다. 정병호, 「한일근대문예론에 있어서 '정'(情)의 위치: 지(知) · 정(情) · 의(意)의 범주를 중심으로」, 『아세아문화연구』 제8집, 경원대학교아시아문화연구소, 2004, pp. 285~286; 김재영, 「이광수 초기 문학론의 구조

이라고 믿는다.

이광수의 글 「부활의 서광」(1918), 「문사와 수양」(1921)에는 시마무라 호게츠의 글 「조선소식」(朝鮮たより)(『와세다문학』 소재)이라는 조선 감상록의 한 부분이 거듭 인용되고, 1917년 『무정』 연재가 끝나고 5도 답파여행 중에는 때마침 조선을 순유하던 호게츠를 차 중에서 만나 대화를 나누었다는 기록으로 보아 호게츠는 이광수에게 있어서 분명 사숙과 친분의 대상이다. 특히 「부활의 서광」에서는 시마무라 호게츠를 여러 번 거론하면서 조선문학에 대한 그의 평어를 진지하게 받아들이고 있다. 즉 조선에 문학이 없다는 조선문학에 대한 폄박된 소견에 동조함으로써 이를 통해 이광수는 전통문학에 대해서 공격적인 입장이다. 그만큼 양자의 관계는 특별하다.

평론가이자 심리적 미학자 그리고 신극 지도자이기도 한 호게츠는 1891년에 와세다대학의 전신인 동경전문학교에 입학해, 쓰보우치 쇼요(영문학사), 오치아이 나오부미(일본시), 모리 카이난(두보시)의 지도를 받았다. 호를 '抱月'이라고 한 것은 소동파의 『적벽부』에서 딴 것이라고 한다. 1894년에 졸업한 후 『와세다 문학』의 리포터로 문학평론 · 미학론 등의 여러 활동을 전개했고, 1902년에 미학 연구의 펠로우십을 받아서 영국과 독일에서 유학하면서 문학과 심리학을 공부하였으며 베를린대학교에서는 예술사학자인 하인리히 뵐플린(Heinrich Wölfflin, 1864~1845)으로부터 19세기 예술 강의를 들었다. 1905년에 귀국해 와세다대학에서 강의하는 한편 마츠이 스마코(松井須磨子)와 함께 극단 '예술좌'에도 관여했으며, 1906년에 복간된 『와세다문학』 권두에 「갇혀진 문예」(토라와레타루 분게이,

와 와세다 미사학(美辭學)」, 문학과사상연구회, 『이광수 문학의 재인식』, 소명, 2009, pp. 128~137.

囚われたる文芸)를 쓰면서, 곧바로 대두된 자연주의 문학운동을 이론적으로 주도해, 일본의 문예비평을 근대비평으로 확립한다. 그가 번역하여 무대에 오른 톨스토이의 『부활』은 카투사 역을 맡은 스마코의 가련한 노래와 더불어 인기가 많아서 연극 「부활」은 홋카이도에서 큐슈까지 일본 전 지역뿐만 아니라 대만 · 조선 · 만주 등에서 444회의 공연을 펼친다. 그의 저서로 『신미사학』(1902)이 가장 대표적이며 『문예개론』 및 혼마 히사오(本間久雄)가 편집한 『호게츠 전집』 6권(1929, 박문관)이 있다. 그의 지도 아래 이루어진 와세다 문학사의 『문예백사전서』(1910)는 문학을 미적 체계하에서 편집하려 한 것이다. 한국 근대 초기의 최초의 수사학(미사학) 책인 최재학의 『실지응용작문법』(1909)은 바로 호게츠의 『신미사학』의 영향을 받아 저술된다. 호게츠는 자연주의 옹호자가 되기 이전 「갇혀진 문예」에서 자연주의를 비판하면서 지(知)를 넘어 정(정서)의 자유 영역으로 가는 데에 대해서 다음과 같이 말하고 있다. 나폴리 항에 배를 정박한 호게츠가 명상 속에서 단테의 환영과 만나서 서양문학의 역사와 장래를 이야기하는 형식의 이 글에서 그는 서양문학의 역사를 감정 중심 문학(정의적 현상), 이성 중심 문학(지적 현상)으로 대별한다. 그리고 지의 굴레에서 벗어나기를 주장한다.

> 문학은 족쇄 속에 갇혀 있다. 19세기 후반에 있어서 지식(지)의 비상한 활력에 의해서 갇혀지고 무시되어 있다. 우리는 뮤즈의 제단에 성화를 밝히며, 지금 갇혀진 문예를 위해 싸울 수 있는 정의로운 군사를 일으킬 뜻을 보이려 한다.
>
> 오늘의 문학은 일단 지식의 굴레로부터 완전히 벗어나야 한다. 그리고 정서(정)의 큰 바다에 방랑하도록 해야 한다. [……] 오늘의 문예는 이 바다에 들어서 자유를 얻고 때(먼지)를 씻어야 한다.[13]

이렇게 정을 강조하는 그는 그 뒤 자연주의의 대표적 이론가가 되지만, 『문학개론』(1908)의 제6장 「문학과 정」에서 정을 심미적 의식의 요소 및 문학 내용의 주요소로 본다. 그러면서도 모든 정이 문학에서 다루어지는 것은 아니고, 4단계로 분화된 정에서 의식의 단위에서 정서적인 것과 정취적(情趣的)인 것, 즉 '미적 정서'(Aesthetic emotion)와 '미적 정취'(Aesthetic mood)라는 기준에 관련되는 정을 인정한다. 여하튼 「문학의 가치」의 서두에서 스스로를 '한서생'(寒書生)이나 '천견박식'(淺見博識)한 상태로 낮춘 18세의 이광수가 중요한 '문학'이란 말의 의미와 정의를 이색적으로 '정의 분자를 포함한 문장'으로 규정함에 있어서는 심리적 미학과 지 · 정 · 의의 심리학적 의식에 근거한 시마무라 호게츠의 『문학개론』을 비롯한 당시 일본의 문학개론류에서 영향을 받은 바가 분명하며 그의 이 같은 정의 문학관은 「문학이란 하(何)오?」(1916)에서도 이어지게 된다.

그러나 「문학의 가치」는 유독 '정의 분자'론이나 문학의 정적 가치만을 제시한 게 아니다. 짧은 글 속에 이광수는 유희론과 관련된 문학예술의 기원과 진화 발전 및 풍토론뿐만 아니라 지난날(舊日)의 문학과 오늘날(今日)의 문학과의 차이를 대비적으로 밝히고 있다. 즉 지난날의 문학은 '유희적 문학', '오락적 문학'임에 비해서 오늘의 문학에 대해서는 다음과 같이 규정한다.

> 원래 문학은 정적(情的)만족 즉, 유희(遊戲)로 생겨났으며, 또 다년간 여차히 알아 왔으나, 점점 차(此)가 진보, 발전함에 급하여는 이성(理性)이 첨가하여 오

---

13 시마무라 호게츠, 『抱月全集』 第二卷, 1929, 토라와레타루 분게이(1906), 博文館, pp. 496~497 및 『近代文學評論大系』 明治期 1, 吉田精一 · 和田謹吾, 角川書店, 1983, p. 31; Donald Keene, *Dawn to the West: Japanese Literature of Modern Era: Poetry, Drama, Criticism*, Holt Rinehart & Winston, 1984. pp. 531~536 참조.

인의 사상과 이상을 지배하는 주권자가 되며, 인생문제해결의 담당자가 된지라.

금일의 시가, 소설은 결코 불연(不然)하며 인생과 우주의 진리를 천발(闡發)하며 인생의 행로를 연구하며 인생의 정적 상태(즉 심리상) 급변천을 고구하며 또 그 작자도 가장 침중(沈重) 태도와 정밀한 관찰과 심원한 상상으로 심혈을 관주(灌注)하나니…….

여기에서 '정' 플러스(첨가), '이성'과 '인생'이 운운의 어휘의 강조에서 간파할 수 있는 것은 문학의 보편적 가치가 정적 가치만이 아니고 정서나 감정에 대비되거나 통제하는 '이성'(理性)이 첨가되어 문학이 '사상'을 지배하는 주권자요 인생 문제의 담당자로서의 공리적(지적) 가치까지를 갖게 되었다는 관점이다. 그래서 정확히 지적하면 '정(情)+이(理)'론인 것이다. 흔히 주인과 노예로 비유되어지는 이성과 정(정서)의 통제 관계가 언급된 것이다. 이것은 문학의 목적이나 기능을 두고서 오늘날의 일반 문학개론서들이 문학을 상상력에 근거한 사상과 감정의 표현이며 그 가치는 '즐거움'과 '가르침'으로서의 이원성을 갖고 있다는 일반론적 관점들과 근접하거나 매우 유사한 현상인 것이다. 또 문학은 '주권자'라든가 '해결의 담당자'라고 한 것은 인생(생)의 해석자의 비유이며 이런 점에서는 문학을 '인생의 비평'으로 간주하는 매슈 아널드(Matthew Arnold, 1822~1888)의 그림자가 투영되어 있다고 할 수 있다. 매슈 아널드의 "무릇 서책에서 오는 지식은 문학이다"라는 문학의 정의는 호게츠의 『문학개론』의 '정의 분자'를 말한 장에서 문학이 '지식(지)의 분자'임을 밝히기 위한 대목에서도 인용되어 있다.

따라서 「문학의 가치」는 지금까지 논의해오듯이, 문학의 가치로서 '정의 분자'를 포함하는 문학의 정서적 · 심미적인 것의 정의(情意)적 가치뿐만 아니라, 앞서의 인용문에서 시사되고 있듯이, '생의 활현'과 유사한 생이나 인생 문제 해결이란 인생 관조와 해석으로서의 이지(理智)적 사상의 가치가 있음을 언급함으로써 지 · 정이 국민의 이상과 사상을 지배하는 가치, 즉 '정'에 '지'가 플러스된 지정융합의 이원적 가치를 제시한 것이다. 정의 심미론과 지의 효용론이란 지 · 정의 양 요소가 함께 제시된 것이다. 이도 역시 사마무라 호게츠의 감정 중심과 이성 중심의 지정융합과 같은 양상이다. "사상과 이성을 지배하는 주권자", "인생 문제 해결의 담당자"라는 문학의 의의와 가치 규정은 「문학과 문장」(1935)의 "문학은 인생의 해설자요, 계시자요, 위안자요, 상의처요, 지도자"라는 지적과도 통한다. 매슈 아널드가 『비평론집』(1888)에서 지적하는 '인생의 비평', 즉 생의 표현이며 해석이기 때문에 인생의 해석자로서의 가치를 지니고 있다는 생각과 연관성이 있다. 그리고 비록 자세하지는 않지만 '문장', '정', '사상', '상상'을 언급함으로써 문학의 형식 · 정서 · 사상 · 상상력이란 4요소에 대한 논의가 희미하게나마 혼합되어 있음도 그냥 간과해서는 안 될 것이다. 「문학의 가치」는 지정 또는 정의와 이지를 함께 거론한 문학론이다.

그런데 이광수의 이 「문학의 가치」에 대해서 가장 면밀하게 살핀 일본인 학자 하타노 세츠코(波田野節子)는 「문학의 가치」에 사용되고 있는 '정'의 의미론적 범위를 '감정', '심리', '열정' 등 다의적으로 분화, 단계화하고 있다.[14] '정'을 문학의 주요소로 본 이광수 문학론의 발단적 시발에 유의, 정과 문학과의 상관성과 정의 경지를 세밀하고 유니크하게 살펴보고자 한 시도가 매우 흥미로운 해석이다. 그러나 정서와 정조 · 정감 · 감동

14 하타노 세츠코, 「「문학의 가치」에 대하여: 이광수의 초기문학관」(1992), 하타노 세츠코 지음, 최주한 옮김, 『무정을 읽는다』, 소명출판, 2008, pp. 135~136.

그 어느 것도 아닌 '심리'란 용어(물론 '심리상'이란 점에 유의했겠지만)는 다른 '감정', '열정'과는 의미론적으로 등가화될 수 없는, 어울리지 않는 개념적 용어인 것에 유념할 필요가 있다. '심리'보다는 '정서'나 작품 『무정』의 의식 및 '전습', '습관'의 사회심리학적인 한 대목에서 제시된 "[……] 자기의 지(知)의 판단과 정(情)의 감동" 운운에서 시사되는 것처럼 '감동'이나 '정서'가 더 적합할 것이다. 그리고 '이상과 사상을 지배하는 자'로서의 문학을 단지 정의 분자로서만의 문학으로 보기는 어려운 난점도 있는 것이다. 확실한 것은 이광수가 「문학과 가치」에서 규정하고 있는 '정의 분자를 포함하는 문장'이라는 문학의 정의는 윈체스터의 『문학비평의 원리』 등에서의 'Emotional Element'를 번역하여 이용한 시마무라 호게츠의 『문학개론』 등 일본의 개론서들의 '情の分子'(정의 분자)에서 옮겨온 것이라는 사실이다. 1906년에 간행된, 오타 요시오(太田善男)가 엮은 『문학개론』은 문학의 정수적인 성질을 지적하면서 문학은 두 개의 종류가 있는데, 하나는 지적(intellectual)인 것, 다른 것은 정적(emotional)인 것이며 문예(벨르 레트르[belles-lettres])는 사실은 후자에 속하며, 감정으로써 그 '정수적 본질'[15]을 이룬다는 것이다. 이는 정서를 문학의 주요 요소로서 받아들인 당시의 일본의 문학개론서들의 문학 개요의 일반적인 모습이다. '성지질'(性之質)으로서의 '정'(情)이라는 말도 전통적 문학 개념으로는 반드시 일치되는 것이라고는 할 수 없겠지만, '정'을 'emotion'과 상응한 것으로 받아들인 것은 당시의 언어횡단적 실천과 맥을 같이하는 현상이다. 'emotion'이 '정'으로 번역됨으로써 '정'이 'emotion'(정서)을 지시하기에 이르게 된 것이다. 그러나 '정'의 강조는 곧 문학에서의 '지'(知)의 배제를 의미하는 것은

15 오타 요시오(太田善男) 편, 『문학개론』, 博文館, 1908/1909, p. 36. 이 책은 帝國百科全集 200冊 중의 한 책이다.

아니다. 시마무라 호게츠도 매슈 아널드가 "모든 서책으로부터 오는 지식은 문학이다"라고 했듯이, 문학에는 먼저 '지식의 분자'(知識の分子)가 있으며 문학의 내용으로 '진리 플러스 감정, 혹은 지 플러스 정', 즉 '지정'(知情) 둘이 있음을 지적[16]했었고, 윈체스터도 『문학비평의 제 원리』(*Some Principles of Literature Criticism*, 1899/1925)에서 '정서적 요소'와 함께 '지적 요소'(intellectual element)의 장[17]을 비중 있게 다룬 것이다. 문학이 감정의 교환 · 상상의 교환임을 강조한 허드슨(William Henry Hudson, 1841~1922)의 『문학연구서설』(*An Introdution to the Study of Literatures*)에서도 역시 정서적 요소, 상상적 요소 또는 구성의 요소가 강조되어 있다. 정 또는 감정의 가치에 관한 한, 동시대의 중국의 후스(胡適, 1891~1962)의 『문학개량추의』(文學改良芻議, 1917)에서도 다음과 같이 지적한다.

> 감정이란 바로 문학의 영혼이다. 감정이 없는 문학은 영혼이 없는 사람과 같아서 허수아비요, 시체요 걸어 다니는 고깃덩어리이다.[18]

그리고 그는 또 하나의 요소인 '사상'에 관해서 "[……] 문학은 사상이 있어야 더욱 값지게 되며 사상도 문학적인 가치가 있음으로써 더욱 값지게 된다"고 설명한다. 이 역시 지 · 정론이다.

'정'(情)은 빙몽룡(憑夢龍, 1574~1646)의 『정사유략』(情史類略)에 의하면 분류학적으로 27부류로 나눌 만큼 다양한 의미를 가지고 있다. 그리고 예

---

16 시마무라 호게츠, 『抱月全集』 第二卷, 1930, 博文館, p. 9~10. 호게츠는 『신미사학』(1902)에서 '정'을 '감정'과 '정서'로 양분화한다.

17 C. T. Winchester, 위의 책, pp. 146~181.

18 胡適, 『文學改良芻議』, 1917. 中國近代文學代表 第一集, 第二卷 文學理論集 I, 主編徐中玉海書店, 1994, p. 330. 이 부분에 대한 소개는 양백화, 「호적씨를 중심으로 한 중국의 문학혁명」, 『개벽』 5, 6, 7, 8호 중 5호 p. 53에 제시되어 있음.

컨대 '인정'(人情), '정인'(情人)처럼 형태소적 결합의 연속에 의해서 다양하게 그 의미가 변동한다. 애정이 될 수도 있고 욕망에 대한 유학적 담론의 부분이 되기도 하며 소설 세계에서의 '풍속인정'(風俗人情)은 사회적 습관과 인간관계가 된다. 그래서 정은 인간의 감정, 인간관계, 인간조건, 인간적 호의를 의미하는 경우에 두루 쓰이고 있지만, 감정 · 정서 · 정조(sentiment) · 감동(affection) · 열정과 같은 의미를 함축한 것으로 봄이 일반적 의미론의 폭이다. 아리스토텔레스는 그의 『수사학』에서 정서를 규정하여 사람의 조건을 변화시켜 그의 판단이 감동되도록, 그리고 쾌락과 고통을 동반하게 하도록 유도하는 것이라고 규정하였다. 그러나 문학을 규정할 경우에 윈체스터의 『문학비평의 제 원리』는 주로 'emotion'과 연계되어 있다. 따라서 '정의 분자'에서의 '정'은 'emotion'의 역어인 것이 타당한 것이다. 정서의 기본은 감정이며 정서는 표현하거나 환기하는 가치를 지닌다. 시 · 소설 · 희곡이 포함된 '문학'의 개념을 제시하면서 '정'은 중요한 키 콘셉트가 되고 있는 것이다.

3. 문학개론을 위한 원론형 일반 문학론

이광수는 문학을 문예나 작품으로 뿐만 아니라 문학론 · 문학사 · 문예평론 · 문장 수사론 등 전방위적 범역으로 문학에 대한 관심을 넓게 펼친 문사이다. 이러한 관심은 예술로서의 문학은 물론, 과학(학문)으로서의 문학인 문예학(Literaturwissenschaft)에의 시각까지도 포용한다. 즉 문학이란 무엇인가의 범역 속에 예술로서의 문학과 과학적 학문으로서의 문학, 즉 문학에 대한 학문으로서의 문학 연구까지를 포함시키고 또 이를 구획하는 활동을 처음으로 시도함으로써, 그는 비단 작품으로써 가르치려 할 뿐 아니라 이론으로써도 문학에 대한 지식과 교양을 높이고 계몽하고 가르치려 한 것이다. 그래서 그는 문학에 대한 이론 · 비평 · 역사, 즉 '횡'(橫)으로서의 문학개론이나 문학론 및 문학비평과 '종'(縱)으로서의 문학사에 대해서도 각별한 관심을 가지고 있었던 것이다.

> 문예란 말로 시문 · 소설 등 예술적 작품을 가리킨다 하면, 문학이라면 학자적 태도로 이 모든 문예적 작품을 연구함을 가리킬 수가 있다. 곧 문학사 · 문학론 · 시론 · 문학비평 같은 것을 문학이라 할 수 있을 것이다. 그래서 문예의 창작에 종사하는 이를 문사 또는 시인이라고 하고, 문학의 연구에 종사하는 이를 문학자라 하면, 예술인 문학의 의의가 좀 분명해질 것이다.[19]

> 문학이란 말은 심히 의의가 광박하고 모호하다는 것은 어느 문학론이나 개권벽두(開卷劈頭)에 반드시 하는 말이다. 그러나 가장 상식적으로 보아 문학이란 어(語)는
>
> (一) 예술적 부문, 즉 시가 · 소설 · 희곡을 주로 하는 문예라고 통칭하고, 또 그 작품을 창작이라 통칭하는 부문과
>
> (二) 과학적인 부문, 즉 문학개론 · 시론 · 문학사 · 문예평론 등 부문을 포함한 것이다.[20]

이렇게 문학을 이중적으로 구획하는 인식의 틀 위에서 이광수는 절대

---

19 이광수, 「문학강화」, 『이광수 전집』 제16권, 삼중당, 1963/1968, p. 64. 예술로서의 문학을 '문예'로, 과학과 학문 대상으로서의 문학을 '문학'이라고 지칭한다. 시마무라 호게츠는 와세다 문학사 편, 『문예백과전서』(1910)에 『문예개론』을 실었다. 문예란 문학 · 회화 · 음악 · 조각 · 연주 · 무용 등 일체를 포괄하는 이름이며 감상(appreciate)을 그 의의의 전부로 한다고 지적한다. 시마무라 호게츠, 「문예개론」, 『抱月全集』 第二卷, 1929, p. 69.

20 이광수, 「조선문학의 개념」, 『이광수 전집』 제16권, 삼중당, 1963/1968, p. 175.

적 기초지식으로서의 문학개론과 문학사의 필요성을 역설하게 된다. 그가 「문학에 뜻을 두는 이에게」(1922)에서 소개, 권장하고 있는 다섯 권의 책—윈체스터의 『문예비평론』, 나쓰메 소세키(夏目漱石)의 『문학론』, 혼마 히사오(本間久雄)의 『문학개론』, 쓰보우치 쇼요(坪內逍遙)의 『영문학사』, 이가라시 치카라(五十嵐力)의 『일본문학사』—은 모두 문학론(개론)이거나 문학사와 관련된 것들이다. 이것은 문학의 학문, 문학 연구를 위한 이론적 근거와 방향으로서 문학론(문학개론)과 문학사가 근본적인 필요조건임을 시사하는 것이다. 그래서 「문학이란 하(何)오?」(1916), 「문학에 뜻을 두는 이에게」(1922), 「문학강화」(1924), 「문학에 대한 소견」(1929), 「문학과 문사와 문장」(1935)은 모두 구체적인 작품에 대한 논의와 관련된 비평으로서의 글이 아니고 원리 · 범주 · 이론 등과 관련된 문학일반론이나 문학개론을 위한 학문적 · 원론적 주제가 다루어진 글들이다. 이들은 시마무라 호게츠의 『문학개론』, 나쓰메 소세키의 『문학론』, 혼마 히사오의 『문학개론』들처럼 한 권의 책으로서의 문학개론으로서는 완성되지 못하였지만, 분명 이광수의 미완성 문학개론이다. 그러나 그럼에도 불구하고 이 글들은 문학의 연구법 내지 '학', 'wissenschaft', 'philology'로서의 문학에 들어가는 문이나 길로서의 오리엔티룽(방향 결정)의 의의를 갖고 있는 것이 사실이다. 이렇게 문학과 학문과의 구분을 반복해 강조하는 것은 결코 문학에 대한 다기한 전통적 관념을 청산하려는 데 있는 것이 아니다. 문학을 다루는 큰 둘의 영역, 즉 예술로서의 문학과 학문으로서의 문학이라는 두 영역이 있다는 것을 처음부터 구획, 계통화하려는 의도이기 때문이다.

그렇다면, 이광수의 이 몇 개의 글로 이루어지는 미완성 문학개론은 그 전체 개요가 어떠하며 또 어떤 동서의 문학 참고서들을 근거로 하여 이루어지고 있는 것인가. 이를 「문학이란 하(何)오?」의 검토를 비롯하여 그와 성격이 비슷한 세 편의 글의 내용들을 종합적으로, 포괄적으로 포개어서 그 공통성을 항목화하여 살펴보고자 한다.

우선, 그의 문학개론에의 강한 관심은 다음과 같은 글에서 반영되어 있다.

> 피차에 힘써서 속히 조선인이 쓴 문학개론과 조선문학사가 생겨야 하겠습니다.

> 순정문학을 배우려는 자에게 문학개론 · 문학비평론 · 문학사가 절대적 기초지식이 될 것은 물론이거니와 [······]

> 대학의 강의에서나 또는 학사의 서가에 문학개론이란 것이 이것이다. 문학 연구하는 이는 물론이거니와 문학적 창작을 하려든지, 또는 다만 문학적 작품을 감상하려 하는 이는 반드시 그 기초지식으로 문학개론의 지식이 필요할 것이다. 그런데 내가 아는 한에서는 아직 우리 조선에서는 차종의 저술이 있단 말을 듣지 못하였다.

> 필자는 문학개론을 하나 써서 사랑하는 제매(弟妹)에게 드리고 싶은 정이 심히 간절하여 지었다. [······] 그와 같이 문학에도 문학개론과 문학사가 있어서 문학의 입문을 성(成)하는 것이다.

일본 유학생활에서 터득한 이 같은 문학개론 · 문학사에의 관심이란 결국 문학이란 무엇인가? 즉 그 개념이나 정의와 한계 양상, 그리고 특성과 실효 · 역사와 깊이 관련 된다.

(1) 'literature'의 역어(譯語)로서의 '문학'

「문학이란 하(何)오?」는 한국 근대비평사에 있어서 최초의 본격적인 문학론으로서 평가[21]되는 글인 동시에 일종의 단순 문학개론이다. 표제의 물음에 완결적으로 폭넓게 대답하고 있지는 못하고 있지만, 문학의 명칭과 정의, 분류를 비롯해서 문학의 요소와 특징 · 기능(효용) · 민족성과의 관계 등 문학이란 무엇인가에 대한 여러 국면들을 간략하게나마 넓게 개관하고 있어서 우리의 경우로서는 전에 없는 문학론이며 문학개론으로서의 출발인 것은 분명하다. 세계적 현상으로서 뒷날에도 똑같은 제목으로 여러 번 반복하여 물어지는 이 '문학이란 무엇인가?'(예: 사르트르, *Qu'est-ce que la littérature?*, 1947; 폴 헤르나디, *What is Literature?*, 1978)라는 본질적인 질문에서 가장 우선적으로 제기되는 것은 명칭과 정의이다. 그래서 「문학이란 하(何)오?」에서 먼저 주목하게 되는 현상은 「문학」이라는 명칭을 전통적인 '문'(文)이나 문학의 혈족과 연결하지 않고, 영어 'Literature'의 역어로서 일치시키거나 상응시키고 있다는 사실이다. 이것은 '문학개념의 변화'(Veränderungen des Literaturbegriffs)를 암시한다.

> 금일, 소위 문학이라 함은 서양인이 사용하는 문학이라는 어의를 취함이니, 서양의 Literature, 혹은 littérature라는 어(語)를 문학이라는 어로 번역하였다함이 적당하다. 고로 문학이라는 어는 재래의 문학으로서의 문학이 아니요, 서양어에 문학이라는 어의를 표하는 자로서의 문학이라 할지라.[22]

---

21 이에 관련된 현재까지의 대표적인 논고로서는 김열규, 「이광수 문학론의 전개」(1969); 김윤식, 『근대한국문학 연구』(1973); 권영민, 『한국근대문학과 시대정신』(1983); 황종연, 「문학이라는 역어: 문학이란 하(何)오? 혹은 한국근대문학론의 성립에 관한 고찰」(1997); 김태준, 『이광수의 문학론』(1994); 권보드래, 『한국근대소설의 기원』(2002); 김영민 외, 『이광수 문학의 재인식』(2009) 등이 있음.

22 이광수, 「문학이란 하(何)오?」, 『이광수 전집』 제1권, 삼중당, 1963/1968, p. 507.

이런 '문학'='literature'라는 관점은 이미 「문학의 가치」(1910)에서 영어의 'literature'(문학)와의 일치화에서 비롯되지만, 이 「문학이란 하(何)오?」(1916)를 거쳐서 「문학강화」(1924)에서도 다음과 같이 별다른 변화 없이 일관되게 이어지고 있다.

> 지금 일본이나 조선이나 또는 중국에서까지도 문학이라 하는 것은 서양어 literature의 번역인 것을 깊이 기억할 필요가 있다. 대개 재래의 동양의 용어례로 보건대 [……] 시와 문은 문학으로 여겼으나, 소설 각본 같은 것은 천하게 보아서 문학에 참여를 아니 시켰는데, 서양어의 literature[로] 번역한 문학에서는 도리어 시와 함께 소설과 극을 문학의 중심으로 보는 까닭이다. 이 모양으로 재래의 용어에 의한 문학의 의의와 지금 쓰는 문학의 의의가 매우 같지 아니한 것을 잊으면 문학에 대하여 여러 가지 오해가 생기는 것이다.
>
> 또 서양어의 literature도 여러 가지 의미가 있어서 서양인들이 쓴 문학개론에는 대개 첫머리에 문학의 어의를 설명하는 것이 예다. Literature라는 말에 형용사를 붙임에 따라 우리말이나 또는 일본어로 '문헌'[23]이라는 뜻을 가지게 되는 것이니, 우리에게 「문학」이라는 어와 「문헌」이라는 어가 판이하기 때문에 이러한 불편은 없다.[24]

이와 같이 일반 문자 서책 및 경(經) · 서(書) · 사(辭) · 시(詩) 등이나 글

---

23 이 「문헌」은 philology(문헌학)를 의미함. '언어학'이라는 뜻이다. 이 용어는 모든 문학상의 또는 언어학상의 연구뿐 아니라 인간 정신이 만들어낸 모든 것에 대한 연구로 사용됨과 달리, 문헌이란 뜻은 고대의 문물제도를 기록한 책, 여기에서 연유하여 과거의 문화를 인식하는 학이라는 뜻이다. René Wellek, Austin Warren, *The Theory of Literature*, Penguin Books, 1949/1970, p. 38 참조.

24 이광수, 「문학강화」(1924), 『이광수 전집』 제16권, 삼중당, 1963/1968, 63쪽. Charles Scribner's Sons사의 『사상사 사전』(*The Dictionary of the History of Ideas*, 1978) III권 『문학과 그 혈족』 pp. 81~88에 의하면 서구에서의 'literature' 의미도 그리 단순치 않다.

등에 제한된 재래의 전통적 문학이라는 '문'(文)의 명칭과는 달리, 시 · 소설 · 극을 위주로 포함하게 된 새로운 근대적 문학을 'literature'의 번역어로서 상응, 일치시키는 것은 서구문화가 일본에 수용되는 과정에서 이루어지게 된, 서구 중심주의적이지만 일반적 현상이다.

그래서 「문학」이라는 명칭을 설명하는 20세기 초 일본의 대부분의 문학개론서들—오타 요시오, 『문학개론』(1906); 시마무라 호게츠, 『문학개론』(1908); 혼마 히사오, 『문학개론』(1920)—에서 문학의 정의를 다루는 장에서는 역어 개념으로서의 'literature'가 매우 흔하게 일반화된 현상으로 등장한다. 이는 문화횡단적 관점에서 서구의 문화적 우위성에 일치시키려는 적응 반응 현상과 무관하지 않다. 이광수의 경우, 문학을 영어 '리터레처'의 역어 개념으로 파악한 것은 이러한 문화적 환경에서 영향을 받음으로써 이루어진 것이다. 이중적 오리엔탈리즘의 현상이다. 이것은 황종연이 그의 논문 「문학이라는 역어」에서 지적한 것처럼 서양문화의 충격 속에서 자국의 문화를 혁신하고자 했던 동아시아 지식인들의 공통의 노력과 합치[25] 되는 모습이며, 크로스 컬처럴한 면에서 리디아 류(Lydia H. Liu)가 일컫는 바 '번역된 근대'(translated modernity)[26]의 한 현상이다. 이 리디아 류화(劉禾)의 '부록'에 의하면 '문학'(wenxue)과 'literature'의 일치는 17세기 예수회의 번역(Aleni, 1623)으로 소급하며 복합화는 뒤에 현대 영어 'literature'를 번역하기 위해서 개신교 선교사들에 의해서 씌어졌고 일본어 '분가쿠'(cf. Masini, p. 204)의 일주여행적 전파를 거쳐서 널리 퍼지게 되었다[27]는

---

25 황종연, 「문학이라는 역어: 문학이란 하(何)오? 혹은 한국근대문학론의 성립에 관한 고찰」, 『동악어문논집』 32집, 1997, p. 457.

26 Lydia H. Liu, *Translingual Practice: Literature: National Culture, and Translated Modernity–China, 1900~1937*, Stanford University Press, 1995. '번역된 근대'라는 이 용어는 이 책의 부제에서 연유한다.

27 앞의 책, p. 273.

것이다. 다른 한편으로는 근대적 의미를 부여하여 문학을 literature의 역어로서 최초로 사용한 것은 니시 아마에(西周)의 『百學連環』(메이지 2~3년)에서 비롯된 것이라는 것이 일반적 주장이다.

이광수의 선구적인 문학론인 「문학이란 하(何)오?」를 거침으로써 우리는 한학의 전통적 문의 차원을 넘어서 '문학'과 Literature가 일치하게 되고 예술로서의 성질을 가진 시가 · 소설 · 희곡 등이 주요 대상으로 문학에 포함될 뿐 아니라 사람의 감정과 사상을 문장을 통해서 표현, 사람의 감정에 호소하는 것을 주로 하는 미적 언어 작품이라는 협의적 개념으로서의 문학이 형성하게 된다. 문학이 'literature'의 역어라는 개념과 의미에 갇혀 있다는 생각도 들지만, 당시의 일본의 지식인들이나 식민지 조선의 선구적 지식인인 이광수나 공히 근대화 초기 과정에 있어서 이 같은 적응과 수용은 극단적으로 전통을 부정하거나 경멸 · 악마화하는 것만큼 불가피한 과정이며 조건이고 절차였던 것이다. 시간이 지난 지금에 있어서는 굳이 역어라는 명칭의 딱지는 그 시효성이 없어진 것이다. '문학' 개념의 변화는 대표적으로 이광수의 글로부터 비롯된다.

(2) 문학의 정의 · 개념 형성의 단계와 정론(情論)

1) 문학을 위한 정의의 전개

「문학의 가치」(1910)에서 처음으로 '시가 · 소설 등 정의 분자를 포함한 문장' 또는 '정의 분자'로서 문학의 정의나 개념을 간단하게 밝힌 이광수는 '지 · 정 · 의'에서 보조물이나 부속물 정도의 정의 지위를 독립화시켜서 '문학은 인의 정을 만족케 하는 서적이라고 규정한 「문학이란 하(何)오?」(1916)를 거쳐서 「문학강화」(1924)에 이르면서 문학의 개념의 진폭은 더욱 넓어지고 또 문학관 자체도 상당히 진전되고 완성의 단계에 이르게 된다. 문학의 정의를 위한 성숙화의 3단계 프로그램으로서의 과정이다.

그 중간 단계인 「문학이란 하(何)오?」에서의 '문학의 정의' 장에 제시된 정의는 문학비평가들의 견해에 근거함을 전제로 하면서 다음과 같이 규정한다.

> 문학이란 특정한 형식하에 인(人)의 사상과 감정을 발표한 자를 위(謂)함이니라.[28]

이런 정의를 전제하고, 이 정의의 문장을 둘로 분절, 세목화하여 문학의 특질이나 요건, 본성에 대한 해설을 붙이고 있다. 즉 '특정한 형식'이란 구술성이 아닌, 문자성과 문학작품으로서의 형식을 의미하며, '사상 감정'이란 과학적 지식이 아닌 '오직 인(人)으로서의 사상 감정'을 기록하는 것, 즉 자기의 심중을 읽듯 '미추희애'(美醜喜哀)의 감정을 표출하는 것을 의미한다는 것이다. 그리고 다시 '문학자'(문인)의 역할에 대해서는 "인(人)으로 하여금 미감과 쾌감을 밝게 할 만한 서적을 작(作)하는 인(人)"으로 규정하고 "문학은 인(人)의 정을 만족케 하는 서적"이라고 정의함으로써 문학이 '정의 분자'로서 '정'과 밀접화되어 있음을 거듭 강조한다. 여기서, 간과해버릴 수 없는 것은 「문학의 가치」에서의 '정의 분자를 포함한 문장'이란 규정이 시마무라 호게츠와 관련되어 있듯이, "특정한 형식 하에 인의 사상과 감정을 발표한 자"라는 규정 역시 이름을 명시하지는 않았지만 동서의 여러 문학비평가들의 개념에서 차용된 것임을 밝히고 있다는 점이다. 이것은 그가 동서의 문학개론서들을 참고서로 활용하였음을 시사하는 것이다.

「문학강화」(1924)의 '문학의 어의'에 이르게 되면, 이제까지의 정의나

---

28 이광수, 「문학이란 하(何)오?」, 『이광수 전집』 제1권, 삼중당, 1963/1968, p. 507.

개념은 보다 다듬어지고 세련화되면서 완결의 단계에 이르게 된다. 「문학이란 하(何)오?」까지 이어져온 '정'(情)이라는 말이 사라져버리면서 그 대신 '감정'이란 말로 대치된다. 「문학이란 하(何)오?」에서는 '정'과 '감정'이 함께 병용된다. 중간 표제인 '문학과 감정'이 그 단적인 예이다. 그러나 1935년에 쓴 「문학과 문사와 문장」에서는 문학이나 예술을 "우리의 정이 받는 감격, 즉 느낌을 예술이라는 특별한 말로써 전달한다는 말이외다"라고 하여 톨스토이의 예술론에서 연유하는 말로 '정'을 다시 쓰기도 하지만, 역시 감정이라는 뜻이다. 「문학이란 하(何)오?」를 진척시킨 이 「문학강화」는 미학의 창시자들인 칸트(Kant), 쉴러(Schiller), 셸링(Schelling), 헤겔(Hegel) 및 스펜서(H. Spenser), 톨스토이(Tolstoi) 등이 거명될 정도로, 미학 · 예술학 등의 세례를 직간접적으로 받은, 이광수의 정상의 개론형 문학론에 해당하는 글이다. 예술, 미, 창조적 충동, 유희본능, 예술본능, 심미적 감정, 미학, 예술가, 예술품, 미 가치 감정 등 미학이나 예술학의 용어나 지식 체계가 다양하게 원용되어 있다. 뿐만 아니라 우리 고전인 시조 작품들을 들어서 예증하고 있는 것도 독특하며 진리 · 도덕 · 심미가 합일된 문예가치론이 제시되어 있다. 이와 상응하는 것이 「문학에 대한 소견」(1929)이다. 「문학강화」에서의 정의는 다음과 같다.

> 문학이란 어떤 종류의 예술적 형식에 의한 일류의 생활(사상, 감정, 활동)의 상상적 표현인 문헌으로서, 오인(吾人)의 감정을 동(動)하는 것이다.[29]

이렇게 이론적으로 훨씬 세련되고 진화한 모습으로 '예술적 형식', '(창

29 이광수, 「문학강화」, 『조선문단』 창간호(1924), 『이광수 전집』 제16권, 삼중당, 1963/1968, p. 63.

조적) 상상력에 의한 표현'(상상력), '감정', '감동'(감정을 포함) 등을 중요한 문학의 요건으로 제시함으로써 문학을 '문자를 사용한 예술'[30]로서의 언어예술(wortkunst), 즉 '문예'—예술로서의 문학—로서 규정하고 있다. '창조적이고 상상적인 글', 즉 윈체스터가 일컫는 'creative imagination'과 의미 있는 형식과 정서의 표현으로서의 미적 특성을 포용해서 밝힌 셈이다. 이로써 그의 '문학'에 대한 개념은 비교적 완성 단계에 이르게 된다. 이것은 문학론적 기반으로서 정서(감정) · 상상력 · 사상 · 형식, 즉 정서적 요소 · 상상력 · 지적 요소 및 형식적 요소를 기본으로 하는 윈체스터의 『문학비평의 제 원리』[31] 등과 함께 미학자 시마무라 호게츠의 지도 아래에 이루어진 와세다문학사의 『문예백과전서』(1910)의 「문예개론」, 「미학개론」 및 「예술론 강화」(新潮社), 「신미사학」 등 호게츠의 미학 논저들의 예술학이나 지 · 정 · 의의 심미적 의식의 영향이 직간접적으로 작용한 결과인 것이다. 이 점은 「문학과 문사와 문장」에서 인용한 "정이 받는 감격, 즉 느낌을 예술이라는 특별한 말로서 전달한다"는 톨스토이의 『예술론』에서의 이른바 '정서의 공유'론과 함께 앞으로 더 심화된 비교론적인 검토를 요하는 문제이다. 어쨌거나 「와세다 문학」은 이광수에게 있어서 결정적인 원천이고 자극적 매체인 것이다.

30 앞의 책, p. 74.

31 C. T. Winchester, *Some Principles of Literary Criticism*, The Macmillam Co, 1899/1925, p. 123~124. 모두 9장으로 이루어진 이 책은 정의와 제한, 문학이란 무엇인가, 문학의 정(정서)적 요소, 상상력, 문학의 지적 요소, 문학의 형식적 요소, 시, 산문소설 요약으로 구성되어 있다. 따라서 이광수의 「문장강화」의 정의는 이 책의 정수를 압축하는 성격이다. 이에 대해서 이광수는 윈체스터를 직접 읽지 않고 혼마 히사오를 통해서 윈체스터의 감정론을 접했을 것으로 추정하는 주장도 있지만, 혼마 히사오의 『문학개론』도 참고가 되었겠지만 원문인 영문으로는 그리 어려운 책이 아니라고 한 것으로 보아, 필자는 이광수가 윈체스터를 분명 읽었으리라고 단정한다.

2) 정의 문예학: 정(감정 · 정서)과 문학의 관계

「문학의 가치」의 '정의 분자'에 이어서 「문학이란 하(何)오?」에서도 이광수는 "문학은 인(人)의 정을 만족케 하는 서적" 또는 "문학은 정의 기초 위에 입(立)한다[선다]"고 전제함으로써 정을 특별히 강조한다. 그래서 그는 정을 강조한 감정 교육의 논설 「정육론」을 썼을 뿐만 아니라, 정이 소설 『무정』, 『유정』 등의 표제 요소가 되고, 다시 '정'이 친밀의 긍정적인 감정으로 발전된 '사랑'(愛情)이 그대로 소설 『사랑』의 표제가 된다. 이렇게 '정'은 이광수 문학의 하나의 파라미터나 다름없는 존재이다. 그래서 서영채는 이광수 소설에 대한 일종의 주제시학인 그의 『사랑의 문법』(2004)에서 사랑이라는 감정을 '열정'(passion)으로 규정[32]하지만, 친밀감으로서의 정이 '사랑'의 개념으로 특수화하는 경향도 없지는 않다.

그렇다면 이광수의 문학론에서 문학이 그의 말대로 '정'의 기초 위에 선다고 한 것처럼 왜 '정'이 이렇게 문학의 초석이 된 것인가. 그것은 이미 앞에서 살펴보았듯이, 호게츠의 '정의 분자'를 원용함으로써 초기적 정의를 삼았듯이, 동서의 문학개론 및 문학론들을 참고서로서의 채원(債源)으로 삼으면서 권선징악적 '차준승외'(此準繩外)의 가둠에서 정(감정)의 해방을 지향하려는 데서 연유한다. 호게츠는 정을 문학 내용의 주요소로, 그리고 문학 연구상의 가장 주목할 대상으로 규정했던 것이다. 이광수가 문학에 뜻을 두는 이들에게 긴요한 5권의 '논'(개론)과 '사'(史)의 책을 권유한 것에서도 시사되지만, 이에 관계되는 적지 않은 개론류의 책들과 그들 책에 소개, 인용된 문학의 정의 · 개념 · 본질 · 기능에 대한 논의들을 살피는 과정에서 오는 영향 효과인 것이다.

이광수의 문학론 가운데서 문학의 요건으로서 정이 가장 강조된 글은

32 서영채, 『사랑의 문법』, 민음사, 2004, p. 35.

「문학의 가치」에 이어서 문학을 새롭게 정의하고자 한 「문학이란 하(何)오?」이다. 여기서 "문학은 인의 정을 만족케 하는 서적"이라고 규정한다. 이 글은 19세기 경험적 심리학과 합리적 심리학을 구분, 독일의 능력심리학(Vermögenspsychologie)의 창시자인 볼프(C. Wolff. 1679~1754)와 테텐스(J. N. Tetens)의 감정 · 오성 · 의지 등 인식 능력 · 욕구 능력의 3분류법을 계승하여 칸트(I. Kant, 1724~1804)가 비로소 3분화한 지 · 정 · 의(知 · 情 · 意, Erkenntnis–Gefühl–Begehrung) 삼분설을 전제로 하고, 과학/문학의 관계를 지/정으로 대비하는 관점을 견지한다. 여기에 목표로서의 진 · 선 · 미(眞 · 善 · 美, Das Wahre–das Gute–das Schöne)와 연계하여 문학은 바로 정을 충족시킴으로써 미를 추구하는 것으로 규정하려고 한다. 이런 '지 · 정 · 의'론 및 '진 · 선 · 미'론은 일본의 경우, 1870년대에 니시 아마네 등에 의해서 전파되었던 것이다. 그래서 1890년대에 '정'은 미학에서 심미의식의 요소로서 강조되기 시작했다. 호게츠의 미학과 미사학은 이런 지 · 정 · 의의 심미적 의식, 미론과 밀접하게 연관되어 있다. 정을 해방시키고 정의 만족을 목적 삼으려 하기 때문이다.

> 근세에 지하여 인의 심(心)은 지 · 정 · 의(知 · 情 · 意) 3자로 작용되는 줄을 지하고 차 삼자에 하우(何優) 하열(何劣)이 무(無)히 평등하게 오인의 정신을 구성함을 각하며, 오의 지위가 아(俄)히 승(昇)하였나니, 일찍 지(知)와 의(意)의 노예에 불과하던 자가 지와 동등한 권력을 득하여 지가 제반과학으로 만족을 구하려 함에 정(情)도 문학 · 음악 · 미술 등으로 자기의 만족을 구하려 하도다.[33]

문예부흥이라는 인류정신계의 대변동이 유한 이래로 정(情)에게 독립한 지위

33 이광수, 「문학이란 하(何)오?」, 『이광수 전집』 제1권, 삼중당, 1963/1968, p. 508.

를 여(與)하여 지(知)나 의(意)와 평등한 대우를 하게 되다. 실로 오인에게는 지와 의의 요구를 만족케 하려는 동시에 그보다 더욱 간절하게 정의 요구를 만족케 하려하나니 [……][34]

정(情)이 이미 지(知)와 의(意)의 노예가 아니요 독립한 정신작용의 일(一)이며, 종(從)하여 정에 기초를 유한 문학도 역시 정치 · 도덕 · 과학의 노예가 아니라, 차등과 병견(並肩)할 만한, 도리어 일층 오인에게는 밀접한 관계가 유한 독립한 일 현상이다.[35]

[……] 문학의 용(用)은 오인의 정의 만족이라. [……] 오인의 정신은 지 · 정 · 의 3방면으로 작(作)하나니, 지의 작용이 유하매 오인은 진리를 추구하고 의의 방면이 유하매 오인은 선(善) 우(又)는 의(義)를 추구하는지라. 연즉 정(情)의 방면이 유하매 오인은 하(何)를 추구하리요. 즉 미(美)라. 미라 함은 즉 오인의 쾌감을 여(與)할 자(者)이니 진과 선이 오인의 정신적 욕망에 필요함과 여(如)히 미도 오인의 정신적 욕망에 필요하니라. 하인이 완전히 발달한 정신을 유하다하면 기인(其人)의 진 · 선 · 미(眞 · 善 · 美)에 대한 욕망이 균형하게 발달되었음을 운(云)함이니 지식은 애(愛)하여 차를 갈구하되, 선을 무시하여 행위가 불량하면 만인이 감히 피(彼)를 책(責)할지니, 차와 동리(同理)로 진과 선은 애(愛)하되 미를 애할줄 부지함도 역시 기형(畸形)이라 위(謂)할지라. 무론, 인에는 진을 편애하는 과학자도 유하고, 선을 편애하는 종교가 · 도덕가도 유하고, 미를 편애하는 문학자 · 예술가도 유하거니와 차는 전문에 입한 자라.[36]

34 앞의 책, p. 508.
35 앞의 책, p. 509.
36 앞의 책, pp. 510~511.

이렇게 이광수의 글 「문학이란 하(何)오?」는 '지'와 '정'을 대비한 가운데 '정'이 문학 내용의 주요 요소, 독자적인 근본 개념으로 파악한다. '정'이 강조된 '문학의 재료' 및 '문학과 도덕' 장 외에도 '문학의 실효'에 대한 논의의 상당 부분도 이 문제와 관련되어 있다. 지 · 정 · 의 3분화 또는 지와 정으로의 심리적 2분화를 근거하여 정적 현상과 문학을 연계하는 이 같은 관점은 동시대의 최두선(崔斗善)의 「문학의 의의에 관하여」[37]에서도 제시됨으로써 상당히 일반화하고 있는 현상이다. 지 또는 지식의 분자의 예를 "직선은 이점간의 최근한 거리"라고 함으로써 시마무라 호게츠의 『문학개론』의 직선의 정의의 예가 완전히 일치하는 이 글은 문학은 정의(情意)적 요소가 주요 부분이며, 정의의 경험에 감촉되는 것으로 보고 있다. 호게츠는 『문학개론』의 5장 「문학과 그 내용: 지정(知情)」에서 지 · 정을 함께 다룸으로써 이를 지 · 정이 대등한 '지정융회'(知情融會)라고 지적하기도 한다. 어쨌거나 이광수에게 있어서 '감정'과 '정서'와 일치하는 '정'은 문학의 자유 · 독립 · 독자적 가치를 보장해주는 근본으로 파악되고 있는 것이 분명하다. 정의 평등, 정의 만족이 요건이다. 이에 대해 김열규는 다음과 같이 언급한 바 있다.

> 문학의 자율성을 보장하는 근간으로서의 '정'은 우선 그 자체부터가 '지 · 의'(知意)와는 별개의 독자적 가치를 지니고 있는 것으로 다루어진다. 말하자면 춘원은 지 · 의에 대한 정의 독자성을 내세우고 이에 아울러 진 · 선 · 미(眞 · 善 · 美)에 대하여 미가 갖는 대등한 가치를 내세움으로써 정에 입각한 문학이 다른 문화현상에 대하여 가질 독자성과 자율성을 보장해 주고자 한 것이다.[38]

37 최두선, 「문학의 의의에 관하여」, 『학지광』 3호, 1914. 12, p. 28. 여기서는 '지 · 정 · 의' 3분화보다도 '정'과 '의'를 연속작용으로 한 '지/정의'의 이분법이다. 백대진, 「문학에 대한 신연구」, 『신문계』 4권 3호, 1916. 3.

3) 원천으로서의 일본의 문학개론과 문학론

그런데 이와 같은 이광수의 문학의 정론 및 감정, 정서론이 연유하게 된 것은 이미 앞에서의 호게츠와의 관련에서도 시사되었지만, 그 차용의 일차적 주요 원천과 매개는 19세기말로부터 20세기초의 일본의 문학개론 및 문학론 및 기타 예술미학론이다. 쓰보우치 쇼요(坪內 逍遙)의 『소설신수』에서의 "소설의 두뇌는 정욕(passion)으로서의 인정(人情)"이라는 인정론을 비롯해서 호게츠는 『문학개론』뿐만이 아니라 그의 『신미사학』(新美辭學, 1902) 3편의 「미론」에서 일체의 수사 현상은 정을 자극하는 사상의 결체(結體)와의 관련이 있음과 '정의 발무(撥撫)'를 강조하였고 정의 어의를 감정과 정서라는 두 개의 광의 · 협의로 분화하는 것 외에도 정의 활동을 쾌락으로 규정하였다. 뿐만 아니라 「심미적 의식의 성질을 논함」에서는 정을 심미적 의식의 요소로 규정한 바 있다. 이광수의 정의 문학론과 가장 밀접하게 연관되는 것은 호게츠의 소론이다. 따라서 이광수와 호게츠와의 관련성의 해명은 금후의 중요한 탐색 과제이다.

문학의 개요를 설명하기 위해서 서구의 참고서들을 가장 많이 인용 · 편술한 오타 요시오의 『문학개론』(1906)[39]에는 정 · 감정 · 정서와 관련시킨 논의와 설명들이 상당 부분 제시되어 있다. 그 몇 개의 예를 들면 다음과 같다.

> 드퀸시(De Quincey)는 『알렉산더 포프론』 가운데서 문학에 대한 해설을 일러서, 문학에는 둘이 있는데 하나가 지(知)의 문학인 데 비해서 다른 하나는 정(情)

---

38 김열규, 「이광수 문학론의 전개」, 『한국근대문학 연구』, 서강대학교 인문과학연구소, 1969, p. 80.

39 이 책은 책머리에 'Reference Book'이라는 페이지를 두어 참고문헌을 열거하고 있는데, 서구의 참고서가 23종, 일본의 것이 8종이다.

의 문학이다. 전자는 가르치는 것을 직분으로 하고 후자는 느끼는 것(감동)을 직분으로 한다(The function of literature of power is to move). 지의 문학은 배의 키와 같고 정의 문학은 삿대를 단 돛단배이다. 전자는 이해시키기 위해서 말하고 후자는 늘 쾌락과 동정의 감정을 통해서 높은 이해를 주기 위해 말한다.[40]

사람에게는 지정의의 삼방면이 있는데, 이를 외부에 발현하기 위해서 행위(Action)와 언어(Word)를 필요로 한다. 이른바 광의의 문학은 언어에 의해서 지정의를 외면에 발현하는 것이라는 것은 알려진 것이다. 이를 해설해 보면 문학에는 두 종류가 있는 것을 알 수 있다. 하나는 지적(Intellectual)인 것이고, 다른 것은 정적(Emotional)인 것이다. 미문학(베르스 레타)은 실은 후자에 속하며 감정으로써 그 정수적(精髓的) 본질을 삼는다.[41]

그리고 나쓰메 소세키(夏目漱石)는 독창적인 것으로 평가되는 그의 『문학론』(1907)에서 문학의 내용은 정서를 주로 하는 것으로서 문학이 성립된다고 일컫고, 『문학평론』에서는 "오인의 감정의 발현으로 간주되는 문학 또는 오인의 감정을 움직이기 위한 도구로 생각되는 문학"이라고 밝힌 것처럼 '정감의 발현'(emotion express)이라고 지적한다. 그래서 『문학론』은 문학의 내용은 내용의 분류 형식인 (F+f)의 형식, 즉 F(초점, 인상 또는 관념, 즉 지적 내용)와 f(여기에 부착된 정서, 즉 정적 내용)와의 결합이라는 것으로 일종의 정의를 삼는다.[42] 소세키는 문예의 단위 내용에 수반하는 정서의 성질의 해부로 나아가고 다시 일반적 문예의 내용적 특질을 밝히기

40 太田善男, 『文學概論』, 博文館, 1906, p. 27, p. 32.

41 앞의 책, p. 36.

42 夏目漱石, 『文學論』(1907), 漱石全集 제11卷, 1927, 漱石全集刊行會, p. 23, pp. 86~87, pp. 112~115. F는 Focus 인지적 요소, f는 feeling 정서적 요소이다.

위해서 과학과 문예, 과학과 문예가 과학상의 진과 문예상의 진을 비교·대조한다. 이 책에 대해서 이광수는 일본인의 저(著)로는 가장 유명하여 거의 고전적 권위가 있다고 지적한다. 그리고 고상하고 영문의 인예(引例)가 많아서 영문학의 소양이 없이는 좀 어려운 책[43]이라고 평한다.

반면 이광수가 '가장 알아보기 쉬운 것'으로 지목한 혼마 히사오(本間久雄)의 『문학개론』[44]은 문학의 정의를 위해서 워세스터(Worcester, 1784~1815), 브룩크(S. Brooke, 1832~1916), 비네(Vinet, 1797~1847), 매슈 아널드(1822~1888), 드퀸시(De Quincey, 1785~1859), 포스넷(Posnett, 1882~1901), 헌트(T. W. Hunt, 1844~?), W. H. 허드슨 및 윈체스터 등 구미 근세의 문학자, 문학사가들의 여러 주장과 견해들을 가장 많이 인용하고 열거한다. 이렇게 열거한 문학의 정의들에 의해서 그는, 문학은 작가의 상상 및 감정을 통해서 독자의 상상과 감정에 호소하는 것이 제1의 조건과 특색이며 문학작품들이 독자에게 주는 것은 독자의 상상을 환기하고 감정을 자극하여 독자를 움직이게(감동) 하는 것이라고 한다. 제2의 조건은 전문적인 형식이 아니고 일반 사람들에게 용이하게 이해되는 형식이라는 것이며, 감정의 교환에 의해서 그것을 읽는 독자에게 미적 만족이라는 쾌락을 주는 것이 제3의 조건이라는 것이다.[45] 여기에 그는 제1조건(또는 특색)인 '감정, 상상의 소산'이라는 것에서 문학의 특질이 이루어진다고

43 이광수, 『이광수 전집』 제16권, 삼중당, 1963/1968, p. 47.

44 本間久雄, 『文學槪論』, 早稻田大學 出版部, 1921, 이 책은 1926년에 東京堂 간으로 처음 간행된 것으로 되어 있으나 그 이전에 문학과 강의록 형태로 와세다대학 출판부에 의해서 출판되어 있음. 이광수가 「문학에 뜻을 두는 이에게」(1922)에서 권장한 책은 와세다대학 출판부판 『문학개론』이다. 1926년판 『문학개론』은 1921년판에 비해서 상당한 개편, 보완이 이루어져 있다. 그래서 1925년 이전의 이광수의 글과 혼마 히사오를 상호관계하려고 하면 1921년판이 대상이 되어야 한다(1926년판은 상당히 증보, 개편되었다).

45 앞의 책, pp. 13~14.

보아 윈체스터의 『문학비평의 제 원리』에 근거하여 문학과 예술의 특질로서 감정의 보편성 · 영구성을 든다. 제3의 특질인 '쾌감'이란 미적 만족을 주는 미적 정서인 것이다. 이 윈체스터의 『문학비평의 제 원리』는 오타 요시오, 나쓰메 소세키, 혼마 히사오 등 모두가 공통적으로 원용하고 있는 대표적인 서구의 문학론이다. 이 윈체스터의 『문학비평의 제 원리』에 대해서 이광수가 직접 읽지 않고, 혼마를 통해서 간접적으로 영향을 받았을 것이라는 김열규의 견해도 피력되어 있다. 그러나 내가 보기로는 본인이 읽지 않고서 문학도들을 위한 권장도서로서 천거했을 리도 없고, "원문인 영어로는 그리 어려운 책이 아니나 일본역은 좀 어렵게 되었더라 합니다"라고 언급한 걸 보면, 일문 번역판이 있음에도 불구하고 그가 영문 원문도 읽었음이 확실하다. 또 사실 앞에서도 지적했지만, 「문학강화」에서의 문학의 정의는 정서(감정) · 사상 · 상상력 · 형식의 4요소로써 문학을 규정한 윈체스터의 『문학비평의 제 원리』의 내용을 그대로 압축한 것이나 다름없는 것이다. 시마무라 호게츠의 「문학개론」에서도 서구에 있어서의 문학의 정의로는 매슈 아널드, 월터 페이터, 그리고 존 몰리(Morley)와 브룩크, 포스넷 등을 인용하고 있다.[46]

이렇듯 심리학에서의 지 · 정 · 의의 3분화 또는 지 · 정의 이분화의 요소로서의 '정'은 외계와 '나'와의 조화와 충돌에 응해서 생기고, '나'를 창발(暢發)하는 것은 쾌(快)이며 '나'를 막히게 하는 것은 불쾌(不快)로 양면성을 가진다. 그리고 '나'를 창발하면서 심미적 의식 가운데서 가장 두드러진 현상이 쾌락의 정인 것이다. 따라서 이광수가 원용 대상으로 삼은 시마무라 호게츠에 의하면 정 또는 정의(情意)는 문학의 내용의 주요소이며

---

46 島村抱月, 「文學槪論」, 『抱月全集』 第二卷, 博文館, 1930, pp. 7~8 및 「심미적 의식의 성질을 논함」(1894), 같은 책, pp. 463~529.

미학의 영역에서는 심미적 의식의 요소이며 예술의 제1요소이고, 예술의 생명으로서 정의 성질은 광의로는 감정과 정서로서의 두 의미가 있다는[47] 것이다. 그는 또 광의로서의 '감정'보다 협의로서의 '정서'로 보았으며 정의 활동은 '일층쾌락적야'(一層快樂的也)라고 지적했다. 그리고 심미(審美)의 요결은 '동정'(sympathy)에 있다고 보아 동정을 심미적 의식의 요소로 다루었다. 이 '쾌감'과 '동정'의 문제는 「문학이란 하(何)오?」의 '문학의 재료' 및 '문학의 실효'에서 '동정'이나 '동정심'으로 제시된다.

따라서 '정'이란 문학론의 입장에서 보면, 문학이 'literature'의 역어로서 상응하게 받아들여지고 있듯이, 서구어인 'feeling, Gefühl'이나 'emotion, Emotion'의 감정이나 정서와 같은 의미로 쓰인 것이다. 문학의 개념과 성격을 밝히기 위한 과정에서 지 · 정 · 의 또는 지 · 정의 대비는 당시 일본 문학개론서들에서 보편적인 현상이었다. 그리고 당시의 문학론들이 가장 많이 원용한 윈체스터의 『문학비평의 제 원리』는 제3장 「문학의 정서적 요소」에서 정서 가운데서도 '자존적 정서'(self-regarding emotion)와 '고통스런 정서'(painful emotion)는 배제해버리고 문학에서의 정서적 효과의 항구적 가치를 1) 정서의 타당성, 2) 정서의 생기, 3) 정서의 지속성, 4) 정서의 변화, 5) 정서의 질 등 5개항으로 논의하면서 정서의 특성을 문학적 가치의 척도로서 논의했던 것이다.

이런 이해 과정을 거치면서 이광수가 '정'이나 '정서'의 문제가 문학의 재료나 심리학적 근거가 되어 있음을 가장 확실하게 밝히면서 설명하고 있는 글은 「문학에 대한 소견」(1929)이다. 「문학에 대한 소견」은 정서론과 작품의 가치로서의 자유로운 상상력과 감동력을 중심적으로 다룬 문학론인 것이다. '문학으로서 하여금 다만 문학이 되게 하라'는 문학의 독자성에 대

47 『文芸概論』, 『新美辭學』, 『抱月全集』 第一卷, p. 400. 『抱月全集』 第二卷, pp. 89~91 참조.

한 견해가 피력되기도 한다. 특히 문학의 존재이유는 '정이 어떤 줄을 울려 준다'는 상상력과 감동으로서의 '정=정서론'이란 정적 효과의 논리이다. 그리고 이 「문학에 대한 소견」은 혼마 히사오의 『문학개론』의 개정판(1926) 「문학의 본질」, 「문학의 특질」로부터 영향 받은 점이 적지 않다.

> 사람에게 육체의 기아를 자각하는 본능이 있기 때문에 음식이 필요한 모양으로, 정의 기아를 채우려는 욕구에 인하여 문학이 생긴 것이다. [……] 기본본능 즉 기본감정이 여러 가지 열등, 고등, 복잡, 단순한 관념과 연합하여 심리학자들의 이른바 정서라는 것을 구성한다. 비애 · 실망 · 불안 · 희열 · 안심 · 장엄 · 침울 · 초조 · 질투 · 희망 · 의혹 · 선망 같은 것이 정서의 명칭이다. 선악 · 미추도 필경은 정이다.[48]

그래서 '그것이 무엇이든 우리의 어느 정서들을 넣어주는 것이면 문학의 재료가 되는 것'이라고 지적한다. 결국 문학이나 예술은 정서의 표현이며 정의 만족이라는 것이다. 정서론에 있어서 심리학적 지식 체계의 영향이 적지 않게 작용한 증좌이다. 이와는 달리 안확(安廓)은 『조선의 문학』(학지광, 1915)의 「문학이란 하(何)오?」 장에서 감정보다 오히려 '사상'을 강조했던 것이다.

4. 갇혀진 문학과 자유로운 문학

「문학이란 하(何)오?」에서 제기된 문학에서의 '정', '정의 만족', '감정'

---

48 이광수, 「문학에 대한 소견」, 『이광수 전집』 제16권, 삼중당, 1963/1968, p. 180.

의 독자성 문제 다음으로 의의 있게 평가해야 할 것은 교화적 효과인 도덕에 대한 관점이다. '문학과 도덕' 그리고 진 · 선 · 미의 추구 외에 6개의 부산적 실효를 제시한 '문학의 실효' 장은 바로 문학과 도덕에 관련되어 있는 이름 그대로 문학의 실제적 의의와 효용의 장이다. 그런데 이 도덕에 대한 관점에서 두 개의 상이한 태도를 보여주고 있음에 주목하게 된다. 흔히 예술의 가치를 두고 심미적 가치와 도덕적 · 공리적 가치가 구획되고 있듯이, 그는 '도덕의 속박을 탈(脫)하라'고 주장할 정도로 부정적이고 반도덕적 태도를 보이는 것이 하나이다. 이런 반도덕적 관점을 갖게 하는 대상과 요인은 바로 '자유'를 속박하는 전통적인 유교식 도덕이며 그것이 조선문학의 발전을 저해한 최대의 원인이 되기 때문이라는 것이다. 중국을 정점으로 하는 유학사상과 깊이 관련된 전통적 가치는 이렇게 '가둠'의 가치로서 부정적인 것으로 경멸된다.

따라서 그는 권선징악적인 도덕률의 '속박'에 갇힌 편협한 이전의 문학관의 청산을 강조한다. 여기에 대응하여 자유로운 재재 선택과 묘사의 '자유'가 강조된다.

> [……] 금일의 문학은 초연히 종교 · 윤리의 속박 이외에 입(立)하여 인생의 사상과 감정과 생활을 극히 자유롭게 여실하게 발표하고 묘사하나니 현대 문명제국의 대문학이 출함이 실로 차(此)를 인(因)함이라.[49]

이 같은 '자유'의 문제는 진정한 문학의 제일 요건이 아무 외적 조건에도 구속되지 아니한 '자유로운 상상력'이라는 「문학에 대한 소견」(1929)에서도 이어진다.

---

49 이광수, 「문학이란 하(何)오?」, 『이광수 전집』 제1권, 삼중당, 1963/1968, p. 510.

다른 하나는 「문학이란 하(何)오?」의 「문학의 실효」 장에서 여섯 번째의 부산적 실효로 든 다음과 같은 도덕에 대한 긍정적 태도의 관점이다.

> 선량한 문학은 비록 도덕을 고취하려는 의사는 무하되, 자연히 일종 심대한 교훈을 수(垂)하는 자라, 문학을 독하여 쾌락을 향(享)하는 중 부지불식간에 품성을 도야하고 지능을 계발하게 되는 것이다.[50]

전자와 같은 과도하고 강한 부정이 아니라, 굳이 도덕을 강조할 필요까지는 없지만, 편협한 도덕률의 속박과 관습이 아닌 '묘사'[51]의 '자유'가 있고, 쾌락을 향유케 하는 가운데서 도덕이 부지불식간에 품성도야에 실효가 있다는 긍정론이다. 그러니까 문학 또는 예술에 관련된 도덕에 대한 이광수의 논의는 양자 사이의 갈등과 긴장 및 긴밀성과 조화라는 두 개의 양극이 함께 있다는 예술론적 견해가 함축되어 있는 셈이다. 이 점은 그의 『예술과 인생』(1922)에서도 나타난다.

이렇게 그는 문학이 6개의 부수적인 실효의 하나로서 도덕적인 건강성이나 품성의 고양에 유용할 수 있음을 시사함으로써 도덕성의 역할을 굳이 강조하지도 않지만, 그렇다고 부정하지도 않는다. 정과 도덕이 문학적 주부(主副)의 실효로서 느슨하게나마 관계되어 있는 이 같은 문학론의 현상은 윈체스터가 일컫고 있는 이른바 '도덕적 정서'(moral emotion)[52]을 연상시킨다. 윈체스터는 문학에 있어서의 정서의 다섯 개의 특질을 문학의

---

50 앞의 책, p. 511.

51 이 경우 '묘사'는 정(正)/부정(不正) 및 정(情)/부정(不情)과 '여실한 묘사로서의 성격을 지녀서 자연주의나 사실주의의 시학으로서의 'Description'이라는 성격과 '재현'(representation)의 개념이 혼합되어 있다.

52 C. T. Winchester, *Some Principles of Literary Criticism*, The Macmillam Co, 1899/1925, pp. 106~107.

가치 척도로서 다룬 가운데, 도덕적 특성이나 물질적 사물의 도덕적 암시에 의해서 야기되어진 정서는 정도에 있어서 순전히 감각적이거나 미적 정서보다는 더 높은 문학적 가치로서 본다. 도덕적 정서란 넓은 의미에 있어 도덕적 존재의 특성 · 행위 또는 성격에 의해서 환기된 정서, 생에 대한 동정의 형태로서의 정서로 규정한다. 그에 의하면 완전히 도덕적 성격이 없는 정서는 순전히 감각적이고 상상적 재현의 정서에 있어서조차도 항상 도덕적인 암시성이 잠재되어 있기 때문에, 문학은 순전히 비도덕적 표준에 의해서 결코 측정될 수가 없다는 것이다.[53] 소세키도 「문학론」에서 '도덕적 분자'의 혼입을 지적했었다.

이광수가 주정적으로 '정'이나 정서의 심미적인 독자성을 강조하면서도 문학의 도덕적인 효능성을 함께 주장하게 된 것은 아마도 톨스토이의 인도적인 도덕성이나 예술의 감염력과의 연계뿐만 아니고, 이 같은 '도덕적 정서'와도 친밀한 연계 관계가 작용한 것이다. 이광수는 이에 대해 「우리 문예의 방향」(1925)에서의 문예의 존재 이유와 가치를 말하는 대목에서 도덕을 무시한 예술은 "병적인 불건강한 멸절을 하여야 할 예술"이라고 규정한다. 칸트의 "위로는 별이 반짝이는 하늘, 안에는 도덕적 법칙"이라는 말이 연상된다.

그런 점에서 보면, 「문학이란 하(何)오?」는 이 정서론 내지 감정론과 윤리론 내지 도덕적 효용론의 논리가 각각 독자적으로 상호 대비되어 있다기보다는, 정서 속에 도덕성의 요소를 표용적으로 수용하는 '도덕적 정서'의 현상으로 볼 수 있다. 윈체스터를 읽고 인용하는 나쓰메 소세키도 『문학론』(1907)에서 문학의 내용은 정서를 주로 하고 도덕은 일종의 정서이며 도덕적 분자는 문학의 일대 요소라고 하여 이렇게 말하고 있는 것이다.

---

53 앞의 책, p. 111. 『漱石全集』 11卷, 「文學論」(1907), pp. 148~149.

문학의 내용은 정서를 주로 하는 것이어서 이것이 있기 때문에 문학은 성립되는 것이다. 그리하여 도덕은 일종의 감정에 지나지 않는다.[54]

정서는 문학의 골자(骨子)이며 도덕은 일종의 정서이다.[55]

어딘가 서로의 맥락적 일치가 간파되는 대목이다. 「문학이란 하(何)오?」는 정의 문예학과는 달리 간과해버릴 수 없는 점이 있다면 '최호한 재료를 최정(最正)·최정(最精)하게 묘사한 것이 최의 문학' 그리고 '문학의 묘의는 인생을 여실하게 묘사함'이라는 사실주의적 묘사시학을 제시한 것이다. 자유의 문제는 다음 장에서 상론코자 한다.

5. 다원적 요소로서의 문학

(1) 예술적 정감론

「문학의 가치」 및 「문학이란 하(何)오?」에서 「문학강화」, 「문학에 대한 소견」, 「문학과 문사와 문장」에 이르는 과정을 비평사적 안목으로 보면 이광수의 '문학'에 대한 개념이 단계적으로 형성·정립·진전되는 과정이며, 또 그의 개론형의 문학론의 틀이 짜지는 과정이기도 하다. 그 과정에서 가장 현저한 성격이나 특성들을 지적하면 다음과 같다. 첫째의 성격이나 특성이라면 '리터레처'의 역어로서의 문학이 정의 문예학으로서 '정의 분자'론이라는 문학에서 비롯한 문학관에서 시작하여 '문학이란 어떤

54 『漱石全集』 11卷, 1928, p. 184.
55 앞의 책, p. 149.

종류의 예술적 형식에 의한 인류의 생활(사상 · 감정 · 활동)의 상상적 표현인 문헌으로서 오인(吾人)의 감정을 동하는 것'이란 예술적 형식, 상상력에 의한 표현, 사상 · 감정을 움직이는 것(감동)으로서의 요건을 갖추어서 진전되고 완성되고 있다는 사실이다. 이의 이론적인 기반이 되고 있는 것을 압축적으로 보면 시마무라 호게츠, 톨스토이 그리고 윈체스터의 소론이다. 이렇게 『문학강화』는 예술적 형식 · 창조적 상상력에 의한 표현 · 감동 등 문학의 특성을 예술론적으로 규정하고 있을 뿐만 아니라, 「문학의 가치」에서부터 시작되는 가치론이 진선미 등 세 개의 가치 영역과 연계되어 문예가치론으로서 진리 가치감정－도덕 가치감정－심미적 가치감정 등을 제기한다. 문학 또는 문예의 가치론은 「우리 문예의 방향」(1925)으로도 이어진다. 「예술 평가의 표준」(1926)으로 이어져 '재미 · 진 · 선 · 미'가 예술 평가의 네 개의 기준(크라이테리아)으로서 제시된다.

(2) 실효론과 자유론

실효론으로서의 도덕성에 대한 긍정 · 부정의 두 가지 반응 및 이와 결부되어 있는 '자유'론이다. 이광수는 조선문학을 불모화시키고 조선 사람의 사상과 감정을 편협한 도덕률의 속박에 가두게 한―마치 시마무라 호게츠의 '도라와레타루 분게이'(갇혀져버린 문예, 1906)를 연상하게 하듯이― 유교식 도덕을 악마화하여 공격한다. 즉 전통적인 조선의 문학이 천편일률적인 권선징악의 노예적 '속박'에 의해서 '자유'가 극도로 제한되어 가두어져왔다는 것이다. 분명 갇혀버린 문학이라는 인식이다. 따라서 새롭게 출현하는 신문학이 문학으로서의 독자성을 담당해야 할 작업은 낡은 유교사상적 권선징악의 도덕적 속박으로부터 벗어나서 자유의 영역을 확보해야 한다는 주장이다.

—…속박한 바 되어 자유로 발표할 기회가 무하였도다.

— 물리학이 만반 물리현상을 기재설명하는 자유가 유한 모양으로, 문학은 만반 사상 감정을 기재설명할 자유가 유하여야 하는 것이다. 사실상 금일의 문학은 초연히 종교윤리의 속박 이외(以外)에 입(立)하여 인생의 사상과 감정과 생활을 극히 자유롭게 여실하게 발표하고 묘사하나니, 현대문명 제국의 대문학이 출함이 실로 차를 인함이라. 조선에서는 장차 신문학을 건설하려 할진대, 위선 종래의 편협한 문학관을 기(棄)하고 무궁무변한 인생의 사상 감정이 광야에 입하여 자유로 재재를 선택하고 자유로 차를 묘사하도록 노력해야 할지니라.[56]

— 불여의한 실사회를 탈하여 자유로운 상상의 이상형에 소요하여…….

— 조선인은 마땅히 구의(舊衣)를 탈하고, 구후(舊垢)를 세(洗)한 후에 차 신문명중에 전신을 목욕하고 자유롭게 된 정신으로 신정신적 문명의 창작에 착수할지어다.

— 우리가 소중히 여기는 진정하다고 생각하는 문학적 작품은 이러한 외적 조건에 구속되지 아니하고 오직 작가의 자유로운 상상력과 기술로 지어진 것이다. (「문학에 대한 소견」 중에서)

이렇게 문학의 독자적 자율성으로서 자유를 강조하고 있다. 정의 심미적 독립과 함께 개성의 자유 · 재재 선택의 자유 · 묘사와 재현의 자유라는 범역의 확대를 주장하는 것은 문학론에 있어서 전에 없이 엄청난 변혁을 의미하는 것이다. 이 '자유'의 문제는 '문학으로 하여금 다만 문학이 되게 하라'는 「문학에 대한 소견」(1929)의 '자유로운 상상력'의 문제로 이어진다. 이와 같이 속박으로서의 편협한 도덕률을 거부하고 자유를 주장한다. 그러면서도 「문학이란 하(何)오?」의 부수적 실효에서 보는 것처럼 그

56 이광수, 「문학이란 하(何)오?」, 『이광수 전집』 제1권, 삼중당, 1963/1968, p. 510.

는 문학에 있어서의 도덕성에 대한 친화적 태도도 함께 지니고 있다. 이는 외견상 모순되는 것 같지만, 선량한 문학은 목적론적으로 현시적으로 도덕을 강조하지는 않지만, 미적 쾌락을 주는 가운데, 은시적으로 도덕성을 내포하고 있다는 주장이다. 이는 명령적 강제나 단순한 교화성의 의도와 모티브가 아닌 도덕적 암시성을 긍정하는 것이다. 그러나 그가 유교식 도덕률에 대한 비판 이외에도 문학에서의 도덕성을 강조하는 것은 작가 · 예술가의 인격이나 감염성과 관련된 도덕적 건강성의 경우이다. 그 때문에 세기말적 문예의 불건강하고 병적인 생태에 대해서 매우 비판적인 것이다. 일반 문학론적인 관점에서 문학의 도덕성을 크게 강조하고 있는 것이 아니라, 문학의 가치를 진리 가치감정－도덕 가치감정－심미적 가치감정의 가치적 합일로 보고 있다. 그래서 쾌감의 예술(정적 효과)과 윤리적 도덕성의 교화 효과가 서로 두 극으로 대립되거나 갈등으로 대비되고 있기보다는 윈체스터의 정서론에서의 '도덕적 정서'의 경우처럼 도덕의 정서로 합성화되어 있다고 할 수 있다. 윈체스터는 도덕적 건강성 내지 건강한 도덕성에 대한 의무는 높은 문학적 달성에 장애가 아니며 훌륭한 문학의 특징이 된다는 것이다.

이와 마찬가지로 이광수는 「인생과 예술」(1922)에서 이 예술과 도덕의 합성성에 대해서 다음과 같이 말하고 있다.

> 도덕과 예술은 하나이니, 도덕적 아닌 예술은 참 예술이 아니요, 예술적 아닌 도덕은 참 도덕이 아니외다.[57]

그런 점에서 그의 정서론은 일면에 있어서는 도덕적 정서론이다.

---

57 이광수, 「인생과 예술」(1922), 『이광수 전집』 제16권, 삼중당, 1963/1968, p. 30.

(3) 문학의 장르론

문학 연구의 갈래 체계와 문학장르론의 정립이다. 르네 웰렉이 그의 『문학의 이론』(1951/1970)이나 『비평의 개념』(1963)에서 문학이론 · 비평 · 역사[58] 등 연구 대상으로서의 문학의 범역을 3분화했듯이, 이광수는 그의 일련의 글에서 문학론(문학개론) · 문학사 · 시론 · 문학비평으로 4분화하여, 이를 '과학적 부분'에, 그리고 시 · 소설 · 희곡 등의 문예의 세 기본 장르를 '예술적 부분'에 배치하였고, 「문학에 뜻을 두는 이에게」에서는 문사와 문학자 등 문학을 직업으로 하는 자들의 갈래 체계에 대한 도식을 작성하기도 하였다. 그밖에도 문학개론형 내용 편성의 양상으로 문장론이 첨가적으로 언급된 것이 특이한 양상이라면 양상이다. 이들 문학 연구 부문에 대한 원론적이고 분석적 검토는 이미 오래전에 김열규에 의해서 상론[59]되어 있어서 거듭된 반복의 논의는 생략코자 한다. 이광수의 일련의 글은 한 권의 문학개론으로서는 완성되지 못하였다. 그러나 문학의 개론화를 위한 설명적 체계 편성은 독특하거나 특이하지 않고 그가 참고했을 많은 당시의 일본의 문학개론류의 책들의 목차 내용이나 편성과 유사한 편성으로 이루어져 있지만, 문학과 그 갈래 체계에 대한 안내의 지형도로서의 의의는 충분히 지니고 있다.

---

58 René Wellek, Austin Warren, *The Theory of Literature*: Penguin Books, 1949/1970, pp. 38~45; René Wellek, *The Concepts of Criticism*, Yale University Press, 1963/1978, pp. 1~20.

59 김열규, 「이광수 문학론의 전개」(1969), 『한국근대문학 연구』, 서강대학교 인문과학연구소, 1969, pp. 46~73. 김열규의 이 논문을 정명환이 "잡연한 제 개념으로 최대한으로 질서화하려고 시도하다가 실패한 귀중한 노력의 표현"이라고 평가하지만, 이광수 문학론 연구의 선구적 길잡이로서 성공한, 귀중한 노력임이 분명하다.

(4) 문학비평과 문학사

이론적인 심도와는 관계없이, 문학의 가치 판단, 즉 문학적 가치(Literarische Wertung)와 '문학의 구체적 작품에 대한 논의'와 관련하여 '근대에 신생한 일체(一體)'로서 문학비평(Literaturkritik)이 처음으로 이해되고 있다. 문학비평은 문학작품의 내용과 형식에 대한 비판적 해석과 작품의 평가를 중심으로 하는 문학 활동으로 동시대 문학에 대한 비판적 파악이다. 매슈 아널드의 『비평론』(*Essays in Criticism*, 1865)에서 비롯되어 1880년에 일본에 수용된 문학비평의 개념과 의의 및 양상, '정의의 신', '사법관', '의사', '교사'로서 비유된 비평가의 기능과 역할을 처음으로 언급함으로써 문학비평을 문학의 연구 장르로 받아들인 것이다. 혼마 히사오(本間久雄)의 『문학개론』의 7, 8장은 「문학비평」의 장이다. 이는 이광수의 문학비평에 대한 이해에 영향을 준 것이 분명하다.[60] 그리고 비록 문학개론과 마찬가지로 문학에의 입문 과정에 소용되는 것 정도로밖에 인지하지 못하고 있기는 하지만, 문학사(Literaturgeschite)라는 존재와 의의를 제시한 점도 주목된다. 한국문학에 있어서 문학사 논의의 첫 시발로서의 의의를 지니고 있기 때문이다. 한 민족 또는 한 언어로 씌어진 문학의 역사적 전개 과정 및 시대 단위의 문학의 역사적 전개 과정을 서술하는 문학사는 문학의 역사적 발전의 과정을 기술하는 특수사이다.

이광수는 문학개론에의 논의만큼 심도 있게 문학사론을 제시하지는 못하고 있지만, 입문으로서의 문학사, 문학사로서의 조선문학사, '조선문학', '국문학', 그리고 '문학과 민족성'을 여기서 거론하고 있는 점은 주목되는 현상이다. 이와 같은 문학사 논의나 국민문학, 국민성 논의의 담론은 1890년(메이지 23년)에서 비롯된 일본에서의 문학사 연구와 맥락이 닿

---

60 C. T. Winchester, *Some Principles of Literary Criticism*이나 혼마 히사오의 『문학개론』에서도 문학비평이 독자적 장으로 다루어져 있다.

는다. 일본의 문학사들은 문학의 발전을 민족정치사와 연계시킨 게르비누스(G. G. Gervinus)의 『독일의 시적 민족문학사』(*Geschichte der poetischen National-Literatur der Deutschen*, 1835/1842), 그리고 자연과학 지향의 지평에서 사회적으로 전기적으로 문학을 다룬 셰러(W. Scherer)의 『독일문학사』(*Geschichte der deutschen Literatur*, 1883)[61] 및 프레데릭 롤리에(Frederick Loliée)의 『비교문학사』(*A Short History of Comparative Literature from the Earliest Times in the Present Day*)의 영향을 받고 이루어진다. 일본 최초의 문학사인 미카미 산지(三上參次), 다카스 구와사부로(高津鍬三郎)의 『일본문학사』(1890), 하가 야이치(芳賀矢一)의 『국문학사십강』(1899), 셰러의 명저 『독일문학사』에 근거하여 쓴 이가라시 치카라(五十嵐力, 1874~1947)의 『근세독일문학사』와 『신국문학사』(1912) 및 쓰다 소우키치(津田左右吉)의 『문학에 나타난 우리 국민사상의 연구』 등이 그것이다. 이 문학사와 관련하여 그는 「조선소설사」를 간략히 서술하기도 한다. 이광수의 문학사에 대한 인식은 바로 이런 문학사 연구에 자극을 받은 것이다.

(5) 국민성(민족성)과 '조선문학'론

이와 더불어 「문학이란 하(何)오?」에서 문학에 있어서의 '국민성'(민족성)의 문제가 제기된 것이다. 하가 야이치의 『국민성십론』(國民性十論)이 출현하면서 국민성 개념이 강조됨으로써 이와 관련하여 이가라시 치카라는 그의 『신국문학사』(1912)의 「기본적 국민성에 관한 내외인이 비평」 장에서 일본인의 국민성의 장단 12항을 거론[62]하였고 이를 인용한 혼마 히

61 Metzler Lexikon Literatur, 3 Aufgabe, Dieter Burdorf, Christoph Fasbender, Burkhard Moenninghoff, Verlag J. B. Metzler, 2007, pp. 447~448.

62 五十嵐力, 『新國文學史』, 早稲田大學出版部, 1912/1925(7版), pp. 88~92 참조. 또한 麻生磯差 · 松田武夫 · 布古貞次, 『日本文學槪論』, 秀英出版, 1985, pp. 215~219.

사오도 그의 『문학개론』(1921)에서 제5장을 「문학과 국민성」의 장으로 할애하고 있다. 여기에는 『국민성십론』과 함께 텐느의 'Race-Milieu-Moment'의 3가 원소 그리고 구스타프 르봉의 『민족 발전의 심리 법칙』에서 근원한 종족성 · 종족혼의 이론이 인용되어 있다. 또 중국인의 국민성을 다룬 아서 스미스(Arthur Smith)의 *Chinese Characteristics*(1889)가 시부에 타모츠에 의해서 『지나인[중국인] 기질』(1896)이라는 제목으로 번역된다. 이렇게 일본인이 사용한 메이지 시대의 신조어 '국민성'(고쿠민세이), '국민영혼'은 독일 낭만주의의 민족주의 담론을 지배했던 민족혼(Volksgeist) 사상에 의해서 촉발된 개념이다. 독일인의 정신적 깊이나 독일인의 독특성과 다른 나라들과의 유기적 차이를 강조하려는 것이다. 당시 프랑스와 독일의 주도적 사상가들 가운데서 헤르더(Herder, Johann Gottfried, 1744~1803)는 국민 개념과 국민 의식에 관한 본질주의적 개념에 가장 큰 영향을 끼친 인물이다.[63] 헤르더의 사상은 그의 의도나 사상과는 달리 이들의 국민성 개념은 19세기말 20세기초에 큰 인기를 누리며 유용하게 작용하게 된 것이다. 그러나 독일에서의 타 민족에 대한 독일의 문화적 우월이라는 인종(민족)주의와 나치 이데올로기를 위한 기반이 되기도 한 것이다. 또 프랑스 사회심리학자인 구스타프 르봉(Gustave Le Bon)의 『민족 발전의 심리 법칙』(*Les Lois Psychologiques de L'évolution des Peuples*)에서 '종족혼'을 일러서 문화의 근저로서 문제시한다. 일본의 '국민성' 논의는 서구의 '국민성' 개념을 수용함으로써 제기될 수 있었던 것이다.

일본의 이와 같은 문학사의 연구나 민족성(국민성)의 문제는 이광수에

---

63 Lydia H. Liu, *Translingual Practice: Literature: National Culture, and Translated Modernity-China, 1900~1937*, Stanford University Press, 1995, pp. 47~48. 그리고 Encyclopedia of German Literature Vol. 1, A-1 Fitgroy Deouborn publisher, 2000, "gohnn gottgried Herder, 1744~1803", pp. 443~447 참조.

게 민족성과 문학 그리고 '조선문학' 『국문학』에 대한 시각을 갖게 하는 데 있어서 결정적인 영향과 역할을 한다. 다른 한편으로 일제 말기 그의 변질된 「국민성」, 「국민문학」은 「내선일치(內鮮一致)와 국민문학」에서 보듯 일제의 황민화라는 전시 독트린에 대한 동화로서의 의미를 갖게 하는 부정적 의미가 되기도 한다.

「문학이란 하(何)오?」론에서 황종연이 이광수의 민족문학론의 모형이 메이지 일본의 국문학에 있으리라는 것은 충분히 가능한 추측[64]이라고 한 것은 바른 지적이다. 문제는 일본 역시 '국민성'론을 서구로부터 수용했다는 사실이며 이를 다시 받아들인 이광수는 문학사를 문학 입문에의 단순한 글로 이해했고, 그리고 한국문학의 역사적 전개에 대해서 체계 있게 개관할 수 있는 깊고 넓은 지식과 통찰을 갖추지 못했다는 점이다. 이광수는 문학사가는 아니었다. 그러나 이 이광수의 '국민성'의 문제는 그의 「민족개조론」에 있어서 '민족성'의 개념과 연관될 뿐만 아니라 그의 '민족 문학론'의 씨앗이 된다. 1770년대 독일에서 제기된 '민족문학'은 '일본문학'과 '조선문학'의 개념을 형성시킨다. 특히 그는 1929년 조선문학의 개념에 있어서 경성제국대학이 '조선문학 연습'에서 율곡의 격몽요결(擊蒙要訣)을 연습 도서로 한 것을 비판하면서 조선문학은 조선어 위에서 성립한다는 관점을 제시한다.

(6) 지정론

정의 분자로서의 문학의 정적 독자성이 '지(知)의 분자'로서의 지적 요소를 결코 문학에서 배제시켜버리는 것은 아니다. 이광수가 깊이 영향을

64 황종연, 앞의 글, p. 473. 정병호의 「이광수 최초문학론과 일본문학사의 현재」, 『일본학보』 54호, p. 460도 이와 같은 관점이다.

받고 있는 호게츠도 문학의 내용요소로서 '지정'(知情)을 함께 들었고, 윈체스터 역시 '지적 요소'(Intellectual element)를 문학의 4요소(정서 · 사상 · 상상력 · 형식)의 하나로서 제시한 것이다. 지나 지적 요소는 사상이나 진실과 관련되어 또 글의 목적이나 주제, 제공의 중요한 요소인 것이다. 그런 점에서 사상[지] · 감정[정] · 상상력 · 형식의 4요소를 포용하고 있는 「문학강화」의 '문학' 개념 또는 정의는 「문학의 가치」에서의 '정의 분자'의 개념보다는 문학의 독자성이나 자율성에 있어서 훨씬 진정되고 완성된 개념이다. 그래서 '여실한'(如實한) 묘사론까지도 제시된다.

문학개론적 성격으로서의 일반 문학론은 문학비평의 경우처럼 독자적인 견해나 관점이 중심이 되기보다는 문학이론의 일반적이고 객관적인 개요 및 문학교육적 성격을 지니고 있다. 물론 나쓰메 소세키의 『문학론』과 같은 독자적이고 학구적인 예외도 있지만, 이광수의 개론형 문학론은 대개의 문학개론이 그러하듯 독창적인 관점을 내세운 문학론이기보다는 새롭게 출현한 문학을 이해시키기 위해서 여러 문학론이나 개론서들을 참고삼아서 이를 종합적으로 섭렵하고 원용하여 이루어진 글들이다. 따라서 이 같은 글에서는 이광수에 대한 이제까지의 비평과는 달리 실질적으로 교훈주의나 도덕관이 투영되거나 제시되어 있는 것만은 아니다. 설사 문학을 교육하려는 의도에 있어서는 그러했을지도 모르겠지만, 글에서의 문학관 그 자체는 위의 지적한 4요소들이 시사하고 있는 것처럼, 편향적일 만큼 도덕적 문학관이기보다는 오히려 문학으로서의 자율적인 성격이 강조된 문학관이다. 「예술평가의 표준」(1926)의 4표준화—재미 · 감동 · 진실(眞) · 아름다움(예술미)의—의 제시가 특히 이를 입증한다. 그리고 문학의 두 기능—공효론—에 있어서 '가르치기'(to instruct)와 '즐겁게 하기'(to entertain)로 크게 분화하는 오늘의 문학개론들과 비슷한 양면성이 그의 「문학이란 하(何)오?」의 '문학의 실효'장에서 제시되어 있다. '정'과

'지'의 의미를 인용한 「문학의 가치」, 「문학이란 하(何)오?」를 비롯한 이광수의 일련의 문학개론형 일반 문학론은 문학 개념과 성격의 근대적 혁신 및 문학의 범역의 이해, 그리고 민족 문학(Nation Literature)으로서의 '조선 문학'의 개념과 형성의 기반을 놓는 의의를 지니고 있다.

약간의 시차는 있지만, 동아시아(한 · 중 · 일)에서 거의 동시대에 근대문학을 위한 문학론이 출현하였다. 나쓰메 소세키는 매우 독자적이고 본격적인 『문학론』(1907)을, 시마무라 호게츠는 『문학개론』(1928)을, 그리고 중국의 루쉰(魯迅)은 『마라시력설』(摩羅詩力說, 1927)을 썼다. 그리고 이광수는 「문학이란 하(何)오?」(1916)를 썼다. 이들은 모두 서구 중심주의적 성격을 지니고 있는 것이 사실이지만, 근대문학의 형성과 전개를 위한 기여와 가치의 의의를 지니고 있는 문학론이요 평론이다. 「문학의 가치」, 「문학이란 하(何)오?」를 비롯한 이광수의 일련의 개론형 문학론은 『문학론』과 같은 다른 것들에 비해서 본격적인 문학론 또는 평론으로서의 성격을 지님에 있어서 미흡성이 있는 것은 사실이다. 그러나 그럼에도 불구하고 '근대의 문학이란 무엇인가'를 일깨우고 알리는 문학개론이다. 문학교육론으로서의 뚜렷한 의의를 지니고 있는 것은 분명하다. 그것은 그가 전문적인 문학자나 문학비평가가 아니라 작가였으며 근대문학에 대한 일반인들의 교양의 수준을 향상시키려는 선도적 문사의 교화의식을 갖고 있었기 때문일 것이다.

제2장
모방-암시의 사회심리학적 문학론과 감염의 수사학

1.「文士와 修養」의 다원성

이광수의 초기 문학평론인 「문사와 수양」(1921)은 그 표제가 말하고 있듯이, 총 4장 중 3장이 모두 문사에 대한 '수양'의 윤리적 담론과 도덕적 권유와 교화의 어법이 강화되어 있는 글이다. 그래서 외견상 문학론으로서는 어울리지 않는, 지 · 예 · 체 · 덕행 또는 지 · 덕 · 체의 교육학적 인격 수양론 같은 인상을 주는 글이다. 물론 여기에는 일본 메이지 시대에 수용된 허버트 스펜서의 『교육론』의 지 · 덕 · 체 삼육의 교육 사상[1]이 근거되어 있다. 문학작품론이라기보다는 문사의 인격론이 분명하다. 그러나 보다 면밀하고 세밀하게 그 내용을 검토해보면 이전에 그가 쓴 「문학

1 '지 · 덕 · 체'의 삼육론은 진화 사상의 창시자 중 한 사람이며 영국 근대 최고의 교육학자인 허버트 스펜서(Herbert Spencer, 1820~1903)의 『교육론』(*Education Interlectual, Moral, and Physical*, 1861)에서 연유한다. 이 '가장 가치 있는 지식', '지육', '덕육', '체육'의 4장으로 이루어진 교육론은 일본의 경우에 메이지 유신의 교육 전환기에 尺振八의 「斯氏教育論」(1880) 및 有賀長雄(1886) 등 두 명의 번역 소개에 의해서 교육계를 풍미한다. 이광수가 이에 관심을 두게 된 것은 당연한 현상이다.

의 가치」(1910), 「문학이란 하(何)오?」(1916)와 같은 문학 일반론 내지 문학 개론적 문학론과는 매우 이질적인 특수 시각이 제시됨으로써 일반론으로부터 보다 진전된 비평적 문학론으로서의 면모와 성격을 지니고 있다. 문학을 통한 민족 이념의 천명과 각성도 물론이지만, 가브리엘 타르드와 보리스 사이디스에서 비롯되는 서구의 암시 · 모방의 사회심리학의 이론과 '진보의 이면'[2] 으로서의 '퇴화'(Entartung, Degeneration)론 등에 근거한 '전염의 수사학'(contagious rhetoric)[3]을 제시한다. 즉, 폐결핵 · 매독 등 질병의 관념을 문화나 문학에 적용하여 질병이나 병든 몸의 징후로 문인과 문학 텍스트를 의사와 비유하거나 은유화하여 읽으려는 소박한 질병학적 흔적을 보여준다. 민족이 새로운 생명으로 거듭 나야 할 신문화 건설기에 있어서 문학이 도덕적 악성병에 빠져드는 현상을 경계하며 건강에의 길로 나가야 한다는 문학과 예술의 사회적 미션을 처방하고 당대의 데카당스 텍스트를 도덕적 · 육체적 퇴화의 징표로 보아서 안티-데카당스 비평을 도입하고 있기 때문이다. 이 의학의 환유인 의사와 문사를 일치시키는 상호관계의 비유에는 병/건강의 대립 · 정상과 병적인 것의 의학적인 양극성의 관점에 의해서 데카당스나 퇴화와 대응하려는 이광수 나름의 건강한 문학적 싸움이 이념화되어 있는 것이다.

그다지 길지 않는 「문사와 수양」의 문학론적인 기본 핵심은 에드워드 로스(Edward A. Ross, 1866~1951)와 구스타프 르봉(Gustave Le Bon)의 사회심리학 내지 군중심리학, 레오 톨스토이(Leo Tolstoi), 쓰보우치 쇼요(坪內

---

2 Edward Chamberlain & Sander Gilman(ed), *Degeneration: The Darkside of Progress*, Columbia University Press, 1985/1996. 이 용어는 이 논집의 부제에서 따온 것이다. 사학가인 이들 편자들은 이 책에서 '진화'(evolution)의 다른 측면인 '퇴화'(degeneration)의 생물학적인 의미가 비유적으로 많은 다른 영역으로 확장된 방법들을 추적하고 있다.

3 Babara Spackman, *Decadent Geneologies: The Rhetoric of Sickness from Baudelaire to D'annunzio*, Cornell University Press, 1989, p. 5.

逍遙)의 소론과 맥락이 닿고 있는 '예술을 위한 예술'에 대응하는 '인생을 위한 예술'로서의 예술관, 그리고 막스 노르다우(Max Simon Nordau)의 『퇴화』(*Entartung*, 1892)의 '퇴화' 효과와 기타 체사레 롬브로소(Cesare Lombroso), 프란시스 갈톤(Francis Galton)의 천재론 등과 약간씩 닿아 있거나 투사되는 등 이론 수용과 시각의 상당한 다원성을 지니고 있다. 뿐만 아니라 이광수 문학관과 그의 앞으로 전개될 작품 세계와의 유기적 성격을 드러내는 기축으로서의 의미를 지니고 있다. 그래서 이 글은 근대문학을 보는 입장과 함께 모럴리스트로서의 이광수 문학의 일종의 도덕적 매니페스토, 즉 선언과도 같은 성격과 의미를 지닌 글이다. 나라와 민족의 정신적인 건강에 영향을 주려는 문학을 위한 그의 씨름질이 역연하기 때문이다. 그런 점에서 이광수가 상해에서 돌아온 1921년을 흔히 지적하는 정치 · 사상적 변질과 연관하여 일단 문학론적 변질의 시기로 보는 관점[4]은 그런대로 의미가 있지만 문학적 해석이기보다는 정치적 해석이며 너무 일방적인 지적으로서의 한계성도 지니고 있는 것이다. 오히려 이전의 개론형 일반 문학론에서부터 자신의 독자적인 문학관 내지 비평관을 정립해가고 있는 출발의 글로서의 의의를 지니고 있다.

이 글은 작품론보다는 문사니 인격론에 치중한 「문사와 수양」을 비롯한 일련의 비평 및 문학론들을 대상으로 서구나 일본의 이론 수용의 면모를 하나하나 면밀하게 밝히는 작업의 일환으로서, 주로 이광수의 문학론과 모방-암시이론에 근거한 군중심리와 집합행동 규명으로서의 에드워드 로스, 구스타프 르봉의 사회심리학 및 톨스토이의 『예술이란 무엇인가』와 막스 노르다우의 『퇴화』의 예술론과의 상호 연계성을 사상사나 문

4 김봉구, 「신문학 초기의 계몽사상과 근대적 자아: 춘원의 경우」, 『한국인과 문학사상』, 일조각, 1964 외 거의 대부분의 논자들의 기존 논의가 정설화된 듯이 이렇게 보고 있다.

화론 및 비교문학적 영향론의 관점으로 살펴보고자 한다.

2. 인용의 수사학으로서의 문학론

김열규는 그의 「이광수 문학론의 전개」(1969)에서 이광수 문학론의 전개를 본격적으로 살피는 스스로의 작업을 "포장기사로서의 춘원이 어떠한 장비와 기술이론을 서구에서 그리고 일본에서 얼마큼 도입하면서 그 자신의 역사적 과업을 수행함에 있어서 그것들을 활용하였느냐를 밝히는"[5] 연구 작업이라고 지적한 바가 있다. 여기서 '포장기사'라는 무척 재미있는 비유는 이광수의 글이 인용의 예가 유난히 많음을 지적하는 말에 다름 아닌 것이다. 확실히 이광수의 일련의 글에서는 인용과 인유가 많은 것이 사실이다. 다양한 인용의 기능이 새로운 시대와 혁신적인 근대성의 기수이기를 자처했던 그에게 있어서는 어울리는 글쓰기의 중요하고 문제적 양상이며 인터텍스추얼리티(intertextuality) 현상이다. 스테판 모라우스키가 분류한 권위 · 박식 · 장식 등의 인용 기능[6]의 세 유형 가운데서 그 첫 번째와 두 번째 유형의 이념적이고 설득적 효과와 관련되는 이광수의 인용은 따옴표의 유무에 의한 명시화 · 은성화 및 인명의 거명과 비거명 형태, 외국의 글 표기나 제목 그대로 쓰기, 용어 따오기 등의 여러 양상으로 나타난다. 그는 에른스트 헤켈(Ernst Haeckel)의 『우주의 수수께끼』(*Welträtsel*, 1899), 에드워드 로스의 『사회심리학』(1908)을 위시해서, 막스

5 김열규, 「이광수 문학론의 전개」, 『한국 근대 문학 연구』 인문연구논집 2, 서강대학교 인문과학연구소, 1969, p. 45.

6 Heinrich F, Plett, "Intertextualies", *Intertextuality*, Heinrich F, Plett, Walter de Gruyter, 1991, p. 13; Claudette Sartiliot, Citation and Modernity: Derrida, Joyce and Brecht, University of Okeahorna Press, 1993, pp. 4~6 참조.

노르다우, 구스타프 르봉, 크로포트킨, 루소, 앙리 베르그송, 찰스 다윈, 톨스토이, 허버트 스펜서, 괴테, 베이컨, 셰익스피어, 볼테르, 보들레르, 매슈 아널드, 칼라일, 로맹 롤랑, 러스킨, 윌리엄 모리스, 바이런, 칸트, 니체, 셸링, 텐느, 엘렌 케이, 에드워드 카펜터, 시마무라 호게츠(島村抱月), 쓰보우치 쇼요(坪內 逍遙), 모리 오가이(森 歐外), 나쓰메 소세키(夏目漱石), 혼마 히사오(本間久雄), 이가라서 지카라(五十嵐力), 구리야가와 하쿠손(廚川 白村), 기노시타 나오에(木下尙江), 타카야마 조규(高山 樗牛), 우키타 카스타미(浮田 和民), 하세가와 덴케이(長谷川天溪) 등을 인용하거나 거명한다. 이들의 책이나 글귀를 인용하고 그밖에도 일본 문사들의 '부활의 서광', '예술과 인생', '문예쇄담', '문예강화' 같은 표제의 글들을 자신의 글 표제로 하거나 '인생(생활)의 예술화', '인생의 도덕화', '직업(노동)의 예술화' 등의 용어들을 자기화시키기도 한다. 어쨌거나 이 같은 인용 현상은 이광수의 문학론 형성에 있어서 폭넓은 독서 과정과 지적 편력이 근거되어 있음을 의미한다.

그러나 그 인용의 대부분은 원전을 통한 것이기보다는 많은 부분이 일본 번역서에 의한 것이다. 이것은 이광수의 경우만이 아니고 식민지 문화 여건에서의 우리 근현대 초기의 일반화된 현상이다. 그런데 이광수의 '장비와 기술 이론'으로서의 원용 범위는 문학론 · 예술론의 차원을 훨씬 넘어서서 그 지적 · 문화적 맥락이 진화론 · 생물학 · 철학 그리고 사회심리학 · 경제학으로까지 지식의 체계가 확산되어 있다. 그래서 그의 지적 편력은 그만큼 다원적이다. 특히 그의 문학론은 순수한 문학론들보다는 때로는 오히려 『군중심리』(1895)의 저자인 구스타프 르봉의 『민족 발전의 심리 법칙』(*Lois psychologiques de l'évolution des peuples*, 1894)[7]과 에드워드 로

7 르봉의 이 책은 일본에서 '대일본 문명협회'에 의해서 1910년 『民族發展の心理』라는 표제로

스의 『사회심리학』(1908) 등의 군중 · 민족심리학 내지 사회심리학과의 더 밀접한 상관성을 지닌다. 이 점을 간과하고서는 이제까지가 그러했던 것처럼 이광수 문학론의 실체를 정확하고 바르게 파악할 수는 없는 것이다. 이광수는 특히 사회심리학에 대한 아주 특별한 관심을 지니고 있을 뿐 아니라 이를 그의 이론적 근거로서 넓게 원용하고 있기 때문이다.

이광수의 문사관(文士觀)이 역연하게 밝혀지고 있는 「문사와 수양」은 문사와 민족과의 관계를 규정하는 1장 '문사와 우리민족' 장에서 '민족'을 강조하며 '문예는 신문화의 선구요 모(母)'라는 명제를 전제로 하고 그러한 이유로서 과학이나 철학을 넘어서 문예가 미치는 기능과 힘을 다음과 같이 지적하고 있다.

> 문예가 인심을 자격(刺激)하야 활발한 정신적 활동을 격발하는 동시에 문예 자신이 신사상 신이상의 선진자가 되는 것이니 문예 작가는 문예의 특유한 인(人)의 정서를 직접으로 감동하는 정서의 무기를 이용하야 자가의 이상과 사상을 (비록 무의식적인 수도 있다하더라도) 세인의 정신에 깊이 주사하는 마력이 있나니 그의 이상과 사상을 선전하는 능력은 실로 냉냉한 이지의 판단에만 전의하는 과학이나 철학에 비할 바 아니요 구테 비할 것이 있다하면 오직 종교뿐이외다.[8]

번역되었다(번역자는 前田 長太, 大日本文明協會 刊行). 이광수는 '노아자'라는 필명으로 이 책의 4편 1장인 「국민 생활에 대한 사상의 세력」(163~184쪽)을 『개벽』 22호(1922. 4)에 번역해 싣는다. 대교의 결과로 이 일본어 번역을 재번역한 것이 분명하다. 1924년 G. E. Stechert에 의해서 리프린트한 영문판 *The Psychology of Peoples*, Arno Press(1974), pp. 167~189에서의 장절의 표제는 "The Role of Ideas in the Life of Peoples"이다. 하타노 세츠코(波田野節子)는 "일본에서 최초로 르봉이 소개된 것은 1900년 이쿠세이카이 육성회에서 간행한 「ルボン氏民族心理學」(塚原 政次 역)인 듯한데, 이것은 당시 미국에서 출판되어 있는 영문 해설서를 번역한 것이다"라고 한다. 하타노 세츠코, 최주한 역, 『『무정』을 읽는다: 『무정』의 빛과 그림자』, 소명출판, 2008, p. 293. 그러나 Alice Widener, Gustave Le Bon, *The Man and His Work*, Liberty Press(1979)에 의하면 최초의 영문판은 1924년의 것이다. p. 229.

8 『創造』 8호, 1921, p. 10.

단적으로 지적해서 강렬한 자극력과 전염력(선전력)으로서의 문예관이다. 문예의 사회적 효용이란 관점에 있어서는 그의 '정의 분자'를 거론한 최초의 문학론인 「문학의 가치」(1910), 「문학이란 하(何)오?」(1916)와도 맥락이 닿는다. 문예는 사람을 감동시키고 자극하는 독특한 정서의 무기로 이상과 사상을 주입시키고 전파시키는 침투력을 가지고 있으며, 문예의 감정이나 정서는 사상보다도 훨씬 더 민첩하고 암시에 쉽게 유도됨으로써 주사(injection)의 마력과 전염성을 갖고 있다는 것이다. 그래서 문예가 활기 있는 정신력을 민족에게 주입시키고 자극하는 큰 힘을 가지고 있는 것으로 보고 있다. 정서를 무기로 한 이상과 사상의 선전 능력은 냉랭한 이지의 판단에만 전의하는 단순한 '지의 분자'로서의 과학과 철학에 비할 바가 아니라는 관점이다. 이는 정서는 사상이나 의견보다도 더 신속히 전파되기 때문에 감정이나 정조는 철학적 · 과학적 · 정치적 또는 법률적 관념보다 더 빠르고 더 멀리 가며 더 자극적이어서 인간을 결합시키는 것은 감정의 금선을 건드리는 것[9]이라는 에드워드 로스의 사회심리학적 정서관도 일단 그 맥을 같이하는 주장이다.

이런 그의 민족에 주는 영향력을 중시하는 사회심리학적인 문예관을 뒷받침하기 위해서 이광수는 「문사와 수양」에서 무엇보다도 가장 먼저 미국 위스콘신대학교 사회학 교수였던 에드워드 올스워스 로스(Edward Alsworth Ross, 1866~1951)[10]의 다음과 같은 글을 두 번씩이나 반복하여 인

9 Edward A. Ross, *Social Psychology*, 1908, Arno Press, 1974, p. 130. 이 같은 "감정의 금선을 건드린다"와 같은 표현은 이광수의 「문학에 대한 소견」(1929)에서도 "정의 어떤 줄을 울려준다"로 표현된다.

10 『창조』(1921)의 원문에서 이 인명을 전사함에 있어서 『이광수 전집』(삼중당) 및 모든 전집류들은 로스(Edward Alsworth Ross)를 모두 루소(Jean-Jacques Rousseu)라는 이름으로 잘못 오기함으로써 비교문학 등 현재까지의 모든 연구사를 크게 혼란스럽게 하고 오도하고 있다. '루소'가 아니라 '로스'(롯스)이다. 이런 오기의 사례는 특히 인명 표기에서 허다하다. 예컨

용하면서 민족에 대한 문사나 예술가의 중대한 책임과 영향력을 밝히고 있다. 이와 같이 이광수의 문학관 형성과 사회심리학과의 관련성은 매우 긴밀하다. 이 시기가 일본에서는 1900년 기딩스(F. H Giddings)의 『사회학 원리』(*The Principles of Sociology*, 1898)의 번역을 비롯해서 1913년 로스의 『사회 통제론』(*Social Control*, 1901), 1917년에는 같은 로스의 『사회심리학』이 번역됨으로써 심리학적 사회학의 도입의 성시를 이루었던 때이다. 또한 1910년에는 구스타프 르봉의 『民族發展の心理』와 『군중심리』가 번역되고 '日本社會硏究所'가 개설(1907)되는 등[11] 바로 사회심리학에의 관심이 현저해지는 이런 시기에 로스를 인용한 이광수의 「문사와 수양」이 출현한 것이다.

> 社會心理學者 로스氏는 "有力한 文士들은 想像力으로 種種의 性格을 創造하고 描寫하야 世人에게 보임으로 道德의 歷史에 甚히 重要한 潮流를 많이 形成한다"(『社會心理學』 제8장) 하여 藝術家가 一國의 興亡盛衰에 對하여 學者思想 家以上의 重大한 責任이 있음을 역설하였습니다.[12]

이광수가 이렇게 인용·반복하고 있는 이 대목은 로스가 그의 저서 『사회심리학』의 VIII장 「인습 모방의 법칙」(The Law of Conventionality Imitation)에서 "상상적 인물들은 도덕적 전염을 전파한다"(imaginary

대, 에른스트 헤켈(E. Haeckel)이 헤겔(Hegel)로 오기·전사된 경우도 그것이다. 이 헤켈-헤겔 문제를 바르게 파악한 논의로서는 와타 도모미(和田とも美), 「이광수 소설의 생명의식 연구」(서울대학교 박사학위논문, 2008)가 있다.

11 秋元律郎, 『日本社會學史』, 形成と社會構造, 早稲田大學 出版部, 1979, p. 119. 여기 거명된 르봉의 책의 영문명은 *The Psychology of Peoples, The Crowd: A Study of the Popular Mind*이다.

12 『創造』 8호, 1921, p. 10. 여기에서의 '상상력' 운운은 Imitation(모방)의 오역이다.

characters radiate moral contagion)[13]는 전염론의 사고를 전제로 하여 "예술가의 책임은 사상가의 책임을 능가한다"(the responsibility of the artist exceeds that of the thinker)[14]는 견해를 천명한 단락의 중심 문장이다. 이를 인용하는 과정에서 이광수가 일문과 함께 참고한 것으로 믿어지는 로스의 영문 원전과 다카베 쇼타로(高部 勝太郎)에 의해서 번역된 일문 번역의 『ロツス社會心理學』(1917)의 해당 대목을 각각 대비적으로 옮겨보면 다음과 같다.

> The masters of literature by inventing and portraying to the world imaginary characters produce through imitation very noticeable current in moral history.[15]

> 世界に對して想像的人物を發明し之を寫してねる文學上の主人公は道德的歷史に於て想像に 依て非常に注意すべき思潮を生ずるてある.[16]

여기에서 보듯 로스의 관점은 예술가의 책임이 사상가의 책임을 능가하기 때문에 소설가의 도덕적 · 사회적 책임은 결코 가벼운 것이 아니라는 견해이다. 로스의 원문을 근거로 하여 이광수의 인용문과 일본 번역문을 서로 대비해볼 경우, 다 같이 원전의 사회심리학적 핵심 용어인 '모방'(imitation)이 빠져버림으로써 우선 결정적인 오역의 과오를 공유하고

13 Edward A. Ross, *Social Psychology: An Outline and Source Book*, The Macmillan Co, 1908/1912, Arno Press, 1974, p. 132.

14 앞의 책, p. 132.

15 앞의 책, p. 132.

16 Edward A. Ross, 앞의 책, 高部 勝太郎 譯, 『ロツス社會心理學』, 磯部 甲陽堂, 1917, p. 201.

있다. 또 양자는 번역 상에 있어서 다음과 같은 약간의 차이와 공통점을 함께 갖고 있다.

첫째로 원전의 'masters of literature'를 이광수는 '유력한 문사'로 옮기고 있는 데 반해서 일문은 '문학상의 주인공'으로 달리 옮기고 있다. 이는 엄격히 말하면 'master'가 작가냐 작중인물이냐의 차이를 드러내는 문제이기도 하다. 인용된 영어 원문의 바로 앞 단락에 나오는 "the mighty creations of the mighty masters of song and romance"[17](유력한 시인 · 소설가의 위대한 창작)에 유의하면 작가 중심의 이광수의 '유력한 문사'의 직역이 바로 옮긴 것으로 이해된다. 그러나 인용된 영어 원문의 바로 뒷문장이 "Julie, Werther, Manfred, Rochester, Jane Eyre, Tom Brown etc., have been the pattern of tens of thousands."[18](줄리, 베르테르, 만프레드, 로체스터, 제인 에어, 톰 브라운 등은 수만 인의 귀감이 되어왔었다)를 감안하면 작중인물 중심이나 의역적인 일문 역시 크게 무리한 것은 아니다.

둘째로 원문의 'imitation'을 '모방' 또는 '모의'(模擬)[19]라고 하지 않고 일문은 '想像'으로 오역하고 있다. 이광수의 인용문은 아예 원문의 'imitation'을 전혀 고려하지도 않고 일문의 '상상'이나 '상상력'과 동일시해버림으로써 이광수가 틀림없이 오역된 일문을 일차 대상으로 참고했을 것으로 짐작된다. 또한 여기에는 일문이나 이광수의 경우 모두 'imitation'을 'imagination'으로 잘못 보거나 혼동했을 가능성도 없지 않다. 또한 이광수는 일문의 오역이나 과오를 그대로 답습하고 있는 것이

17 Edward A. Ross, 앞의 책, Arno Press, 1974, p. 132.

18 앞의 책, p. 132.

19 일본어 번역 『ロッス社會心理學』, p. 201에서는 'imitation'을 '모의'라고 옮긴 반면, 다른 모든 장에서는 '模倣'이라고 옮기고 있다. 그런데 유독 이광수가 인용한 대목과 일치하는 곳에서는 '상상'이라고 오역했다.

될 수도 있다. 이 경우라면 영문은 전혀 참작되거나 근거되지 않았다는 의미가 된다. 여하튼 '모방'을 '상상력'이나 '상상'으로 옮긴 것은 둘 다 모두 오역이다. 그리고 이광수는 일문의 오역을 되풀이 오역한 것이다.

셋째로 이와 같이 '모방'이란 단어에 소홀함으로써 결과적으로 양자는 모두 타르드나 사이디스에서 연유하는 에드워드 로스의 사회심리학의 기본 핵심 개념인 암시-모방(suggestion-imitation)의 원리에 대한 정확한 이해나 면밀한 배려가 부족하거나 결여됐던 것으로 짐작이 된다.

그러나 그럼에도 불구하고 유의하게 되는 것은 「문사와 수양」의 문예관은 이광수가 한 대목만의 단순한 인용에 그치지 않고 그 이상으로 로스의 저서 『사회심리학』과의 연관성을 현저히 지니고 있는 것이 사실이다. 이는 「문사와 수양」 3장에서 '심리학의 원칙'[20] 운운함으로써 그리고 '관습'과 '전파', '유행', '선전', '침윤', '전염', '자극', '동정'을 말함으로써 그가 어느 정도는 사회심리학이나 심리학에 몰두하고 있었음에 대한 방증이 가능해지는 것이다. 여하튼 이광수는 문학(문예)의 영향력을 제시함에 있어서 전염(감염)력을 가진 암시-모방 작용의 중요성을 역설하고 있는 사회심리학으로부터 크게 자극을 받고 있는 것이 분명하다. 그래서 「문사와 수양」에서 이광수는 사회심리적 영향력이 큰 문사의 책임과 역할과 기능을 "사회의 지도자", "사회 개량가" 그리고 "목민(牧民)의 성직" 등의 사회적 권위와 존경의 존재로 비유함으로써 문사의 인격적 수양을 강조하게 되는 것이다. 이에 영향을 준 로스는 공적 정감의 조종자로서의 예술가는 사회적 향상의 이상을 영존시킨다고 지적했던 것이다.

---

20 "[……] 유치하고 소소한 작가의 상상력으로 창조, 묘사하는 성격은 밤낮 저와 같은 것뿐일 것은 심리학의 원칙이 증명하는 바이다"(『창조』 8호, p. 16).

3. 이광수 문학론과 사회심리학

(1) 에드워드 로스와 암시-모방의 사회심리학

그렇다면, 「문사와 수양」에서 문사의 사회적 · 도덕적 책임과 영향력을 강조하는 이광수의 문학론 형성에 결정적인 영향을 주고 있는 에드워드 로스는 어떤 인물이며 또 그의 『사회심리학』(1908)은 어떠한 책인가. 로스는 미국의 사회학 초창기에 대표적인 사회학자의 한 사람이다. 그에 관한 전기를 쓴 맥마흔(Sean H. McMahon)의 『사회 통제와 공적 지식인: 에드워드 로스의 유산』(*Social Control & Public Intellect: Legacy of Edward A. Ross*, 1999) 등에 의하면, 그는 1866년 12월 12일 일리노이주 버덴에서 스코틀랜드계의 농가에서 태어났으며 1874년에 모친이 죽고 난 18개월 뒤에 다시 부친이 사망함으로써 이광수의 경우와 마찬가지로 그도 10세 이전에 고아가 된다. 그런 그는 친척 등 세 곳 농가에서 양육되다가 1876년 가을에 지방치안판사인 존 비치 가(家)에 입양되어 아이오와의 매리온에서 엄격한 장로교 환경에서 자라게 된다. 재능을 타고난 그는 개신교에 그다지 충실하지 않았고 과학에 관심을 쏟으며 어릴 적부터 농민과 소통하게 된다. 1882년 1월에 세다 래피즈 근교의 아이오와 코(Coe)대학에 입학하여 인문학 과정을 이수하고 대학원에 다니기 이전에 포트 다지의 2년제 장로교 대학에서 2년 간 문학 · 논리 · 생물 · 지리 · 법 · 독일어 등을 포함하는 놀라운 커리큘럼으로 학생들을 가르쳤으며 그 뒤 18개월 동안 독일에서 여행을 하며 공부를 하고 1889년 늦은 봄에 귀국한다.[21] 그 후 코대학 시절의 친구인 짐 바버의 권유로 존스홉킨스대학에서 리처드 T. 엘리

---

21 Sean H. McMahon, *Social Control & Public Intellect: Legacy of Edward A. Ross*, Transaction Publishers, 1999, pp. 1~7.

의 지도 아래 경제학을 전공하고, 박사학위를 받고(1891년) 이후 인디아나 · 코넬 · 스탠포드 대학 등에서 경제학을 강의하는 동안 레스터 워드(Lester Frank Ward, 1841~1913)의 사회학 저작을 만나게 되면서 경제학에서 사회학으로의 전공을 전환하게 된다. 스탠포드대학에 재직하면서는 노동자 처우와 아시아계 이민법의 반대 발언 등을 비롯한 적극적인 사회 활동으로 스탠포드대학에서 미망인 제인 로스롭 스탠포드에 의해 해고를 당했다(1900년). 그 후 그는 네브래스카대학을 거쳐서 1906년에 위스콘신대학에 취임하여 1937년에 은퇴하기까지 사회학 교수를 역임했다. 그는 일생 동안 모두 200여 편의 논문과 30권의 저서를 출간했으며 미국 사회학회 회장을 역임하는 등 비교적 긴 생애를 통해서 진보주의를 신봉하고, 정치적 · 사회적 활동에 의한 사회 개혁에의 실천적 관심을 가졌던 개혁운동가로서의 학자이다.[22]

그의 대표적인 중요 저서는 『사회 통제론』(*Social Control*, 1901), 『사회학의 기초』(*Foundations of Sociology*, 1905) 및 『사회심리학』(*Social Psychology*, 1908) 등이다. 『사회 통제론』은 이 분야의 선구적인 연구서로서, 사회 질서를 유지하기 위해서 개인의 행동을 제어하는 사회 통제가 불가결하다고 보고, 그 통제 수단으로서 암시 · 관습 · 세론 · 법률 · 종교 · 교육 · 이상 등을 들고 여러 통제의 체계성을 논하고 있다. 이는 일본에서 1913년 다카하시(高橋正熊)에 의해서 번역된다. 로스는 프랑스 · 이탈리아 등의

22 에드워드 로스에 관련하여 참고한 책은 다음과 같다. ① 고영복 편, 『사회학설사』, 사회문화연구소 출판부, 1994, 337~340; ② Sean H. McMahon, *Social Control & Public Intellect: Legacy of Edward A. Ross*, Transaction Publishers, 1999, pp. 2~27; ③ 『新社會學辭典』, 東京: 有斐閣, 1993, pp. 1530~1531; ④ Ernest R. Hilgard, *Psychology in America: A Historical Survey*, Harcourt Brace Jovanich, Publishers 1987, pp. 578~579; ⑤ Charles H. Page, *Class and American Sociology: From Ward to Ross*, Schoken Books, 1940/1969, pp. 213~246; ⑥ 주낙원, 『사회학의 역사』, 교육과학사, 1990/1992, pp. 215~218.

분석가들의 영향을 받으며 암시의 수단에 의해서 개인을 주형화하는 것을 찾으려 한 사회 통제의 이론가[23]인 것이다. 그리고 『사회학의 기초』는 레스터 워드와 알비온 스몰(Albion W. Small, 1854~1928)의 학설을 계승·발전시켜 이 종의 사회력—생래적 욕망(원초적 사회력)과 그 복합에서 생기는 관심(파생적 사회력)—과 사회학적 개념인 사회 과정(사회 제력의 상호작용 과정)을 기축으로 하여 심리학적 사회학의 관점에서 사회 분석을 시도한 것이다. 특히 사회 과정에서의 분류에 역점을 둠으로써 결합·지배·착취·대립 등의 카테고리를 분석하고 있다.

또 하나의 주저로서 이광수가 「문사와 수양」에서 구체적으로, 그리고 명시적으로 인용하거나 영향을 많이 받고 있는 것이 『사회심리학』(1908)이다. 이 책은 영국의 심리학자인 윌리엄 맥두걸(William McDougall, 1871~1938)의 『사회심리학 서설』(*Introduction to Social Psychology*, 1908)과 함께 같은 해에 '사회심리학'이라는 같은 표제로 출간됨으로써 그 이전에 구스타프 르봉이나 가브리엘 타르드(Jean Gabriel Tarde, 1843~1904) 등에 의한 사회심리학적인 연구가 없지는 않았지만, 로스로 하여금 사회심리학의 창시자의 하나가 되게 한 개척의 기념비적 의미가 있는 책이다. 로스는 이 책에서 사회심리학을 "인간들의 상호 접촉의 결과 그들 사이에 존재하게 된 심리적 '지평'(planes)과 '흐름'(currents)을 연구하는 것"[24]으로 규정하고 있다.

그는 프랑스의 사회학자인 가브리엘 타르드의 모방이론 암시 심리의 대표적 학자인 보리스 사이디스(Boris Sidis)의 암시론에 강한 영향을 받으

23 Mary Esteve, *The Aestetics and Politics of the Crowd in American Literature*, Cornell University Press, 2003, p. 5.

24 Edward A. Ross, 앞의 책, Arno Press, 1974, p. 9; Ralph H. Turner, Lewis M. Killian, *Collective Behavior*, Prentice-Hall, 1957, p. 6.

면서, 모방 또는 암시를 '지평', 즉 고정적이고 전통적인 사회 영향 '흐름', 동적이고 변하는 영향 양자를 설명하는 주요 메커니즘을 강조했다. 다시 말하자면 암시와 모방의 원리가 군중 행동의 정서적 전염, 폭동, 유행의 변천, 관습, 인간관계의 상호 영향의 현상을 설명하는 주요한 메커니즘이라는 것이다. 로스가 사회심리학 연구에서 가장 감화를 받은 것은 타르드다. 즉 타르드의 모방의 제법칙, 유행 모방과 관습 모방의 대립, 대립과 조화의 제 문제가 모두 로스에 수용된다. 그래서 로스로 하여금 그의 책의 서두에서 그 천재성에 마음 깊은 경의를 표명한 타르드는 그의 대표적인 저서 『모방의 법칙』(*Les Lois de l'imitation*, 1890)에서 모방이라는 개념으로 사회 현상을 설명하는 사회 행동의 결정 인자로 삼았던 것이다. 인간은 서로를 모방하려고 보편적인 경향 속에서 행동의 공통 형태를 확산한다고 강조한 것이다. 모방은 어떤 사람의 행동과 특성, 습성을 관찰함으로써 관찰자가 그것과 같거나 유사한 행동 · 특성 · 습성을 획득하는 것을 일컫는 것으로, 분명히 사회를 구성하고 유지하는 결합성과 동조성을 가진 사회관계의 본질이면서 동시에 유행 · 범죄 · 발명 등의 전파를 설명하는 원리인 것이다. 그래서 타르드는 사회 과정은 반복 · 대립 · 적응의 무한한 순환이며 모방은 무릇 우주 현상에서 이루어지는 반복의 일반 법칙의 사회적 특수 형태에 지나지 않는다고 보고 '사회는 모방이다'(Sociéte, c'est l'imitation)라고 지적했던 것이다. 요컨대 사회는 개인과 개인 사이의 심리적 상호관계의 현상이며 모방작용은 특히 기본적 현상을 구성한다는 것이다. 그는 또 이 모방을 지적 · 논리적 활동에 근거한 논리적 모방과 정서나 위신의 욕구에 의한 동기에 근거한 논리 외적 모방으로 분류하기도 하고, 모방의 법칙들을 몇 가지로 체계화하는 가운데 '관습 모방'과 '유행 모방'과 같은 모방의 형태 분석에서 집단행동에 대한 근대적 이론의 여지를 예시하기도 했던 것이다. 이와 같은 타르드의 영향은 로스는 물론 르봉에 있어서도 그러하다.

한편 최면 현상에의 관심에서 연유된 암시(suggestion) 또는 피암시성(suggestibility)은 구스타프 르봉의 『군중심리』(1885/1960)에서 밝힌 인간의 사회적 행동의 결정인자이며 군중이 보이는 감정 특성이다. 암시는 일반적으로 언어나 그 밖의 심벌이나 제스처를 사용하여 전하는 제언 명제를 논리적으로 검토하지 않고 무비판적으로 받아들이는 심리 과정이며 사회적 자극에 대한 반응이다. 그래서 하나 또는 그 이상의 사람이 하나 또는 그 이상의 개인들에게 그들의 판단 · 의견 · 태도 또는 행위의 패턴을 바꾸게 하는 소통 과정[25]으로서 이 과정을 인간이 타인의 언동에 관심을 갖고 인간관계를 유지하며 사회적 행동을 성립케 하는 기본 요인이 되게도 한다. 그리고 피암시성은 암시에 대한 반응이다. 집단행동의 창립자로 알려진 구스타프 르봉은 군중은 개인과는 아주 다른 독특한 충동 · 암시 · 경신 · 불관용 등의 군중심리를 갖고 있다는 군중 개념에 의거하여 암시와 최면이 군중의 심적 동질성을 성립시키는 심적인 메커니즘임을 강조하고 비합리적 정서나 무의식의 역할을 중요시한다. 즉 개인은 의식적인 퍼스낼리티를 완전히 상실하고 그로부터 그것을 탈취한 조종자의 암시에 쉽게 영향을 받아 완전히 따르게 되고 그의 성격과 습관과는 전적으로 모순되는 행동을 하는 그런 조건으로 빠져들게 된다는 것이다. 요컨대 군중이란 피암시성이 강함을 지적한 것이다.[26] 피암시성이란 '암시에 의해 영향 받는 감수성의 개별적인 정도',[27] 즉 암시에 대한 감수성의 강도 · 반응

25 *Encyclopedia of Psychology* Vol. 3, Herder & Herder, 1972, p. 291.

26 Gustave Le Bon, 민문홍 · 강영숙 역, 『군중의 심리』(*The Psychology of the Crowd*), 학문과사상사, 1981, pp. 61~66, 69~71 참조. Jaan Valsiner, Rene van der Veer, *The Social Mind: Construction of the Idea*, Cambridge University Press, 2000, pp. 53~59 참조.

27 *Encyclopedia of Psychology* Vol. 3, Herder & Herder, 1972, p. 290.

하는 정도를 뜻하며 피암시성은 개인차가 있다. 이렇게 르봉은 군중심리에서 보이는 비합리적이고 충동적인 특징을 중시하고 그것이 본능의 우월, 심리적 전염, 피암시성의 증대라는 세 가지의 작업에 의해서 군중심리의 특성과 집단행동이 나타난다고 주장하고 있는 반면에 타르드는 군중의 심리적 기반을 모방의 원리에서 다룬다는 것이다. 이런 암시와 피암시성, 모방은 사회심리학에 있어서 군중행동의 심리적 메커니즘을 설명하는 전염설의 설명 원리이다.

이런 모방-암시의 사고 유형에 영향을 받으면서 에드워드 로스는 암시-모방을 별개화하지 않고 단지 한 사물의 두 양상, 즉 전자는 원인으로, 후자는 결과로서[28] 다시 조정하여 다루게 된다. 로스의 『사회심리학』의 모방 · 암시론은 암시심리 연구의 대표적 학자인 보리스 사이디스(Boris Sidis)의 『암시의 심리학』(*The Psychology of Suggestion: A Research into the Subconscious Nature of Man and Society*, 1898), 타르드의 『모방의 법칙』, 그리고 프라이(Frye)의 『인간 진보의 요인으로서의 모방』(*Imitation as a Factor in Human Progress*) 등을 중요한 원용의 기반으로 삼아 이루어진다. 그래서 그는 『사회심리학』에서 암시를 정상적 암시, 비정상적 암시, 직접 암시, 간접 암시로 분화하고 또한 모방을 관습 모방(과거), 습관 모방(유행), 합리적 모방 등으로 분화하기도 한다. 요컨대 인간의 본성이며 사회의 기초로서의 모방은 인간에게 있어서 그 영향이 매우 큰 것이다. 그래서 기본적인 사회 원리인 모방은 본능적으로 또는 무의식적으로 그 전염력 또한 강한 것이다. 즉 모방의 관념은 전염 · 암시 · 최면과 밀접한 것이다. 사회생활에 있어서 암시나 모방은 곧 영향의 전염작용이기도 하다.

28 Edward A. Ross, 앞의 책, p. 13. 에드워드 로스의 『사회심리학』은 암시-모방의 전염에 대한 관점 외에도 관습 · 풍속 · 군중의 이해 등에 적잖은 영향을 미친 것이다.

이광수는 문학에 있어서의 모방의 전염 및 영향에 대해서 다음과 같이 주장한다.

> 문학은 가장 인심에 직절하게 감촉되는 능이 있으므로 인민에게 정신적 영향을 줌이 불하하니니 [……] (「문사와 수양」)

(2) 전염(감염)의 수사학으로서의 문학론

외관적으로 보면 이광수의 「문사와 수양」은 에드워드 로스의 『사회심리학』에서 한 구절만을 반복해서 인용하고 있다. 그러나 양자의 관계는 이에서 그치지 않고 상당히 밀접한 관련성을 지니고 있는 것이 사실이다. 모방은 전염 효과라는 사회심리학적 또는 군중심리학적 관점으로 연결되어 영향권에 있어서 큰 비중으로 작용한다. 그래서 로스는 『동서고금인물좌담회』(동광, 1932. 1)에서의 이광수의 발언에서도 제시된다.

> 나는 로스의 사회심리학이라는 책을 보았는데 그 중에서 이런 말이 있습니다. "국민 교육에 두 가지 원칙이 있었는데 하나는 지도자를 선택하는 총명 또 택한 그 지도자에게 복종하는 것[……]"이라는 대목이 있다.

그렇다면, 에드워드 로스의 『사회심리학』은 문학이 인민에게 주는 정신적 영향이 지대하다는 단순한 한 대목의 인용의 차원을 넘어서 명시적으로 또는 함축적으로 이광수의 「문사와 수양」 등의 문사관과 문예관에 어떠한 영향을 주거나 미치고 있는가.

그것은 단적으로 지적해서 암시 · 모방에 의한 도덕적 전염으로서의 사회심리학적 문학관 또는 문학의 사회심리학의 정립이라고 말할 수 있다. 이 문제에 관한 한 그 재원적 원천인 에드워드 로스를 루소로 오기한 『이광수 전집』에의 전적인 의존성 때문에 이제까지 전혀 이 분야의 논의는 전개될 수가 없었던 것이다. 그나마 아직은 에드워드 로스는 의식하지 못하였으되, 미세하게나마 사회심리학을 연관시킨 것은 근자에 김현주의 『이광수와 문화기획』(2005)[29]으로 비로소 그 관심과 시선이 열리게 된 것은 신선하게 평가된다.

> 문예는 그의 강렬한 자격력과 무서운 선전력(차라리 전염력이라 함이 그 선전의 강하고 속함을 표하기에 적당할 듯)으로 인민에게 임하야 그의 정신적 생활(문화)의 지도자가 되나니….[30]

이광수는 「문사와 수양」에서 문예가 지니고 있는 강렬한 자극력과 '무서운 선전력'을 '전염력'이라는 말로 대치함으로써 이 말이 그 선전, 즉 전파의 강하고 빠름[速]을 나타내기가 적당하다고 지적한다. '전염력'을 말하는 바로 여기서 이광수의 사회심리학적, 그리고 예술론적 전염의 문학론 내지 전염의 수사학이 비롯되는 것이다. 즉 감염(전염)론의 수용 현상이다. 정신적 전염 또는 사회적 전염은 전체 집단에 영향을 주기 위해서 개인에서 개인으로 급격하게 전파되는 어떤 행동의 가상된 과정[31]이다. 전염론(감염론)에 의하면 집단행동은 정서와 행위 패턴이 급격히 전파되는 과정이며 다수의 집단에 의해서 무비판적으로 받아들여진다. 사회적 감염은 집단적 흥분의 한 형태이다. 이런 집단행동의 초기 체계는 바로 군중심리학에서 발견된다. 즉 르봉은 그의 『군중심리』(1885)에서 군중심리의 묘사로서 전염의 가설을 내세워서 모든 개인적 반응은 군중 속에

29 김현주, 『이광수와 문화의 기획』, 태학사, 2005, pp. 295~298.

30 『創造』 8호, 1921. 9. 10.

31 *Encyclopedia of Psychology* Vol. 3, Herder & Herder, 1972, p. 216.

서 상실되며 집단의 정신이 나타나고 사람들을 각 개인이었던 것과는 아주 다른 방법으로 느끼고 생각하고 행동하게 한다고 시사한다. 군중은 개인적 책임을 거절케 하는 익명성의 존재, 사상이 집단을 통해서 급격히 이동하는 전염, 개성의 무의식적인 양상이 전면에 나타나는 피암시성을 통해서 출현하게 된다는 것이다.[32] 요컨대 군중(집단)행동의 심리적 메커니즘을 설명하는 이 같은 전염론은 군중들 사이에 농도가 짙은 감정이나 태도 · 행동 성향이 자극적으로 매우 급속히 전파되어가는 현상을 지적하는 관점이다. 모방과 암시(피암시성)는 이 전염의 원리로서 중요한 개념이며, 사회 안에서의 전염적 행동은 사회 심리학적인 설명 원리인 모방이나 암시에 의해서 이루어지는 것이다. 그래서 이광수는 르봉의 일본어 번역본『民族發展の心理』의 4편 1장「國民の生活に於ける思想の勢力」에서 전염으로서의 모방의 효과에 대해서 "玆に於て思想は傳染の道に依れる單純なる模倣の結果によりて到る處に傳播す"라고 지적한 대목을 "이리되면 思想을 傳染의 길을 통하여 單純한 模倣의 結果로 도처에 전파하게 됩니다"(『이광수 전집』 17권, 266쪽)로 옮겼던 것이다.

에드워드 로스의, 모두 23장으로 된『사회심리학』의 8장「습관 모방의 법칙」은 바로 이 모방과 관련된 전염이나 감염의 장이다. 이광수가 로스를 인용하면서 가장 주목한 장이다. 이광수가 인용한 글의 본문이 포함되어 있는 이 장은 여타의 스물두 개의 장들에 비해서 유난히 '전염' 또는 '감염', '주입'에 해당하는 'contagion', 'contagious' 및 'infection', 'infectious', 'infected', 'epidemics', 'instill'과 같은 단어가 많이 쓰이고

32 John Scott, Gorden Marshall, *A Dictionary of Sociology*, Oxford University Press, 1994/2005, p. 85; *A Dictionary of Personality and Social Psychology*, Rom Marie & Roger Lamb, Blackwell Reference, 1986, pp. 54~55;S. 프로이트, 박영신 역,『집단심리학』, 학문과사상사, 1983, pp. 26~53.

있다. 그리고 앞에서 지적한 것처럼 "상상적 인물은 도덕적 전염을 퍼트린다"라는 문장을 단락의 표제로 한 가운데 프라이의 『인간 진보의 요인으로서의 모방』에서 다음과 같은 글을 인용하여 소설가의 도덕적 책임에 대해서 언급하고 긍정적 · 부정적 영향과 모방의 전염 현상을 지적하고 있다.

> 그의 마음 속에 영웅(들)을 정확히 모방해서 그의 이상한 이력의 이상한 처지하에서 그 영웅의 행동과 아주 같은 경우에서 행동케 하는 돈키호테의 염원은 세르반테스의 불후의 작품에 있어서 커다란 공로의 하나이다. [……] 젊은 범인이 그의 상상력에 불을 지피는 양으로 딕 터핀이 묘사된 소설을 읽음으로써 범행에 이끌리고 폭력과 강도행위를 본뜨려는 강한 욕망을 얼마나 자주 산출케 했는가. 확실히 소설가의 도덕적 책임은 결코 가벼운 것이 아니다.[33]

『돈키호테』나 범죄소설 작품이 독자에게 미치는 모방적인 전염의 긍정적인 측면과 부정적인 측면을 함께 내세워서 소설가의 도덕적 책임을 제시한다. 위인과 유력한 권위인 시인 · 소설가의 창작으로 인해서 삶의 파동 가운데서 새롭게 각성되는 사랑을 강화해감과 범죄의 묘사를 통해서 폭력과 강도행위에의 욕망을 자극하거나 모방케 한다는 모방의 긍정 · 부정의 힘을 지적함으로써 "모방은 우리들의 삶의 도덕적 여왕이다"라는 존 엘리엇의 말을 인용한다.[34] 상상적인 인물은 긍정 · 부정 간에 도덕적으로 전염되기가 쉬우며 또 존경받는 사람은 모방되어질 수 있는 사람이라는 모방의 법칙이 전제되어 있다.

---

33 Edward A. Ross, 앞의 책, p. 132.
34 앞의 책, p. 132.

이광수의 '수양 없고 불량한' 의사와 비유되는 '불량한 문사'와, 이에 대응되는 수양 있고 양호한 문사(긍정적 문사상)의 정상적인 것과 병리적인 것의 의학적 양극화 및 건강/병의 대립의 분류는 톨스토이 예술론의 악예술 · 선예술의 경우와도 관련성이 있지만, 로스도 결코 무관치 않다. 그러나 영향이나 모방의 긍정 · 부정의 양면성을 다룬 로스와는 달리 이광수의 경우에는 이 전염론이 긍정보다는 부정적인 측면으로 더욱 치중되어서 나타난다. 물론 그 역시 도덕적인 전염의 양면성을 제시하고 있는 것도 사실이고, 또 문사의 역할과 기능을 "사상가요 사회적 지도자요 사회개량가요 청년의 모범"으로 그리고 '목민의 성직'으로 격상하여 규정하고 있는 점에서는 문사상을 권위상으로 긍정화한 측면이 적지 않다. 그럼에도 불구하고 이광수는 「문사와 수양」에서 나쁜 문사나 문학과 예술이 사람들이나 민족의 심적 · 도덕적 상태에 나쁜 영향과 암시를 주고 모방케 하는 사회적 해독의 악성병과 같은 나쁜 전염 현상을 가져올 수 있음을 더 강조하고 있다. 불량 문사의 암시와 모방에 의한 도덕적 · 예술적 · 지적 불건강성의 전파를 경계한다.

> 문예의 전하는 사상 중에 독소가 있다 하면 그것은 전민족에게 대하여 무서운 해를 끼칠 것이외다.

> 불량한 문사들은 아름답고 사랑스럽고 민족의 희망인 청년남녀에게 아편을 주사하고 독주를 먹여 그네의 덕성과 지혜와 용기와 건강을 마비합니다.

> 불량한 문사에는 천생 그 심술이 불량하여 악마의 사도가 되는 자도 있을지니…

오늘날 우리 문단의 젊은 문사 제씨는 무서운 도덕적 악성병에 걸려 있습니다.

아직 발아기에 있는 우리 문단에는 데카당스의 망국 풍조가 풍미하여 마치 아편 모양으로 독주 모양으로 청년 문사 자신과 및 그네의 순결한 독자인 청년남녀의 정신을 미혹합니다. 이것은 진실로 불건전한 일본 문단의 전염을 받은 결과이다.

만일 결핵균이나 매독균 같은 작품을 민족 중에 살포하는 문사는 결핵균과 매독균과 한가지로 민족의 적이 될 것이외다.

이를 종합해보면, 도덕적인 악성병에 걸린 불량하고 나쁜 문사와 그의 문학의 영향은 그 독자인 젊은 청년남녀들에게 '아편'이나 '독주'와 같은 해독을 주입하고 민족에게 '결핵균'과 '매독균'과 같은 악성 바이러스의 병독을 살포시킨다는 독과 병의 병리학적인 수사학을 강조한다. 요컨대 나쁜 문학과 사상이 편견화되기 쉬운 나쁜 선유(先有)로서의 선입견으로 백지상태(tabula rasa)와 같은 청소년이나 민족 심적 상태에 먼저 자리하게 되면, 그 흔적을 말소하기가 어려울 정도로 인성 교화 과정에 있어서 독소로서 큰 영향을 끼치기 때문에 어떠한 사상이 주입되느냐의 여부가 매우 중요하다는 것이다. 이는 결국 좋은 도덕적인 영향을 줄 수 있는 선입관이 먼저 주입되어져야 한다는 그의 '사상의 선입권'이라는 주장의 논리에 근거한 것이다. 이 '사상의 선입권'을 일러서 그는 시간적으로 먼저 들어온 사상이 뒤에 들어온 사상보다 심각한 근거를 그 사상을 받는 개인이나 사회의 마음에 박음이라고 일컫는다. 그래서 이광수는 긍정적인 문사상을 위한 권위상으로서 '목민의 성직' 등으로 비유하는 그 이상으로 나쁜 문학이 주는 해독의 전염론을 더 많이 강조한 것이다. 이 또한 로스의 다음과 같은 문맥들과 그 의미에 있어서 맥락을 같이하고 있다. 이것은 이광수가 그의 「문사와 수양」과 같은 문학론을 형성함에 있어서 에드워드 로스에게 크게 영향을 받고 있다는 증좌이다.

> 나쁜 이상의 살포자는 나쁜 의견의 살포자보다도 사회에 대해서 더 위험하다. 의견의 영역에서 활동하는 연구자나 사상가는 담론이나 인쇄의 영역에서 자유스러운데 안전하다. 왜냐하면 그들의 과오는 그 전파됨이 느리고 또 그것들이 멀리 이르기 전에 진실에 의해서 압도될 수 있기 때문이다. 더구나 의견은 일반적으로 상상되는 것처럼 수행을 이룰 수 없는 것이다. 그러나 개인적인 이상의 영역에서 작용하는 예술가는 독(해독)이 너무 급속히 전파되는 것을 보이기 때문에 완전히 검열되지 않은 채 내버려 둘 수는 없는 것이다.[35]

요컨대 감정이나 정서는 사상보다도 암시에 의해서 더 빨리 전파되기 때문에 암시에 민감한 책 · 연극 · 회화는 사회적 검열이 필요하고 또 개인적 이상이나 예술은 과학과 철학보다도 더 정신적인 영향을 주고 또 더 빨리 젊은 사람들에 의해서 모방되어감으로써 그 바이러스가 사회라는 몸통에 온통 쉽게 퍼져나가게 된다는 것이다. 이런 빨리 퍼지고 내뿜는다는 로스의 '독'의 전염적 관점과 이광수의 '아편'과 '독주'와 같은 해독의 비유는 서로 일치하는 현상이다. 이러한 해독적인 모방과 영향의 전염관 때문에 이광수는 아이 시절에 있어서의 교육의 중요성을 지적하는 '선입견'과 관련되어 '사상의 선입권'으로서의 선입견(prepossession)과 인간이 태어날 때 가지고 있는 백지상태이며 특정 문화에 깊이 동질화되어가는

35 앞의 책, p. 133.

과정을 의미하는 존 로크의 이른바 '타불라 라사'를 원용하고 있는 것이다. 영국의 경험주의 철학자인 존 로크(John Locke, 1632~1704)의 『자연법론』(*Eassys on the Law of Nature*)에서 출현한 이 용어는 라틴어(tabula: 평판 + rasa: 매끈한)의 어원처럼 백지의 판이며 백지와 같이 비어 있는 영혼이나 마음 상태의 비유이다.[36] 이 타불라 라사 또한 에드워드 로스의 『사회심리학』에서 다음과 같이 제시되어 있는 것이다.

> 유년기의 '타블라 라사'는 초기 모방을 대체보다는 습득으로 만든다. (p. 197)

> 모든 종류의 선입견이나 명성으로부터 마음을 청결히 하는 것이 창작이나 합리적 모방으로 들어가는 여지를 준다. (p. 285)

이에 유의하여 '사상의 선입권'이라는 말을 제시한 이광수의 관점은 백지상태에 합리적 모방이 가능한 한 좋은 선입견이 주입되어져야 한다는 의미가 함의되어 있다. 그는 현재의 조선의 문화적 상태가 사상의 독선을 중화할 중화재로서의 과학 · 철학 및 기타의 사상이 부재한 채 다만 문예만이 겨우 '독삼탕'이나 '대황탕' 모양으로 존재할 뿐이라는 비유로 치졸하고 빈약한 것으로 진단한다. 따라서 이광수의 인용문은 오역을 넘어 "유력한 문사들은 세상에 상상적 인물들을 창조하고 묘사함으로써 모방을 통해서 도덕의 역사에서 아주 괄목한 만한 흐름을 산출한다"로 바로 옮겨짐으로써 인간관계의 설명 메커니즘인 모방 이론과 역동적이고 변하는 영향으로서의 '흐름'이 기조가 된 에드워드 로스의 『사회심리학』의 관점에 더 밀착되어질 것이 분명하다. 뿐만 아니라 에드워드 로스의 정서는

---

36 John W. Yolpion, *A Locke Dictionary*, Blackwell, 1993, pp. 288~289.

사상이나 의견보다도 더 빨리 전파되고, 감정은 철학적 · 과학적 · 정치적 또는 법률적 관점보다도 더 빠르고 더 멀리 달려간다는 정서관[37]을 이광수의 「문사와 수양」의 경우에는 "문예의 특유한 인의 정서를 직접으로 감동하는 정서의 무기를 인용하여 [……] 그의 이상과 사상을 선전하는 능력은 실로 냉냉한 이지(理智)의 판단에만 전의(專依)하는 과학이나 철학에 비할 바 아니오"[38]라는 정서관으로 일치시켜 제시된다.

어쨌거나 사회나 사람들에 대한 예술가와 소설가의 책임과 영향이 중요하다는 관점의 사회심리학적인 문학관이 압축되어 있는 대목이다. 사회심리학적 문학관이란 독자에 미치는 문학의 영향을 중시하는 문학관이다. 이러한 사회적 · 도덕적 책임을 강조한 문사관이 전제됨으로써 '독'과 '해악'에 강박된 이광수의 예술관이 결국 '예술을 위한 예술'의 쾌락주의나 탐미주의 · 악마주의가 아니라 '인생을 위한 예술'과 톨스토이의 예술관, 막스 노르다우의 '퇴화'(degeneration)로서의 퇴화론(타락론) 및 반(反)데카당스 비평으로 기울어질 수밖에 없는 것은 너무나 당연한 귀결이다. 「문사와 수양」에서 제시되고 있는 문예관 내지 문학관은 다음과 같이 요약할 수 있다. 즉 문예의 힘 또는 문예를 특유한 사람의 정서를 직접적으로 하는 감동적 정서의 무기를 이용하여 스스로의 이상과 사상을 세인(독자)의 정신에 깊이 주사하는 마력을 갖추고 있어서 문예는 강력한 자극력과 무서운 선전력 내지 감염력과 같은 영향력을 갖추고 있다는 것이다.

따라서 이광수는 「문사와 수양」에서 '감염', '전염', '영향', '침윤', '해독' 등 독자에 대한 작가 또는 작품의 모방작용 내지 모방의 긍정적일 수 있으면서도 또한 병리적이고 해독적인 전염성이 있어서 이를 경계하거나

---

37 Edward A. Ross, 앞의 책, p. 130; 「동서고금인물좌담회」, 『동광』, 1932년 1월; 『이광수 전집』 20권, 삼중당, p. 209.

38 이광수, 「문사와 수양」, 『創造』 8호, 1921. 9. 10.

우려하는 담론을 적지 않게 표명함으로써 작가인 문사의 각별한 수양적 자세를 거듭 강조한다. 즉, 모방 작품과 감염을 긍정화하기 위해서 지·덕·체 삼육의 교육적 수양을 역설하는 것이다. 이광수의 감염론(전염론)은 에드워드 로스를 축으로 삼으면서 르봉과 톨스토이의 부정적·긍정적 감염론이 함께 혼성적으로 연계하고 수용된 것이다. 따라서 이론적 기반에 있어서는 교육학과 사회심리학, 예술론 그리고 신수심양(身修心養) 수기치인(修己治人)의 전통적 유가적 인격수양론 사상과의 복합성을 지니고 있다. 여기에 다시 뒤의 장절에서 다루게 될 노르다우의 '퇴화'의 예술관이 가세한다.

(3) 르봉·톨스토이의 감염론과 이광수

1) 르봉의 군중심리학적 감염론

이광수의 모방·감염의 사회심리학적 문학관 형성의 직접적 기반은 에드워드 로스의 『사회심리학』이다. 그러나 오직 거기에서만 연유하거나 근거된 것은 결코 아니다. 그리고 또 감염론 자체가 로스의 사회심리학에서의 독자적이고 창안적인 관점도 아니다. 오히려 로스 이상으로 이광수의 '감염력'관 형성에서 근원적인 영향권으로서 작용하고 있는 것은 구스타프 르봉과 톨스토이의 감염이론이다. 그러니까 로스를 축으로 한 가운데 르봉과 톨스토이가 양측에서 작용하는 형국이다. 프랑스의 르봉은 이광수가 「민족 개조론」(1922)과 「팔자설을 기초로 한 조선인의 인생관」(1921)에서 거듭 그의 『민족 심리학』[39]을 인용하고, 「국민 생활에 대한 사

---

39 이광수가 『민족심리학』이라고 한 것은 Gustave Le Bon의 Lois Psychologiques de l'evolution des peuples(1894)를 일컫는 것이며, 그 일본어 번역은 前田長太 역, 『民族發展の心理』(大日本文明協會, 1910)이다. 영문 번역은 Reprint Edition 1974, *The Psychology of Peoples*(1924), Arno Press Inc.

상의 세력」(1922)을 마에다 나카다(前田 長太)의 일본어 번역에서 다시 우리글로 옮길 정도로 이광수에게 사상적으로 지대한 영향을 주고 있는 군중심리학의 원조이며 사회심리학자이다. 일본에서는 1910년대 메이지시대부터 '대일본문명협회'에 의해서 르봉이 번역 · 소개되고 있으며, 이광수는 이를 통해서 르봉에 대해서 각별한 주목과 관심을 갖게 된다. 여기서 이광수 문학론에 있어서의 군중의 정치학과 미학의 영향과 변용의 문제가 제기될 소지가 충분히 있다. 그리고 또 톨스토이는 춘원이 그의 「두옹과 나」(1936)에서 스스로 밝힌 바대로 이광수의 사상 · 예술 · 문학에서 결코 배제해버릴 수 없는 멘토나 스승과 같은 존재이며 이광수에게 가장 크고 결정적인 영향을 주고 있는 러시아의 작가이다.

> 이리되면 사상은 전염의 길을 통하여 단순한 모방의 결과로 도처에 전파하게 됩니다. 대개 모방의 능력은 만인이 다 가진 것이니 근대의 과학이 인류의 선조라 하는 원인류와 다름이 없나이다.
>
> 전파 상태에만 들어서면 사상을 성공하는 것이외다. 일보를 나아가 여론이 이 사상을 채용하게 되면 이미 일종 침투력을 얻어 만인의 두뇌에 침입하며 동시에 일종의 특별한 분위기를 이루고 따라서 일반의 사고법을 짓는 어떠한 곳이나 침입하는 미세한 진애와 같이 그 사상은 당대 일체의 관념이나 작품에 투입하게 되나니, 이렇게 되면 그 사상과 그것의 결과는 유전의 가보의 부류에 편입되어 교육으로써 후대에 주입합니다. 사상이 승리를 득하여 감정의 범위에 입하면 영원히 이를 침노할 자가 없게 됩니다.[40]

40 『이광수 전집』 17, 삼중당, 1962, p. 266(『개벽』, 1922년 4월호에 게재, 이 해당 대목은 일문 『民族發展の心理』[1910], pp. 170~171이며 영문 번역에서는 pp. 174~175이다).

이는 르봉의 「민족 진화의 심리학적 법칙들」(1894)을 마에다 나카타가 『民族發展の心理』(1910)라는 표제로 옮긴 일본어 번역본 제4편 제1장 「國民の生活に於ける思想の勢力」을 이광수가 다시 우리글로 옮긴 대목으로 군중의 '모방' 및 '전염'과 관련된 부분이다. 이광수의 「문사와 수양」과 내용상의 관점에서 친연성이 있어 보이는 이 대목은 군중심리 및 군중행동과 관련된 집합행동의 메커니즘으로서 르봉의 전염(감염)의 관념 또는 감염설을 이해하는 단서가 되는 글이다.

사회심리학자인 구스타프 르봉은 1895년에 집단심리학 초기에 가장 중요한 역할을 하는 『군중심리』(*Le Psychologie des foules*)(영어판 *Crowd: A Study of the Popular Mind*, 1896)를 간행한다. 르봉은 지식인들의 '침묵의 공모'(conspiracy of silence)에 의해서 현재 그 존재가 거의 묻혀버리고 있지만, 르봉의 이 책은 다른 저서들[41]에 비해서 현재까지도 군중 이해의 긍정적인 고전으로서 평가되고 있으며, 레닌 · 무솔리니 · 히틀러 등의 대중이해에 영향을 주었으며, 지그문트 프로이트의 『집단심리학과 자아분석』(1921) 등에 지적 영향을 주었을 뿐 아니라, 이후의 사회심리학이나 군중론의 발전을 자극함으로써 아직도 대학에서 읽혀진다. 이 『군중심리』는 1908년에 대일본문명협회에 의해서 번역자 오야마(大山郁夫)를 통해 『群衆心理』라는 표제로 번역 · 간행된 것이다. 이광수의 르봉에 대한 이해는 아마도 이 『군중심리』와 『민족 발전의 심리』라는 번역서를 통해서 이루어진 것으로 추론된다.

르봉은 현대를 '군중의 시대'로 규정하고 전통적인 지배계급의 붕괴와 과학상 · 상업상의 여러 변화에 의해서 민중이 군중으로서 사회생활과 정

---

41 르봉의 다른 저서들을 영문으로 옮기면 다음과 같다. *The Psychology of Socialism; The Evolution of Matter; Opinions and Beliefs; The Psychology of Revolution*. 그의 전기로는 Alice Widener, Gustave Le Bon, *The Man and His Works*, Liberty Press, 1979.

치생활에 진출함과 모든 사회현상이 군중심리에 의해서 움직이고 있는 것에 주의를 환기시키고, 군중의 심리와 행동의 해명을 통해서 여러 가지의 사회현상을 고찰한다. 그에 의하면 여러 개인의 집합으로 이루어지는 군중은 그 심리적 측면에 있어서 개인의 그것과는 아주 달라진 독특한 집단정신, 즉 군중심리를 갖게 되고 비합리적인 성격을 보임으로써 1) 충동성 · 흥분성, 2) 암시성 · 경신성(輕信性), 3) 과장성 · 단순성에 의해서 쉽게 파괴적인 행동에 이르게 된다는 것이다. 그래서 르봉은 『군중심리』에서 개인들이 갖지 않고 군중만이 가진 특징의 하나로서 전염에 관하여 다음과 같이 밝히고 있다. '전염'은 군중의 사회심리를 해석하는 르봉에게 있어서 중요한 개념이다.

> 전염 역시 군중 속의 개인들의 특별한 성격들이 나타남과 그들이 취해야 할 방향을 결정하는 데 끼어들어 간섭을 한다. 전염은 그 존재를 인정하기는 쉬우나 설명하기는 어려운 현상이다. [……] 군중 속에서의 모든 감정과 행동은 전염성이 있으며 한 개인이 그의 개인적 이익을 집단적 이익을 위해 기꺼이 희생하는 것도 전염에 의한 것이다.[42]

> 우리는 의식적인 성격의 소실점, 무의식적 성격의 우세함, 암시와 전염의 수단에 의한 감정과 사상의 동일한 방향으로의 전환, 암시된 사상을 행동으로 즉각 변형하는 경향: 이것들이 군중을 형성하는 개인의 주요한 네 개의 특징임을 본다.[43]

---

42 구스타프 르봉, 민문홍 · 강영숙 역, 『군중심리』(*Le Psychologie des foules*), 학문과사상사, 1981, p. 61. 일본어 번역본은 大山 郁夫, 『群衆心理』, 大日本文明協會, 1908/1910, p. 26. 영어 번역본은 *Crowd: A Study of the Popular Mind*, The Viking Press, 1965(Fouth Print).

43 구스타프 르봉, 민문홍 · 강영숙 역, 『군중심리』, 학문과사상사, 1981, p. 63. 일본어 번역본은 大山 郁夫, 『群衆心理』, 大日本文明協會, 1908/1910, pp. 28~29.

이렇게 전염이 사회심리적으로 군중의 중요한 특징이기 때문에, 르봉은 군중 지도자의 행동의 세 가지 수단으로서 '단언'(affirmation), '반복'(repetition)과 함께 '전염'(contagion)을 제시한다. 이는 군중의 지도자가 그들의 설득의 수단으로 하는 도구인 것이다. 다음은 모두 르봉의 『군중심리』에 제시하고 있는 감염의 기능들이다.

> 군중의 사상 · 감정 · 정서 · 신조는 세균의 감염성과 같은 강력한 전염력을 가진다. 이 현상은 아주 자연스러운 것이다. 왜냐하면 이것은 동물들이 함께 많이 모여 있을 때도 관찰되는 것이기 때문이다. 만약 마구간의 말 한 마리가 구유통을 물어뜯으면 다른 말들도 곧 그 흉내를 낼 것이다……. 군중 속의 사람들의 경우도 모든 흥분은 재빨리 전염되고 그것은 공포의 돌연성을 설명해준다.[44]

> 사회 현상에 있어서 상당한 영향력을 갖는 모방은 사실상 전염효과이다.[45]

> 전염은 그 영향력이 너무 강하기 때문에 개인에게 어떤 의견뿐만 아니라 어떤 느끼는 방식까지도 강요한다.[46]

> 군중의 의견과 신념은 특별히 전염에 의해서 전파되는 것이지 결코 논리적인 사고에 의해서 전파되는 것이 아니다.[47]

> 전염은 너무나도 강력한 힘이기 때문에 개인적인 이해 감정조차도 그 영향 아

---

44 한국어 번역본은 p. 150. 일본어 번역본은 p. 179. 영어 번역본은 p. 126.

45 일본어 번역본은 p. 180. 영어 번역본은 p. 126.

46 영어 번역본 p. 128.

47 영어 번역본 p. 128.

래서는 사라진다.[48]

이렇게 르봉은 군중행동의 심리적 메커니즘으로 감염(전염)의 원리를 강조한다. 이런 르봉이 『군중심리』 및 그가 일본어 번역에서 다시 재번역한 『국민생활에 대한 사상의 세력』을 통해서 감염설(전염설)에 주목함으로써 이광수는 그의 「문사와 수양」에서의 전염 또는 감염의 관념을 형성하게 된다. 르봉의 지도자/군중의 설득적 관계가 이광수의 경우에 문사/민족(청년남녀)으로 치환된 것이다. 이 점에서 르봉이 그러했듯이, 높은 문사의 위치와는 달리 민족(청년남녀)을 지나치게 군중의 수준이나 백지상태인 소아의 단계로 진화적 위계에서 낮추고 있다는 느낌이 없지 않지만 르봉으로부터 그가 인지하는 감염(전염)은 의미론적으로 부정적이다. 이광수에 있어서 로스와 르봉의 군중심리적 감염론은 주로 부정적인 의미로 파악된다.

2) 톨스토이의 예술론적 감염이론

이광수의 「문사와 수양」에 나타난 감염 또는 '전염력'론의 세 번째 원천은 바로 톨스토이의 예술론의 전염이론[49]이다. 러시아의 문호 레오 톨스토이(Leo Nikolaevich Tolstoi, 1828~1910)는 테오도어 립스(Theodor Lipps, 1851~1914) 등의 독일 미학자들의 감정이입설(Einfühlung)을 차용하여 1898년에 "예술이란 어떤 사람이 자기가 경험한 감정을 의식한 일정한 외면적 부호로서 다른 사람에게 전하고 다른 사람은 이 감정에 감염되어 이를 경험한다는 것으로써 성립되는 인간의 작업이다"[50]라는 자신의 예

48 일본어 번역본은 p. 183. 영어 번역본은 p. 128.

49 톨스토이의 감염력에 대한 논의는 김유방이 초한 『「톨스토이」의 예술관』(『개벽』 9호, 1921, p. 129)에서 처음 나타난다.

50 Leo Nikolaevich Tolstoi, *What is Art?*, Trans. Aylmer Maude(1898), Replica Books, 2000, p. 50.

술론을 밝힌 『예술이란 무엇인가』를 완성한다. 흔히 톨스토이의 예술론으로 알려진 이 책은 같은 해(1898년) *What is Art?*라는 표제로 예일머 모드(Aylmer Maude)에 의해 영어로 번역되며 일본에서도 1906년(메이지 39년)에 아리마 히로마사(有馬祐政)에 의해 『藝術論』[51]이라는 이름으로 처음 번역된다. 이 책은 1906년 전후에 『제국백과전서』(帝國百科全書, 博文館판) 200권에서 155권째로 간행된 것이다.

특히 일본의 경우, 1886년(메이지 19년)에 森休가 번역해 『泣花怨柳北歐血戰餘塵』이라는 제목으로 『전쟁과 평화』가 초역되는 것을 시작으로 하여 톨스토이에 대한 주목이 활발하게 이루어지면서 『國民之友』, 『眞理』, 『六合雜誌』, 『哲學雜誌』, 『早稻田文學』 등에 그의 사상 · 작품 · 인물 · 종교 등이 소개된다. 1897년에는 토쿠토미 로카(德富 蘆花)에 의해서 평전 『톨스토이』가 씌어지기도 한다. 이후 1904~1905년의 러일전쟁을 전후해서 『부활』이 번역됨은 물론 카토 나오시(加藤 道士)가 번역한 『나의 종교』(我が宗教), 고바야시 고로(高橋 五郎)가 번역한 『杜伯品藻』가 애독되고 하세가와 텐게이(長谷川 天溪)의 『톨스토이의 예술론』(1902), 나카자와 린센(中澤 臨川)의 『톨스토이의 예술』과 같은 글들이 발표됨으로써 다이쇼(大正) 데모크라시 속에 이러한 톨스토이 열풍은 마침내 1916년(다이쇼 5년)에 『톨스토이 연구』(トストイ硏究)지(誌)가 창간된다.[52] 이런 시기가 바로 유학을 위한 이광수의 동경 체류 기간(1905~1919)과 겹쳐짐으로써 이광수의 톨스토이 사상과 예술에 대한 이해는 이 시기에 이루어진다. 이광수가 중

51 露國トルストイ 著, 有馬祐政 譯, 『藝術論』, 東京: 博文館, 1906.

52 松田 穰, 『比較文學辭典』, 東京, 1979; 吉田 精一, 『現代日本文學年表』, 筑摩 書房, 1970; 三好 行雄, 吉田 精一, 田本 律健吉, 『日本文學史 辭典』, 角川書店, 1978, 참조. 『톨스토이 연구』는 1916년 9월~1919년 1월까지 전 29책. 톨스토이에 관심을 증폭한 문학자들의 에세이를 게재함.

학생 때 동창인 야마자키 도시오(山崎 俊夫)에게 빌린 『我が宗教』에서 시작하는 톨스토이와의 만남과 영향은 「두옹과 나」(1936), 「톨스토이의 인생관: 그 문학과 예술」(1939) 등과 여러 글에서 술회되어 있다. 그리고 예술론에 관해서도 「두옹과 나」, 「문학과 문사와 문장」(1935), 「톨스토이의 인생관: 그 종교와 예술」(1935), 「문학쇄언」(1940)에서 명시적으로 거론하고 있다. 이것은 톨스토이의 『예술론』을 읽고 영향을 받았음에 대한 명백한 증좌이다. 톨스토이는 이광수에게 있어서 절대적인 존재로서 생과 예술에 지대한 영향을 미친다. 즉, 톨스토이는 이광수에게 있어 지적인 스승이고 정신적인 멘토(mentor)인 것이다.

톨스토이의 『예술이란 무엇인가』[53]는 예술에의 정의가 대체적으로 쾌락주의나 탐미주의로 흐르는 것을 공격한 것으로서 단적으로 지적해서 감염이론(contagion theory)이다. 여기서 강조되는 것은 결국 예술은 감정의 전달이자 감염에 지나지 않는다고 지적한다. 그는 예술작품의 필요조건은 작가의 '영혼의 조건'이나 감정이 독자에게 감염되는 것이며 감염력이 강한 것이 참된 예술이라는 것이다.

> 일단 경험한 느낌을 자기 속에 불러일으킬 것, 그리고 이를 자기 속에 불러일으킨 다음에 동작 · 선 · 색 · 음 · 말의 형태로써 이 느낌을 타인도 경험할 수 있도록 표현할 것. 이것이 예술의 작업이다. 즉, 예술이란 어떤 사람이 자기가 경험한 느낌을 의식적으로 일정한 외표적인 부호로써 타인에게 전하고 타인은 이 느낌에 감염되어 이를 경험하는 것으로서 성립된 인간의 작업이다.[54]

53 이것은 톨스토이의 『예술론』이라고 일컫기도 하고, 『예술이란 무엇인가』로 표기되기도 함.
54 톨스토이, 이철 역, 『예술이란 무엇인가』, 범우사, 1988, pp. 66~67.

(To evoke in oneself a feeling one has once experienced, and having evoked it in oneself, than, by means of movement, lines, colours, sounds, or form expressed in words, so to transmit that feeling that others may experience the same feeling–this is the activity of art.

Art is a human activity, consisting in this, that one man consciously, by mean of contain external signs, hands on to others feelings he has lived through, and that other people are infected by these feelings and also experience them.)[55]

이런 톨스토이의 예술관에서 본 것처럼, 감염[56]은 예술의 시금석이다. 즉 예술의 주제는 감염적이라는, 즉 사람에게서 사람에게로 퍼지는 감정으로서, 예술이 예술로서 성립함에 있어서는 자신이 경험한 감정이 타자에게도 전파되어야 하며 또 정확한 표현이 없이는 예술은 존재하지 않는다. 전염(감염)이 없고 각자의 감정이 타자에게 전파되지 않기 때문이다. 작자가 감동되면 독자도 그렇게 느끼고 독자가 오래도록 표현하고자 했었던 것을 그가 표현한 것과 같은 감정의 결합을 이루는 것, 즉 감염이 이루어지는 것이 예술의 작용이다. 『예술이란 무엇인가』에 제시된 감염에

55 Leo Nikolaevich Tolstoi, *What is Art?*, Trans. Aylmer Maude(1898), Repliaca Books, 2000, p. 50. 이 대목에 해당하는 有馬 祐政 역, 『藝術論』(博文館, 1906)의 부분은 다음과 같다. 觀者若くは聽衆が其作者の表示する感情を感嘗するや, それと同時に藝術的作品其處に存する也. 運動, 線, 色彩, 音響並に口頭に於ける比喩の方法を以て, 旣に感嘗したりし情を自身に發作し, 及び其發作したるものを以て之を他人に通するとの如きは, 眞箇に是れ藝術固有の目的たり. 藝術は或外面的表號の媒介によりて, 人が其感情を誠實又は隨意に他人に博通する爲めに成立せる人類活動の一形式たるもの也.

56 이 용어를 'contagion'이라고 쓰는 경우가 많으나 톨스토이의 『예술론』 영문판에서는 'injection'이라고 쓰는 경우가 많다. 그러나 때로는 'contagiousness'라고 쓰기도 한다. 그래서 번역자인 Aylmer Maude는 「서론」 xxi에서 "feeling which are 'contagious' or 'injection'"이라고 한다.

관한 몇 개의 대표적 문맥을 인용해보면 다음과 같다.

진짜 예술을 가짜 예술에서 구별하기 위한 확실한 특징이 하나 있다. 예술의 감염성(injectionsness)이 그것이다.[57]

사람이 저자의 영혼의 조건에 의해서 감염되고 이 정서와 타자와의 결합을 느낄 때 초래되는 대상(상태)이 곧 예술이다. 이러한 감염이 없고 작자 및 작품을 감상하는 사람들과의 결합이 없으면 예술도 없다. 그러므로 이 감염력은 예술의 진정한 징표일 뿐만 아니라 그 감염성의 정도는 예술의 우수성을 재는 유일한 척도인 것이다. 감염이 강하면 강할수록 내용은 어떻든지, 그러니까 그 전하는 감정의 가치와는 관계없이 예술로서는 그만큼 훌륭한 예술이다.[58]

정도의 차이는 있다 하더라도 감염의 세 가지 조건, 즉 개성·명확성·성실성이 갖추어져 있으면 내용과는 관계없이 예술로서의 작품 가치가 정해진다.[59]

여기에서 보는 것처럼 톨스토이는 감염을 그의 예술관의 핵심으로서 긍정한다. 감염력은 예술의 진정한 징표일 뿐 아니라 예술의 우수성을 재는 유일한 척도이며 선(善)예술과 악(惡)예술 및 진짜 예술과 가짜 예술을 구별하는 감별의 기준이 된다고 보고 있다. 감염이 강하면 강할수록 예술로서는 그만큼 훌륭한 예술이라는 것이다. 그리고 이 감염의 세 가지 조

57 Leo Nikolaevich Tolstoi, *What is Art?*, Trans. Aylmer Maude(1898), Replica Books, 2000, p. 152.

58 앞의 책, p. 153.

59 앞의 책, p. 155.

건과 정도를 개성(individuality)·명확성(clearness)·성실성(sincerity)[60]이라고 지적한다. 이 점에 크게 영향을 받고 있는 이광수는 '수양 없는 불량문사', '수양 있는 문사'를 가르고 있을 뿐 아니라 '전염력'과 '전염'과 '감염'이란 용어를 쓰고 또 때로는 '감화'라는 말을 쓰기도 한다. 톨스토이의 '저자의 영혼의 조건'이 이광수에서는 '수양의 조건'이다.

> 군자에게서 군자의 작품이 나와 독자에게 군자의 감화를 주고 소인에게서 소인의 작품이 나와 독자에게 소인의 감화를 줄 것이외다.[61]

3) 이광수의 감염론과 문사의 인격수양론

이상에서 살펴보았듯이, 이광수는 「문사와 수양」에서 에드워드 로스의 『사회심리학』(1908)에 제시된 감염론 또는 전염론을 기축으로 하고 르봉과 톨스토이의 군중심리적·예술론적 감염이론들을 원용하면서 자신의 감염론을 형성한다. 특히 분명 르봉 등의 군중심리론에 근거하면서도 문사의 갖추어야 할 인격적 기반을 위해 이를 자기 나름대로 변용한 것이다. 요컨대 감염이란 긍정·부정의 어느 경우에 있어서도 작가나 문사가 전달하는 감정과 사상이 독자인 국민이나 대중에게 미치고 암시로서 전파되는 영향을 지칭하는 용어이다. 그런 점에서 이런 문학관은 문예를 독자와의 상호관계에서 파악하고 평가하려는 효용론적 관점을 근거로 한 것이다. 앞에서 지적하였듯이 이광수의 감염론은 바로 모방-암시에 근거하는 로스와 르봉의 사회심리학 및 톨스토이의 예술론을 그 바탕으로 하면서 짜여진 것으로, 때로는 부정적인 의미로, 또 때로는 긍정적인 의미

---

60 영문판에 대한 有馬 祐政 역, 『藝術論』(1906)은 "藝術感染의 세 조건 個人性·明確·眞摯"라고 옮기고 있다. pp. 208~209.

61 『創造』 8호, 1921, p. 16.

로 활용하고 있다. 로스나 르봉을 지향할 경우에는 부정적으로 혹은 긍정적으로, 톨스토이를 지향할 경우에는 긍정적인 의미로 제시된다. 여기에는 어느 경우에서든지 문학이나 예술이 독자들에 대한 암시 · 모방의 영향과 전염으로서 작용하기 때문에 예술가나 문사는 그들의 상대자들의 정서적 · 정신적인 건강을 위한 도덕적 책임을 가지고 있다는 에드워드 로스의 사회심리학적 사상이 함축되어 있는 것이다. 그래서 이광수는 로스의 『사회심리학』의 구절을 거듭 인용하면서 문사나 작가의 인격적 가치로서의 전인적 수양 유무를 특유하게 강조한다. 「문사와 수양」에 제시된 감염론은 '감염'과 '침윤'의 문예 가치를 제시한 「문학강화」(1924), 「문예쇄담」(1925)에, 인격 수양론은 「문학강화」(1924), 「문학에 대한 소견」(1929), 「문학과 문사와 문장」(1925) 및 「문학쇄언」(1940)으로 거듭 이어진다. "고귀한 인격을 가진 예술가를 가지는 것은 그 민족의 복이요, 아울러 인류의 복이다"라고 지적한다. 이 감염론과 인격론은 모두 독자에 대한 문사의 도덕적 책임을 강조한 것이다.

> 위대한 문사는 반드시 건전한 인격의 소유자이기를 요한다. [……] 문학이란 민족의 생활을 위해서만 가치가 있는 것임으로 문사의 수양할 덕성을 민족 생존 후영(厚榮)을 조장하는 성질의 것이라야 할 것이외다.

이런 이광수의 인격수양론은 모방 · 암시 · 전염론을 근거로 문사를 만 사람을 가르칠 오(悟)와 수(修)를 가진 자로 규정한다. 작가의 사회적 책임과 역할을 강조한 것이다. 설사 그렇다고 할지라도 「문사와 수양」은 문학비평으로서의 한계가 분명한 것이 사실이다. 작품이나 작가가 거론되는 문학비평으로서의 양상이 거의 없이 작각의 지 · 덕 · 체의 인격론이나 수양론에 대한 논의에만 지나치게 치중되고 있는 점이 바로 그것이다.

제3장
인생을 위한 예술과 이상주의 문학관
—「문사와 수양」, 「우리 문예의 방향」을 중심으로

1. ‘인생을 위한 예술’ 옹호의 예술관

문사의 인격적인 전인성(全人性)을 강조한 「문사와 수양」(1921)에서 제시되고 있는 문학론의 특성 가운데서 그 첫 번째가 앞에서 언급한 사회심리학적인 모방–암시 감염론이다. 이어서 두 번째의 성격이 ‘인생을 위한 예술’(L’art pour la vie)로서의 인생적 예술(Leben an sich) 및 인생주의의 문학론의 옹호와 지향이다. 이광수는 「예술과 인생」(1922)을 제외하고서는 특별히 본격적이거나 단독의 어떤 예술론을 쓴 바가 없다. 그러나 그럼에도 불구하고 「동경잡신」(1916), 「문학강화」(1924), 「우리 문예의 방향」(1925), 「문예쇄담」(1925), 「문학에 대한 소견」(1929), 「문학과 문사와 문장」(1935), 「문학쇄언」(1940), 「예술의 금일 · 명일」(1940), 「신체제하의 예술의 방향」(1939) 등 그의 일련의 글들에서는 문학과 관련해 예술에 대해서 논급한 대목들이 적지 않게 제시되어 있다. 이 경우에 ‘예술’이란 용어는 18세기 이래의 미적 의미의 협의적 개념으로서의 ‘schöne Kunst’, 즉 조형 · 예술 · 음악 · 문학 · 건축 · 연극 · 무용 등 미적 가치의 실현을 목적으로 하는 분야로서의 개념을 의미한다. 다만 그의 「예술과 인생」의 경우는 광의적 개념으로서의 예외적인 양상이 포함되어 있기도 하지만, 이들 글에서는 예술의 본의(개념 및 존재이유) 예술의 기원과 분류, 예술작품, 예술가, 예술교육(kunsterziehung), 예술철학 및 인생을 위한 예술, 예술을 위한 예술(탐미주의), 민중예술론 등과 톨스토이의 『예술론』(『예술이란 무엇인가』)(1897), 텐느의 『예술철학』(1885), 칸트의 『판단력 비판』(1790), 러스킨의 『예술경제론』(1857) 등 예술론의 이론서도 포함되거나 인용되어 있다.

이런 글들에서 분편적으로 산재하는 예술에 대한 그의 논의의 부분들을 통합화시키게 되면, 그를 통해서 이광수의 예술관이나 미학의 면모는 물론 한국 근대 초기의 미학예술론의 윤곽도 재구하거나 파악될 수 있을 것으로 짐작된다. 그 가운데에서도 가장 두드러지는 것이 예술지상주의적인 '예술을 위한 예술'에 대한 비판과 이에 대한 역으로 '인생을 위한 예술'에의 옹호, 세기말 · 데카당스 예술에 대한 거부 그리고 톨스토이 예술론에 대한 명시적인 지지와 경도이다. 여기서부터 현대 예술이 그 특성으로 하는 예술 지향적 또는 예술지상주의적 문학(예술)과는 달리 그의 문학과 비평은 사회적 공리성 내지 인도주의적인 계도성 및 대중성 지향으로서의 성격과 특성을 감지하게 되는 것이다. 특히 이광수 문학론의 특성은 예술지향주의로부터 인생주의 예술론 및 이상주의 비평에로의 갈래지음의 현상이다.[1]

「문사와 수양」(1922), 「우리 문예의 방향」(1925)은 그가 지향하는바 인생을 위한 예술과 인도주의 및 신이상주의에 대해서 다음과 같이 단호하게

1 오타 요시오(太田善男)가 편집한 『문학개론』(博文館, 1906)의 경우처럼 메이지 시기의 일본에서 혹자는 '예술을 위한 예술'/'인생을 위한 예술'을 '유미파'/'실용파'로 분화하기도 하였다. '표현주의'/'도덕주의'로 일컫는 경우도 있다. 나쓰메 소세키(夏目漱石)도 「문학론」(1937)에서 이를 예술파(순예술파)/도덕파로 분화함.

말하고 있다.

이렇게 말하면 혹 반대하기를 Arts for arts sake(예술 위한 예술)라 하여 나의 의견의 단(斷)함을 웃으시리라마는 이 조선의 우주에 처하여서는 good for its own sake(다른데 이익이 없더라도 저 혼자 좋은 것)되는 것은 사의할 수 없는 것이니 이 상태의 우주에서는 적어도 현재의 상태의 인생에서는 good for something(무엇이나 한 가지라도 유익한 것)이 아니면 good for nothing(아무래도 소용없는 것)이라 아니할 수 없습니다. Arts for arts sake라는 예술상의 격언은 예술을 타 부분의 문화(정치나 교육이나 종교나)의 노예 상태에서 독립시키는 의미에 있어서는 대단히 훌륭한 격언이지마는 그 범위를 지나가서 사용하면 이는 「개인은 자유다」 하는 격언을 무제한으로 사용함과 같은 해악에 빠지는 것이외다. 생에 대하여 공헌이 없는 것, 더구나 해를 주는 것은 그것이 무엇이든지 다 악이니 문예도 만일 개인의, 특히 우리민족의 생에 해를 주는 자면 마땅히 두드려 부실 것이외다. Arts for life's sake야말로 우리의 취할 바라 합니다.[2]

오랫동안 예술지상주의 또는 그 거의 필연적계(통)라 할 만한 악마주의에 혐오를 느끼는 인성은 과연 '예술을 위한 예술'이라는 전제적 무상 명령에 대하여 '인생을 위한 예술'이라는 관념을 갖게 되었다. 아무리 예술이기로, 아무리 미(美)기로 인생을 독해하는 것은 허할 수 없다. 예술도 인생 생활의 일부분, 인생 활동의 일방면이라 하면, 인생 자신의 생활제약에 모순되기를 허하지 않는다.

2 「문사와 수양」, 『創造』 8호, 1921, p. 11. 이와 똑같은 주장과 내용의 글이 「우리 문예의 방향」(1925)에서도 제시되어 있다. "[……] 도덕에 대하여 미에게 독립적 가치를 준 점에, 그것을 역설한 점에 예술지상주의의 공적이 있고, 또 그것은 인성 발달 사상에 마멸할 수 없고 큰 공적이라 할 것이다. 그러나 인생의 생활의 주력이라 할 만한 도덕적 생활을 무시한 예술은 병적인 불건전한 절멸을 하여야 할 예술이라고 할 수밖에 없다고 믿는다."

이생의 모든 활동은 살기 위한 활동인즉 예술도 살기 위한 예술, 즉 인생보다 더 굳세고 더 아름답고 더 착하게 하는 예술, 사람과 사람이 더욱 서로 사랑하고 더욱 이기(利己)를 떠나 동포를 위하여 몸을 바치도록 인성을 높이고 깊이고 흔들어 놓는 예술이라야 할 것이다. 이러한 생각에서 예술상의 인도주의가 나오고 이른바 신이상주의가 나온 것이다.[3]

이와 같은 인용에서 보듯, 그는 인생을 위한 예술과 문학을 선택한다. 이렇게 문예의 존재이유와 그 가치를 인생을 위한 예술 지향에 두는 이광수의 인도적 이상주의의 예술관[4]은 톨스토이의 인도주의 예술론과 관련된 생을 위한 예술를 비롯하여 더 넓게는 이른바 '신이상주의'(Neo-idealism)의 철학의 일익을 담당하는 독일의 오이켄(Rudolf Christoph Eucken, 1846~1926) 등의 이상주의 인생론의 철학사상과도 연계되어 있다. 그 사상적인 경유의 중간적 매개 기능으로 일본의 근대문학에 있어서의 시라카바파(白樺派)[5]의 인도주의 · 이상주의 문예 및 사상사적으로 일본에서의 오이켄 철학의 번역과 소개(大思想家之人生觀, 1912, 오이켄의 철학,

3 「우리 문예의 방향」, 『이광수 전집』 16, 삼중당, 1925(『조선문단』 13호), p. 142.

4 광수는 「나의 문단 생활 30년」(1934)에서 다음과 같이 그의 예술관을 밝힌 바 있다. "[……] 사람마다 그 생에 대한 이상이 있을 것인데, 그 이상을 찾지 못하고 그 이상에 손이 닿지 못하여 방황하는 사람에게 이상의 것을 열어주고 또 그들에게 도덕적으로 단 일촌이라도 그 레벨(수준)을 높이자는 것입니다. 이것이 내가 소설가가 되고 문인이 된 최고 최대의 임무요 주의입니다. 이것이 나의 예술관의 전부인 동시에 일생을 두고 글을 쓰려는 주의입니다"(1934. 7).

5 시라카바파는 1910년 4월에 창간하여 8월 종간한 동인잡지 『白樺』의 武者小路實篤, 志賀直哉, 有島武郎, 有島生男, 里見弴, 長與善郎, 柳宗悅 등의 그룹을 일컫는다. 자연주의 및 향락주의에 대항한 경향이다. 메이지 · 다이쇼의 문학 가운데에서 톨스토이의 영향을 강하게 받은 것이 시라카바파로서 그 가운데서도 武者小路實篤는 톨스토이 예술보다도 윤리사상에 이끌리고 시라카바파 공통의 사상적 소지는 다소간 톨스토이의 심상에 결합되어 있다. 松田 穰, 『比較文學辭典』, 東京, 1979, p. 144; 이선영, 「춘원의 비교문학적 고찰」, 『새교육』 134호, 1985 참조.

1913) 등의 역할과 영향이 작용하고 있음도 아주 간과해버릴 수는 없다. 제1차 세계대전 전후의 일본에서의 다이쇼 데몬크라시의 고양 가운데서 사상계 · 철학계의 이상주의 사상이 당시의 시라카바파의 문학에 영향을 준 것과 연관성이 있는 것이다.

예술은 인간의 정신적 · 사회적 생활 전반에 밀접한 관련성을 갖고 있다. 그럼에도 불구하고 동시에 예술은 현실의 삶으로부터 초탈된 독립적인 존재이기도 한 것이다. 바로 여기에서 이른바 예술의 미학으로서 '예술을 위한 예술'(l'art pour l'art)과 예술의 윤리학으로서의 '인생을 위한 예술'(l'art pour la vie)과의 대비의 문제가 이루어지게 된 것이다. 예술에 있어서의 심미적 가치 · 표현 · 형식과 도덕적 · 인지적 · 공리적 가치와 윤리성 내용 등 가치평가의 대비적 차이도 바로 이 존재가치의 대비에서 비롯되는 것이다. 전자는 근대에 있어서 예술의 자율성에 대한 자각과 함께 고조된 것으로 예술을 어떤 다른 목적이나 조건으로부터 해방시키려는 주장이며 관점인 데 비해서 후자는 예술이 인간의 도덕적인 선도, 품성의 도야, 사회의 개량 등에 역할을 하게 됨으로써 일반적으로 인생과 사회에 기여해야 함을 주장하는 관점으로서 오래전부터 문예관으로 지배해온 사상이다. 즉 예술의 가치나 문예의 표준이 심미적 가치(문예), 공리적 가치(인생) 그 어느 것에 있느냐는 것이다. 그래서 현대의 웬만한 미학 · 예술 · 문예 사전과 같은 사서류에서 전자는 필수적으로 항목화가 되어 있음에 비해 후자는 전적으로 항목화에서 배제되어 있는 상태이다. 그러나 생활(인생)과 예술의 관계에 대한 예(禮)/악(樂) 이 두 가지 관점은 모두 각자의 관점에서 일면의 진리를 역설하는 것으로서 원리적으로는 서로가 모순적이기보다는 예술상의 경향에 있어서 시각 차이의 의미를 지닌 것에 지나지 않는다.

그런데 앞의 인용들에서 보는 것처럼 신문예의 옹호자임을 자임하는 이광수가 이 둘 중에서 근대적인 소산으로서의 '예술을 위한 예술'보다는 오히려 역설적으로 그 '예술을 위한 예술'을 이른바 상조론(商早論)으로 배격하고 예술이 종교적 · 도덕적 삶에 봉사해야 한다는 보다 고전적인 '인생을 위한 예술'을 선택함을 선언한다. 그의 「문학이란 하(何)오?」에서의 문학의 도덕적 실효, 「문사와 수양」에서 제시된 문사의 도덕적 책임이 중하다는 관점이 그러하다. 그는 그 선택의 이유를 나름대로 밝히고 있다. 즉 그는 '예술을 위한 예술'은 모든 예술 외적인 목적에서 해방되어서 전적으로 독립적인 예술로서의 자율성을 갖고 있는 점에서는 긍정하지만, '개인은 자유다'라는 니체 식의 유아주의적 에고마니아(egomania)로서의 무제한의 개인주의나 개성(개인)이 지닌 해악, 예술의 의무가 모든 사회적이고 정치적인, 그리고 인도적인 문제를 외면함으로써 생에 대한 공헌이 배제되고 그로 인해서 문학이 사회적 존재이유를 아직 확고히 얻지 못하고 있는 상황에서 그 해악이 개인과 민족에게 끼칠 퇴폐적 독소가 거기에 적잖게 잠재되어 있기 때문에 거부해야 한다는 것이다. 그러면서 그는 '예술을 위한 예술', 즉 도덕에 대해서 미에 가치를 두는 예술지상주의의 공적을 인정하면서도 끝내 이를 거부하고 반대로 '인생을 위한 예술'을 선택하거나 옹호하는 자신의 태도와 입장을 남들이 분명 그 '단'(斷)함의 속단으로 보아서 비하하고 경멸할 것이라고 스스로 헤아리고 있다. 이것은 이미 이 시기에 한국 근대문학의 영역에 있어서도 근대적 경향인 예술을 위한 예술, 심미적 예술지향주의와 개인주의 사상이 동시대의 동인지 문학에서 상당한 위력을 갖고 현재화되어가고 있음을 의식하는 반응이다. 그럼에도 불구하고 이광수는 이러한 당대 문학의 퇴폐적 현상 내지 '퇴폐기의 일본문학'이라는 정신적 타자성에 의한 전염화를 경계함으로써 '살 힘'(life force)으로서의 인생을 위한 예술을 굳이 표방하고 나서게 된다. '인생을 위한 문학' 및 '인간의 문학'에 대한 지향이다. 사회에 대한 윤리적 태도냐 미학적 태도냐의 저울질이 비롯된 것이다. 여기에서부터 이광수의 문학에 있어서의 문학적 · 예술적 표현성이나 심미적 차원은 공리성에 비해서 그만큼 제한될 여지를 내재하게 된다. 인생을 위한 예술론자로서의 이광수에게 있어서 문학은 「문학과 문장」(1931)에서 지적되고 있는 것처럼 절대적 쾌락이기 이전에 "인생의 해설자요, 계시자요, 위안자요, 상의처요, 지도자로서의 인생을 위한 문학"인 것이다.

2. '예술을 위한 예술'/'인생을 위한 예술'의 대응

그렇다면, 한국 근대문학에서 '예술을 위한 예술'과 '인생을 위한 예술'의 심미관과 공리관의 논의는 언제부터 비롯되었으며 또 이광수는 어느 때부터 이 두 가치에 대해서 논급하게 되었는가. 이에 대해 이론(異論)이 얼마쯤 있을 수는 있겠지만, 인생과 예술에 대한 문학적 논의의 단초는 『학지광』(1915) 6호에 발표된 김억의 「예술적 생활」에서 비롯된다.

> [……] 그런데 예술은 예술 자신을 위하여의 예술이요 단연코 인생을 위하여의 예술은 아니라고(art is for its own sake, but not for the life's sake) 주장하는 사람의 말을 나는 자주 자주 듣는다.[6]

이렇게 처음으로 예술과 인생의 관계에 대한 예술론적 거론을 시작한 김억(金億)은 그로부터 6년 뒤 근대의 구미문학을 체계적으로 일본에 소개한 일본의 영문학자이며 평론가인 구리야가와 하쿠손(廚川 白村,

---

6 『학지광』 6호, 1915, p. 61.

1880~1923)의 저서 『近代文學十講』(1912)으로부터 지대한 영향을 받으면서 『개벽』에 쓴 그의 연재 평론 「근대문예」(1921. 6~1922. 3)에서 양자에 대해서 다음과 같이 본격적으로 기술하게 된다. 다소 길지만 해당 부분을 옮겨보면 다음과 같다.

> art for art's sake는 말할 것도 없이 예술 지상주의입니다. 예술을 상대적으로 보지 아니하고 절대적 독립성을 주는 것입니다. 예술은 종교, 정치, 도덕의 개선 방침에 대한 수단도 아무것도 아니고 한갖 예술 자신을 위하여 존재하는 것이라는 것이 예술 지상주의의 주장입니다. 이리하여 그들은 모든 속류와 또는 사회와 관계를 끊고 한갖 관조적 세계에서 모든 것을 잊고 지내었습니다. 소위 세상에서 말하는 '상아의 탑Tour d' Ivořy'이라든가 '예술의 궁전palace of art'이라는 것이 다 예술 지상주의를 가리킨 것입니다. 무론 왕석(往昔)에도 이러한 예술 지상주의자가 많았습니다마는 근대에 와서도 이러한 주장 하에 종사한 이가 많습니다. 불국의 까스타프 프로베르 같은 사람은 자기의 애인에게 편지를 보내며 자기를 사랑하지 말고 자기의 예술을 사랑하라고 하였습니다. 그의 의견에 의지하면 지상의 사랑은 상대적이며 일시적 밖에 아니되고 따라서 큰 가치가 없다 합니다마는 예술 하나만은 유일의 진리로 절대적이며 영구적 가치를 가졌다 합니다. 상대적인 일시적 밖에 못되는 지상의 사랑이 어떻게 절대적이며 영구적 진리와 비교될 수가 있겠느냐 하는 것이 그의 주장입니다. 그리하고 예술은 인생보다 고상하다, 즉 Art is higher than life라는 표어가 항상 프르베르의 가슴에서 떠나지 아니하였습니다. 영국의 귀재 오스카 와일드 같은 사람은 예술 지상주의의 극치를 보였다 하여도 과언이 아닐 듯합니다. '와일드'가 『의향』, 즉 *Intentions*라는 책에 "심미는 윤리보다도 상귀하다. 그것은 무엇보다도 영적 세계와 가깝다. 미의 감식은 우리가 도달할 수 있는 가장 높은 극미의 점이며 색채의 감상 같은 것도 정사의 사변보다는 엄청나게 개성 발전 상에 중대한 의의를

가졌다." 한 말을 보아도 알 것입니다. 결국 한 마디로 그의 주장을 말하자면 도덕이라든가 종교라던가 사회 개량이라든가 현대 생활이라든가 인생 문제라든가 그밖에 정치 문제라든가 하는 것을 중심삼아 만든 작품은 예술도 아무것도 아니다. 문자를 벌려놓은 곳에 지내지 않다는 말입니다. 그들은 한갖 자기의 특수적 시미의 궁전 안에서 모든 것과 교섭을 절단하고 단적으로 자아와 개성을 주장하려고 하는 사람들입니다. 속중, 영어의 philistine이라든가 불어의 burgeois와는 함께 생활하려고 하지 아니하고 항상 사회적 법적 궤도를 벗어나려고 하였습니다. 어떤 편으로 보면 소위 사회적 법칙이라든가 궤도라는 것은 속중을 위하여 만든 것이기 때문에 그를 소위 천재인 그들에게는 맞지 아니하였을지 모르겠습니다. 어찌하였으나 이러한 것이 예술 지향주의자 또는 탐미주의자라고 하는 것입니다.

그 다음에는 예술은 인생을 위한 예술, 말을 바꾸어 하자면 인생 중심 예술주의라 할는지 또는 인생 지상주의자라고 할는지 이름짓기는 대단히 딱합니다마는 어찌하였으나 인생을 떠나서는 예술도 아무것도 있을 것이 없다는 것이었습니다. 현실 인생의 당면 문제를 떠나서 예술의 가치가 어느 곳에 있느냐 하는, 알기 쉽게 말하자면 사회상 · 종교상 · 정치상 · 도덕상 · 생활상 문제를 직접으로 문학이라는 수단을 가지고 해결하지 아니하면 아니 되겠다 하는 것입니다. 예술과 인생은 밀접하여 새 예술은 인생의 모든 사위의 수단이 되지 아니하면 아니 되겠다는 것이 그들의 주장입니다. 하여 상아의 탑 속에나 예술의 궁전 안에나 시미의 고독한 세계에 문예를 두지 말고 그것을 끌어내어 일반에게 공개도 하며 따라서 사용품도 만들라는 것이었습니다. 이러한 것은 '러시아' 문학에 많이 보이는 바입니다. '러시아'에는 여러 가지의 사정으로 인하여 어찌 하였든지 작품이 현실 세계의 어떤 문제를 중심하는 것이 아니면 비록 예술적 가치는 고귀한 것이라 하여도 일반 공중이 그 가치에 경의를 표하지 아니하였습니다. 러시아의 작가치고 누구가 현실 세계의 어떤 문제를 중심으로 하지 아니한 작가가 있습니까. 어찌하여 있다 하더라도 그것은 여러 작품 중에 하나나 둘이나 있을까 말까 합니다. 아마 인생 지상주의의 예술을 극단으로 주장한 사람은 고 '톨스토이' 백이겠습니다. 그의 전반기의 작품에도 물론 그러한 색채와 필치가 없었던 바는 아니었습니다마는 후반기의 작품은 자기의 의견을 발표하기에 예술적 형식을 차용한 데 불과합니다. 무엇보다도 '톨스토이'의 유명한 예술론 *What is art?*가 그의 의견을 명백히 하였지만은 그의 주장은 누구나 예술을 이해하기 하며 감상하게 하는 작품이 아니어서는 아무 가치가 없다 하였습니다. 톨스토이는 자기류의 예술관—다시 말하면 인생 지상주의의 예술적 견지로 예술 지상주의자에 맹렬한 공격을 하였던 것은 다 기억하실 듯합니다. 하고 아마 어찌 말하면 예술은 일개인이나 작가만이 완상한 것이 아니고 일반 공중에게도 완상시켜 일반의 공유물을 만들지 아니하면 아니되겠다는 것이 그들의 할 일이며 따라서 어떤 문제를 해결하는, 사회적 수단물이 되며 여론도 되지 아니하면 안 된다는 뜻인 듯합니다. 어찌 되었거나 이러한 것이 인생을 위한 예술을 주장한 작가들의 표어입니다. 한데 적어도 지금까지 오며 이 두 가지 되는 예술상 중대문제가 해결되지 못하였습니다. 아마 이 중대한 문제는 영원히 해결될 기회가 없을 듯합니다.[7]

다소 긴 인용이긴 하지만, 김억의 이 글은 한국 근대문학에서 예술의 본질과 관련된 예술을 위한 예술과 인생을 위한 예술의 두 비평적 입장과 관점을 문학론의 관점에서 최초로, 그리고 가장 본격적으로 소개한 것이다. 그는 오스카 와일드와 레오 톨스토이를 양측의 근거로 하면서 두 관점의 차이를 대비적으로 설명한다. 플로베르가 예증으로 인용된 것은 적

7 김억, 「근대문예: 자연주의 · 신낭만주의–부 표상파 시가와 시인」, 『개벽』 13호, 1921. 7, pp. 109~112. 이 글의 내용은 구리야가와 하쿠손(廚川 白村)의 『近代文學十講』(1912)의 pp. 182~184와 p. 193, pp. 391~394의 내용과 일치하거나 상당한 유사성을 지닌다. 특히 '예술을 위한 예술'에 대한 해명이 그러하다(『近代文學十講』, 大日本圖書株式會社[1915, 축쇄판], pp. 260~263, pp. 591~605. 구리야가와의 이 책은 1912~1915년 사이에 8판 간행된다).

절성이 희박하다. 이론적으로 예술지상주의와 인생지상주의가 와일드의 *Intentions*(『의향』)와 톨스토이의 *What is Art?*(『예술이란 무엇인가』)로 각각 대비되어 있다. 그러나 이 글에는 한국 근대문학 작품에 대한 논의와 검증이 전적으로 배제되어 있어서 원론적인 소개 · 정보로서 제한되어 있다. 톨스토이의 예술론이 여기에서 처음으로 거명된다.

이에 비해서 이광수는 앞에 인용된 김억의 글과 같은 해에 쓴 글 「문사와 수양」에서 예술을 위한 예술을 배격하면서 자신이 '인생을 위한 예술'을 옹호하고 나서는 자기 나름의 이유를 밝히고 있다. 문예가 전하는 사상의 독소를 막거나 중화할 막(膜)이나 약과 같은 사상이 없는 '조선의 우주'와 '현재의 상태'에서 문학이 개인과 민족의 생에 대한 유익함과 공헌을 주지 못하고 오히려 사상의 독소나 무서운 해가 될 수 있는 'Kunst an sich'로서의 예술을 위한 예술과 예술지상주의에 빠져든다는 것은 무엇이든 악이 될 수 있기 때문이라는 것이 그 이유다. 이 경우에 있어서 이광수는 예술을 위한 예술은 서구에서 출현된 '데카당스'나 탐미파 및 'Saufen und Huren'(술 마시기와 오입하기)의 주색 생활을 긍정한 일본의 이른바 '유탕 문학'(遊蕩 文學)과 동일 개념으로 파악한다. 그가 같은 글에서 존 로크(John Locke, 1632~1704)의 『인간오성론』에서 '타블라 라사'(Tabula rasa)의 백지상태로서 비유한 청소년이나 민족의 결백한 심적 상태에 예술의 특권이나 개인의 자유만을 강조한 나머지 건강한 생에 유익과 소용도 없이 퇴폐적 · 유희적인 경향마저 띠는 해독적 선입견을 전염시키거나 오염을 남겨주기가 쉬운 예술지상주의의 문학은 마땅히 배척 · 파괴해버려야 한다는 결벽주의의 입장을 아주 단호한 주장으로 천명한다. 김억의 경우와는 달리 짧지만 단순한 소개로서가 아니라 예술과 문학에 대한 자신의 선택 이유와 사회적 미션과 비판의 의도를 전제한 것이다. 결과적으로 김억과 이광수의 입장은 전혀 대비적이게 된다. 바로 이 시기가 『창조』와 『폐허』, 『백조』 등 동인지 문학이 산출되고 있는 시대이어서 이런 주장은 동시대의 동인지 문학인들과는 문학관이나 예술관과의 대조적인 현상이 되기도 한다.

그가 이렇게 비판의 변질 대상으로 삼고 있는 '예술을 위한 예술'[8]이란 예술은 근본적으로 도덕이나 종교의 표준에 의해서 평가될 수 없는, 독자적인 존재이며 다른 목적을 위한 수단으로 존재하지 않는다는, 즉 예술의 절대적 독립의 가치와 사회로부터의 예술가의 소외의 표현을 근본 원리로 하는 사상이다. 이 사상은 낭만주의의 기운과 함께 일어나서 주로 문예의 영역에서 발전, 유미주의(탐미주의) 등의 경향과 결합된 것이다. 유미주의는 정신보다 육체를, 내용보다 형식을, 현실보다 공상을 중시하고 미를 진과 선보다 상위에 두기 때문에 삶 자체를 무시하고 반사회적이다. 도덕적 목적으로부터의 자유라는 '예술을 위한 예술'(l'art pour l'art)의 말과 개념은 1804년 뱅자맹 콩스탕(Benjamin Constant)의 일기에서 비롯해, 빅토르 쿠쟁(Victor Cousin, 1792~1867)의 1818년 소르본에서의 미학 강의에서 처음 쓴 말이다. 1834년 고티에(Théophile Gautier)의 소설 『마드모아젤 모팡』(1835)의 서문이 비도덕성의 옹호로서 이 이론의 선언서에 해당한다. 이 '예술을 위한 예술'은 동시에 또 예술을 위한 인생으로서 예술지상주의와 통합으로써 양자는 동일하게 된다. 이 주장은 예술의 독자성을 존중하고 심미성과 표현 기술에 있어서 고도의 세련성을 지향한다는 점

---

8 참고한 주요 문헌은 다음과 같다. ① Iredell Jenkins, "Art for Arts Sake" in *The Dictionary of the History of Ideas*, edited by Philip. P. Wience, Vol 1, Charles Schribner's son, New York, 1968/1978, pp. 108~111. ② Michael Kelley ed, *Encyclopedia of Aesthetics* Vol. 1, Oxford University Press, 1998, pp. 118~120. ③ 『文藝用語の基礎知識』, 東京, 1979, pp. 158~160. ④ Jane Turner Grove ed, *The Dictionary of Art*, Macmillan Publisher, 1996, p. 530. 구리야가와는 니체가 「비극의 탄생」에서 구분한 '디오니소스'적인 것, '아폴로'적인 것을 이지/정서, 예술을 위한 예술/인생을 위한 예술로 분화한 角川文庫(1915), p. 214.

에서는 중요한 역사적 의미가 있다.

그러나 다른 한편으로는 세기말(fin de siécle)의 데카당스의 정점에 이르러서 사회적 가치에 도전하고 도덕성을 해치면서 인생과 사회의 현실로부터 도피하는 유희적이고 향락적 · 타락적 · 퇴폐적 경향을 조장하기도 했던 것이다. 보들레르 · 와일드 등의 문학으로 대표된다. 영어로서의 'Art for Arts sake'라는 어귀는 스윈번(A. C Swinburne)의 윌리엄 블레이크(1888)와 웨스트민스터에서의 리뷰(1868) 월터 패이터(Waltter Pater)의 윌리엄 모리스(William Morris)의 시관에서 처음 출현하였다. 이광수가 「예술과 인생」 쓰기에서 크게 관심을 두었던 모리스는 처음에는 열렬한 예술을 위한 예술론이었으나 나중에는 사회개조적 예술을 강조하면서 인생을 위한 예술로 전환한다. 이와는 달리 오스카 와일드는 그의 『동기』에서 탐미주의의 입장에서 문예가 인생의 문제에 예속됨을 거부하였다. 요컨대 '예술을 위한 예술'은 미의 창조를 예술의 유일한 지상의 목표로 추구하는 탐미파로서 정점을 이루는 것이다.

이렇게 프랑스와 영국에서의 탐미주의의 두드러짐에도 불구하고 도덕적 목적으로부터 자유를 주장하는 '예술을 위한 예술'의 개념은 그 기원이 실질적으로는 독일이라는 주장이 있다. 1790년대의 유럽에 걸친 억압적 검열 속에서 '무관심'의 미학예술의 자결성은 칸트나 실러나 셸링의 글에서 논의되었기 때문이라는 것이다. 1804년에 예나대학에서 있었던 셸링의 예술철학 강의에 참석한 헨리 크레브 로빈슨(Henry Crabbe Robinson)은 바이마르에서 마담 드 스탈(Madame de Staël), 밴자맹 콩스탕과 만났으며, 그때 그는 칸트의 '무관심'의 사상에 대한 셸링의 권유를 설명하면서 '예술을 위한 예술'이라는 어귀로 사용했다는 것이다. 이것이 『미메시스: 서구문학에 있어서의 현실의 재현』(*Mimesis: Dargestellte Wirklichkeit in der abendländischen Literatur*, 1946)에서 밝힌 에리히 아우어

바흐(Erich Auerbach, 1892~1957)의 관점이다.

한편 이와는 대응되고 또 이광수가 스스로 취할 바로서 받아들이고 있는 '인생을 위한 예술'(l'art pour la vie)은 예술의 사회적 기능을 의식하고 활용하려는 공리주의적 입장에서 예술이 인간의 도덕적 교화 및 품성의 도야, 사회의 개량을 위하여 역할을 해야 한다는 사상의 문학관이다. 즉, 예술이 고유의 미의 영역에만 국한되지 않고 현실적인 삶의 문제와 밀접한 교섭을 지님으로써 사회의 요구에 즉응하고 전인격의 육성에 이바지해야 함을 주장한다. 기요(J. H. Guyau, 1854~1888)에 의해서 주장된 것으로, 그에 의하면 예술은 감정에 의한 사회의 여러 존재에의 확산이며 예술의 최고 목적은 사회적 성격을 가진 미적 감정의 생산에 있다는 것이다.[9]

그런가 하면 인생을 위한 예술의 관점에 선 톨스토이는 『예술이란 무엇인가』에서 예술이 종교적 · 도덕적 생활에 봉사해야 한다는 것을 강조한다. 이는 그 결론에서 밝힌 "현대예술의 사명은, 인간의 행복은 인간 상호간의 결합에 있다는 진리를 이성의 영역에서 감정의 영역으로 옮겨서 현재 지배하고 있는 폭력 대신 신의 세계, 즉 우리 모두에게 인간의 최고 목적으로 간주되는 사랑의 세계를 건설하는 일이다"로 압축된다. 이광수가 읽기를 권장한 나쓰메 소세키의 『문학론』(1907)에서는 이를 '(순)예술파/도덕파'로 대비시키고 있다. 뿐만 아니라 양자는 표현성과 도덕성의 대립으로서 전자는 내용이 중요하고 '도덕적'(moral)이어야 한다는 것이 강조되고 반면에 후자는 표현이 명료하고 '미적'(beautiful)이어야 함을 강조한다. 그러나 예술과 생활(인생)과의 관계에 대한 그 같은 두 관점은 모두 각자

9 ① 『文藝用語の基礎知識』, 至文堂, 東京, 1979, p. 287. ② 竹内 敏雄, 『美學事典』, 弘文堂新社, 1968, p. 155. ③ 夏目 漱石, 「文學論」, 『漱石 全集 11卷』, 漱石 全集 刊行會, 1929, p. 148. 廚川 白村, 『近代文學十講』(1912), 角川文庫, pp. 183~184.

의 관점에서 일면의 진리를 주장한 것임으로 대립과 관계라기보다는 예술상의 경향에서 드러나는 차이점으로서의 의미를 지닌다고 할 것이다. 그렇다면, 이광수가 인생을 위한 예술로 경사하게 한 결정적인 촉매체가 무엇인가. 이를 단정적으로 검출하기는 어렵다. 추정하기로는 상당히 복합적인 것으로 생각된다. 톨스토이의 예술관, 시마무라 호게츠의 「예술론 강화」에서 예술에서의 공리관 · 심미관, 구리야가와 하쿠손의 『근대문학십강』(1912)에서의 "예술을 위한 예술이 이제 변하여 인생을 위한 예술이 되었다"(p. 183)는 견해, 니시미야 도죠(西宮藤朝)의 「인생을 위한 예술」(1918)(와세다대학, 1918) 및 진정한 예술은 도덕적이며 예술에 의해서 사회가 개조되어야 한다는 러스킨의 예술관 등이 복합적으로 작동한 결과인 것으로 믿어진다.

3. 이광수의 인도적 이상주의 문학관과 비평

이광수의 글에서 '예술을 위한 예술'/'인생을 위한 예술'관의 대립 문제가 최초로 제시된 것은 문학론으로서의 글이 아니라, 단형서사 작품인 「소년의 비애」에서이다. 1917년 『青春』 8호에 발표된 이 작품에서 문조 · 문해라는 두 인물의 인물화(characterization)의 대립적인 서사 방법으로서 바로 이 문제가 제시된다.

> 문조가 미적 · 정적 문학을 애(愛)함에 반해서 문해는 지적 문학을 애한다. 즉 문해는 문학을 사회를 교화하는 일 방편으로 여기되, 문조는 꽤 분명하게 예술지상주의를 이해한다. 그럼으로 문조는 문해를 유치하다고 하고 문해는 문조를 방탕하다 한다.[10]

여기에는 분명 지(知)/정(情), 사회교화주의/예술지상주의의 가치가 대비의 방법에 의해서 대립되어 있다. 단형서사 작품을 통해서 문학관의 차이를 제시하는 이 같은 이광수의 수법은 톨스토이주의와 바이런주의를 충돌적으로 대비한 자전적 단형서사 「김경」(金鏡)[11](1915)에서 이미 제시된 바 있다. 톨스토이와 바이런은 양자택일의 저울 축이다. 이 「김경」과 「소년의 비애」에서 비롯된 대비화를 거쳐서 인생을 위한 예술로의 선택적 정착이 평론으로서 마침내 선언된 것의 가치가 「문사와 수양」(1921)의 경우이다. 스펜서의 지 · 덕 · 체의 수양론적 문사관을 그 바탕으로 하고 있는 「문사와 수양」은 인생을 위한 예술, 인도적 이상주의의 예술관과 비평을 위한 이광수 문학의 문학적 선언으로서의 의미를 지닌 글이다. 이를 기점으로 하여 '인생적 예술'(Leben an sich)로서의 이광수의 인도주의적 이상주의가 인간과 민족의 건강을 위한 도덕적 · 사회적 미션으로서 자리잡게 되는 것이다. 「문사와 수양」에 이어서 특수예술론으로서의 민중예술론이 제기된 「예술과 인생」(1922)에서도 이와 같은 생을 위한 예술론으로서 다음과 같은 대목이 있다.

> 예술은 생을 위한 예술이니 생을 해하는 예술이어서는 안 됩니다. 인생에게 기쁨을 주고 활기를 주고 향상을 주고 사회 생활의 훈련을 주는 예술은 生의 예

10 「소년의 비애」, 『青春』 8호, 1917.

11 「김경」에서의 '톨스토이 주의'와 '바이런 주의'가 대비된 부분은 다음과 같다. "그 후부터 김경은 가끔 술을 마시고 이성의 애를 구하니 「바이론이즘」이요, 그러다가도 정(正)과 의(義)의 용사되기를 갈구하니 톨스토이즘이라." "그가 처음 정신상으로 영향을 받은 이는 톨스토이와 木下尙江과 德富蘆花니 [……]" "홍[홍명희]이라는 사람으로 하여금 바이런의 「해적」, 「천마의 원」을 보이게 하여 안온하던 이 소년의 영을 산란하게 한 뒤에 「문계의 대마왕」(木村 鷹太郎, 1902)이라는 바이론의 전기를 빌리어 [……] 김경의 가슴에 불길을 일으키었다." 이렇게 '김경'으로 치환된 후배 유학생 이광수에게 그보다 먼저 동경에 유학하고 있었던 홍명희는 문학에의 입문을 위한 멘토의 자리에 위치한다.

술이로되, 고통과 낙담과 타락과 갈등을 주는 예술은 死의 예술이외다. 우리는 신선한 일광과 공기와 음식을 요구하는 모양으로 건전한 예술을 요구합니다. 사람을 신경쇠약과 주색에 침윤함과 또 불편과 나타로 인도하는 예술은 불건전한 예술이요, 인생을 멸망으로 이끄는 것이외다.[12]

이렇듯 이광수에게 있어서 인생을 위한 예술 대 예술을 위한 예술, 양자의 분절적인 관계는 생/사 · 건전/불건전 · 향상/멸망 · 건강/질병 · 진화/퇴화의 이원적 수사학으로서 각각 대비화되어 있다. 이런 대비적 관점은 『朝鮮文壇』 13호(1925)에 발표된 「우리 문예의 방향」에서 더욱 현저해진다. 다음의 글들은 모두 「우리 문예의 방향」에서 인용한 것으로 짧지만 그가 바라는 조선에 있어서의 신문학의 바람직한 진로가 무엇인가를 밝힌 글이다. '문학', '예술'이라는 근대적 신조어(neologism)가 언어 횡단적으로 새롭게 출현한 1920년 전후의 조선의 초기 문예에 대한 비평적 점검 및 문예의 가치와 관련하여 평자로서의 이광수의 예술관(문예관)의 표명이기도 한 글이다. 거론된 작품의 제시가 제한되어 있어서 실천적 비평으로서는 한계가 분명하지만, 이전의 글인 「문학의 가치」나 「문사와 수양」에 비해서는 실천적 문학비평으로서의 구체성이 드러나 있는 것이 사실이다. 더구나 신문예의 가치가 "조선의 민족적 전통의 모든 문물을 무시하는 교육 제도 하에 있는" 현실적 상황을 명시함으로써 조선어를 못 배우게 하는 식민지 동화 교육제도의 문제점을 지적하고 "청년남녀 학생의 정신을 영향하는 것은 오직 신문학"이라고 밝히고 있는 점은 어문의 정신적 보루로서의 문학의 가치와 영향력이 지대함을 환기하고 있다는

12 『개벽』 19호, 1922. 여기서 말하는 '신경 쇠약'은 막스 노르다우가 그의 『퇴화』에서 데카당스 문학의 풍조로 지적한 히스테리아 현상과 같거나 유사한 개념일 것이다.

점에서 주목해보아야 할 대목이다. 이 같은 견해는 작가 작품에 대한 실천 비평적 요소가 가장 뚜렷한 글인 「문예쇄담」(1925)에서도 피력되고 있다. "조선의 신문예가 쫓겨나는 우리 말과 글의 유일한 유지자요 해일과 같이 밀어 들어오고 천구(天鉤)의 무게로 내리 누르는 이질 정신에 대한 유일한 조선 정신의 자주"라고 평가한 것이 그것이다. 여기서 조선어 · 조선문의 위기를 지적한 것은 이광수의 민족주의와 타자에 대한 정치적 · 문화적 · 민족주의적 대응으로 크게 주목해야 할 대목이다. 언어는 작가와 시인에게 있어서는 바로 혼이요 존재 그 자체이기 때문이다. 이와 함께 이광수에게는 예술을 위한 예술은 경계해야 할 해독으로 인지된다.

> 이런 예술관을 가리켜 예술 지상 주의 또는 탐미주의라고 부르니 프랑스에 발하여 전세기말 본세기초에 한번 세계를 풍미하였고 이 '예술을 위한 예술'이라는 예술 지상 주의가 한걸음을 돌려 인생의 부도덕한 방면, 추악한 방면에서 미를 찾게 될 때에 그것이 이른바 악마주의(Diabolism)가 될 것이다. (『조선문단』 13호)

> 이 예술 지상 주의는 조선에도 들어왔다. [……] 대개 이 주의는 문명에 중독한 인종의 독주는 우리 조선인의 맘에는 맞지 아니할 것이라고 본다. 그러나 예술 지상 주의는 관념이 과거의 권선징악적 예술관에 대한 반동으로 지금 조선 시인 · 문사의 대부를 지배하는 것이 사실이다. (『조선문단』 13호)

> 오랫동안 예술 지상 주의 또는 그 거의 필연적계(통)라 할 만한 악마주의에 혐오를 느끼는 인성은 과연 '예술을 위한 예술'이라는 전제적 무상 명령에 대하여 '인생을 위한 예술'이라는 관념을 갖게 되었다. 아무리 예술이기로, 아무리 미(美)기로 인생을 독해하는 것은 허할 수 없다. 예술도 인생 생활의 일부분, 인생 활동의 일방면이라 하면, 인생 자신의 생활제약에 모순되기를 허하지 않는다.

인생의 모든 활동은 살기 위한 활동인즉 예술도 살기 위한 예술, [……] 인생보다 더 굳세고 더 아름답고 더 착하게 하는 예술, 사람과 사람이 더욱 서로 사랑하고 더욱 이기를 떠나 동포를 위하여 몸을 바치도록 인성을 높이고 깊이고 흔들어 놓는 예술이라야 할 것이다. 이러한 생각에서 예술상의 인도주의가 나오고 이른바 신이상주의가 나온 것이다. (『조선문단』 13호)

도덕에 대하여 미에게 독립적 가치를 준 점에 그것을 역설한 점에 예술 지상주의의 공적이 있고 그것은 인성발달사상 마멸할 수 없는 큰 공적이라 할 것이다. 그러나 인생의 생활의 주력이라 할 만한 도덕적 생활을 무시한 예술은 병적인 불건전한 멸절을 하여야 할 예술이라고 할 수밖에 없다고 믿는다. (『조선문단』 13호)[13]

그러나 이 작가들에게는 지금 말하는 것 같은 지도적 사상은 없었다. 어느 쪽이냐 하면 예술을 위한 예술 같은 탐미파적 데카당스적 경향이 있어 인생에 대한 깊은 통찰이나 고원한 이상이라는 것 같은 논리적 내지 사회적 요소가 결하였다. 언제든지 유희적이었다는 것을 면할 수 없다. (「조선의 문학」[1933], 『삼천리』)

이렇게 「우리 문예의 방향」은 예술을 위한 예술을 예술지상주의와 탐미주의 그리고 악마주의의 세기말적인 퇴폐와 변태적이고 반사회적 · 반도덕적 경향, 데카당스의 타락, 방탕한 정조를 지닌 것으로 보고, 조선의 문학에도 바로 이런 병적인 증상이 상당히 수용되어 있다고 진단한다. 범죄나 암흑면만을 강조하는 자연주의, 도덕을 초월하고 악에서 미를 찾는 탐미파에 대한 철저한 거부반응이다. 유미적 악마주의(Diabolism)란 19세

13 『朝鮮文壇』 13호, 1925.

기말에 물질문명에 대한 반항으로 일어난 예술사상의 한 경향으로서 악마 숭배에 기초한 극단적인 퇴폐주의, 세기말은 물론 유미주의, 윤리와 관습에 반발, 악마적인 것 가운데에서 미와 쾌락을 추구하는 주의이다. 악마주의는 적극적으로 괴이한 암흑의 세계를 배경으로 병적인 것과 함께 인공적인 미를 구한다. 와일드와 보들레르가 그 대표적 작가이며 일본의 작가로는 이와노 호메이(岩野泡鳴), 나가이 가후(永井荷風), 다니자키 준이치로(谷崎潤一郎) 등이다.

이광수는 『그의 자서전』에서 톨스토이의 깨끗한 문학을 떠나 한때 그가 경도했던 바이런의 돈 주앙과 카인과 같은 문학을 '악마주의'라고 일컫는다. 이광수는 젊은 날 한때 이 악마주의를 찬양한 바 있다. 그리고 김안서 · 박종화 · 노자영과 김동인 · 현진건 · 염상섭 · 나도향 등의 작품 등에서 이런 예술지상주의와 세기말적 영향이 보인다는 것이다. 「조선의 문학」(1933)에서도 그는 김동인 · 염상섭 · 현진건 · 나도향의 소설을 비평하는 가운데, 이들이 예술을 위한 예술과 같은 탐미적 · 데카당스적 경향이 있어 인생에 대한 깊은 통찰이나 고결한 이상 같은 논리적 혹은 사회적 요소가 결하였다고 지적한다. 이들은 과거의 권선징악적인 예술관에 대한 반동으로서는 그 존재 의미가 있지만, 문학의 사회적 공리성보다는 예술의 특권을 더 강조함으로써 도덕성을 외면하거나 병적이고 불건전한 문학으로서의 자질을 지닌 것임을 원론이 아닌 실천적 비평의 형식으로 지적한 것이다. 이 점은 문학비평가로서의 이광수의 면모이다.

이와 같이 이광수가 인생을 위한 예술 또는 인도주의적 관점에서 예술지상주의 예술과 문학에 대해서 매우 강하게 부정적이고 비판적 태도를 갖게 된 것은 무엇 때문일까. 여기에는 고아의식도, '속이 순수히 비어 있는'의 상태도 아닌, 건전해야 할 당대의 문학이 퇴폐에 감염(전염)되어 있다는 진단적 '전율'의식이 내재한다. 그리고 톨스토이의 『예술이란 무엇인가」에 나타난 인도주의 예술관에의 경도와 더불어 다음과 같은 몇 가지의 외적 · 내적인 자극과 영향의 요인이 내재되어 있다.

(1) 신이상주의와 신문학에 대한 이상주의적 자연주의와 공포의 교차

「문사와 수양」, 「우리 문예의 방향」, 「문예쇄담」 등에서 보는 것처럼 이광수는 그가 주도하는 조선의 신문예 가치와 기능에 대해서 엄청난 기대와 희망을 함께 가지고 있다. 문학이 민족과 이를 구성하는 개개인의 삶에 대해서 결정적인 계도와 감화 · 감염의 영향력을 가지고 있는 것으로 믿고 문사와 신문예가 이들에게 미칠 이익과 해독의 공효가 중대함을 역설하고자 한다. 이것이 그의 예술이나 문학 가치론의 일관된 중심 사상이다. 그런데 신문예는 현실적으로 조선의 민중들에게 도덕적으로 건강하거나 긍정적인 것만을 전염시키는 희망적인 것만이 아니라, 부정적인 가치와 사상을 외부로부터 이입 · 전파시켜서 해독을 줌으로써 그로 하여금 공포를 유발시킬 요인과 현상이 적지 않음을 감지케 하고 판단케 한다. 그에게는 근대문학의 특성이라고 할 수 있는 '병리 애호 미학'(pathophile ästhetik) 또는 '질병의 은유'[14]와 같은 심미적인 가치는 불건강한 것으로 배제 대상이나 해독으로서 지각될 뿐이다. 「문예쇄담」(1925)에는 이 공효와 해독에 대해서 다음과 같이 제시하고 있다.

> 좋은 편으로는 구도덕 · 구습관에 대한 반항심, 개성의 해방, 연애를 중심으로 하여야 한다는 부부관, 민족적 의식과 민족애, 좋지 못한 편으로는 연애 지상, 이

14 Thomas Anz, *Gesund oder Krank?, Medizin, Moral und ästhetik in der Deutschen Gegenwarts literatur*, J. B. Metzlersche, Verlagbuchhandlung, 1989, S. 189; Clemens Heselhaus, Die Mataphorik der Krankheit, 1968, S. 407; *Die Nicht Mehr schönen künste*, M · R Jauβ(Hrg) Wilhelm Fink verlag, Susan Sontag, Illness as Metaphor, 1979.

기적 향락. 이 모양으로 신문예는 조선 청년남녀에게 일면으로 인생에 대한 신자각과 신해석 · 조선에 대한 민족적 의식을 주고 타 일면으로는 남구식(南歐式) 향락 탐익의 해독을 주었다. 어느 점으로 보든지, 오늘날 조선에 있어서 신문예의 영향은 무섭게 큰 것이다. (「동아일보」, 1925)

이 인용문에서 '남구식 향락'을 운운하는 것은 구리야가와 하쿠손(廚川白村, 1880~1923)의 저서 『近代文學十講』(1912)에서 니체가 『비극의 탄생』에서 논한 이른바 아폴로적인 것, 디오니소스적인 것의 구분과 관련지어서 북방 민족의 문학을 인생을 위한 예술, 깨어 있는 자의 문학, '사색적 평정'(die betrachtende Ruhe)으로 평하고, 남방 민족의 문학은 예술을 위한 예술, 취한 자의 예술, 환희 · 감격 · 심취(Entzüchung, die Begeisterung, die Trunkenheit des Geistes)가 그 본질[15]이라고 지적한 바와 상당한 연관성을 지니고 있다.

이광수는 조선의 신문예가 북방적인 것과는 달리 남구적인 예술지상주의 또는 탐미주의에 휩쓸림으로써 인생의 불건전하거나 부도덕한 면, 추악한 것을 아름답게 보려는 면, 세기말적인 사상에 빠져드는 경향에 대해서 두려워하고 또 이를 경계하고자 한다. 그는 지나치게 편향적일 만큼 그와 같은 예술은 병적이고 불건전한 예술이라고 규정하는 것이다. 이와 동시에 그는 "인생의 모든 활동은 살기 위한 활동인즉, 예술도 살기 위한 예술 즉, 인생에게 '살 힘', 즉 생명력(life force)을 주는 예술이어야 한다"는 것에 희망을 피력한다. 이러한 예술품으로서의 문학과 예술관은 다음의 글에서와 같이 '하늘에서 내려온 사다리'로서 대비적으로 비유되고 있다. 높은 데로 끌어올리는(up) '존(尊)한 예술'과 낮은 나락으로 끌어내리

15 廚川 白村, 『近代文學十講』, 大日本圖書株式會社, 1912, p. 214.

는(down) '비(卑)한 예술품'이 그것이다. 호오(好惡) 상태가 천당행과 지옥행처럼 극단적으로 대비된다. 톨스토이의 『예술론』에서의 '선/악', '진/가'의 '선예술/악예술', '진예술/위조예술'의 분화가 다분히 의식된 예술의 존비론이다.

> 문학도 그러하다. 존(尊)한 예술품은 마치 하늘에서 내려온 사다리와 같아서 우리를 높은 데로 끌어올린다. 비(卑)한 것은 무지한 나락으로 우리를 끌어내린다. 그것은 육욕의 예술 · 증오의 예술 · 질투의 예술 · 저주의 예술 · 분노의 예술들이다. 그것은 우리의 혈액의 순환을 저해하고 안색을 추악하게 흉녕하게 만드는 예술이요. 인생을 호색의 세계 · 탐욕의 세계 · 쟁투의 세계로 끌어내리는 예술이다.[16]

이렇게 예술에 대해 희망과 두려움이 역연하게 교차한다. 이광수가 「문학쇄담」이나 「문학강화」등의 글에서 거론한 작가들 · 작품들에 대한 실천적 비평에서 어느 한쪽에 대해 일방적이기보다는 긍정 · 부정을 함께 하고 있는 점은 부정적인 현상에도 불구하고 신문예에 대한 그의 이와 같은 희망(기대)과 두려움(비판)이 함께 교차하고 있는 증좌인 것이다. 그로 하여금 예술을 위한 예술을 넘어서거나 대응해서 인생을 위한 예술을 긍정하는 점은 인생을 위한 예술이 인생에게 '살 힘'을 주는 예술상의 인도주의이기 때문이며 이의 정점을 이루는 것이 바로 자연주의나 리얼리즘을 넘어선 신이상주의인 것으로 간주한다. 이는 생명력의 무한한 확장과 발전이 가능하다는 낙천적인 인간주의이다. 이광수는 이에 대해서 다음과 같이 규정한다.

---

16 「문학에 대한 소견」, 『동아일보』, 1929.

> 인생을 지금 있는 인생보다 더 굳세고 더 아름답고 더 착하게 하는 예술, 사람과 사람이 더욱 서로 사랑하고 더욱 이기를 떠나 동포를 위하여 몸을 바치도록 인성을 높이고 깊이고 흔들어 놓는 예술이라야 할 것이다. 이러한 생각에서 예술상의 인도주의가 나오고 이른바 신이상주의가 나온 것이다.[17]

그의 이상주의는 예술의 교훈주의 및 예술적 인도주의와 직결되어 있다. 그래서 주로 주요한 · 김억 · 박종화의 시를 실천적 비평으로 평한 그의 「문예쇄담」과 「우리 문예의 방향」은 모두 이 신이상주의(Neo-idealism)를 특별히 강조하거나 요구하고 있다. 그는 새로운 세력과 정세로서의 신이상주의는 자연주의의 '계급'(단계)을 통과한 이상주의라고 규정한다. 여기서 「문학이란 하(何)오?」에서의 '인생을 여실히 묘사하는' 자연주의(사실주의)를 넘어서거나 이상적 자연주의로의 지향이 시사된다. 특히 「문예쇄담」은 신이상주의의 평론이라고 해도 그리 과언은 아니다.

> 지금 세계 문단의 신흥의 주조라 할 만한 신이상주의의 시인이라 할 것이다. 이 기다리는 사상은 오직 세계문예사조인 신이상주의를 받은 것만이라고 볼 수는 없다. (「문예쇄담」)

> 그는 이상주의적이다. 자연주의의 계급을 통과한 이상주의—. 이것이 신이상주의의 특색이라 할 것이니…… (「문예쇄담」—주요한의 시에 대한 평가)

17 「우리문예의 방향」, 1925. 이상주의에의 지향을 「조선문학이 가지기를 바라는 요건」(1935)의 7개 요건 가운데 5항으로 다음과 같이 제시한다. "우리 마음에게 진선미에 대한, 및 우리 생활에 대한, 감격과 앙양을 줄 이상 고취자일 것"(「이상주의」, 『이광수 전집』 제20권, p. 137).

이 의미로 나는 세기말적 예술을 저주하고 조선인의 희망과 자신과 함께 용기를 노래하는 말하자면 신이상주의적 예술을 요구한다는 말이다. (「문예쇄담」)

다행히 세계 문단의 대세는 인도주의를 내용으로 하는 신이상주의로 향하고 있고, 우리 조선에서도 이 색채가 점점 농후하여 감을 본다. 작년까지도 술 · 키스 · 밀회 · 죽음 이런 것을 제목으로 내용으로 하는 시가와 소설이 성행하더니, 근래에는 인생 생활의 깊은 기쁨과 깊은 슬픔과 엄숙한 의무를 제재로도 하고 내용으로도 하게 된 것은 실히 기쁜 일이다. (「우리 문예의 방향」)

이와 같이 자연주의 · 탐미주의 등에 의해서 극도로 억압되고 암울한 인생관에 항거하여 이상 없는 인생, 행복한 도덕적인 인생의 빛을 찾고 인도적 사람의 정신을 지향하는 것으로 본다. 이광수는 이상주의 또는 신이상주의를 표방함으로써 하세가와 덴케이(長谷川天溪, 1876~1940)의 자연주의론인 『현실 폭로의 비애』(1908)에 대한 놀람의 단계를 거쳐서 문학적 전승의 계보에 있어서 일본의 '시라카바파'(白樺派)의 이상주의적 휴머니즘의 사상과 맥락이 닿아 있는 것이다. 시라카바파의 별칭이 인도주의파 또는 신이상주의라고 할 정도이다. 신이상주의는 19세기 말에서 20세기 초에 걸쳐서 자연주의나 자연과학, 유물론의 철학적 경향에 대한 반동으로 일어난 이상주의적 철학사상이다. 철학상으로는 칸트 · 헤겔 등 독일 관념론의 계승 · 발전에 눈뜬 신칸트파, 신헤겔파, 신피히테파, 현상학파, 오이켄 · 베르그송 · 짐멜 등의 생철학 사상의 경향이 그것이다. 사상계에 있어서 신칸트파의 이상주의가 이 시기의 주류였고 문화주의 · 인격주의의 근거였다. 문예상에 있어서는 현실을 있는 그대로 긍정하고 육체를 중시하는 자연주의에 대해서 개성을 존중하고 이것을 이상적 · 정신적으로 높여가려는 향상적 태도의 문예인 것이다. 즉 반(反)자연주의의 미적 이상주의이다.

일본 다이쇼(大正)기에 문학은 인도주의에서 시작해서 무산자 문학의 대두를 잉태하는 신현실주의적 문학으로 끝난다고 한다. 이렇게 다이쇼 문학의 특색은 전대 문학의 허무주의, 퇴폐적 풍조 및 관능적 · 향락적 경향을 벗어나서 새로운 인생의 건립을 의욕하는 인도주의적 사조, 이상주의적 경향이 대두됨으로써 다이쇼 전기는 신이상주의적 문학의 시대를 이루게 된다. 이 신이상주의는 동인 잡지 『白樺』가 1910년에 창간되어 자연주의를 세계관적으로 극복하려한 무샤노코지 사네아쓰(武者小路實篤), 시가 나오야(志賀直哉), 아리시마 다케오(有島武郎), 아리시마 이쿠마(有島生馬), 사토미 톤(里見弴), 나가요 요시오(長與善郎), 야나기 무네요시(柳宗悦) 등 학습원(學習院) 출신의 중심 동인들이 시라카바의 그룹을 형성함으로써 비롯된다. 톨스토이, 마테를링크(Maurice Maeterlinck, 1862~1949)[18] 등의 영향을 받은 가운데 무샤노코지 사네아쓰는 톨스토이의 예술보다는 윤리사상에 더 이끌림으로써 시라카바파 공통의 사상적 바탕이 많든 적든 톨스토이의 사상과 결부되어 있으며, 자연주의파의 허무적인 인간관과는 달리 이상주의적이 된 인도주의의 입장에서 자아의 신장을 목표로 한다. 이같이 인도주의 문학운동의 중심인 시라카바파는 자연주의에 의해서 극도로 억압된 암울한 인생관에 반항하며 이상 있는 인생, 행복한 도덕적 인생의 광명을 찾으려는 사랑의 정신을 표방한다. 그래서 신낭만

---

18 Maurice Malterlinck(1862~1929). 메테르링크: 처음에는 염세적 신비적 숙명관에 기초한 반자연주의적 · 상징주의적 경향을 보이며 '젊은 베르기파'를 대표하는 시인 · 극작가 · 사상가로 활약하였으나 그 뒤 지혜의 투찰력에 의해서 불행한 운명을 극복하여 행복에 도달하는 낙천적 이상주의의 입장을 형성함에 이르게 된다. 감상평론집 『지혜와 운명』(1898)은 독자적인 향광적(向光的) 사상에 의해서 세계의 문예계 · 사상계에 비상한 충격을 준다. 일본의 문예계에 소개와 이식의 적극적인 역할을 한 것은 우에다 빈(上田敏)과 모리 오가이(森鷗外)이다. 松田穰, 『比較文學辭典』, pp. 289~290.

주의 시대에 각성된 자아의식에서 나온 개성 존중의 정신이 강하게 결부된 개체의 완성과 전체의 지복과의 조화를 구하려는 것이 특징이다. '시라카바파'는 인도주의 문학운동의 중심이다.

인도주의적 특색을 선명히 하는 이들 시라카바파는 고흐, 마티스 등 후기인상파 미술에도 관심을 갖는 한편, 베르그송, 오이켄, 타골의 생명철학과 친숙해짐으로써 철학상의 신이상주의와도 통함으로써 다이쇼 데모크라시의 고양 가운데 사상계 · 철학계의 이상주의 사상을 포용함으로써 문단의 패권을 장악한다.[19] 나쓰메 소세키 문하의 아베지로(阿部次郎) 등 교양파의 평론가들에 의해서 이 같은 태도가 현저히 나타나게 된다. 이렇게 시라카바파는 예술 · 사상 면에서 이상주의의 실험이라는 큰 족적을 남긴다. 이 무렵(1906년경) 가네코(金子筑水)는 『와세다문학』에서 신이상주의의 문학이 장래를 지배하리라고 지적한다.

오이켄(Rudolf Christoph Eucken, 1846~1926) 철학의 이상주의의 유입은 다이쇼 교양주의의 인생론적 사상의 핵으로서 이들에게 큰 영향을 미친다. 오이켄은 독일의 생철학자이다. 예나대학 교수로 1908년에 노벨문학상을 수상한 그는 19세기 후반 사변적 관념론의 반동으로서 생성된 자연주의 풍조에 저항, 정신의 승리를 확신하는 '인격적 결단'에 의한 실천을 통해서, 자연과 정신과를 상호 매개적으로 통일해 양자의 근원인 영원의 정신적 실재를 구현하는 창조적 '정신생활'을 창조한 것이다. 그의 철학은 독일관념론 특히 피히테의 계보를 잇는 '신이상주의'이다.[20] 『인간의 의식과 행동에 있어서의 정신생활의 통일』, 『생의 의미와 가치』 등 그의 저작 가운데 하나인 『대사상가의 인생관』(*Die Lebensanschaungen der groß*

19 日本近代文學大辭典 4卷, 日本近代文學館, 講談社, 1978, pp. 270~272, pp. 525~527 참조.
20 Donald M. Borchert, *Encyclopedia of Philosophy*, Thomson/gale, 2006, pp. 451~553 참조. 日本近代文學大辭典 4卷, 日本近代文學館, 講談社, 1978, pp. 255~256.

en Denker, 1890)은 1912년에 일본에 번역되어 소개될 뿐 아니라, 『오이켄의 철학』(1913)이라는 소개서가 간행됨으로써 다이쇼 교양주의의 인생론적인 사상의 책으로서 많은 독자를 확보하게 된다. 그의 철학은 생철학이고 역사철학인 동시에 정신주의 · 노력주의 · 인격주의의 철학이다. 그래서 그 특색은 실천적 · 윤리적 · 전인적이고 이것이 그의 신이상주의 철학이다.

『일본근대문학대사전』 4권(1978)에 의하면 이상주의 문학은 다이쇼 5~7년(1915~1917)을 정점으로 한 문예사조이다. 문단에서 이상주의라는 용어는 시라카바파의 모든 작가를 다룬 아카키 고우헤이(青木桁平)의 『신진작가론』의 "예술상의 물질주의에 대한 이상주의의 승리"라는 표현에서 보듯 1915년 무렵부터 쓰였으며 '인도주의'는 많이 쓰였고 '신이상주의'는 좀 늦게 미야지마 진사부로(宮島新三郎)의 『다이쇼문학14강』(1918~1926)에 무샤노코지를 인도주의로, 아리시마 다케오를 사랑의 문학으로, 시가 나오야를 자기 개조의 문학으로 그 특징을 일괄해서 신이상주의로 규정했다고 서술하고 있다.

이광수의 오이켄과 베르그송에 대한 거명은 단형서사 「김경」(1915)과 기행문 「상해서」의 상무인서관(商務印書館) 묘사에서 "서양인의 손을 빌어 겨우 한영자전 한 권을 가지고 전세계가 떠드는 「톨스토이」, 「오이켄」, 「베르그송」이며 [……] 조선인 된 나는 남모르게 찬 땀을 흘리었나이다"에 제시되어 있다. 그리고 「우리의 사상」(1917)에서도 거명된다. 생명철학의 한계로서의 베르그송의 철학은 '생의 약진'(l'élan vital), '창조적 진화'(l'évelution créatrice)로 상징된다. 그에 의하면 생은 근본에 있어서 창조요, 발명이요, 자발이며 자유이다. 생은 열린 비탈인 것이다.

문인이며 철학도인 이광수는 일본에서의 신이상주의 사조를 체감적으로 경험하면서 자연주의의 단계를 넘어서는 생명과 인생을 위한 예술로서의 신이상주의를 지향하려고 한다. 그러면서도 그는 자연주의 자체를 전혀 부정해버리지는 않고 있다. 그는 「조선문단의 현상과 장래」(1925)와 「소설가의 준비」(1936)에서 다음과 같이 말하고 있다.

> [……] 구태여 인생의 암흑의 일면, 수(獸)적인 일면만을 자연으로 보는 것은 편견이요 또 인생의 수적인 데서 신적인 데로 향하려는 노력의 사실을 부인하고 인생의 불완전, 즉 추를 당연한 것처럼 본성인 것처럼 그리는 것은 사견(邪見)이라고 아니할 수 없다. 소위 데카당 문학이란 여기서 나오는 것이다. 나는 근래에 인생의 이상으로 인정하는 작품 형식의 추와 악을 슬퍼하고 인생의 미점을 선점으로 지시하고 찬미한 작품이 눈에 띄는 것을 심히 기뻐한다. 우리 문단의 장래는 이상주의적 자연주의일 것이다.[21]

> 얼른 보기에는 먼저 이상이라는 말을 하고 이제 와서 '리얼리즘'이라는 말을 하여 마치 반대인 두 가지를 한데 합하려는 것 같지마는 그것은 이 두 말의 뜻을 오해하는 데서 나오는 관념착오이다. 예술의 목표는 '이상을 현실적으로 표현'하는 데 있다고 할 것이다. 이 말은 '인생의 일면을 여실히 묘사한다'는 말과도 일치하는 것이다.[22]

이와 같이 인생의 추루, 암흑면, 육체, 정욕의 예찬, 수(짐승)적 인간을 강조하는 자연주의의 부정적인 면이나 세기말 데카당스 문학은 거부하면서도 그는 이상주의적 자연주의, 즉 이상주의와 자연주의(리얼리즘)의 절충론을 제시한다. 인정진사(人情眞寫)의 묘사법으로써 이상의 미를 구한

---

21 「조선문단의 현상과 장래」, 『이광수 전집』 16, pp. 95~96.

22 앞의 책, p. 249.

다. 즉 '여실'의 핍진성을 배제할 수 없기 때문이다. 그것이 곧 이광수의 이상주의적 자연주의이다. 핍진과 생의 이상을 위해서 자연주의 · 이상주의의 절충의 시도이다. 이는 일본에서 1916~1917년 사이에 문학상의 근본 문제로서 논쟁을 불러일으켰던 모리타 쿠사헤이(森田草平)의 글 「이상주의적 자연주의」(1917, 文章世界)와 맥락이 닿는 용어요 관점이며 주장이다. 곧 자연파요 인도파의 융합론이다. 인도주의는 이상주의적 자연주의에 속한다는 것이다. 모리타는 여기에 자연주의 · 향락주의 · 인도주의를 적절히 위치시키면서 자연주의의 권태에서 생긴 향락주의, 그 향락주의의 반동으로서의 인도주의, 따라서 인도주의는 자연파의 일파이며, 현실에 다가감으로써 이상주의는 목적을 달성한다고 보았던 것이다. 프랑스에서 일어난 자연주의가 러시아문학에 이입되면서 어떤 변화가 일어났는가를 주목한다. 인간의 추화에서 시작된 것이 이상에 도달하는 수단이 됨으로써 문학상의 걸작이 이상주의적 자연주의에 속하는 것에 주목한 것이다. 이광수의 이상주의적 자연주의는 이런 견해와 무관치 않다.

(2) 톨스토이 예술론의 영향과 기독교 사회주의

이미 많이 지적[23]되고 있듯이 이광수의 문학이나 사상에 가장 크고 많은 영향을 준 스승은 톨스토이이다. 특히 그의 인생론 · 예술론이 그러하다. 「톨스토이의 인생관」, 「두옹과 나」, 「문학쇄언」, 「문학과 문사와 문장」, 「문예 사상 문답」 등 일련의 글에서 제시되고 있는 것처럼 이광수의

23 신동욱, 『현대한국문학론』, 박영사, 1972, pp. 203~211; 김윤식, 「한국 신문학 초창기 문학론과 비평의 양상」, 『현대문학』 218호; 김태준, 「춘원 이광수의 예술관」, 『명지대문학』 4호, 1970; 「이광수의 문학론: 문학이란 何오를 중심으로」, 『춘원 이광수 문학연구』, 국학자료원, 1994, pp. 123~149; 이선영, 『소외와 참여』, 연세대학교 출판부, 1971, pp. 159~304; 송명희, 『이광수의 민족주의와 페미니즘』, 국학자료원, 1997, pp. 191~236; 하타노 세츠코, 『무정을 읽다』, 최주한 역, 소명출판사, 2008, 166~169.

톨스토이에 대한 관심과 경도는 동경 유학생 시절 초기에 일본인 동창 야마자키 도시오(山崎俊夫)에게 빌려 읽은, 가토 나오시(加藤直士)가 변역한 『나의 종교』(わが宗教)의 감명에서 비롯하여 다이쇼 데모크라시 속에서 고조하는 톨스토이열과 깊게 맞물려 있다. 일본에서의 톨스토이열에 호응하여 문예지 『톨스토이 연구』가 창간된 것이 1916년이다. 톨스토이의 『예술이란 무엇인가』(예술론, 1898)가 처음 번역된 것은 아리마 히로마사(有馬祐政) 번역의 『예술론』[24](1906)이다. 그 이전에도 하세가와 덴케이(長谷川天溪)의 「톨스토이의 예술론」(『와세다학보』 6월, 1902) 등의 소개가 있었으며, 메이지 말기에서 다이쇼 중기까지 톨스토이의 문학 · 사상 · 예술 · 종교 · 사회운동 등이 폭넓고 광범위하게 이입되거나 큰 영향을 미치게 된다. 1904년의 러일전쟁을 전후한 반전론으로 인해서 더욱 그러하다. 이러한 문화적 상황과 맥락 속에서 유학생으로서 동경에서의 수학 시기를 보낸 이광수의 톨스토이 예술론에 대한 이해와 영향이 비로소 가능할 수 있게 된 것이다. 이에 대해서는 이광수 자신도 양주동과의 「문예사상 대담」(1929)에서 그의 인도주의 사상이 톨스토이열의 영향을 직접적으로 받은 것임을 밝힌 바 있다. 그리고 예술론에 대해서도 「톨스토이의 인생관」, 「문학과 문사와 문장」 등에서 언급하고 있다.

> 톨스토이는 그의 예술론에서 '예술이란 일종의 말이어서 스스로 느낀 바를 동포에게 전하는 방편이라'고 정의하였습니다. 예술은 일종의 말이란 말이 썩 재미있다고 생각합니다. (「문학과 문사와 문장」)

> 그는 소설을 쓰고 우화를 쓰고 논문을 썼다. 그것을 다 인류를 애의 진리에의

24 露國 トルストイ 著, 『藝術論』, 文學士 有馬祐政 譯, 東京: 博文館, 藏版, 1906.

정로로 이끌려 하는 방편이었다. 그의 이 사상의 가장 직접적인 표현은 『하늘 나라는 네 속에 있다』와 『종교란 무엇이냐』와 『예술이란 무엇이냐』의 세기의 저술일 것이다. (「톨스토이의 인생관」)

톨스토이가 예술이란 우리의 감명을 전하기 위한 특수한 언어라고 한 것이 이 뜻이다. (「문학쇄언」)

톨스토이를 정당하게 이해하려면 먼저 그의 『내 종교』, 『하늘나라는 네 안에 있다』 및 『예술론』—이 책은 숙독할 필요가 있습니다. (「두옹과 나」)

이광수의 글에서 특히 톨스토이(1828~1910)의 『예술이란 무엇인가』(예술론)가 언급된 몇몇 대목이다. 톨스토이는 『예술이란 무엇인가』(1896)에서 좋은 예술(선예술)과 나쁜 예술(악예술), 진정한 예술(진예술)과 위조예술(위예술)과 구별하는 명료한 자기 나름의 표준을 발안한다. 그는 립스(Th. Lipps) 등의 독일 미학자들의 감정이입(Einfühlung)설을 빌려와서 예술을 다음과 같이 규정한다. 즉 예술의 작업이란 일단 경험한 감정을 자기 속에 불러일으킬 것, 그리고 이를 자기 속에 불러일으킨 다음에 동작 · 선 · 색 · 음 · 말의 형태로 이 감정을 타인도 경험할 수 있게 표현할 것, 즉 감정 융합의 작용이 진정한 예술이라는 것이다. 다시 말하면 예술의 목적은 정서의 전달이라는 이론이다. 그리고 예술의 감염(contagion, infection) 이론이 함께 제기된다. 이는 예술가는 그의 신봉자들의 정서적 · 정신적인 건강을 위한 도덕적 책임을 가지고 있음을 함축하는 것이다.

예술이란 어떤 사람이 자기가 경험한 느낌을 의식적으로 일정한 외면적인 부호로서 타인에게 전하고 타인은 이 느낌에 감염되어 이를 경험한다는 것으로서 성립되는 인간의 작업이다.

이에 해당하는 영문과 일문 번역을 옮겨보면 다음과 같다.

Art is human activity, consisting in this, that one man consciously, by means of certain external signs, hand's on to other feeling he has lived through, and that other people and infected by these feelings, and also experience them.[25]

芸術は或外面的表現の媒介によりて, 人が其感情を誠實又は隨意に他人に傳播する爲に成立せる人類活動の形式たるもの也. (아리마 히로마사 역, 『예술론』, 1906, p. 58.)

따라서 어떤 감정이 예술의 요소가 되는지 그 종류의 여하에 의해서 좋은 예술과 나쁜 예술, 진정한 예술(참예술), 위조 예술(가짜 예술)이 구별된다는 것이다. 감정에는 만인에게 공통적인 보편적 감정과 특수한 사람밖에는 이해되지 않는 감정이 있다. 톨스토이는 전자의 감정을 표출하는 예술은 보편적 예술 또는 민중 예술이라고 일컫고, 후자를 표출하는 것을 특수 예술 또는 가짜 예술이라고 일컬어서 이를 극력 배척한다. 여기서 진예술(real art)와 가예술(counterfeit art), 민중예술 또는 대중 예술과 상류계급의 예술에 대한 톨스토이의 분화가 이루어지게 된다. 진짜 예술과 가짜 예술의 구별 기준은 예술의 감염성(感染性, 전염성[infection])의 여부이

25 Leo Tolstoi, *What is Art?*, Translated by Aylmer Maude, Replica Books, 2000, p. 50; 有馬祐政 역, 『藝術論』, 1906, p. 58.

다. 톨스토이의 예술론은 민중예술론적 입장이다. 그는 『일리아드』와 『오디세이』, 디킨스의 작품, 스토우 부인의 『엉클 톰스케빈』 등을 선예술이나 진예술로 간주한 반면, 상징파의 작품은 비하해버리는 것이다.

여기에다 톨스토이는 또 하나의 표준으로서, 선예술(좋은 예술)과 악예술(나쁜 예술)을 구별한다. 즉 감정 가운데서도 최고최선의 감정을 표현에 의탁하는 예술이 고상하고 참되고 선한(좋은, good) 예술이며 그렇지 않은 것이 나쁜(악한, bad) 예술이라는 것이다.[26]

> 예술은 언어와 마찬가지로 인간의 감정을 소통시키는 한 수단이며 따라서 진보, 즉 인류가 완성을 향해서 전진하는 한 수단이다. [……] 예술에 의한 감정의 발달도 저급하고 불량하며 또 사람들의 행복에 불필요한 감정을 보다 선량하고 이 행복에 보다 필요한 감정에 의해서 추방한다. 여기에 예술의 목적이 있다. 따라서 내용면에서 볼 때, 예술은 이 임무를 다하면 다할수록 점점 좋은 것이 되고, 그렇지 않으면 않을수록 점점 나쁜 것이 된다.[27]

여기서 최고최선의 감정이란 바로 그 사회와 시대의 종교적 자각, 즉 종교의식에서 유출되는 감정이다. 어떤 시대나 사회에는 반드시 거기에 상응하는 인생관이라는 것이 있어서 그 사회의 요구, 그 시대의 동경의 목표가 된다. 한 시대의 종교적 자각은 인생관 목표와 연관된다. 그것을 강력히 표현하는 예술은 선예술(좋은 예술), 진예술(참 예술)로서 그 시대의 인생 사회에 가치를 발휘하게 된다. 여기서 톨스토이는 다음과 같이 지적

---

26 Leo Tolstoi, 앞의 책, pp. 144~145; 레오 톨스토이, 이철 역, 『예술이란 무엇인가』, 범문사, 1988, p. 182.

27 Leo Tolstoi, 앞의 책, p. 156; 레오 톨스토이, 이철 역, 『예술이란 무엇인가』, 범문사, 1988, p. 182.

한다.

> 현대에 있어서 실제로 가장 널리 보급된 종교적 자각은 우리의 행복은 그것이 물질적이건 정신적이건 개별적이건 일반적이건 또 일시적이건 영구적이건 개의치 않고 만인의 동포적 생활, 즉 우리 모두가 사랑으로 결합되어 있다고 보는 생각이다.[28]

> (The religious perception of our time, in its widest and most practical application, is the consciousness that our well-being, both material and spiritual, individual and collective, temporal and eternal, lies in the growth of brotherhood among all men—in their loving harmony with one another.)[29]

따라서 예술은 이 의식을 감정에 옮기지 않으면 안 되며 이를 수행하는 예술이 현대에 있어서 참되고 선하며 동시에 유효한 예술이라는 것이다. 이것이 톨스토이의 인도주의 정신의 예술이론화로서 동포의식(brotherhood), 인도적 정신의 유무가 예술의 가치를 결정하며 평가의 기준은 동포의식 · 인도주의의 감정화이다. 톨스토이는 결론적으로 현대 예술의 운명과 임무는 인간의 행복이 인간 상호간의 결합에 있다는 진리를 이성의 영역에서 감정의 영역으로 옮겨서 인간의 최고 목적으로 간주되는 사랑의 세계를 건설하는 것이며 만인의 동포적 결합(brotherly union)[30]

---

28 레오 톨스토이, 이철 역, 『예술이란 무엇인가』, 범문사, 1988, p. 183.

29 Leo Tolstoi, 앞의 책, p. 159. 이에 해당하는 有馬祐政의 번역 『藝術論』(1906)의 대목은 다음과 같다. "抑も我時代の宗教的良心は, 一般の方法上其物質的と精神的, 個人と團體, 現在と永劫に於ける吾人の幸福が, あらゆる人タの博愛, 共通なる人生に對する吾人の連合に存在すべきを承認するによりて成立す"(p. 216).

30 아리마 히로마사(有馬祐政)의 『藝術論』 번역에서부터 '同胞的 結合'으로 옮기고 있다(p.

이라는 기독교적 이상을 증진하고 실현함에 있다는 것이다.

톨스토이의 이 같은 인도적 모럴이즘에 입각한 감염이론, 선예술/악예술, 진예술/가예술의 분화 및 민중예술/귀족예술의 이론들은 이광수의 예술관 내지 문학관에 지대한 영향으로 작용할 뿐 아니라, 그로 하여금 인생을 위한 예술 쪽으로 기울게 하는 결정적인 요인이 되게 한다. 예컨대 「문사와 수양」에 있어서의 '불량문사'(수양 없는)/'(좋은)문사', '건전한 문학'/'해독적 문학', '감염'론, 또한 「문학에 대한 소견」에서의 '존귀(尊貴)한 예술(존)'/'비천(卑賤)한 예술(비)'의 존비론, 양반적 · 신사적 예술을 거부하는 「예술과 인생」에 있어서의 민중예술론, 기타 '생의 예술'/'사의 예술' 등은 모두 톨스토이의 『예술이란 무엇인가』와의 밀접한 연관성을 지니고 있다는 분류이다.

한편, 이광수의 지적 편력에서 간과할 수 없는 것은 톨스토이의 종교관 및 톨스토이와 깊이 관련된 시라카바파에 대한 관심 및 이와 맥락적으로 관련되어 있는 키노시타 나오에(木下尙江, 1869~1937) 등의 기독교 사회주의(Christian Socialism)에의 관심이다. 자전적 단형 서사 「김경」(1915)에서 제시되고 있는 것처럼 주인공 김경은 톨스토이와 바이런(Byron, George Gordon, 1788~1824)[31]을 읽고 감명을 크게 받기도 하고, 키노시타의 작품

277). 형제나 겨레를 뜻하는 '동포'라는 말은 영어 'brotherhood' 또는 'brothers'를 옮긴 것으로 이해된다. 이광수의 「문사와 수양」, 「우리 문예의 방향」에서도 "이기를 떠나 동포(同胞)를 위하여 [……]" 운운하는 대목이 있다.

31 Byron, George Gordon(1788~1824): 영국 시인, 자아의 자유로운 고양을 구해서 인습적인 영국의 습속에 반발, 세상 사람들로부터는 기행으로 보이는 생활을 보낸 후, 스위스 · 이탈리아에서의 생활을 하다가 1823년에 그리스 독립을 응원하기 위해 의용군 사령관으로 미소로키에 상륙해 병을 얻어 여기서 죽었다. 대륙 편력을 노래한 『차일드 헤롤드 편력』(*Childe Harold's Pilgrimage*, 1812)으로 일약 명성이 알려지고, 그 낭만적이고 탈영국적인 이국취미가 폐쇄적인 공기에 갇힌 영국 사람들에게 환영받았으며, 유럽 각국에서 애독되었다. 극시 『만프레드』(*Manfred*, 1817)는 신을 믿으며 고독한 생활을 보낸 인물인 내오 속에 깃든 애정의 고뇌를 그려 근대인의 고독한 자아를 아프게 표현한다. 『돈 주앙』(*Don Juan*,

『불기둥』(火の柱, 1904) 등에도 심취하여 '고열한 불바다' 같은 열정의 영향을 받는다. 청년 이광수의 분방한 문학적 · 지적 편력의 한 모습이다. 키노시타 나오에는 소설가이며 사회운동가로서 기독교 사회주의자이다. 기독교 사회주의의 잡지 『新紀元』에 참여하기도 한 그는 『불기둥』(1904), 『남편의 고백』(1904) 등 사회주의 소설의 대표적인 작품을 쓰기도 한다. 그러나 그 뒤 그는 자신의 생활에의 정리에 들어가 그 허위를 통감하고 이와 결별, 일체의 외적 운동을 마감하고 구도의 사람으로서 신앙생활에 들어간다. 그가 기독교 사회주의의 사회운동을 표방하면서 정의감과 혁명적 정력을 드러낸 장편소설 『불기둥』을 씀에 있어서는, 특히 그 비전론에 있어서는 톨스토이의 영향이 크게 작동한 것이 분명하지만, 이에 앞서서 일본의 기독교 사회주의는 19세기 중엽 영국에서 기독교 사회주의를 창립하거나 그 사상의 기반을 세운 모리스(Frederick Denison Maurice, 1805~1872), 러들로(John Malcolm Ludlow, 1821~1911), 킹즐리(Charle Kingsley, 1819~1875), 칼라일(Thomas Carlyle, 1795~1881) 등과의 사상적 연

1821~1824)은 그레시아 · 러시아 · 영국을 방랑하는 스페인의 젊은이에 가탁한 영국 사회의 풍자이다. 바이런은 낭만성과 자아의 표현에 의해서 유럽 각국에 커다란 영향을 주었다. 일본에서의 작품 소개는 모리 오가이가 번역한 『오모가게』(於母影, 1889)에 『만프레드』 제1막 제1장에서 모두의 만프레드 독백과 정령의 주문, 차일드 헤롤드 편력 제1장 제13절을 비롯해, 작품 소개 평전으로 오네다 미노루(米田實)의 『바이런』(1900), 우에다 빈의 『시인 바이런』(1900), 키무라 타카타로(木村鷹太郎)의 『바이런, 문계의 대마왕』(1901) 등이 있다. 번역으로 기무라의 『汗馬千里』(*Mazeppa*), 『해적』(*The Corsair*), 『파리지나』(*Parisina*), 『천마의 원』(*Cain*) 등이 있다. Domonic Head(ed), *Cambridge Guide to Literature in England*(3rd), Cambridge University Press, 2006, pp. 165~167. 松田 穰, 『比較文學辭典』, 東京, 1979, pp. 226~227. 단형서사 「김경」(1915)에서 洪(홍명희)이 김경(이광수)에게 빌려주어 읽게 한 바이런의 『해적』과 『천마의 원』 그리고 『문계의 대마왕』은 모두 기무라 타카타로가 번역하거나 쓴 것이다. 한편 이광수는 「그의 자서전」에서 그의 톨스토이 경도와 청도교적 생활을 전복한 것으로 당시 동경을 휩쓸던 바이런과 '하세가와'라는 어느 대학교수(長谷川天溪)의 자연주의론 「현실 폭로의 비애」(1908)가 깊은 동요를 주고 종교 · 도덕 습관의 정의를 근저부터 깨트렸다고 고백한다.

계도 전혀 배제할 수는 없을 것이다. 칼라일의 작품에 의해서 고무되면서 기독교 사회주의라는 이 용어는 1830년대 후반의 자선운동의 양상을 지원하려는 성공회 회원들에 의해서 처음으로 씌어졌다.

기독교 사회주의의 원류가 여기에 있다면 직접적이든 혹은 간접적이든 이광수가 관심을 둔 키노시타의 기독교 사회주의 역시 맥락적으로 이와 연관되리라고 믿어진다. 기독교 사회주의는 이름 그대로 평화 · 형제애 · 비위계적 권력구조의 기독교적 원리를 평등 · 연대 · 비-경쟁의 사회주의의 원리와의 통합으로 규정하는 사회주의의 절충 형태이다. 즉 기독교 휴머니즘을 주요한 사상 동기로 한 것이며 19세기 중엽 기독교의 사회 원리를 현대 산업 생활에 적용하려는 운동이다. 이 용어는 일반적으로 가난하거나 부유한 모든 개인들을 위한 정치적 · 경제적 형태의 사회적 프로그램을 위한 기독교 활동의 요구와 관련되며 방임적 개인주의에 대한 대조로 쓰여지곤 했다. 기독교 사회주의란 용어는 1848년 인민헌장운동(chartist agitation)의 실패 다음에 영국에서의 운동을 창립한 모리스 · 킹즐리 · 러들로 등의 영인 그룹에 의해서 처음으로 전유되어진 것이다.[32] 일본의 기독교 사회주의의 형성도 이와 무관하지 않을 것이다. 이 점은 비교종교학적 고구가 요하는 문제이다. 키노시타는 『불기둥』에서 표제 그대로 기독교 성서에서 인유한 모세와 같은 이상적 기독교 사회주의자를 주인공으로 내세워 그의 정의감과 혁명적 정력을 제시한다. 이를 읽은 이광수는 큰 감동에 빠지게 되었던 것이다.

이밖에도 인용과 거명으로써 이광수가 특별한 관심을 갖고 있었던 매슈 아널드, 존 러스킨, 토마스 칼라일, 윌리엄 모리스 등 영국의 사상가들

---

32 John C. Cort, *Christian Socialism: An Informal History*, Orbis books, 1988, pp. 139~177; Britannica Encyclopedia of World Religions, Encyclopedia Britannica Inc, 1999, pp. 235~236.

및 프랑스의 로맹 롤랑 등의 인생을 위해서 예술을 공리화하는 공리적 문학관 내지 및 사회적 개조 사상의 예술관이다. 특히 이광수가 많은 관심을 두었던 존 러스킨은 예술은 인간 사회생활의 표현이며 참된 예술은 도덕적이며 사회 개혁의 수단이 되는 언어라고 주장한 사상가요 비평가이다. 이광수로 하여금 굳이 인생을 위한 예술로 기울게 하는 데 적잖은 요인과 모형이 되었을 것으로 짐작되기도 한다.

4. 이광수와 쓰보우치 쇼요

이광수가 인생을 위한 예술로서의 문학관을 갖게 된 데에, 긴요한 근거가 된 것은 앞에서 살펴보았듯이 톨스토이의 『예술론』의 영향이다. 그리고 또 하나의 기반으로서는 그의 인용의 주요 대상이 되는 시마무라 호게츠(島村抱月, 1871~1918)의 『예술론 강화』(1914)에서 예술의 공리관과 심미관 및 19세기말 유럽의 사회병리 진단서라고 할 막스 노르다우의 『퇴화』(또는 『타락』)의 번역(1914)과 함께 이 책에 대해서 쓴 쓰보우치 쇼요의 해설의 영향이 적지 않을 것으로 짐작된다. 그밖에도 예술의 사명을 1) 공리를 위한 예술(Art for utility's sake), 2) 예술을 위한 예술(Art for Arts sake), 3) 자기를 위한 예술(Art for self's sake), 4) 생을 위한 예술(Art for life's sake)로 분화한 시마무라 호게츠(島村抱月)의 「예술과 실생활의 경계를 횡단하는 일선」(1908), 니시미야 도죠(西宮藤朝)의 「인생을 위한 예술」(1918) 등 『와세다문학』에 게재된 글들, 기타 구리야가와 하쿠손(廚川 白村)의 『근대문학 십강』(1912) 등의 글들도 작용하였을 것으로 추정된다. 이광수의 문학론은 그 상당 부분이 『와세다문학』과 밀접하게 연관되어 있음도 간과해버릴 수 없는 것이다. 이 중에 쓰보우치 쇼요(坪內 逍遙, 본명 雄藏)의 「序」의

해당 내용을 옮겨보면 다음과 같다.

예부터 문예가를 논하는 사람들에게는 은연중에 2대 파가 있다. 그 하나가 문예가의 입장을 절대적이라고 간주하고 그 대(對)사회적 이해관계를 모조리 그 조준 밖에 두려고 하는 것, 또 다른 하나는 그렇지 않은 것이 그것이다. 전자는 소위 예술을 위한 예술 혹은 창조를 위한 예술 등에 입각한 사람들의 주장이다.

그들은 문예의 세계와 사회적 공리의 세계와는 절연하게 서로가 교섭하지 않는다고 간주한다. 문예가로서는 비길 데 없이 뛰어나고, 소위 창조가다운 성과가 있는 경우에는 그 성행이 병적이라는 것과 대사회적 영향의 유해(有害) 또는 불건전하다는 것은 묻지 않아도 된다는 주장이다.

생각건대 맹인이 시력이 없기 때문에 감안이 더해져 총명해지는 것처럼, 정신병자, 광신자 또는 자기 최면에 걸린 사람이 그 정신에 이상이 있기 때문에 놀랄 만큼 기적을 연출해낼 수 있는 것처럼, 결함 혹은 자기 암시를 바탕으로 하는 정신 집중은 때때로 상식과 평소의 행동과 계획으로 얻어지는 바가 아닌 것이다. 보통 사람들조차 이와 같을 것이다. 종종 있다면 절대의 천재들에게 모조리 공리(公利)의 속사(세상의 번거로운 일)를 벗어나서 모조리 그 마음을 예술의 삼매경에만 집중시키는 경우에 전대미문의 창조도 능히 훌륭히 이루어낼 수 있는 도리일 것이다.

그저 도리 상으로 그러한 것만이 아니고 동서고금의 문예사를 살펴보면 문예가의 대다수는, 특히 탁월한 사람들은 어떤 의미에 있어서는 정신적인 불구자들인 것이다. 그러기 때문에 우선 창조라는 일에 무게를 둔 이상, 문예를 논하는 자의 입장은 자연히 초(超)사회적이 되어야만 한다.

문예와 사회의 이해를 서로 관련지어서 옳고 그름을 가리려 하는 자들의 주장에도 여러 가지로 짙음과 옅음의 농담(濃淡)이 있다. 어떤 사람은 종교가 도덕가의 입장에 서고, 어떤 사람은 사회 경영가나 인종 개량가의 자리에 선다. 전자는 중국 · 일본 · 영국 등 구시대의 비(非)문예론자, 즉 유학자(儒者), 청교도(퓨리턴) 등과 논리의 기조를 같이하는 것이라 이제 새삼스럽게 설명할 필요도 없다. 그러나 후자는 그 규모를 조금 달리한다. 그들은 문예가를 개인으로서 그 사적(私的)안 성행을 논의하고 또는 그 주위에 있어서의 개개의 감화 영향 등을 시비하려고 하지 않고 오히려 그들 문예가의 작품을 가지고 전사회 또는 전민족의 정신적 취향을 표시하는 것으로 해석하고, 그 불건전한 작품에 기뻐하고, 추켜올리고, 숭배하기까지에 이르는 까닭은 모든 세상에 있어서의 신경쇠약자가 되기 때문에 그들은 취하지도 고치지도 않고 당대 퇴폐 시대의 정신적 불구자를 대표하는 것으로 간주한다. 즉 문예의 건전 · 불건전은 민족의 건전 · 불건전에 관계되는 근본적인 문제의 상징으로서 이것을 확대하면 세계의 흥패존망까지도 관계되어야 하는 큰 문제가 된다고 간주한다. 노르다우 박사와 같은 경우는 이 후자의 견지에 서는 사람이 된다.[33]

이 글은 노르다우의 『퇴화론』(또는 『타락론』)의 일본어 초역판 『현대의 타락』(現代の墮落)의 「序」로서, 영문학자이며 평론가인 쓰보우치 쇼요가 두 예술관의 특성에 대하여 쓴 글의 일부이다. 쓰보우치는 『소설신수』(小說神隨, 1885~1886)로 일본 근대문학사에 있어서 근대적 소설의 개념과 성격을 성립시킨 이론적 개척자이다. 이광수 자신도 「문사와 수양」, 「문학에 뜻을 두는 이에게」(1922) 등에서 여러 번 거명한 인물이다. 따라서 이광수가 명시적으로 밝히고 있지는 않지만, 이 「序」가 실려 있는 노르다우의 번역판 『現代の墮落』을 읽어보았을 공산과 거기서 영향을 받은 근거는

33 坪內雄藏(逍遙, 1859~1935), 「序」, Max Nordau, *Entartung*, 中島 茂一 譯, 『現代の墮落』(抄譯), 大日本文明學會, 1914, pp. 1~4. 쓰보우치의 이 「서」는 '예술을 위한 예술', '인생을 위한 예술'의 특징을 밝힌 것과 함께 막스 노르다우의 『퇴화』에 대한 해설로서의 의미를 지니고 있다. 이는 일본어 전공학자 정은정 씨의 고마운 도움을 받으며 옮긴 것이다.

여러 곳에서 산견되고 있다. 그렇지 않고서야 이광수가 「문학에 뜻을 두는 이에게」의 말미에서 표제와 똑같은 '현대의 타락' 운운이라는 구절의 표현을 쉽게 말할 수는 없었을 것이다. 뿐만 아니라 「序」의 논지와 「문사와 수양」 등의 논지는 전체적으로 너무도 유사하다. 그리고 노르다우의 『퇴화론』(*Degeneration*)의 부분이 다섯 쪽이나 인용된 에드워드 로스의 『사회심리학』을 통해서 틀림없이 이광수는 노르다우의 책에 대한 정보도 확보할 수가 있었기 때문이다.[34] 이광수의 에드워드 로스에 대한 관심과 그로부터의 영향은 이미 앞에서 살펴본 바이다. 그래서 이광수는 쓰보우치의 노르다우 해설을 통해서, 그리고 일본어로 번역되거나 영역의 『퇴화론』을 통해서 자기 나름의 인생을 위한 예술관에의 정립은 물론 19세기 세기말 사상과 예술지상주의의 퇴폐적이고 병리적인 여러 경향에 대한 비판을 가다듬을 수 있는 근거가 된 것으로 짐작된다. 거기에도 톨스토이 예술론의 선예술/악예술, 진예술/가예술의 구분화 및 노르다우의 『퇴화』의 관점은 그로 하여금 정상/비정상, 건강/병을 구분하는 의학적인 가정을 확립하게 했을 것으로 믿어진다.

그러나 이러한 예술지상주의 예술론의 폐단 못지않게 1941년 1월 『三千里』에 발표한 그의 「신체제 하의 예술의 방향」[35]에서 보여지는 것처럼 그의 인생을 위한 예술관 역시 일제강점기 말기 전시 체제의 상황에서 국책 동조로서의 체제 친화적 예술관으로 끌어다 붙이는 매우 민망스러운 변질의 경향을 띠게 된다. 여기서부터 이광수 문학론의 친일화 현상이 구

---

34 에드워드 로스의 영어 원문 『사회심리학』의 2장인 「피암시성」 장에는 노르다우의 저서 『퇴화』가 히스테리아와 관련하여 5쪽 정도로 설명되어 있다(I편 3장 「진단」의 장, pp. 22~26). 이의 일본 번역판에서도 틀림없이 읽고 크게 영향을 받고 있다. 이광수는 이 인용 부분을 보지 않을 수는 없었을 것이다. 여기에는 암시와 모방에 의해서 소설을 읽으면 그 주인공과 같은 인물, 연극을 보면 무대상에서 움직이는 인물과 동화한다고 보고 있다.

35 『三千里』 12월호, 1939, pp. 476~479.

체화된다.

참고적으로 쓰보우치 쇼요의 「序」에서 이광수의 글들과의 유사한 관점과 연관성을 옮겨보면 다음과 같은 것들이다.

롬브로소는 옳은 재능이 있는 변질자는 어떤 식으로든 사회에 공헌을 한다고 하는데, 노르다우는 이를 부정하고 모든 세기말의 특징을 사회적으로는 유해라 하며 무익한 것으로 해석한다.

틀림없이 그들은 문예의 입장을 신성하다고 간주하는 것도 가능하고, 또 그들은 문예가의 성행이 사회의 공리와 서로 교섭하는 것 없이도 가능하다고 간주한다. 그렇지 않다고 해도 사회의 조직과 제도가 근본적으로 혁신되지 않는 한은, 이것이 가능하게 하는 까닭은 문예가의 작품이 어떠한 관계에 있어서 어떤 시대의 인생에 어떤 공헌을 이룰 수 있는 것으로 간주하는 점에 있다. 그렇지 않으면 특히 문예가에게만 이처럼 특권을 부여하는 이유가 성립되지 않는다.

소위 창작에서 어떤 의미보다도 인생의 향상 혹은 확충에 유익하게 보탬이 되지 않는다면 특히 이를 소중히 해야 할 이유도 없고 [……]

너무 천재들을 존중한 나머지 천재들에게 흔히 있는 병적 본성과 행동을 칭찬하고 남에게 권하고 [……] 그 결과 문예의 고취에 힘쓰기보다 방탕 생활의 변호에 힘을 기울이고 예술이라는 이름 아래 도리에 어긋나고 신의를 저버리는 일을 장려하여 다만 사회에 누를 끼치는데 멈추지 않고 이따금 이것의 폐해도 조성해 내는 자들이 있다.

허약한 사람이 너무나 입에 맞아서 소화하기 쉽지 않은 식이(食餌)만을 섭취

할 때, 내지는 마시는 데 익숙지 않은 향기가 몹시 짙은 미주를 게걸스럽게 마실 때는 순식간에 위장병 환자가 되고 마는 것같이, 그들은 근세의 향기가 몹시 짙은 문예에 만취되어 다수의 주의(主義)이다. 이는 복잡한 섬유로 짜서 만들어 소화하기 어려운 근세 문예의 식탈이 나게 된다. 이 같은 위장병 환자는 가끔 디아스타제를 섭취하는 것이 요망된다.[36]

물론 노르다우의 책을 해설하는 성격의 글이어서 그렇기는 하겠지만, 쓰보우치의 이 같은 글의 대목들은 그가 『소설신수』에서 밝힌 바 윤리도덕의 교화라는 공리를 떠나서 문학이 독립된 가치를 갖고 세태인정을 사실적으로 형상화한다는 근대문학적 관점과는 매우 이질적인 성격을 갖고 있다. 이광수의 「문사와 수양」의 내용들과의 유사함을 감지케 한다. 여하튼 쓰보우치의 이런 글과 번역을 통해서 이광수는 두 예술관에 대한 이해와 함께 세기말 예술에 대해서 혹독한 진단을 내리고 있는 노르다우에 대해서도 긴밀하게 접근할 수 있게 된다. 일본어 번역판 『현대의 타락』을 보았다는 것이 확실한 이상, 이광수는 쓰보우치 쇼요의 「서」(序) 또한 분명코 읽었을 것으로 본다. 그래서 다음 장에서는 막스 노르다우의 『퇴화』와 이광수의 문학론과의 관계를 밝힐 것이다.

36 坪内雄藏, 「序」, 앞의 책, pp. 7~16.

제4장
이광수 문학론의 '퇴화' 효과
—세기말 데카당스 문학 비판

1. 막스 노르다우의 『퇴화』와 「문사와 수양」

「문사와 수양」에서 우리가 세 번째로 주목하게 되는 것은 당대의 젊은 문사들이 무서운 도덕적 악성병에 걸려 있다는 이광수의 대담한 병리적 증상의 진단이다. 이는 질병을 문화 수사의 한 부분으로 끌어들이는 현상인 것이다. 문사라고 하면 학교를 졸업하지 말 것, 술과 색에 탐닉할 것, 연애를 말할 것, 두발과 의관을 야릇이 할 것, 신경쇠약성 · 빈혈성 용모를 가질 것, 불규칙 · 불합리한 생활을 할 것 등과 같은 생활과 예술에 있어서 세기말의 퇴폐적 · 병리적인 행동 경향과 현대의 타락한 정조에 침습되어 있다는 것이다. 그리고 바로 이런 현상이 '퇴폐기의 일본 문사의 결점'과 '불건전한 일본 문단의 전염을 받은 결과'인 것이라고 그 병원적 원천의 타자상(일본 문사, 일본 문단)을 밝히면서 이것이 바로 우리의 불건전한 문학과 예술에의 모방을 조장하고 있는 것이라고 지적한다. 이것은 진보와 진화의 관점에서 보면 분명 도덕적 · 신체적 퇴화의 징표로서, 19세기 서구에서 연원한 퇴폐의 경향인 데카당스(decadance)를 보는 그의 신랄한 반(反)데카당스 비평의 모습이다. 당대의 한국문학의 데카당한 풍조와 경향에 대한 매우 강한 비판이다.

> 아직 발아기에 있는 우리문단에는 데카당스의 망국정조가 풍미하야 마치 아편 모양으로 독주 모양으로 청년 문사 자신 및 순결한 그네의 독자인 청년남녀의 정신을 미혹합니다. 이것은 진실로 불건전한 일본 문단의 전염을 받은 결과외다.[1]

> 지금 우리 문단의 문사들은 이 인격수양의 필요를 깨닫지 못하고 「데카당스」의 망국정조에 침윤하는 이가 많을 듯하니 어찌 전율할 바 아니겠습니까.[2]

> 이와 반대로 만일, 결핵균이나 매독균과 같은 작품을 민중에 살포하는 문사는 결핵균과 매독균과 한가지로 민족의 적이 된 것이외다.[3]

이처럼, 변질된 데카당스의 풍조나 문학의 경황을 '아편'이나 '독주' 또는 '결핵균'과 '매독균'과 같은 것으로 비유하고 이에 감염된(전염된, infected) 문사들의 상태는 '도덕적 악성병', 즉 "moral insanity"로 진단하고 이를 '망국정조'나 '민족의 적'으로서 탄핵한다. 이는 주로 『폐허』(1920년 창간)를 중심으로 한 동인지들의 퇴폐주의 경향에 대한 배격의 강도를 뚜렷이 하는 입장이다. 그러나 행태의 지적일 뿐, 작품들이 예증되지 못함으로써 문학비평으로서는 한계가 분명히 있다. 그러면서도 그 병리적인 전염원으로서 불건전한 일본 문단을 거듭 지목한 것은 주목되는 현상

1 「문사와 수양」, 『創造』 8호, 1921, p. 51.
2 앞의 책, p. 17.
3 앞의 책, p. 16.

이다.

여기에서 이 같은 비판의 사상적 근거로서 떠올리게 되는 것이 앞 장에서 든 에드워드 로스의 모방 감염론에 이어서 다음의 둘이 있다. 오스트리아-헝가리 태생의 의사이면서 저널리스트인 막스 노르다우(Max Simon Nordau, 1849~1923)의 세기말 예술의 퇴화의 징후에 대한 도덕적인 공격이다. 노르다우의 주저로서 롬브로소에게 헌정된 저서 『퇴화』(*Entartung*, 1892, 영문명: *Degeneration*, 1895)에서의 세기말 예술의 퇴화(변질)의 징후에 대한 도덕적 공격이 그 하나이고, "Saugen und Huren", 즉 마시기와 오입하기의 생활을 긍정하는 퇴폐적 문학의 박멸을 주장하는 일본의 아카키 고헤이(赤木桁平)의 「유탕문학(遊蕩文學)의 박멸」(1916)이 다른 하나이다. 특히 노르다우의 『퇴화』에서의 관점과 이광수의 관점은 일치하거나 상응하는 요소가 적지 않다. 예컨대 이광수의 '도덕적 악성병'이라는 용어도 그 출전은 노르다우의 『퇴화』의 「진단」(diagnosis) 장에서 제시되고 있는 "moral insanity"[4]인 것이다. 노르다우에 의하면 '도덕적 악성병'(정신병)은 도덕적 감각이나 선악감이 결여한 상태로, 그 심리적 뿌리에는 주아성(에고이즘)과 충동성이라는 두 심리적 요소가 존재한다는 것이다. 그리고 결핵이나 매독의 질병 수사 역시 『퇴화』의 4장인 「병인학」(etiology)의 내용과 「진단」 장의 암시-모방이론과의 연관성이 적잖은 것으로 믿어진다. 이광수의 암시-모방론은 주로 앞 장에서 살펴본 것처럼, 르봉이나 로스의 사회심리학과의 관련성이 깊은 것이지만, 노르다우를 통해서 그에 대한 이해가 더욱 강화될 수 있었던 것으로 여겨진다. 뿐만 아니라

4 Max Simon Nordau, Degeneration, Popular Edition, William Heinemann London, 1898, pp. 18~19. 이의 일본어 번역(축약본)인 「現代の墮落」(中島茂一 譯, 1914), p. 21에서는 '도덕적 정신병'으로 옮겨져 있다. 이로 보면 이광수는 일본어판과 영어 번역본을 함께 보았거나 구리야가와의 『근대문학십강』의 관련 대목을 참고해보았을 것으로 짐작된다.

"'개인은 자유라' 하는 격언을 무제한으로 사용함과 같은 해악"[5]이라고 운운하는 것 또한 노르다우가 퇴화의 한 특질로 규정하고 있는 이른바 주아광(主我狂, Egomania: 자기 가치에 대한 과대 존중)의 그림자 현상이거나 그에 대한 경계 현상이다. '세기말', '데카당스', '악마주의'에 대한 부정적 논의 또한 그렇다. 그밖에도 양자의 연관성의 실마리로서 다음과 같은 대목을 유의할 수 있다.

> 불행히 우리 조선에서는 문사라 하면 으레 주색에 탐닉하고 으레 불구소절(不拘小節)이라 하여 인생으로 마땅히 지켜야 할 만한 도덕을 아니 지키는 특권을 가진 자로 아니, 이는 조선의 문단 및 민족의 장래를 위하여 크게 우려할 현상이외다. 그런즉 새로 문사가 되려는 여러 제매께서는 결코 **현대의 타락한** 악습에 물들지 아니하고 진실로 민중의 정신적 사우(師友)가 될 만한 건전한 인격의 수양에 노력하여야 합니다.[6] (고딕체는 논자에 의한 강조임)

이와 같은 퇴화 · 변질된 현상, 즉 'ill-effect'에 대한 도덕적인 비판의 내용에 있어서도 그러하지만, '현대의 타락'이란 어귀가 바로 노르다우의 『퇴화』의 일본어로 번역된 책의 표제와 일치하는 것도 그냥 간과해버릴 것이 아니다. 이상과 같은 몇몇 현상들은 이광수가 결코 우연이 아니라 노르다우의 퇴화의 사상에서 어느 정도 영향을 받고 있다는 명확한 증좌이다. 그러나 이광수는 그럼에도 불구하고 그가 인용한 에드워드 로스나 구스타프 르봉, 존 러스킨의 경우와는 달리 명시적으로 어떤 곳에서도 노르다우의 이름이나 책이름을 한 번도, 또 어느 곳에서도 거론하지 않았

5 「문사와 수양」, p. 11.
6 이광수, 「문학에 뜻을 두는 이에게」, p. 57.

다. 그렇다면 이광수는 막스 노르다우에 대해서 전혀 알지 못하고 있었던 것인가. 여러 정황으로 보아서 결코 그렇지는 않다. 그가 노르다우를 알고 있거나 이해했거나 또는 읽었으리라고 짐작되거나 생각되는 다음과 같은 직간접적인 여러 근거들이 분명히 있기 때문이다.

(1) 그가 「문사와 수양」에서 두 번씩이나 인용하고 있는 에드워드 로스의 『사회심리학』(1908)에는 그 2장 「암시성」에 노르다우의 『퇴화』에서의 히스테리아의 원리에 관한 설명이 여러 단락 인용되어 있다. 이광수가 이 『사회심리학』을 읽고 인용할 정도라면, 그 책의 상당 부분을 이루고 있는 노르다우[7] 논의와 그 내용을 그냥 간과해버릴 수는 없을 것이다.

(2) 이광수의 「중용과 철저」에서는 「近代文學十講」(1912)의 저자인 구리야가와 하쿠손(廚川 白村, 1880~1923)이 거명되었는데, 그가 분명히 읽고 또 적잖게 인용까지 한 이 책의 제2강(講) 3장 「피로와 신경의 병적 상태」에는 노르다우와 그의 퇴화자의 히스테리아에 관한 노르다우의 소설(所說)이 상당 부분 제시되어 있다. 이광수와 동시대의 김억은 『근대문예』에서 이 책을 대부분 인용하였는데, 이광수 역시 이 부분을 그냥 간과해버릴 수는 없었으리라고 생각된다. 구리야가와는 바로 이 책에서 "moral insanity"와 "히스테리"(hysteria), "신경쇠약"(neurasthenia)이라는 용어[8]를 쓰고 있다.

(3) 노르다우의 『퇴화』가 *Degeneration*이라는 이름으로 번역(1895, 1898) · 보급되어 있었고, 나카지마 시게카즈(中島茂一)에 의해서 『現代の

---

7 로스의 『사회심리학』의 일본어 번역 『ロッス社會心理學』(高部勝太郎 譯, 1917)에서는 다만 Nordau를 영어 식으로 '노르도우(ノルドウ)'라고 표기하고 있지만, Nordau와 *Degeneration*이라는 영문을 병기하고 있기도 하다(p. 33, 36).

8 廚川 白村, 『近代文學十講』, 大日本圖書株式會社, 1912, pp. 61~63 및 角川文庫 판 소화 27/29년, pp. 56~57.

墮落』이라는 이름으로 1914년에 번역됨으로써 그 시기에 「와세다학보」에 하세가와 텐케이(長谷川天溪)의 「막스노르다우」(1902, 1911)라는 글이 함께 소개되어 있어서 일본에서의 노르다우에 대한 관심이 적지 않았었다. 이광수가 이런 사실과 정황을 모를 리가 없는 것이다. 일본어 번역판 『現代の墮落』에 붙여진 쓰보우치 쇼요의 「序」에는 다음과 같은 대목이 있다.

> 저 국내외 문예잡기 또는 저 브란데스 · 에리스 · 쇼우 · 휴네카 · 헨델슨 등 일파의 문예추징자 및 니체의 조술자 · 자연주의 기타의 문학 고취자들의 저서에 의해서만 근세 문예의 소식은 짐작할 수 있는 사람들 같은 이들에게는 만일의 해독제로서 본서를 정독해도 유익할 것이다. 저들의 저서는 무엇인가 하면 근세 문예의 아름다운 것만을 제창하며 그 대(對)사회적 관계와 멀리 떨어져 있기 때문이다.[9]

이로 미루어보아, 이광수와 노르다우는 결코 무관한 관계도 아니며, 또 이광수가 노르다우를 몰랐을 리도 없다. 다만 번잡하기 때문에, 또는 의식적으로 거명을 하지 않았을 뿐이며, 영향을 받고 있는 것은 명확한 사실이다. 문학 자체보다는 주로 문사의 문학 외적인 행동 양태를 두고 변질과 퇴화(또는 퇴폐)의 징후를 지적하는 한계가 있는 「문사와 수양」에서 제기된 이광수의 세기말 데카당스 문학에 대한 비판은 그의 실천적인 비평인 「문예쇄담」(1925) 등으로 이어지면서 거듭 강조된다. 이 같은 데카당스의 퇴폐적 경향에 대한 이광수의 비판의 사상적 근저에는 무엇보다도 노르다우와 톨스토이의 예술관이 서로 혼성화되어 있다.

9 坪內雄藏(쓰보우치 쇼요의 본명), 「序」, Max Nordau, 中島茂一 譯, 『現代の墮落』, 大日本文明學會, 1914, pp. 15~16.

2. 퇴화와 재생으로서의 한국문학

(1) 퇴화와 재생의 변증법

퇴화의 사상은 후기 다윈 세계를 위한 신화의 중요한 원천이었으며, 막스 노르다우는 그 퇴화 강령의 높은 사제이었던 것이다. 1880년대의 시작부터 세기말의 경험은 문명과 인류 자체의 미래에 관련된 엄청난 양의 과학적 · 문화적 논쟁을 산출하고 있었다. 세기의 전환은 줄지 않고 계속 인류의 진보의 상향 곡선을 허용하면서 새로운 진화의 새벽을 예고하는 것일까? 그렇지 않으면 세기 말년은 노르다우가 특성지운 '국민의 황혼'(Dusk of Nation)—모든 태양과 별들이 이지러지고 모든 제도와 창조물과 더불어 인류가 죽어가는 세계의 한가운데서 잔존하는—으로 안내할 것인가? 진보와 퇴화의 언어가 서로 연동하는 가운데 보편적으로 적용할 수 있는 과학적 담론으로 자리하면서 '퇴화 이론'은 19세기 후기의 사회적 · 문화적 풍토의 뚜렷한 소산이었다. 퇴화에 관한 담론은 세기 중엽 프랑스의 베네딕트 모렐(Benedict Morel, 1809~1873)(*Dégénéréscené*, 1857), 이탈리아의 체사레 롬브로소(Cesare Lombroso)의 저작에서부터 연유하였지만, 1880년대와 1890년대에 고조된 단계에 이르게 되었던 것이다. 퇴화는 19세기의 가장 중요한 포괄적 임상질환의 하나였던 것이다.

다윈의 진화이론은 인종적 · 문화적 퇴화에 대한 관념의 기초를 제고했다. 중기 빅토리아조의 사회 · 경제적 확신과 함께 동반한 진보의 사상은 다윈의 진화론에 의해서 뒷받침되었고 빅토리아기 사람들은 그들과 그들 사회를 인류 발전의 정점으로 간주하고 있었던 것이다. 그러나 1880년대의 경제적 후퇴는 대'제국의 시대'가 단명해질 수 있다는 두려움과 겹쳐서 진보의 사상이 점점 더 문화적—거의 늘 인종적인 것으로서 표현된— 몰락에 대한 두려움에 의해서 거스러지게 된 것을 의미하게 되었다. 독일어의 박식가 막스 노르다우가 과학자들의 저작을 종합하여 마침내 19세기 후반 문화에 대한 공격을 감행하게 된 것이다. 그래서 노르다우의 주저 『퇴화』는 이른바 세기말의 퇴화 예술에 대한 도덕적인 공격이다. 그만큼 그는 도덕적 타락을 염려했던 것이다. 에드워드 챔버린과 샌더 길맨은 퇴화의 명확한 생물학적 의미가 다른 많은 영역으로 확산되는 방법들을 추적한 그들의 책 『퇴화』(*Degeneration*, 1985)의 부제를 '진보의 이면'[10](The Dark Side of Progress)이라고 명명하고 있다.

롬브로소에게 헌정된 방대한 저서인 막스 노르다우의 『퇴화』가 1892년 베를린에서 처음 출판되었을 때, 독서계는 이 책으로 인해서 엄청나게 센세이셔널한 선풍을 일으킨다. 얼마 되지 않아서 이탈리아에서 Degenerazione로, 프랑스에서는 Dégénéréscené로, 그리고 영국과 미국에서는 Degeneration(1895)라는 표제로 번역되어 불과 6개월 동안에 7판을 거듭 출간하게 된다. 그리고 일본에서도 1914년 『現代の墮落』이라는 이름으로 초역된다. 그러나 2년여가 못 되어서 『퇴화』는 비판과 비난으로 인해서 그 운명은 퇴조에 직면하게 된다. 노르다우는 퇴화[11]에 대한 의학적 · 사회적 해석으로 시작하면서, 그의 연구를 모두 5개의 책으로 분화하고 첫째 권에서 유럽 세기말의 문화적 현상을 정립하고, 이어서 의사의 관점으로 그가 관철한 바를 질병으로 확언한다. 세기말 기질과 현대 예술 · 시의 경향에서, 신비적이며 상징적이고 데카당한 작품들을 쓰는 사

---

10 J. Edward Chamberlin & Sander Gilman, *Degeneration: The Dark Side of Progress*, Columbia University Press, 1985. 최근에 와서 Daniel Pick, *Faces of Degeneration a European Disorder 1884~1918*(1989)이나 William Greenslade, *Degeneration, Culture and the Novel 1880~1940*, Cambridge University Press(1994) 등에 의해서 프랑스 · 이탈리아 · 영국을 중심으로 1884~1918년의 유럽의 풍조에 관한 연구가 수행되고 있다.

11 *Entartung*은 오늘에 와서는 '퇴화'로 옮기고 있지만, 1910년대나 1920년대에 있어서는 일본이나 우리의 경우에서나 모두 '변질', '타락', '퇴보' 등의 용어로서 사용되었다.

람들의 삶과 품행에서, 유행에 휩쓸리는 사회에 대한 취향과 미적 본능에 있어서 그들의 추종자들이 취하는 태도와 질병의 두 가지 명확한 상태, 즉 그가 상당히 익숙하게 느끼는 퇴화와 히스테리의 융합을 바로 알아본다. 퇴화와 히스테리의 가벼운 단계는 신경쇠약증으로 명명된다. 이 두 가지 유기체의 상태는 서로 다르기는 하지만 공통되는 특성이 다수 있으며 종종 함께 발병하기도 한다. 그래서 두 가지가 따로 나다니는 경우보다도 복합된 형태를 관찰하기가 쉽다.[12]

노르다우는 작품을 그 창조자의 정신적인 건강의 기록적인 바로미터로 보려고 하고 그 가운데 현대 소설, 특히 문학에서의 경향을 대상으로 하여 도매금으로 비난을 가하였던 것이다. 그야말로 19세기말 유럽의 사회 진단서인 『퇴화』는 현대 예술, 특히 문학에 있어서의 여러 경향에 대한 도매금의 공격이었던 것이다. 즉 그의 적대적인 책은 데카당스의 문학적 전략을 단순히 퇴화자(타락자)의 정신의 증거로서 다루면서 문학적이고 문화적인 데카당스의 이해를 생물학적인 퇴화로 축약[13]시켰던 것이다. 모두 5편으로 구성된 방대한 이 책에서 노르다우가 주된 표적으로 삼는 것은 세기말, 신비주의, 에고마니아(egomania, 主我狂), 사실주의, 입센, 톨스토이, 졸라, 니체, 바그너, 프랑스 상징주의 시인들이 총망라되어 있다.

노르다우의 텍스트는 19세기 현대 문화의 스트레스와 쇠퇴가 일종의 히스테리아로 유도하였다는 것을 논하면서 사회적 쇠퇴를 거듭 암시하기 위한 진화 메커니즘으로 이용되었다고 보고 있다. 즉 반(反)데카당스의 십자군으로서의 복음적 열정을 지닌 노르다우의 작업은 그가 '세기말 성

---

12 Max Nordau, *Entartung*(영문판 *Degeneration*), William Heinemann, London, 1898, pp. 15~16.

13 *Perennial Decay: On the Aestetics and Politics of Decadence*, editied by Liz Constable, Dennis Denisoff, Mathew Potolsky, University of Pennsylvania Press, 1999, pp. 2~3.

향'(fin de siécle disposition)으로 묘사하는 히스테리아와 유전적 퇴화에 관한 징후를 진단하려고 한 것이다. 즉, 거듭 지적한다면 신경병이나 정신병 연구에 특별히 경주해온 의사는 이 세기말 성향의 당대 예술과 문화의 경향, 신비적 · 상징적 · 데카당스적 작품을 산출하는 사람들의 삶과 행동을 보고 또는 그들의 작품과 그 작가들의 취향과 미적 본능의 상찬자들의 태도를 보면 바로 그 퇴화와 히스테리 간의 친숙성인 질병의 두 뚜렷한 조건의 합류 현상을 알게 된다는 것이다. 이렇게 노르다우는 세기말 문화와 히스테리아의 상호 관계에 강박되어 있었던 것이다. 여기서 '퇴화' 또는 타락의 개념은 19세기 중엽의 프랑스 의사인 모렐(Bienédict August Morel, 1809~1873)에 의하면 '완전한 원형 유형으로부터의 병적인 이탈'(a morbid deviation from a perfect primitive type)이며, 이런 퇴화의 특징은 신체상에서도 정신상에서도 나타나는 것이다.

이 모렐이나 롬브로소 등으로부터 다양한 용어와 생각을 차용하면서 노르다우는 광기와 자살과 범죄와 병리학적인 문학이 "우리가 무서운 정신적 유행병과 퇴화와 히스테리의 일종의 검은 죽음의 유행병과 퇴화와 히스테리의 일종의 검은 죽음의 한가운데 직면해 있는" 현대를 징후화한다고 논하고 또한 현대 사회는 인간의 신체와 사회적 조건 간의 증대하는 분화에서 생산된 무서운 위기를 목격하고 있다고 논한다.

이렇게 노르다우의 중심적인 논제는 윌리엄 그린스래이드의 지적과 같이 예술적 산출의 병리학과 관련되어 있다.[14] 즉 예술가들은 마치 그 뇌가 증기를 내뿜는 것처럼 그의 예술을 생산하며 생산행위와 작품은 병리학적인 조건을 나타낸다는 것이다. 예술작품은 '정신적으로 장애를 가진 환

---

14 William Greenslade, *Degeneration, Culture and the Novel 1880~1940*, Cambridge University Press, 1994, p. 121.

상적인 삶의 전사(轉寫)'로서 해석된다. 저자들은 냉혹하게 객관화하려는 데 비해서 노르다우는 텍스트를 저자의 주관성의 영역으로 굳이 몰아넣으려고 한다. 그래서 노르다우는 퇴화의 이 예증을 작가의 개별적인 작품뿐만 아니라 작품의 특별한 구절, 행 및 이미지 등에서도 찾으려 드는 것이다.

예컨대 그에 의하면 보들레르는 그의 삶이 "퇴화의 모든 정신적인 징후를 보여주는"[15] '자아광'(ego-mania)의 경우라는 것이다. 루비로비치는 이런 주아적 변절자의 상태를 지적해서 "자신 이외에는 어느 것도 알려고도, 흥미를 가지려고도 하지 않는다"고 했다. 이를 확증하기 위해서 그는 『악의 꽃』으로부터 스무 편의 시를 다루었다. 「심연」(Le gouffre)을 보들레르가 "잦은 불안의 이미지로 괴로워하는" 시로 다룬다. 노르다우는 이렇게 보들레르의 정서적 상태의 상상적인 이해에 관심을 두기보다는 오히려 시인의 잠재적인 무질서의 제시인 심연의 이미지에 주목하고 '심연공포증'(Cemnophobia)[16]이라고 일컫는 퇴화자의 강박관념을 더듬어가는 병리학적 조건의 진단에 주력하고 있다. 보들레르의 다른 시편의 시행들에 있어서도 '병적이고 범죄적이고 방탕함'에 대한 그의 인력이 증명된다고 지적한다. 노르다우는 에밀 졸라(Emile Edouard Charles Antoine Zola, 1840~1902)의 세부적 리얼리즘에서도 퇴화를 발견한다. '여자의 리넨 속옷'의 묘사, '그에게서 특별한 흥분을 일으키는' 광경은 작가를 '성적인 정신병자'[17](sexual psychopath)로 확인케 한다. 또 노르다우에게 있어서 자연주의는 계몽 사조나 루소에 의해 분화되어진 문화적 질병의 단면이었던 것이다.

15 Max Nordau, 앞의 책(*Degeneration*), p. 285.
16 앞의 책, p. 293.
17 앞의 책, p. 500.

이와 같이 퇴화를 히스테리아와 관련된 정신적 병리의 형태로 간주하는 노르다우의 예술관에 있어서는 현대의 예술은 작가의 정신병리의 전시장인 것으로 보고 이에 대한 활발한 비판을 수행하게 된 것이다. 즉 노르다우는 단적으로 지적해서 현대 예술가들의 작품은 모두 병적이고 정신병리의 징후를 드러내는 것이라고 주장한다.[18] 그래서 노르다우에게 있어서 개개의 예술가는 '세기말'(Fin de Siécle) 세계의 가장 위험한 대변자인 것이다.

이와 같은 노르다우의 저작은 때로는 평판이 좋기도 하였지만, 번번이 사기나 속임수로서 비난을 받게 된 것이다. 노르다우의 예술과 문명에 대한 수사학이나 관점은 그 관점의 박약성 때문에 '병리학적 주제에 관한 병리적인 책'이라고 간주한 윌리엄 제임스를 비롯해 버나드 쇼(George Bernard Shaw)의 『예술의 건강성』(*The Sanity of Art*, 1907), 히르쉬(William Hirsch)의 『천재와 퇴화』(*Genie und Entartung*, 1895) 및 헤이크(Egmont A. Hake)의 「재진화」(비타락론 혹은 재생, Regeneration: A Reply is Max Nordau, 1896), 실러(F. C. S. Schiller, 1864~1937)의 동명의 글에 의해서 비판 공격을 받게 된다. 특히 익명으로 알려져온 「재생: 막스 노르다우에 답함」이 런던대학교의 도서목록에 의하면 헤이크의 글로 등재되어 있다.[19]

문제는 이 반론들에서의 키워드가 '퇴화'나 '불건전'에 대응되는 '재생'(regeneration)과 '건전성'(sanity)이라는 사실이다. 헤이크와 실러의 경우가 그러하다.[20] '재생'은 곧 '퇴화'(degeneration)에 대응되는 개념이다. 이

18 Gail Marshall ed, *The Cambridge Companion to The Fin de Siécle*, Cambridge University Press, 2007, p. 49.

19 Sally Ledger and Roger Luckarst, *The Fin de Siécle: A Reader in Culture History C1880~1900*, Oxford University Press, 2000, p. 23.

20 William Greenslade, 앞의 책, pp. 126~128.

상반적인 한 짝의 개념은 변증법적인 대립이다.

우리의 정치 조직들에서, 문화 계층들에서 사회의 모든 층위에 걸쳐서 회의주의, 이기심, 야단법석의 시대가 이 세기와 더불어 끝날 것이라는 확실한 징후들이 이미 있다. 그러한 과학적 미신과 신물 나는 집단주의적 망상은 운이 다했다는 징표들이다. 즉 자유에 기초한 선한 법과 제도를 향해 인류를 이끌어간다는 사명에 국가가 엄숙하게 착수했으며, 그래서 심리학자들이 알려준 퇴화(Degeneration)의 걱정스런 징후들이 재생(Regeneration)의 최초 징후라는 것을 영광스러운 결과로서 입증할 보편적인 움직임을 시작했다는 징표들.

([……] thus inaugurating a universal movement which by its glorious results shall demonstrate that the alarming symptoms of degeneration, revealed by the psychologists, are the first symptoms of regeneration.)

밑줄 친 이 부분은 일본에서 1914년에 번역한 『현대의 타락』의 부록 「비타락론」에서는 다음과 같이 옮겼다.

「心理學者の闡明せる變質の懼るべき兆候つそ, 復生の第一步的兆候なる」てとを世に宣示するに至るべきか.[21]

이와 같이 헤이크나 실러 또는 노르다우의 '퇴화'란 용어가 지닌 '의미론적 비신빙성'을 비난하고 깨트려버리려고 함으로써 재생을 지향하고자

21 Max Nordau, 中島茂一 譯, 『現代の墮落』, 大日本文明學會, 1914, p. 255. degeneration은 '변질', '타락', regeneration은 '복생'으로 번역됨.

하였다. 재생의 힘으로써 쇠약의 시각을 겨냥한 것이다. 퇴화-재생의 변증법이 작용한 것이다. 그런데 이와 같은 재생의 이론은 한편으로는 정신적 · 도덕적 재생의 교리가 되기도 하고, 또 다른 한편으로는 인종적 · 민족적 쇠퇴로부터의 인종(민족) 재생(race-regeneration)의 이데올로기가 되기도 한다. 노르다우가 일본문학에 등장한 것은 상징주의 논쟁에서 1905년 나카지마 고도(中島孤島)의 『오시스문학: 암흑한 문단』에서 톨스토이의 『예술론』, 노르다우의 『타락론』에 근거해 상징주의는 신경증에서 생긴 것으로 "시에 있어서의 일종의 사도(邪道)"라고 비난함에서 비롯된다.

(2) 동시대 한국문학과 『퇴화』 효과

1) 『퇴화』의 소개

노르다우가 한국 근대문학론이나 비평에 처음으로 등장한 것은 김억의 연재 논문 「근대문예」(1921~1922)에서이다. 이는 당대 문학의 문사의 도덕적 쇠퇴와 부식의 징후를 지적하는 이광수의 「문사와 수양」이 발표된 바로 직후에 출현한 글로서 동시대의 가장 길고 본격적인 문학론이다. 김억의 「근대문예」에서 제시되고 있는 막스 노르다우와 '퇴화'론과 관련된 부분을 모두 옮겨보면 다음과 같다.

> [……] 이에 데카단 소위 Decadance이라는 막스 노르다우의 말을 빌면 국민의 황혼 소위 Dusk of Nation이라는 경향이 생기었다. 세기말이라는 말은 물론 좋은 의미를 가진 것이 아니외다. 그 말의 유래를 찾아보면 문화의 꽃이 찬란하는 동로오마 제국의 말기가 되어 도덕 · 윤리가 온갖 권위를 잃어 민심이 귀추를 몰라하는 퇴폐를 가르쳐 비평적 사가는 Decadendilation이라는 명제를 썼습니다. 한데 이것은 근대 문예 비평가가 매도의 의미를 표하기 위하여 이 명제를 그대로 채용하였습니다. 이것은 세기말 소위 Fin de siécle의 세대에는 피하기 어

려운 현상이라고 하는데, 이에 대하여서는 *Degeneration*의 저자로 유명한 막스 노르다우의 말을 들어보는 것이 편리할 듯합니다. Degeneration, 즉 『변질』이라는 책은 병리학적 견지로 근대 문예를 관찰하고 통쾌하게 매질(罵叱)한 것이외다. 하기 때문에 보통사람의 근저 없는 공막한 공격과는 그 취의가 달라서 과학적 정확한 논거와 또는 문예의 작품을 정세히 조사하고 그 오점과 약점을 잡아 논리적으로 공격한 것입니다. 이것은 이만이고 '세기말'이라는 것은 무엇이냐 하는데 대하여 『변질』의 저자의 말을 들어 보면 '세기말'의 피로로 인하여 생기는 변질에는

제1에 그 육체가 상인과 다른 특징이 있다 합니다. 즉 그 안면에서 두 개가 좌우도 불균형하게 발육하던가 그렇지 아니하면 이형(耳形)이 불완전하던가, 눈이 사시가 되던가 또는 치열이 불규칙적으로 되어 여러 가지로 신체상으로는 불구자라고 합니다. 이러한 사람들은 정신상태에서도 불구자가 된다고 합니다. 상식이 없어 선악의 차별이 없이 거의 도덕관념에는 무관심 즉 moral insanity이라고 합니다. 그리하고 아무 소용없이 자아의 관념이 강렬하여 일시의 충동에 폭발하는 것이 몰상식 · 비도덕적의 심리적 원인이 된다고 합니다.

제2에는 그 현저한 것은 그 정서의 반동되기 쉬워서 별치도 아니한 일에 울며 웃으며 한다고 합니다. 이리하여 평범한 시문 · 회화 또는 특별히 음악에 대하여 심히 감동하여 도리어 다른 사람의 민감되지 못함을 비웃으며 평소의 무능을 비웃는다고 합니다.

제3의 특징으로는 심의의 박약과 원기의 소침이라 하는데 이로 인하여 또는 주위의 상황에 의하여 염세 · 비관 · 우주인생의 모든 것에 대하여 공포심을 가지게 되어 항상 곤비 · 권태에 괴로워하며 사람의 얼굴만 보기만 하면 쓸데없는 치우의 말을 하여 만사에 대하여 한갓 자기를 무절스럽게 생각한다고 합니다.

제4에는 엄청나게 활동적 기분이 없고 뇌력의 결핍, 의지의 박약은 한갓 안일무위를 삼랑하게 합니다. 그러한 그들은 혼자 자기는 초연히 침착적 철학 즉

Quietism이 내게는 있다 하는 빛이 보인다 합니다.

제5에는 끊임없이 몽상에 탐험하여 한 일에 대하여 주의를 집중하여 판단·추구 또는 연락 있는 사상을 만들 만한 뇌력조차 없어서 막연히 애매한, 순서도 없는 단편적 망상을 사랑한다 합니다.

제6에는 회의적 경향이 있어서 여러 가지 문제에 의혹을 가지고 그 근저를 전색(詮索)하다가 해결이 되지 아니한다고 번민한다고 합니다. 그리고 모든 자기의 주위의 현상에 대하여 조금도 만족하지 못하고 쓸데없이 개선이니 혁명이니 하며 떠들기는 하나 그 결과가 그럴듯하게라도 되어 본 적이 없다 합니다.

마지막으로는 신비관 즉, Mystical Delirium의 상태인데 신비적 종교 신앙에 말라붙고 만다 합니다. 이러한 것이 노르다우의 근대 변질자의 병적 특징의 요령입니다.[22]

이러한 심신의 병적 현상은 모두 과도의 피로에 기인되는 것인데 이러한 병적 현상을 고치기에는 육체의 영양 같은 것으로는 도저히 피로의 무거운 짐에 깔리어 있는 뇌와 신경의 쇠약을 보충할 수가 없습니다. 말하자면 피로는 신경쇠약의 병적 현상을 환기하는데, 이 현상은 꼭 말할 것 없이 일시의 정신병이 되며, 히스테리 즉 Histeria의 현상이 됩니다. 이것이 계속되면 정신병이 됩니다. 자멸적 권태로 인하여 자기 자신의 존재의 의색까지 모르게 되어 자기 자신의 존재의 의식을 느끼기 위하여는 무엇보다도 자극이 필요하게 되었습니다. 한데 그 자극을 요구하는 방면은 육감적·관능적 방면에 있겠습니다. 그 자극을 구하는 도가 많으면 많을수록 그 권태는 굳어지며 병적이 되고 맙니다. [……] 데카단파 시인의 생활은 이러한 관능적 생활이었습니다. [……] 이것이 세기말적 경향으로

22 김억, 「근대문예」 2회, 『개벽』 15호, 1921. 9, pp. 108~110. 이 부분은 구리야가와의 『근대문학십강』(1912)의 pp. 61~63 부분의 내용과 거의 일치한다.

> 인하여 퇴폐하여가는 근대 사람의 검고도 밝고 밝고도 검은 심흉이외다. [……] 갈 곳을 모르고 방황하는 인심에 두 가지 길이 있습니다. 하나는 러시아의 괴물 톨스토이와 다른 하나는 독일의 걸출 니체 이 두 사람인데, 이 두 사람의 도덕에 대한 말이 각각 반대되었습니다. 지금 그들의 도덕설을 말하면 자기를 희생하고 다만 타인을 위하여 사랑하며 심하면 자기의 몸까지 버리라 하는 톨스토이의 말과 자기를 절대로 주장하며 남을 위하지 말고 자기를 살리기 위하여 백천만인을 희생하여도 상관없다는 것입니다. (『개벽』 15호, p. 110)

이것이 김억이 「근대문예」에서 제시되고 있는 노르다우와 그의 저서인 『퇴화』에 관한 해설적인 정보 내용의 전부이다. 19세기말의 서구 데카당스 문학에 대한 병리학적인 관찰과 매도가 곧 『퇴화』의 핵심이며 이 퇴화 · 변질의 특성을 일곱으로 분화하여 설명한 다음, 데카당스 시인의 관능 지향성 및 톨스토이와 니체의 도덕설의 차이인 박애주의와 개인주의를 대비하고 있는 것이 요점이다.

그런데 김억에 의해서 씌어져 우리의 가장 근대적인 문학론인 이 글은 거의 전부가 노르다우를 소개하고 있는 구리야가와 하쿠손(廚川 白村)의 『근대문학십강』(1912)의 제2강(講)을 그대로 옮겨놓은 것이나 다름없다. 그러나 김억의 이 같은 전용은 아쉽기는 하지만, 그렇다고 아주 나무랄 것은 못된다. 당시의 정치 · 사회 · 문화적 상황에서 조선의 문인 · 평론가로서 구리야가와 이상으로 노르다우를 잘 설명한다는 것은 거의 불가능한 형국이었기 때문이다. 「근대문예」의 다른 부분들 역시 『근대문학십강』에서의 차용이 적지 않다. 그래서 김억은 『근대문예』(8)의 말미에서 "일본 주천(廚川) 박사 저 근대문학십강에서 많이 자료와 또는 가져온 것을 말씀하여 둡니다"[23]라고 하여 빌려 쓰게 된 사실을 밝혀놓고 있다. 이처럼 당시의 우리의 문학론이나 평론 · 논설 · 사상가들의 전기 등은 거의가 일본의 글로부터 번역 · 번안 · 발췌 · 인용 등 언어 이동적 차용 관계에 있었던 것이 사실이다. 유학생이나 유학 경험의 문인이나 지식인들이 이의 주도적 역할을 했던 것이다.

구리야가와의 『근대문학십강』이 출간되고 나서 2년 뒤인 1914년 3월에 『퇴화』는 모두 550쪽의 영문 번역본(1895)이 나카지마에 의해서 385쪽의 『현대의 타락』이라는 이름으로 초역(抄譯) 간행된다. 원어 표제는 *Entartung*이지만 독일어 · 영어의 중역인 것이 분명하다.

책이 워낙 방대하고 번잡스런 내용의 탓도 있겠지만, 구리야가와 역시 그의 『근대문학십강』에서 노르다우와 그의 『퇴화』를 다룸에 있어서 모두 다섯 권(book)의 부분에서 주로 1권인 「세기말」(fin de siécle)에 거의 국한되어 있다. 즉 신체적 기형과 불구, 도덕적 감정의 결여, 감정의 성향, 의지 박약 기타 등 7개의 퇴화 · 변질의 특성과 '히스테리' 현상을 제시하고 있는 「진단」(Diognosis) 장의 중심 내용을 제한적으로 축약하거나 항목화[24]하는 것을 중점적으로 다루었다. 마쓰다 미노루(松田穰)의 『비교문학사전』에 의하면 구리야가와가 '세기말'이라는 용어를 일본에 전파 · 유행시킨 대표적인 사람[25]으로 알려지고 있다. 그렇듯이 그는 김억의 「근대문예」를 통해서 간접적으로나마 이론적인 면에서 노르다우를 조선문학에 처음으로 전파 · 소개한 인물이 되는 셈이다. 그리고 이에 앞서서 이광수의 「문사와 수양」이 씌어짐으로써, 명시적으로는 노르다우나 『퇴화』가 전혀 밝혀진 바가 없지만, 글의 내면이나 저변에는 노르다우의 『퇴화론』이 수용되어 있는 것이 사실이고, 이를 통해서 세기말 데카당스의 씨앗과 풍

---

23 김억, 「근대문예」 8회, 『개벽』 21호, 1922. 3, p. 36.

24 Max Simon Nordau, *Degeneration*, Popular Edition, William Heinemann London, 1898. pp. 16~8; Max Nordau, 中島茂一 譯, 『現代の墮落』, pp. 20~40.

25 松田穰, 『比較文學辭典』, 東京堂, 1979, p. 85.

조가 일본을 통해서 전파되어 있었음을 지적케 된다. 그리고 이와 때를 같이하여 이광수의 반(反)데카당스 사상의 출현을 보게 되는 것이다. 이것은 노르다우의 퇴화론의 영향 때문인 것이다. 이광수가 구리야가와 하쿠손, 쓰보우치 쇼오, 나쓰메 소세키 및 번역서 『현대의 타락』을 통해서 노르다우의 퇴화론을 받아들이게 되는 것이 이론적인 '퇴화' 효과라면, 당대의 문학작품들이 병적 상태나 불건전성의 병리에 의해서 전염되는 것 또한 일종의 미학적인 '퇴화' 효과 현상인 것이다.

> 아아 아직 발아기에 있는 우리 문단에는 '데카당스'의 망국풍조가 풍미하야 마치 아편 모양으로 독주 모양으로 청년문사 자신과 및 순결한 그네의 독자인 청년남녀의 정신을 미혹합니다. 이것은 진실로 일본 문단의 전염을 받은 결과외다.

2) 『퇴화』와 한국 근대문학

이렇듯, 「문사와 수양」에서 비롯되는 세기말 데카당스와 퇴화된 사회적 풍조와 미학에 대한 문화 비평가로서의 이광수의 도덕적 비판과 부정의 씨름은 그의 실천적 비평인 「문예쇄담」(1925), 「우리 문예의 방향」(1925), 「조선의 문학」(1933)으로 이어지게 된다. 노르다우가 세기말을 '국민의 황혼' 시대라고 지적했듯이, 이 시대의 우리 문학은 어느 의미에 있어서는 국민의 황혼 상황과 방불한 퇴폐적 경향과 '황혼'과 '밤'과 '폐허'와 자조 · 공허 · 허무 등 세기말적인 미학에 빠져든 상황이었던 것이다. 특히 이런 퇴폐주의적인 경향은 1920년 7월에 창간된 동인지 『폐허』(廢墟)와 『장미촌』이 그 중심을 이루게 된다. 이광수는 동인지 중심의 이 시대 문학의 탐미적 경향을 세기말적 데카당으로 보아서 간접화하는 가운데 부정적 현상으로 진단한다. 낭만주의를 표방하는 『백조』(白潮) 또한 그

언저리이다. 백철은 그의 『조선신문학 사조사』(1948)의 시대 구분에서 이 시기를 "퇴폐적으로 문학이 병든 시대"[26]라고 지적한다. 확실히 퇴화나 세기말적 데카당스의 풍조나 미학은 그 원산지인 유럽 문화에만 국한된 것이 아니고, 일본을 거쳐서 조선에까지도 전파되어 있는 현상이었던 것이다. 백철이 위의 책(1948)에서 "이 시대의 지식인들은 황혼의 사람들"이었다는 지적한 것도 기실 노르다우의 '국민의 황혼'과 같은 시각이다. 안서 김억이나 월탄 박종화와 황석우의 시는 물론 김동인의 「감자」(1925)나 염상섭의 「표본실의 청개구리」 같은 작품도 이러한 경향과 결코 무관한 것이 아니다. 이광수는 「우리 문예의 방향」(1925)에서 안서 · 월탄 · 소월 · 김명순 · 김찬영 등의 이름을 거론한 바 있지만, 「애인의 인도」, 「태양의 침몰」의 황석우가 이 시기 퇴폐주의적 시인의 대표적인 존재이다. 사실 김동인의 「감자」는 타락한(변질된) 도시 빈민가의 공간을 배경으로 한 리얼리즘의 작품으로서, 도시 빈민의 물질적 · 성적 · 도덕적 조건 및 변질되는 범죄적 삶의 방식을 그린 것이다.

> 싸움 · 간통 · 살인 · 도적 · 구걸 · 징역. 이 세상의 모든 비극과 활극의 출원지인, 이 칠성문 밖 빈민굴로 오기 전까지는 복녀의 부녀는(사농공상의 제2위에 드는) 농민이었었다. [……] 복녀는 원래 가난은 하나마 정직한 농민에서 [……] 그러나 얼마간 그의 마음 속에는 막연하나마 도덕이라는 것에 대한 기품을 가지고 있었다.

칠성문 밖은 한 부락으로 삼고 그곳에 모여 있는 모든 사람들의 정업은 거러

---

26 백철, 『조선신문학 사조사』, 수선사, 1948, pp. 189~256 참고. 백철 · 이병기, 『국문학 전사』, 신구문화사, 1957 · 1960, pp. 298~304 참조. 백철의 『조선신문학 사조사』도 구리야가와 하쿠손의 『근대문학십강』에서 영향 받고 있는 것이 적지 않다.

지요, 부업으로는 도둑질과 (자기네끼리의) 매음, 그 밖에 이 세상의 모든 무섭고 더러운 죄악들이 있었다. 복녀도 그 정업으로 나섰다.

이렇게 복녀라는 한 여인의 도시 빈민가, 범죄 계급의 성장, 일탈적인 섹슈얼리티(매춘)의 증식 등 범죄적 퇴화의 공간에서의 삶의 방식을 제시함으로써, 사회적 타락으로서의 퇴화의 현상이 사람들의 집단적인 삶에 깊숙이 닿아 있음을 암시하고 있는 것이다. 그런 점에서 「감자」는 퇴화의 서사로서의 일면을 분명히 지니고 있다. 김동인의 「광화사」나 「광염소나타」 같은 탐미주의계의 작품세계 또한 롬브로소나 프란시스 골턴(Francis Galton) 등의 범죄적 변질, 천재의 유전성 등 퇴화효과가 투사된 점이 적지 않다. 즉 노르다우의 관점에서 보면 한국소설에서 '퇴화' 현상의 한 전형에 해당한다.

염상섭의 「표본실의 청개구리」(1921)는 이른바 '데카당의 계보'(Decadent Geneologies)[27]에 드는 소설이다. 즉, 일종의 사회적 · 미학적인 데카당스에의 강박관념을 반영하고 있는 데카당스 픽션인 것이다. 서사 세계가 쇠퇴와 변질로 이루어지는 병의 수사학[28]으로 이루어진 것만으로도 그러하지만, 우선 이 작품에는 이탈리아의 데카당스 소설의 대표적인 가브리엘 다눈치오(Gabriele D'annunzio, 1863~1938)의 『사의 승리』(*Trionfo della morte*, 1894)가 다음과 같이 인용되고 있다. 이 「사의 승리」는 이시카와(石川戲庵)에 의해서 1909년과 1912년에 일본에서 번역된다. 「표본실의 청개구리」는 이것만으로도 러시아문학의 영향권에만 가두어두는

---

27 이 용어는 Barbara Spackman, *Decadent Geneologies: The Rhetoric of Sickness from Baudelaire & Dannunzio*, Cornell University Press(1989)의 표제에서 따온 것이다.

28 Barbara Spackman, 앞의 책, p. vii Preface. 질병은 데카당스 문학의 주요 모티프인 것이다. Wolfdietrich Rash, *Die Literarische Décadance um 1980*, Verlag. C. H Beck, 1986, S. 38.

이제까지 비교문학의 관점은 한계가 있는 셈이다.

> H도 일어나오며
>
> "그렇게 내려다보고 있는 것은 보니…… '입포리'[Ippolita Sanzio: 『사의 승리』의 여주인공]가 없는 게 한이로군……"
>
> "내가 '쫄지요'[Giorgio Aurispa: 『사의 승리』의 남주인공]"
>
> 하고 나는 고소(苦笑)하였다.
>
> "적어도 '쫄지요'의 고통은 있을 테지."
>
> "그야…… 현대인 쳐 놓고 누구나 일반이지"
>
> 우리는 입을 다물고 잠시 섰다가 을밀대로 향하였다.

이것은 졸지오와 이포리타의 불운한 사랑을 묘사하고 있는 『사의 승리』의 데카당스 테마의 그물에 염상섭 자신이 어느 정도는 붙잡혀 있었음을 암시하는 것이다.

뿐만 아니라, 「표본실의 청개구리」에서 그림자처럼 출몰하고 있는 기괴한 의상과 장발의 장발객(長髮客)의 하얀 신경질적 얼굴상은 데카당스 스타일의 그 전형적인 관상학적 풍모와 성격으로 이해된다. 그리고 그밖에도 작품 전반을 이루고 있는 분위기나 풍경으로서의 '기분의 침체', '생의 권태', '알코올과 니코틴의 독취', '앙분된 신경', '피로', '실망', '분노', '낙심', '비탄', '공포', '불안' 등이 모두 데카당스적 경향을 보여주고 있는 것이다. 데카당스적인 것과 변질적인 것은 서로가 친연성을 지니고 있다. 염상섭은 그의 평론 「개성과 예술」(1922)에서 오히려 자연주의와 개인주의 사상을 옹호함으로써 이광수와는 대립적인 입장에 선다.

한편, 이광수는 노르다우의 『퇴화』에서 진보의 이면인 '퇴화'론에 대해 반론을 펼친 헤이크와 실러 등의 번역된 '재생'(복생 또는 비타락:

Regeneration)론을 함께 접하게 됨으로써, 퇴화와 재생의 변증법에의 인지가 마침내는 신체적으로는 물론 정신적이고 도덕적인 재생을 지향하는 장편소설 『재생』(1924~1925)을 창작하게 되는 것이다. F. 쇼월터가 일컫는 '성적 무질서'(무정부 상태) 현상이 역연한 작품이다. 신봉구와 김선영 · 명선주의 각각의 삶을 제시하고 있는 『재생』은 '퇴화-플롯'(degeneration-plot)과 재생-플롯(regeneration-plot)이 병렬 교차하는 서사 구조의 작품이다. 작품으로 쓴 민족-재생론으로서, 퇴화-재생의 진화론 사상과 밀접한 연관성을 지니고 있다.[29] 재생의 서사구조에 있어서 신봉구의 삶은 주로 재생 플롯과 연관되어 있다. 그는 중학생의 신분으로 3 · 1만세운동에 참가했다가 투옥되어 2년 8개월의 형기를 복역하고 출감한다. 출감한 그가 마주친 사회적 현실은 이기주의와 쾌락주의에 깊이 빠져든 타락한 병리적인 조건이다. 뜻을 함께했던 애인 김순영마저 재산가인 백윤희의 유혹에 넘어가서 타락한 변질의 존재가 되어 있음을 확인한다. 신봉구 역시 이렇게 변한 세상에 대한 반응으로 복수심에 미두장의 투기꾼으로 변질하고 타락한다. 그러나 그는 얽혀들었던 타락한 세계와의 관계나 매듭으로부터 벗어나 끝내는 농촌으로 돌아가 건강한 삶을 다시 회복하게 됨으로써 그야말로 재생의 삶을 기획하게 되는 것이다. 여기에는 순환적인 타락과 재생의 관념이 작용한다. 그래서 그의 삶의 과정은 재생 플롯인 것이다. 그러나 선교사로부터 종교 교육까지 받은 바 있는 김순영의 삶은 유혹과 성적 모럴의 허약성 때문에 전염된 매독과 그 질병을 얻고 실명

29 용어 참조로는 David Trotter, *The English Novel in History 1985~1920*, Routledge, 1993, pp. 122~124를 볼 것. 이 문제에 대한 연구로는 와다 도모미(和田とも美)의 『이광수 소설의 생명의식 연구』(서울대학교 박사학위논문, 2007)가 있다. 이 글의 제2장 중 '퇴화'와 '재진화' 과정으로서의 '재생'을 참조. 소설 「재생」에 대한 근자의 논의로는 일본인 학자 사에쿠사(三枝壽勝)의 「'재생'의 뜻은 무엇인가」, 『춘원이광수문학연구』, 국학자료원, 1994, pp. 213~233에 있음.

상태의 딸을 출산하고 백윤희에게 배반당하는 등 잇따르는 퇴로 없는 수난으로 인해서 마침내 자살에 이르게 된다. 즉 철저한 퇴화의 구조이다. 이기주의와 쾌락주의의 유혹은 끝내 그녀를 파국의 구렁에 빠트림으로써 김순영은 구조적으로 퇴화자가 되어버리는 것이다. 그녀의 몸을 오염시키는 질병이 바로 타락과 퇴화의 수사학적 은유화인 것이다. 그녀의 삶은 서사 과정에 있어서 퇴화의 플롯임이 분명하다. 이후 『사랑』, 『흙』 등 이광수 소설에 있어서 빈번하게 제시되고 있는 모티프인 매독과 결핵 등 질병의 강박적 은유[30]나 수사학 현상도 이미 이기에서 현저하게 비롯되게 된 것이다. 구리야가와의 『근대문학십강』에서도 노르다우에 대한 반론으로서 버나드 쇼의 「예술의 건전성」 및 무명씨의 「재생」(리제너레이션)이 간략하게 이름 정도로 소개되어 있지만, 헤이크의 「재생: 막스 노르다우에 답함」(Regeneration: A Reply to Max Nordau) 등이 「비타락론」이라는 이름으로 일본에 번역 소개된 것은 『현대의 타락』의 부록인 「비타락론」[31]이다. 이 부록 「비타락론」의 편자는 우치자키(内崎 腾次郎)이다. 특히 이광수의 『재생』은 이에 대한 독서 과정을 겪음으로써 그 표제가 가능할 수 있었던 것으로 짐작된다. 중요한 자료이기에 다음 장에서 삽입 부록으로 옮긴다.

3. 세기말 · 데카당스 문학의 비판

그렇다면, '세기말'은 무엇이며 또 데카당스란 무엇이고 이광수에게 있어서 이 세기말과 데카당스는 어떻게 받아들여진 것인가. 「문사와 수양」

30 윤홍로, 『한국소설의 해석』, 단국대학교 출판부, 1998, pp. 303~315와 이재선, 『현대소설의 서사주제학』, 문학과지성사, 2007을 볼 것.

31 「非墮落論」, 中島茂一 譯, 『現代の墮落』, 大日本文明學會, 1914, pp. 387~455.

에 이어서 실천적인 비평인 「문예쇄담」(1925)과 「우리 문예의 방향」은 이 문제들과 가장 밀접하게 연관되어 있는 글이다. 우선 세기말의 경우, 프랑스어인 Fin de Siécle에서 옮겨진 '세기말'(世紀末)이란 어구는 일반적으로는 어떤 세기의 말년을 의미하지만, 특정적인 의미는 19세기말의 프랑스나 영국 등을 중심으로 한 회의주의적 · 탐미적 · 유물적, 페시미스틱(pessimistic)하고 데카당한 특수한 정신적 풍조를 일컫는 말이다. 그래서 1890~1900년의 시기를 지시하는 연대기적 표지로서 사용될 경우, 이 「세기말」은 음울한 리얼리스틱한 작가들, 유미주의 운동의 멤버들, 낡은 사회질서에 대해서 종말론적인 말기를 생각하는 과격하고 혁명적인 작품의 작가들에 의해서 씌어진 작품들을 포함하기도 하며, '데카당스', 즉 무기력과 권태감을 환기하고 인습적인 사회규범을 거부하고, 예술의 가치가 도덕성에 얽매여서는 안 된다고 주장하는 문학운동에 참여하고 있는 19세기 후반 프랑스 문인들과 관련되어서 가장 자주 쓰기도 한다. 인습적인 기성의 도덕관에 대해서 반항하고 급속하게 진전된 과학적 물질주의의 경향에 의문을 품고 그것을 부정한다. 특히 사회질서에 대해서 회의를 갖는다. 그 과민한 감수성은 비일상적인 그로테스크적인 것, 신기한 것, 신경증적인 것을 병적으로 표현하며 관능의 해방과 퇴폐의 성향 가운데 기쁨을 발견하려고 한다.

노르다우는 「퇴화」의 제1편 1장의 모두에서 근대적 현상의 특성과 표출된 무드로 일컬을 수 있는 '세기말'이라는 말과 그 전파력에 대해서 다음과 같이 기술하고 있다.

> 세기말(fin de siécle)이라는 명칭은 많은 근대적 현상의 특징 및 그 가운데 표출된 잠재적 기분을 떠맡는 이름이다. [……] 세기말은 프랑스어이다. 이 세기말적인 마음 상태는 프랑스에서 처음으로 자각되고 명명되어졌었다. 이 말은 지구의

반구에서 반구에로 날아갔으며, 모든 문명어에로 이입되었다. 세기말의 정신상태는 오늘날 어디에서나 만날 수 있게 되었다.[32]

이렇게 노르다우에 의해서 '국민의 황혼'(Dusk of the Nation)으로 성격지어진, 프랑스를 뒤덮은 세기말 사조 및 정신정인 풍조는 전 유럽뿐 아니라 온 세계에 침투하게 된 것이다. 그리고 '세기말'은 1880~1890년대와 19세기말의 사회적 현상의 특징과 정신의 잠재적 무드를 떠맡은 의미 이외에 당시 문학의 데카당스 운동과도 맥락화한다. 19세기 말기에 있어서의 유럽의 상황은 진보와 퇴화가 충돌·상반하는 전환기였다. 엄청난 과학기술의 발전, 교육과 정치적 변화에도 불구하고 다른 한편으로는 세계적 경제력을 갖춘 영국의 위상은 독일과 미국에게 겨루어지게 됨으로써 분명히 쇠퇴하기 시작했다. 영국의 제한 없는 생성력은 소멸과 퇴화의 환상에 시달리게 된 시기이다. 이것이 빅토리아 시대의 세기말이다. 그리고 프랑스는 보불전쟁의 패배에 뒤이어서 '민족의 종언'(Fin de race)으로 표현될 정도로 민족적으로, 형식적으로 파멸 상태에 빠져 있었다. 세기말적 고뇌와 불안이 한층 극심한 것은 당연한 일이었던 것이다.[33] 노르다우의 지적에 의하면 역사의 시대는 의심 없이 쇠퇴하는 중이며 다른 시대가 다가오고 있는 것을 알 수 있다. 모든 전통이 분열되는 소리가 나서 마치 내일이 오늘과 연결되지 않을 것만 같았다. 있는 그대로의 사물들은 비틀

---

32 Max Nordau, 앞의 책, p. 1. 노르다우는 모든 태양과 별들이 점차로 이지러지고 인간들이 모든 제도와 피조물들과 함께 죽어가는 세계의 한가운데 살아 있는 국민의 황혼으로 애도한다.

33 근자의 세기말 연구의 논저로는 다음과 같은 것이 있다. Sally Ledger and Roger Luckarst, *The Fin de Siécle: A Reader in Culture History c.1880~1900*, Oxford University Press, 2000; Gail Marshall ed, *The Cambridge Companion to The Fin de Siécle*, Cambridge University Press, 2007.

거리고 흔들리며 취청거리고, 타락하게끔 내몰려 인간은 이에 지쳐버렸기에 사물들을 옹호하려는 노력이 가치 있다고 믿지 않는 상태인 '국가의 황혼'의 상황이었다.

이와 같은 세기말적인 상황에 대해서 문인과 문학이 가장 예민하게 반응을 보이게 된 것은 불가피한 현상이었다. 세기말은 나폴레옹 전쟁을 겪고 개인 찬가라고 일컫는 로맨티시즘에서 출발한 19세기 문학이 일종의 낙천적인 파르나시앙(parnassien)과 리얼리즘, 내추럴리즘을 내적인 것과 현실 사회의 추악함과 문예의 불일치와 인간의 깊은 심저에 가로놓인 불안과 뿌리 없음을 봄으로써 어떤 이는 인공의 이 가운데에서 활로를 찾고 또 어떤 이는 인간 사회 그 자체를 부정하며 도피하고, 어떤 이는 아편과 알코올의 데카당스에 몸을 침잠시키게 된 것이다. 그 선구가 '인공'(정원)의 보들레르, 탐미적인 리라단, 베를렌(Paul Verlaine) 등이 있다. 이들은 세기말 시대의 불안과 절망 때문에 술과 아편과 육욕적인 쾌락에서 고뇌를 잊으려는 퇴폐적인 생활을 영위했으며 유일한 신조로 예술지상과 미의 세계에 몰입해 있었다. 전통적 가치를 경멸하고 데카당한 이상야릇한 복식과 행동, 일탈적이고 관능적인 성행위를 추구하고 있었던 것이다. 서구에서의 '세기말'이 일본에서의 '세기말'이라는 문예 개념으로 수용 · 전개되는 과정에 대한 구명은 한국인 학자로서 소세키 문학 세계를 비교문화론적으로 연구한 윤상인(尹相仁)의 역저 『세기말과 소세키』(1994)가 있다.[34] 표제 그대로 일본의 세기말과 소세키와의 관계를 규정한 이 책은 한국 근대문학과 한 · 일 '세기말'의 한 · 일 문화 연구에서도 크게 기여할 것으로 평가된다. 한국 근대문학에서 '세기말'이나 그 풍조가 등장하게 된 것은 『창조』에 이어서 『폐허』(1920)와 『백조』(1922), 『장미촌』(1921) 등의

34 윤상인(尹相仁), 『세기말과 소세키』(世紀末と漱石), 岩波書店, 1994.

동인지가 출현한 1920년대 초반이다.

데카당스의 경우, decadance는 라틴어 de+cadeve, 즉 '떨어지다', '쇠약해지다'의 의미를 가진 것으로 쇠퇴, 타락, 전통적 가치의 상실에 중심이 모이는 개념이다.[35] 도덕 · 이상 등의 쇠퇴 · 부패를 나타내는 말로서 퇴폐 또는 타락으로 번역되며 난숙기를 지나서 쇠퇴 조락기에 들어서서 보이는 이상한 말기적 현상으로서의 반전통적이고, 반도덕적이고, 예술지상주의적이고, 방탕무뢰한 경향의 예술을 지칭하는 것이다. 데카당스라는 말을 대문자(Decadance)화하면, 19세기말 프랑스 · 영국을 중심으로 서양 문명의 몰락을 민감하게 반응하는 보들레르의 『악의 꽃』(1852), 랭보의 『지옥의 계절』(1892), 베들렌느의 『어제와 오늘』(1882), 애드가 앨런 포의 「까마귀」(1845), 오스카 와일드의 「도리안 그레이의 초상」(1891) 등 반사회적 · 반윤리적 경향을 지닌 탐미주의 · 악마주의의 문예군을 지칭한다. 이러한 데카당스의 배덕성에 윤리적 · 미학적 가치를 부여해서 그 정당성을 긍정화하는 선구적인 이론은 쇼펜하우어나 니체의 회의철학에서 보이는 것으로, 그 근원에는 이성 및 종교, 과학 등에 의해서 상실되어버린 인간성에 대해 미를 정상적인 위치로 복귀시킴으로써 이 회복을 기도하려는 역사적 · 사회적인 지주를 갖고 있다.

이 데카당스는 탐미주의(Aestheticism)와 밀접하게 관련된다. 탐미주의자들과 마찬가지로 데카당트들은 '예술을 위한 예술'(L'art pour l'art)을 격찬하고 이에 더하여 전통적인 예술적 · 심미적 규범을 거부할 뿐만 아니라 의상의 관습적 도덕성,[36] 공적 행위, 성적 관계를 경멸하는 것이다. 그

---

35 Liz Conrtable, Dennis Denisoff, Methew Podolsky, *Perennial Decay: On The Aesthetics and Poetics of Decadance*, University of Pennsylvania Press, 1999, p. 2.

36 Ross Murfin, Supryia M. Roy, *The Bedford Glossary of Critical and Literary Terms*, Bedford/st Martin's, 1998, p. 4, p. 75; 『文藝用語の基礎知識』, 東京, 1980, p. 354, p. 370 참조.

래서 데이비드 웨어에 의하면 데카당스는 문화적 쇠퇴, 철학적 페시미즘, 과학적 소란, 신체적 타락, 비도덕성이며 데카당스 테마의 중요성은 아픔 · 쇠퇴 · 도착 · 인공성 · 탐미주의인 것이다.[37] 또한 데카당스는 세기말—많은 데카당트들이 표현한 권태와 나태를 암시하는—과도 밀접하게 관련되어 있다. 데카당트들은 "Le Décadent"라는 단명(1886~1889)의 잡지를 출간하였으며, 고티에(Théophile Gautier)는 보들레르의 『악의 꽃』 초판의 서문에서 데카당스의 많은 교의를 약술하였다.

이런 도덕성의 전통적 관점을 모독하거나 감염시키는 세기말의 기질이나 데카당스의 양태가 도덕적 쇠퇴를 염려하는 노르다우의 『퇴화』의 시선과 진단에서 곱게 보여질 수는 없었던 것이다. 그래서 노르다우에게 있어서 개별적인 예술가는 세기말의 세계에 있어서 가장 위험한 대변자였던 것이다. 이와 같이 노르다우는 현대 예술가가 모든 병적인 정신병리의 징후를 노출시킨다고 전제하고서, 입센 · 톨스토이 · 졸라 · 니체 · 바그너 등 당대 예술의 신비주의, 상징주의, 사실주의, '자아광'으로서의 보들레르, 와일드의 퇴폐, 탐미, 악마파 등의 새로운 미적 경향에 대해서 심리학 · 정신의학 및 범죄학의 관점을 끌어와서 마구잡이로 그 병리성에 비난을 가했던 것이다. 그의 『퇴화』의 제3편 2장 '퇴폐파와 탐미파'(Decadents and Aesthetes)의 말미에서 이런 퇴화 변질된 문사들은 절대적으로 사회에 불필요하고 또 그들의 작품에 의해서 참된 예술까지 피해를 받기 때문에 '주아광'(Ego-maniacs), 데카당트 및 탐미주의자는 모두 건전한 문명인에게 거부되어져 같은 깃발 아래 집합시켜 둘 수밖에 없다고 지적한다.[38]

---

37 David Weir, *Decadence and the Making of Modernism*, University of Massachusetts Press, 1996, preface xvi~xvii.

38 Max Nordau, 앞의 책, p. 337.

이와 같은 퇴화한 예술에 대한 노르다우의 병리진단적 예술관을 접함으로써 이광수는 그의 「문사와 수양」 등에서 동시대 문학에서의 세기말적 풍조와 데카당스의 퇴폐주의적 경향에 대해서 '망국정조'로 보고 그와 유사하게 혹독한 비판과 배격을 선언하게 된다.

> 금일의 문사들은 석일(昔日) 문사의 결점을 그대로 계승하고 게다가 퇴폐기의 일본 문사의 결점을 가미하였으며, 그뿐더러 식견 없고 단련 없는 청년의 흔히 하는 바와 같이 그네의 결점은 배우고 장처(長處)는 배우지 못하였습니다. 이리하여 오늘날 우리 문단의 젊은 문사 제씨는 무서운 도덕적 악성병에 걸려 있습니다.[39]

> 제자의 작품을 통하여 제자의 성격을 규(窺)하건대, 대개는 소위 찰나주의요 원대한 이상을 향하여 강고하고 의지력을 가지고 근근 혈혈히 또는 전전긍긍히 향상하려고 심투하는 양은 도무지 보이지를 아니합니다. 아아 아직 발아기에 있는 우리 문단에는 '데카당스'의 망국 풍조가 풍미하야 마치 아편 모양으로 독주 모양으로 청년 문사 자신과 및 그네의 순결한 독자인 청년남녀의 정신을 미혹합니다. 이것은 진실로 불건전한 일본 문단의 전염을 받은 결과외다.[40]

당대의 조선의 젊은 문사들이 서구의 세기말적 정조와 타락하고 퇴폐한 데카당스 문학에 빠져든 퇴폐기 일본 문사 등 타자나 외래적인 것으로부터 전염됨으로써 이 시기 조선의 문학 역시 퇴화나 타락의 현상이 적지 않고, 문사들의 생활과 행태 또한 이이의 영향으로 타락자(degenerate)나

---

39 이광수, 「문사와 수양」, 『창조』 8호, 1921, p. 15.
40 앞의 글, p. 15.

퇴화의 악성병에 걸려서 독자들을 미혹한다고 우려하고 있다. 이광수의 반(反)데카당스 의식이 가장 강렬하게 표출된 것은 「문학강화」(1924)이다. 여기서 그는 데카당스 문학은 신생하는 조선문학에 '병독', '독'이어서 '아편', '독주', '음녀'(淫女), '음랑'(淫郎), '독버섯'에 비유되는 것으로 악마화하고 있다. 타자 수용의 비교적 폭넓은 문화적 관점을 갖고 있는 이광수가 이 데카당스나 퇴폐주의적 경향에 대해서만은 매우 강한 타자 혐오(Xenophobia)의 부정적 반응을 보여주고 있다. 이 타자는 근접적으로는 명시하고 있는 것처럼 일본의 '퇴폐기의 문학'과 '퇴폐기의 일본 문사'이며 그들의 '데카당스'로 지적되고 있다. 이는 일본의 『スバル』(1909), 탐미적 경향의 『パンの會』(1908)와 데카당스를 적극적으로 긍정하는 나가이 가후(永井荷風) 등 및 아카키 고헤이(赤木桁平)가 박멸하고자 한 탐미파의 '유탕문학'(遊蕩文學)[41]을 지목한 것으로 여겨진다. 여기에서 보는 것처럼 이광수는 그의 문학론이나 예술관을 정립하는 과정에 있어서 일본의 지식인이나 평론가들의 매개를 통해서 서구의 근대 문학사상과 접하게 될 수 있었던 긍정적인 소수적 관계와는 달리, 일본의 퇴폐적 세기말의 문학과 이로 인한 조선문학의 감염 현상에 대해서는 철저 할 만큼 부정하고 배격하는 자세를 가지고 있었던 것이다.

일본에 있어서 '세기말'이란 말을 유행 · 보급시킨 것은 구리야가와 하쿠손의 『근대문학십강』(1912)이다. 그 책의 제2강 「근대의 생활」은 모두 세기말과 관련된 논의이다. 1920년대 초반의 한국 근대문학에 있어서 세기말에 관한 논의는 김안서의 「근대문예」를 필두로 이와의 관련성이 적지 않다.

---

41 아카키 고헤이(赤木桁平)는 「유탕문학의 박멸」(1916)이라는 글에서, 유탕문학, 즉 'Saugen und Huren'의 생활을 긍정하는 퇴폐한 탐미파의 문학을 박멸해야 한다고 주장한 것이다.

4. 「문예쇄담」과 비판 옹호의 양가적 반응

그렇다면, 이광수에게 있어서 '세기말'이나 '데카당스'는 무엇인가. 그것은 한마디로 지적해서 '아편'과 '독주', '독향의 버섯' 및 '결핵균'과 '매독균'과 같은 환유로서의 독소로 인지된다는 사실이다. 민족(나라)에 있어서나 몸에 있어서나 문화 · 미학에 있어서나 병리적인 것이고 쇠퇴적이고 이탈적인 것으로서 '퇴폐'와 '망국정조'를 의미한다. 이 글의 서장에서 제시되어 있는 것처럼 「문사와 수양」에서 지적된 '데카당스'에 대한 반응은 외부로부터 전염되는 독과 같은 존재로서 철저하게 부정적인 것으로서 배격되고 있다. 「문학강화」에서도 독향이나 다름없는 것으로 비난한다. 그러나 3년 뒤에 쓴 실천 비평 「문예쇄담」(1925)에 나타난 반응은 양가적 태도로의 변화 현상으로 나타난다. 즉 부정과 부분적 긍정의 두 반응이 함께 교차하고 있다.

「문예쇄담」에서 세기말적 정조나 예술에 대한 부정적인 반응이 가장 노출된 곳을 찾는다면 외아들을 죽인 과부를 비유 대상으로 끌어들인 다음과 같은 대목이다.

> 세기말 정조는 외아들 죽인 과부의 정조에 비할 수 있다. 외아들이 죽은 처음에는 인사불성의 상태이다가 조금 의식을 회복하여서는 광란의 상태가 되고, 조금 더 세월이 지나서 회상의 시기에 들어가면 눈물도 그리 아니 나오고 다만 깊은 애수에 잠기어 모든 근육은 이완이 되고 '신이 안 나고, 일이 손에 안 잡히는' 상태에 달한다. 세월이 오는지 가는지 눈에 보이는 것이 모두 상심사뿐이요 인생만사가 오직 지리할 뿐이다. 이리하여 '내게는 아무 것도 아니 보이어/ 모든 기억은 가고 말았어라/ 악이나 또 선이나/ 아아 애닯은 변천이여.'(보오들레르 「오뇌의 무도」에서)한 한탄을 할 지경에 이르면, 보오들레르 모양으로 사(死)를 찬미하

게 되거나, 그렇지 아니하면 베를레에는 모양으로 압센트(그가 애음하던 주명)의 독주에 자극을 구하고 도취를 구하게 되며 한 걸음 더 나아가서는 육욕에 침면하다가 그것도 싫증이 나면 오스카 와일드 모양으로 부자연한 남색(男色)의 쾌미라도 구하게 된다.

그러므로 세기말적 사조의 귀결은 은둔이나 탐닉 중에 하나가 될 것이니, 이러한 생각은 아무 시대나 아무 개인에게나 다소는 있는 것이다…… 그러나 개인치고 일생에 이러한 기분이 대부분을 점령하여 기질을 성(成)한다 하면 그는 밤낮 외로이 앉아서 한숨과 눈물로 한탄이나 하고 일배 일배로 술이나 마시어 취가 취무나 할 것이지 아무 사업적 활동을 하지 못할 것이요 일민족으로 보아도 이러한 기분을 가분히 가진 개인을 많이 포함하여 그것이 민족의 사상과 정조의 주조를 이루면, 그 민족은 아무 진취적 활동도 하지 못하고 위미(萎靡)하고 쇠잔하고 말 것이니, 그 때문에 일국이나 일 시대의 문화가 미란하여 소위 '쇠문'에 때에 이러한 사상과 정조를 가진 사상과 문예가 왕성하는 것이다.[42]

이처럼 세기말의 정조와 풍조는 질병과 죽음(네크로필리아)과 비정상적인 섹슈얼리티 · 알코올리즘과 음주벽(딥소매니아) 등으로 노르다우가 진단하고 있듯이, 퇴화의 깊은 징후 현상으로서 보고, 이런 정조가 민족의 사상과 정조의 주조를 이룰 경우, 나라의 정신적 건강에 아주 나쁜 영향을 주어서 사회적 '쇠운'을 가져오게 된다는 것이다. 그래서 주요한 · 김억(안서) · 박종화(월탄) 등의 시를 비평하고 신문예의 가치를 정립하고자 하는 「문예쇄담」에서도 '세기말 사상'이나 '데카당 사상'에 대한 거부와 부정적인 반응은 여전하다.

---

42 이광수, 「문예쇄언」, 『이광수 전집』 16, 삼중당, 1968, pp. 120~121.

> 조선 민족이 경술 이래로 세기말적 절망 · 비애 · 저주의 정조 중에 있었던 것이다. 그러다가 기미년에 한번 정조를 깨트리고 희망과 힘의 자각을 얻으려 하였으나, 그것도 일시였었고 후로는 도리어 진보다도 더한 민족적 세기말에 빠지고 말았다.

> 이 의미를 나는 세기말적 예술을 저주하고 조선인의 희망과 자신과 함께 용어를 노래하는, 말하자면 신이상주의적 예술을 원한다는 말이다.

그러나 「문예쇄언」에 있어서의 이광수의 '세기말'과 '데카당스'에 대한 반응은 그 이전의 「문사와 수양」, 「문학강화」의 경우와는 다른 양상을 보이고 있다. 이것은 그가 우리 시인 · 작품에 대한 실천적 비평을 수행하는 과정에서 데카당스의 사상을 '구라파의 데카당 사상'과 '조선의 데카당 사상'으로 구분하고, 양자의 '차이'를 배려하려 드는 데서 연유한 것이다. 이에는 외부의 타자적인 것에의 맹목적 수입이나 무자각한 모방의 단계를 넘어서서 우리 시인들의 시가 지금-이곳, 즉 지금의 처한 시대적 상태로부터의 '필연적 소생'이라는 제 나름의 독특한 차이성을 지니고 있다는 이광수의 평가 기준이 전제되어 있음으로써 가능한 일이다. 이는 데카당스 문학 및 조선의 당대 근대문학에 대한 절대적 부정에서 상대적 부정으로의 인식의 변화가 있음을 뜻한다. 그래서 이런 태도에 대해서 진작 박영희는 「「문예쇄담」을 읽고서: 소위 조선인의 망국근성을 우려하는 춘원 이광수에게」(1925)에서 혹독한 욕설의 언사와 더불어 애수의 시인, 퇴폐의 시인, 절망의 시인을 옹호하는 이광수의 기준 없는 비평의 잣대에 대해서 반론을 펼친 바가 있다.

존 리드(John R. Reed)의 『데카던트 스타일』(1985)에 의하면 데카당스를 둘로 분화한다. 사회적 현상으로서의 문화적 데카당스와 심미적 규정으로서의 데카당스[43]가 그것이다. 전자는 주로 역사적이고 사회적인 현상이고, 후자는 주로 예술적 구성의 방법이나 심미성의 현상과 관련된다. 이광수의 경우에 있어서도 「문예쇄담」에 이르게 되면 '구라파의 데카당 사상'과 '조선의 데카당 사상'으로 분화하고 그 차별성을 찾으려 한다. 이것은 그 생성의 역사적 · 사회적 상황의 차이를 고려해야 한다는 관점에서 비롯되는 것이기도 하지만, 데카당스를 변질되고 타락하고 이탈된 작가의 생활 형태적 조건에서만 받아들인 「문사와 수양」의 경우와는 달리 텍스트 지향적인 실천 비평에 있어서는 심미적 관점 내지는 일종의 '데카당스 스타일'이나 심미적인 방법으로 그 특성을 살펴보려는 관점의 표명이다. 행위적 데카당스와 문학적 데카당스의 변별이라고나 할까. 그래서 이런 반응의 양가성에 의해서 이광수가 보는 데카당스는 '부정'과 '부분 긍정'으로 양분화하게 된 것이다. 이 부분 긍정이 이를테면 김억이나 박종화의 시를 평가하는 대목에서 드러나지만, 이와 같은 부분 긍정과 옹호도 한계가 있다. 세기말적 데카당스 문학으로서 그 자체를 긍정하거나 옹호하기보다는 이들의 작품세계를 이른바 신이상주의의 영역으로 귀속시키려는 데서 연유된 것이기 때문이며, 그 자체가 한국 근대사에 있어서의 데카당스의 시학이나 정치학과 계보학, 데카당스의 문법 또는 문학적 데카당스(또는 데카당스 문학)의 일련의 모티프들의 탐색, 즉 질병 · 생사의 일치, 인공성과 자연성 세계 증오와 의지박약, 탐미주의, 감수성과 자극광, 데카당한 성애, 팜므파탈과 그 신비화, 폭력과의 일치, 회색에 대한 매력과 고뇌, 상징 인물로서의 곡예사, 상실에의 지각, 생의 원격과 고립, 현실의 가치 저하 등[44]과 같은 국면들이 문학미학적으로 면밀하게 살펴지

---

43 John R. Reed, *Decadent Style*, Ohio University Press, 1985, p. 1, p. 11.

44 Wolfdietrich Rasch, *Die Literarische Décadence um 1900*, C. H. Beck Verlag 1986, Erster Teil, S. 38~112 참조.

지 않았다. 그러나 그 나름으로는 데카당스나 세기말적 시의 테마를 '저주', '애수', '절망', '죽음', '자포자기', '쾌락에의 도취' 등으로 항목화된 점이 엿보이는 것이 사실이다.

「문예쇄담」은 단적으로 지적하면, 주요한의 「아름다운 새벽」, 김억의 「봄의 노래」와 「오뇌의 무도」, 박종화의 「흑방비곡」 등 3인 시인에 대한 시인론이다. 주요한에 대해서는 '기다림'과 '기쁨'의 모티프를 중심으로 한 시인으로 보고, 전통과 현실을 자기적인 것으로 융합하고 세기말적 경향을 넘어선 신이상주의 시인으로 귀속시킨다.

> 도도한 세기말적 비관 · 절망 · 저주 속에서 홀로 희망과 장래의 축복을 기다리는 시인이다. 말하자면 지금 세계 문단의 신흥 주조라 할 만한 신이상주의의 시인이라 할 것이다.[45]

> [……] 그는 이상주의적이다. 자연주의의 계급을 통과한 이상주의—이것이 신이상주의의 특색이라 할 것이니 [……][46]

서구의 세기말적 데카당스 사상이나 문학과 관련이 가장 깊은 대표 시인인 김억(안서)에 대해서는 타자성으로서의 서구의 데카당스로부터의 깊은 영향을 받고 있음을 인정하면서도 김억은 '외래의 객(客)', 즉 서구적인 것의 차입의 형식도 벗고 조선의 민요로 돌아간 것이라고 적극적으로 옹호하고 있다. 그의 시는 "조선인 자신의 심금의 향동"이라는 평가이다.

---

45 이광수, 『이광수 전집』 16, p. 114.
46 앞의 책, p. 117.

[……] 안서의 역시집 『오뇌의 무도』는 신유년에 발행되었다. 이 시집에는 베를레에느 · 사아마안 · 보오들레르 · 예이츠 기타 십수 인의 시를 역재하였다. 이제 시인의 이름이 벌써 세기말 시인인 것은 표한 것이다.[47]

[……] 왜 조선 청년의 마음을 이러한 시의 영향을 그렇게도 힘있게 받았을까. 거기는 세 가지 이유가 있다고 본다. 첫째는 그때에 서양문학이 소개된 것이 이 종류밖에 없는 것이요, 둘째는 그때에 일본문단의 세기말적 사상이 미만하였던 것이요, 셋째는 이 시집이 발행되던 시기가 기미운동 후 이년, 한참 흥분하였던 민심이 아무 공효가 없는 것에 낙심하여 절망과 애수와 저주의 지배를 받았던 까닭이라 [……] 아무러한 사상이라도 그것에 문명할 바탕이 없는 민심에는 영향을 가지기 어려운 것이니, 세기말적 사상과 정조가 일시 조선 청년의 정신을 풍미한 것은 민족적 절망과 비애를 승한 것이다.[48]

[……] 이러한 기미운동의 흥분의 반동인 절망적 · 애수적 기분은 아직도 조선인의 심두에 방황커니와 기미 익년 즉, 경신 · 신유 · 임술 · 계해 4년 간이 제일 심하였다고 본다. 이때는 정히 구라파인들과는 다른 의미로 또는 다른 원인으로 세기말적 사상과 정조가 지배하던 때다. 이때에 『오뇌의 무도』는 결코 역시(譯詩)가 아니요, 우리 조선인 자신의 심금의 향동(響胴)이었다.[49]

[……] 경술(庚戌)의 변과 기미(己未)의 패(敗)를 보고는 민심에 비분강개조차 스러지고 애수와 저극과 자포자기의 기분이 주조를 성하게 된 데다가 구주에 세기말적 문예 사조가 마침 파급하여 옛 비애에 기포를 두게 되었으니 조선의 신

47 앞의 책, p. 118.
48 앞의 책, p. 119.
49 앞의 책, pp. 119~120.

문예가 세기말적 색조를 띤 것이요 김안서는 시에 있어서 이 시기의 조선 청년의 생각을 대표하였다고 볼 것이다.[50]

구라파의 데카당 사상과 정조가 구라파의 당시 상태의 결과인 것같이 조선의 데카당 사상과 정조는 조선인의 지금 처한 상태의 필연적 소산이다. 비록 다소의 영향을 주었다 하더라도 조선의 데카당 사상이 구라파의 것의 맹목적 수입은 아니다.[51]

이광수는 김안서의 「해파리의 노래」가 염세적 · 소극적 · 애수적이며 절망의 성격을 지닌 시인 것을 확언하면서도 '조선의 데카당 사상과 정조는 조선인의 지금 처한 상태의 필연적인 소산'으로서 무엇인가 동경이 있다고 긍정화하려고 한다. 뿐만 아니라, 구주의 세기말적인 사조가 파급됨으로써 이루어진 절망과 애수와 저주와 자포자기의 기분이 주조를 이루고 있고 세기말적인 색조가 '민족적 절망과 비애를 승(乘)한 것'으로서 옹호한다. 이렇게 세기말적 예술을 저주하고 있는 비평적 입장에 있던 이광수가 김안서의 시에 대해서 자기 모순적으로 보여질 만큼 긍정적인 평가를 하고 있는 것은 무엇 때문인가. 거기에는 세 가지의 이유가 있다. 첫째는 글의 성격이 「문사와 수양」과 같은 원론 비평이 아니라, 시인과 작품이 명시되는 실천적 비평이고, 「망국민의 근성」과 같은 비평 · 악담을 배제하려고 밝힌 완화된 비평적 태도 때문이다. 둘째는 문학의 일반성을 넘어서 문학 생성의 역사적 · 사회적 · 문화적 특수 상황을 배려하고, 심미적 관점과 함께 조선의 민족적 절망과 애수와 비애가 독자적으로 제시된

50 앞의 책, pp. 121~122.
51 앞의 책, pp. 122~123.

양상을 해명하고자 한 것이다. 셋째로 그가 세기말적 탐미파의 예술을 저주하고 조선인의 희망과 자신과 용기를 노래하는 '신이상주의적 예술'을 요구한다고 지적하고 있듯이, 신이상주의 문학으로 유도하고자 하는 유도적 비평 태도가 작동한 것이다.

한편, 박종화에 대한 평가는 다음의 대목으로 되어 있다.

> 월탄이 안서와 같이 세기말파의 영향을 받은 것은 그가 1919년과 1921년 사이에 상징시 「그 경역에 내가 방황할 때」(흑방비곡서)라 한 것을 보아도 알 것이거니와, 그의 현세에 대한 저주—특히, 「허화」(虛華)에 대한 저주 · '음욕'에 대한 저주 · 탐분(貪婪) · 야비(野卑)에 대한 저주—는 현대 조선에게 향한 저주라고 볼 수밖에 없다.[52]

> [……] 월탄은 결코 저주와 절망의 시인으로 그치지 아니한다. 그가 인생을 저주할 때에는 사랑의 눈물이 흐른다. [……] 또 인류의 거룩한 의무에 대한 엄숙한 긍정이 품겨져 있다. 이 점에 있어서 월탄은 '신이상주의'와 공통점을 가진다.[53]

이와 같이 3인의 시인론인 「문예쇄담」에는 세기말적 데카당스 정조와 문학에 대한 반응의 양극 현상이 나타나고 있지만, 세기말 문학 자체를 긍정하려는 데에 종국적인 의도가 실린 것은 아니다. 그 목표는 또 하나의 실천 비평인 「우리 문예의 방향」과 함께 신이상주의를 지향하려는 것이었다. 「우리 문예의 방향」(1925) 역시 신이상주의(Neoidealism)와 인생을 위한 예술로의 방향 결정을 지향하고 있는 글이다.

---

52 앞의 책, p. 132.
53 앞의 책, pp. 133~134.

> 다행히 세계 문단에 대세는 인도주의를 내용으로 하는 신이상주의로 향하고 있고, 우리 조선에서도 이 색채가 점점 농후하여 감을 본다. 작년까지도 술 · 키스 · 밀회 · 죽음 이런 것으로 제목으로 내용으로 하는 시가와 소설이 성행하더니, 근래에는 인생 생활의 깊은 기쁨과 깊은 슬픔과 엄숙한 의무를 제제로도 하고 내용으로도 하게 된 것은 심히 기쁜 일이다.[54]

문예상에 있어서, 신이상주의는 이미 앞 장에서 밝힌 것처럼 현실을 있는 그대로 긍정하고 육체를 존중하는 자연주의에 대해서 개성을 존중하고 그것을 이상적 · 정신적으로 늘이려는 향상적인 태도의 문예를 일컫는 경향이며 사상이다. 이광수의 표현대로 보면 "인생에게 '살 힘'을 주는 예술", 즉 "인생을 지금 있는 인생보다 더 굳세고 더 아름답고 더 착하게 하는 예술, 사람과 사람이 서로 사랑하고 더욱 이기(利己)를 떠나 동포를 위하여 몸을 바치도록 인성을 높이고 깊이고 흔들어 놓는 예술"이다. 이것이 이광수의 신이상주의 예술론이다.

따라서 이 글에 있어서도 인생의 부도덕한 면, 추악한 면에서 미를 찾으려는 자연주의와 세기말의 예술지상주의 · 탐미주의 및 악마주의를 배격한다. 악마주의는 19세기말 물질문명에의 반항으로 생긴 예술사조의 한 경향으로서 미를 선악의 기준, 특히 악을 중심으로, 악을 찬미하는 퇴폐적 · 유미적 예술관이다. 그러나 조선의 근대 문예에 대한 단순 개관으로서의 이 글에서는 예술지상주의나 악마주의에 근접된 문인들이 김안서 · 박종화 · 염상섭 · 현진건 · 임노월 · 김명순 등이라는 이름들만 제시하였을 뿐, 이에 대한 실천 비평적 논급은 배제하고 있다. 이광수의 문예관이나 예술관에 있어서는 세기말적인 정조에 이끌린 생활양식도 문학도

54 이광수, 「우리 문예의 방향」(『조선문단』 13호), 『이광수 전집』 16, 삼중당, 1968, p. 142.

모두 부정된다. 인생을 위한 예술의 공리관, 자연주의의 단계를 통과한 인도주의적 신이상주의에의 지향, 그것이 문예의 존재이며 가치이다. 여기에는 사상적으로 톨스토이의 예술관과 함께 1910년대에 일본에 소개·간행된 『대사상지인생관』(大思想之人生觀, 1912), 『오이켄의 철학』(1913) 등을 통해서 신이상주의의 기반의 하나인 '생철학'으로서의 오이켄의 신이상주의 철학의 영향 또한 적잖게 작용하였을 것으로 믿어진다. 그가 철학도로서 접한 오이켄의 철학은 다이쇼 교양주의의 인생론적 사상의 핵으로서 그때 많은 독자들을 획득하고 있었던 것이다. 그리고 『白樺』의 낙천적 인간주의도 그의 신이상주의 형성에 작용했던 것이다. 그러나 이광수의 반데카당스적 의식에 크게 작용한 것은 노르다우의 퇴화론이다. 이것이 곧 '퇴화' 효과이다.

톨스토이의 예술론과 함께 막스 노르다우의 『퇴화』를 접함으로써 그는 변질·타락한 예술과 문학에 대해서 도덕적인 문학을 수행할 수가 있었던 것이다.

제5장
『퇴화』의 이해를 위한 중간 부록

1. 노르다우의 『퇴화』와 그에 대한 반론들

(1) 『퇴화』의 '세기말'

『소설신수』(小說神髓)의 저자 쓰보우치 쇼요는 『퇴화』의 일본어 번역본인 『현대의 타락』(1914)의 「서」(序)에서 노르다우의 『퇴화』에 대해서 다음과 같이 언급하고 있다.

> 한때 서구의 논단을 떠들썩하게 만든 노르다우 박사의 이 책은 근세 문예의 대표자를 비평한 것으로서, 그가 말하는 바가 과격하여 비록 비판의 정곡을 벗어났다고 할지라도 소위 세기말의 시폐를 척결하는 것으로서 이제는 연구 · 음미하기에 충분한 것이다. 유럽의 근세 문예의 대사회적인 한 측면을 암시하려고 시도한 것으로서 오래도록 참조할 가치가 있다고 믿는다.[1]

1 막스 노르다우 저, 나카지마 시게카즈(中島茂一) 역, 『현대의 타락』, 대일본문명협회, 1914, p. 1.

영문판 *Degeneration*(1898)의 1권 「세기말」의 1 · 3장을 발췌하여 옮기면 다음과 같다.

제1권: 「세기말」(Fin-De-Siécle), 「국민의 황혼」(The Dusk of Nations)

[……] 역사의 한 시대는 의심할 여지없이 쇠퇴하는 중이며 다른 시대가 다가오고 있는 것을 알 수 있다. 모든 전통이 분열되는 소리가 나서, 마치 내일이 오늘과 연결되지 않을 것만 같다. 있는 그대로의 사물들은 비틀거리고 흔들리며, 휘청거리고 타락하게끔 내몰려, 인간은 이에 지쳐버렸기에, 그 사물들을 옹호하려는 노력이 가치 있다고 믿지 않는다. 이제까지 정신을 지배해온 견해들은 폐기되거나 폐위된 왕처럼 쫓겨나고, 상속에 의해 직함을 유지하고 지위를 찬탈하는 것들은 사투에 빠져든다. 그 와중에 공위(空位) 기간은 공포 속에 위엄을 떨친다. 존재하는 권력 집단 사이에는 혼돈이 있다. 지도자를 빼앗긴 수백만의 사람들은 어디로 향해야 할지 알지 못한다. 강자들은 자신들의 의지를 관철시킨다. 거짓 선지자들이 일어나고, 영토는 지팡이가 가장 무거운 사람들 사이에서 나뉜다. 이는 그들의 시간이 짧기 때문이다. 사람들은 당면해 있는 새로운 것이면 무엇이든 갈망하며 전망하는데, 그것들이 어디에서 오고 무엇인지 미리 내다보지 못한다. 그들은 사고의 카오스 속에서, 예술이 이 뒤얽힌 거미줄을 뒤이을 질서에 관한 계시를 가져올 것이라는 희망을 품고 있다. 시인 · 음악가는 어떤 형태로 문명이 더욱 진화할 것인지를 공표하거나, 점치거나, 적어도 제안할 것이다. 무엇이 내일 유익하다고 여겨질 것인가, 즉 무엇이 아름다울 것인가? 우리가 내일 무엇을 알 수 있는가, 즉 무엇을 믿을 것인가? 무엇이 우리에게 영감을 불어넣을 것인가? 우리는 어떻게 즐겨야 하는가? 신민(臣民)들의 수천 가지 목소리에서 질문이 울려오고, 시장 상인이 노점을 세우고 대답해줄 수 있다고 우기는 곳에, 바보나 악한이 운문이나 산문, 소리나 색으로 갑자기 예언을 시작하거나, 선

행자들 · 경쟁자들과는 다른 예술을 실천하고 있다고 주장하는 곳에, 아폴로 신녀의 신탁에서처럼, 그가 왜곡한 것 안에서 점쳐지고 해석될 수 있는 어떤 의미를 찾으려 할 때 그를 둘러싸는 거대한 물줄기가 모여든다. 그리고 그런 목소리들이 보다 희미하고 무의미할수록, 그것들은 계시를 갈구하는 불쌍한 영혼들에게 미래를 전달해주는 것처럼 보이고, 그에 따라 계시는 보다 더 탐욕스럽게, 정열적으로 상술된다.[2]

국가 황혼 시대의 붉게 물든 빛 속에서 사람들의 소행이 만들어낸 장면도 그러하다. 크라카토아(Krakatoa, 인도네시아의 자바 섬과 수마트라 섬 사이 순다[Sunda] 해협에 있는 화산섬)가 폭발한 이후 수년 동안 관찰된, 이상하리만큼 아름다운 빛 속에서, 구름은 하늘에 무리지어 불타오른다. 지구 위에 그림자가 깊어가는 암흑과 함께 스멀스멀 기어가고, 모든 물체를 신비한 어스름 속에 숨겨, 그 안에서 모든 확실성은 소멸하고 그 어떤 추측도 그럴듯해 보인다. 형체는 윤곽을 잃어가, 부유하는 안개 속에 녹아들어간다. 낮은 저물고 밤은 다가온다. 노인들은 그 육박을 불안하게 지켜보며, 살아서 종말을 보지 못할까 두려워한다. 젊고 건강한 이들 중 몇몇은 자신들의 혈맥과 신경줄에 흐르는 사람의 활력을 의식하고는 다가오는 일출을 누린다. 꿈은 파괴적인 새 시대가 낙이라고는 없었던 과거의 기억, 숭고한 정신이 깃든 작금의 희망을 불러올 때까지 어둠의 시간을 채운다. 그리고 이 시대의 예술적 생산물에서 우리는 이런 꿈들이 감지될 수 있는 형태를 본다.[3]

2 Max Nordau, D*egeneration: Popular Edition*, William Heinemann, 1898, London, pp. 5~6.

3 Max Nordau, 앞의 책, p. 6. 'Krakatoa'는 인도네시아의 자바 섬과 수마트라 섬 사이 순단(Sundan) 해협에 있는 화산섬임.

여기에 일어날 법한 오해를 미리 막을 수 있는 장소가 있다. 중산층과 하류층의 대다수는 본질적으로, 세기말적 fin-de-siécle이지 않다. 이 시대의 정신이 국가를 가장 형편없는 상태가 될 때까지 동요시키고 있으며 심지어 가장 불완전하며 희미한 인간에게서조차 놀라운 동요와 흥분의 감정을 일깨운다는 것은 사실이다. 하지만 다소간 이 도덕적 배멸미와의 미약한 접촉이 인간 안에서 여성들을 괴롭힐 때의 갈망을 불러일으키는 것도 아니고, 새로운 미적 요구를 표현하는 것도 아니다. 속물이건 청교도건, 유행의 심취자가 그를 경멸하는 눈으로 지켜보고 있지 않다는 것을 알고 자신의 기호를 자유로이 드러낼 수 있을 때에는, 여전히 예술과 시의 오래되고 최고인 형식에서 깊은 만족을 구한다. 그는 모든 상징주의자들과 비교해서 오흐넷(Ohnet)의 소설을, 모든 바그너주의자들과 바그너 자신과 비교해서 마스카니(Mascagni)의 Cavalleria Rusticana를 선호한다. 그는 좌충우돌하는 소극(笑劇)과 음악당의 선율을 우아하게 몸소 즐기지만 입센에 관해서는 하품을 하거나 화를 낸다. 그는 뮌헨의 맥주집이나 시골 선술집을 묘사한 그림들은 즐겁게 감상하지만 야외를 그린 화가들에게는 시선도 주지 않고 지나쳐버린다. 새로운 경향에서 진짜로 즐거움을 발견하고 그것만이 건전하고 미래에 대한 확실한 지침이며 즐거움과 도덕적 이로움의 서약이라는 진정한 확신을 지닌 채 그 경향을 공인하는 사람들은 극히 소수일 뿐이다. 하지만 이 소수는 마치 작은 기름방울이 바다 표면의 넓은 지역으로 퍼져나갈 수 있는 것처럼, 사회의 보이는 전체 면을 덮을 수 있는 재능이 있다. 그 소수는 대개 부유한 교양인들이나 광신자들로 이루어진다. 전자는 모든 속물들, 바보들, 멍텅구리들에게 유행을 전해준다. 후자는 약하고 의존적인 자들에게 인상을 남기며 불안한 자들을 위협한다. 모든 속물들은 선택되고 예외적인 소양을 가진 체한다. 따라서 문명화된 인류 전체가 국가 황혼 시대의 미학으로 개종해야 하기라도 할 것 같아 보인다.[4]

「진단」(Diagnosis)

표현은 [……] 사람이 아주 편협한 속물이 아니라면, 누구에게나 충분히 명백해 보여야 한다. 그러나 속물은 표현을 한때 지나가는 유행, 그 이상으로 여기지 않는다. 그에게 있어서 변덕, 기이함, 겉치레의 신기성(新奇性), 모방, 충동과 같은 현재의 용어들이 충분한 설명을 해주기 때문이다. 순수하게 문학적인 정신은, 단순히 미적인 교양으로 인해 사물들의 연관관계와 실제 의미를 이해하고 포착할 수 없기에 그 자신과 다른 사람들을 기만한다. 자신이 모르는 사이, "근대정신에 의한 새로운 이상이 부단한 탐색", "오늘날의 세련된 신경계에서 나오는 더욱 풍부한 분위기", "선택된 정신이 지닌 미지의 감각"과 같은 과장된 문구들과 거만한 이야기들로 말이다. 그러나 외과의사는 신경정신병의 전문 연구에 종사해왔다면, 세기말 기질과 현대 예술 · 시의 경향에서, 신비적이며 상징적이고 '데카당'한 작품들을 쓰는 사람들의 삶과 품행에서, 유행에 휩쓸리는 사회에 대한 취향과 미적 본능에 있어서 그들의 추종자들이 취하는 태도와, 질병의 두 가지 명확한 상태—그가 상당히 익숙하게 느끼는 퇴화(degeneration)와 히스테리—의 융합을 바로 알아본다. 퇴화와 히스테리의 가벼운 단계는 신경쇠약증으로 명명된다. 유기체의 이 두 가지 상태는 서로 다르기는 하지만 공통되는 특성이 다수 있으며, 종종 함께 발병하기도 한다. 그래서 두 가지가 따로 나타나는 경우보다는 복합된 형태를 관찰하기가 더 쉽다.[5]

퇴화의 개념은 이 경우 정신병학에서 얻어진 것으로, 모렐(Morel)에 의해서 최초로 명확하게 포착되고 처방되었다. 자주 인용되지만 안타깝게도 충분히 읽히지는 않은 그의 주요 저작에서 그가 "퇴화"라는 말로 이해시키고자 했던 것의 다

4 Max Nordau, 앞의 책, pp. 6~7.

5 Max Nordau, 앞의 책, pp. 15~16.

음과 같은 정의는 독일에서 짧은 기간 동안, 심지어 전문가 집단 바깥에서까지 유명했던 정신병리학의 유명한 전문가가 내린 것이다.[6]

우리가 퇴화를 갖고 만들어낼 수 있는 가장 명확한 개념은 그것을 어떤 원래의 형태에서 병적으로 일탈한 것(a morbid deviation from an original type)으로 보는 것이다. 이런 일탈은 시작 단계에서는 아주 미약했다 하더라도 보균자라면 누구나 세계에서 자신의 기능을 완수하는 데 점점 더 무력해지는 그런 특질의 전염 가능한 요소들을 포함하게 된다. 그래서 그 사람에게서 이미 확인된 정신적 진보는 후손들에게서는 위협받게 된다.[7]

어떤 종류의 유해한 영향 하에서든 유기체가 쇠약해질 때, 그 후손들은 발전 능력을 지닌, 같은 종의 건강하고 정상적인 유형을 닮을 수 없고, 다른 개체들과 마찬가지로, 점점 더 자신의 특이성—정산 형태에서 병적으로 일탈한 것, 발달 지체, 불구, 허약—을 자손에게 전해줄 수 있는 능력을 가진 새로운 아종(亞種)을 만들어낸다. 퇴화를 신종 현성(계통발생)과 구별하는 특징은, 병적 변이는 건강한 개체처럼 지속적으로 생존하고 스스로 번식할 수 없으며, 다행스럽게도 곧 불임이 되었다가, 유기체 퇴화의 가장 낮은 단계에 도달하기 전에 사멸해버린다는 점이다.

퇴화는 '낙인'이라고 명명되는 특정한 신체적 특성에 있어서 사람들을 혼란스럽게 한다. 낙인은 잘못된 생각에서 파생된 유감스러운 용어로, 퇴화가 필연적으로 어떤 결함의 결과이고 퇴화가 나타나는 것이 처벌이라도 한 것처럼 보이게 한다. 그러한 낙인은 기형, 얼굴 형태의 불균형에서 나타나는 과도하거나 지체된 성장, 얼굴과 두개골 두 반구의 비대칭적인 발달로 이루어진다. 그리고 외이

6 Max Nordau, 앞의 책, p. 16.

7 Max Nordau, 앞의 책, p. 16.

(外耳)의 불완전한 발달이 나타나는데, 그것은 너무 큰 크기로 두드러지게 나타나거나, 마치 손잡이처럼 머리에서 돋아나기도 하고, 귓불은 없거나 그렇지 않으면 머리에 붙어 있으며, 귓바퀴는 안으로 말려 있지 않다. 그리고 사시, 언청이, 치아 형태와 위치의 비정상성, 뾰족하거나 평평한 입천장, 갈퀴가 있는 손가락, 다지증이 나타난다. [……] 롬브로소는 낙인에 대한 지식을 두드러지게 확장했지만, 그는 그것을 "타고난 범죄자"를 설명하는 데 대부분 할애했다. 이는 롬브로소 자신의 과학적인 그 입장 자체에서 볼 때 정당화되기 어려운 한계점으로, 그의 "타고난 범죄자"들은 퇴화자의 하위 범주에 지나지 않는다. 페레(Fere)는 다음과 같이 말하면서 이에 대해 동감을 표시했다. "악덕 · 범죄 · 광기는 사회적 편견에 의해서만 서로 구별될 뿐이다."[8]

"퇴화자들"이라는 단어를 예술과 문학의 모든 세기말적 움직임의 창시자들에게 적용되는 것이 자의적이지 않다는 점, 그런 적용이 근거 없는 공상이 아니라 사실이며 관련된 사람들의 세심한 신체검사이자, 그들의 혈통에 관한 질문일 수 있다는 점을 증명할 만한 확실한 방법이 있을 것이다. 거의 대부분의 경우에, 친척들은 누군가 의심의 여지없이 퇴화자였는지를 경험하게 될 것이고, 하나 이상의 낙인은 어떤 것이 "퇴화"에 관한 진단을 분명하게 확인시키는지를 발견하게 될 것이다.[9]

퇴화자들의 정신발달에서 우리는 그들의 신체 성장에서 관찰해온 것과 동일한 비정상성을 경험한다. 안면과 두개골의 비대칭성은 그 상용물이 가진 정신능력에서 발견된다. 후자 중 몇 가지는 완전히 그 성장이 저해되며, 다른 것들은 병적으로 과장된다. 거의 모든 퇴화자들이 결여하고 있는 것은 도덕 감각, 옳고

8 Max Nordau, 앞의 책, pp. 16~17.
9 Max Nordau, 앞의 책, p. 17.

그른 것에 관한 감각이다. 그들에게는 어떤 법도, 품위도, 정숙함도 존재하지 않는다.[10]

퇴화자들의 또 다른 심리적 낙인은 그들의 감동하기 쉬운 기질이다. [……] 그들은 눈물을 흘릴 때까지 웃어대거나, 적절한 계기 없이도 펑펑 운다. 시나 산문의 평범한 구절이 그의 모골을 송연하게 만든다. 그는 대수롭지 않은 회화나 조각 앞에서 큰 기쁨에 빠져든다. 특히 음악 면에 있어서는 심지어 가장 지루하며 칭찬하기 어려운 작품이 그들 내부에서 가장 격렬한 감정들을 일으킨다. 그는 자신이 아주 예민하게 울리는 악기인 것을 꽤나 자랑스럽게 여기며, 속물이 완전히 냉담해 할 만한 부분에서 자신의 내적 자아가 혼란스러워하고 심연의 자아가 분열되며 미적인 것들의 희열이 그를 손끝까지 사로잡는 것을 뽐낸다. [……][11]

도덕적 악성병(moral insanity, 이상성)과 감동하기 쉬운 기질 외에, 퇴화자에게서는 정신쇠약과 무력감 상태가 발견될 수 있는데, 그 인생의 환경에 따라 비관, 만인과 우주의 총체적 현상에 대한 막연한 공포, 자기혐오의 형태를 띤다. [……] 멜랑콜리아로 고통 받는 자의 모습. 낙오되고, 우울하며, 자신과 세계를 비관하고 미지에 대한 두려움으로 고통 받으며, 막연하지만 무시무시한 위험에 위협받으면서, 우리는 첫 번째 장에서 기술된, 국가 황혼의 시대, 세기말적 정신 구조에 속한 인간들을 알게 된다. [……][12]

퇴화자의 정신적 상태를 특징짓는 가장 중요한 형질들을 열거했다. 독자는

10 Max Nordau, 앞의 책, p. 18.
11 Max Nordau, 앞의 책, p. 19.
12 Max Nordau, 앞의 책, pp. 19~20.

"퇴화" 진단이 새로운 미적 경향의 창시자들에게 적용 가능한지 가능하지 않은지 이제 스스로 판단할 수 있다.[13]

(2) 『퇴화』에 대한 몇 개의 반론

『퇴화』가 번역 · 출간되면서 이에 대한 반론도 거세게 출현하였다. 그 대표적인 것이 윌리엄 히르쉬의 『천재와 퇴화: 심리학적 연구』(*Genie und Entartung: Eine Psychologische Studie*, 1895), 헤이크의 『재생: 막스 노르다우에 대한 응답』(1896), 버나드 쇼(Bernard Shaw)의 『예술의 건전성』(*The Sanity of Art*, 1907), 윌리엄 제임스의 『퇴화와 현재』(1895), 실러(F. C. S. Schiller, 1864~1937)의 『막스 노르다우에 답함』(*A Reply to Max Nordau*, 1896) 등이다.

에그몬드 헤이크,[14] 『재생: 막스 노르다우에 대한 응답』(1896)
이 비평가는 누구인가?

정치가 · 사회학자 · 경제학자 · 생물학자 · 신학자, 몇몇 미학자들은 할 말이 있어왔고 각자 대중의 심리에 주기적으로 주문을 걸어왔다. 막스 노르다우 박사는 "퇴화"라는 제목이 붙은 자신의 책으로 전 세계, 적어도 이 나라에 결코 작지 않은 센세이션을 불러일으켰다. 그의 저작이 수백만의 사람들이 읽는 선정적인

13 Max Nordau, 앞의 책, p. 22.

14 Egmond Hake, "Who is the Critic?", *Regeneration: A Raply in Marx Nordau*(1895), 이는 무명으로 간행되었음. 런던대학교 도서관 카탈로그는 필자를 에그먼드 헤이크로 한다. 헤이크는 아마 1885년 대제국주의 영웅 제너럴 고오든의 마지막 일지를 편집함으로써 잘 알려지게 되었고, 경제학 분야의 『자본의 자유무역』(1890)과 런던의 가난과 위생을 주제로 한 『고통 받는 런던』(1892)을 썼다. 『재생』은 노르다우의 작품에 대한 많은 반론에서 가장 기본적인 것이다.

소설처럼 동요를 일으킨 것은 아니라고 하더라도, 그 저작이 이 나라의 모든 교양인들에게 영향을 미쳤다는 데에는 의심의 여지가 없다. 그것은 불일치하는 견해들과 상충하는 세계들의 소음에 대해 무기력하게 내린 결론에서부터 교양 계층을 일깨웠다. 이 저작은 우리가 개인으로서, 하나의 국가로서, 하나의 인종으로서, 우리가 전혀 알지 못하는 어떤 목표를 향해 혜성의 속도로 여행 중이라는 사실을 다시 한 번 더 각성시킨다. 그것은 우리가 잘못된 길에 있으며 가장 형편없는 설명 방식의 운명이 우리에게 급격히 닥쳐오고 있음을 고집스럽게 알려주는데, 그 운명은 대다수의 시각에서 볼 때 절멸보다도 심각한 고통이다. 광기는 우리의 정신을 서서히 잠식하는 것으로 보인다. [……]

막스 노르다우의 저작에서 드러난 특성으로 견주어, 관찰력 있는 독자는 의심의 여지없이, 노르다우가 유태민족에 속해 있다는 결론을 내릴 것이다. [……] 그는 명백히, 자유사상을 가진 유태인으로, 우리가 어디에서든 겪을 수 있고 다른 어떤 유형의 인간에 대해서 그런 것처럼 거의 이의를 제기할 수 없는 유형이다. 자유사상가인 유태인은 대개 영리하며, 교육을 잘 받았고, 도덕적이며, 활기가 넘친다. 그러나 그의 유익한 자질도, 그가 자신의 지각과 감정에 장녀스럽게 영향을 미치는 독특한 특성을 지니는 것을 막지 못한다. 그에게는 유태교의 전거뿐만 아니라 과학과 상식에 기반한 틀에 박힌 철학이 있다. [……]

재생[15]

막스 노르다우의 입장을 따르면, 우리가 퇴보에 속한 것으로 보는 그러한 징후들은 도덕적 · 지적 허약함에서 발생한다는 것을 믿을 수 없다. 우리는 실제로 존재하는 것보다 훨씬 더한 풍기문란의 충분한 원인을 외부 환경에서 발견하게

15 Egmond Hake, *Regeneration: A Raply in Marx Nordau*(1895).

된다. 개인들이라고 여겨지는 독일인들은 건강한 국민 국가(State)의 유일한 기초가 될 법한 정신적 · 도덕적 자질들을 충분히 가지고 있음을 스스로 확인한다. 그들은 탐탁지 않은 외부 환경에도 불구하고 자신들의 민족이 쇠락하지 않을 것이라는 사실, 현재의 타락과 풍기문란은 인간 발달의 일부 단계—여기에서 강력한 충동에 순종하면 새로운 재생의 시대가 도래할 것이다—만이 쇠락한 것이라는 사실을 증거한다. [……]

모든 나라에는 우리 문명의 탁월한 특질을 부분적으로 희생하고서라도, 사물들의 보다 나은 상태를 이끌어내기 위해 노력하고 그러기를 바라는 많은 사람들이 있다. 근대 사회의 그러한 독특한 특질을 포함해, 막스 노르다우가 의지하고 있는 풍부한 증거가 있는데, 그것은 깊은 사회적 불안이 인간을 사로잡고 있음을 보여준다. 이런 감정은 우리가 잘못된 입장을 취하고 있는 것뿐만 아니라 잘못된 방향에 접어들었다는 데서 온다. 퇴화가 이미 시작되었다는 점이 아니라 우리가 현재 가고 있는 길에서 빠져나올 수 없다는 점이 일반적인 두려움을 낳는다.

우리 시대의 가장 인상적인 특성은, 대서양의 어느 쪽에 있는 나라에서도, 우리를 절망의 구렁텅이로 이끌 수 있는 길의 어떤 표식도 찾을 수 없다는 점이다. 이 문명 세계의 도덕적 상태는 폭군에 맞선 반란을 준비하는 국가와 같다. 예컨대 우울하고 불만족스러우며 흥분한 사람들은 거사 준비를 위해 비밀 문자와 암호로 서로를 고무하며, 비밀 장소에 소집되어 훈련을 하는데, 그들에게는 믿을 만한 지도자도 없고 미래를 위한 계획도 없으며 심지어 첫 번째 전투를 위한 전술도 없다. 어떤 나라에서 지도자들은 너무도 필요하지만, 상황이 인재를 낳을 것이라는 오랜 믿음은 분명히 허위적이었다. 그렇기에 도처에서 범용(凡庸) · 편견 · 부패가 실권을 쥔다. 영국과 다른 나라에서는 지도자가 아니라 더 많은 광명이 필요하다. 우리는 좀 더 고상한 철학, 더 고상한 예술, 더 고결한 문학, 더 건전한 입법의 도의, 더 순수한 종교를 원한다.

어떤 국가도 영국보다 더 높은 책임을 가지고 있지 않다. 전 세계에 걸친 광대한 부와 재정, 상업상의 패권, 영어권 국가들에 미치는 윤리적 영향은 영국을 문명의 기준을 지닌 주체로 자리매김한다. 지구의 가장 먼 구석에서 재반향되지 않고서는 어떤 위대한 것도 우리에게 일어날 수 없으며, 우리가 앞으로 내딛는 모든 발걸음은 인류 전체를 전율하게 할 것이다. 퇴화한 영국인들은 다른 나라들을 순순히 따르기를 여전히 원할 수도 있지만 우리의 사명은 진보의 행군을 이끄는 실용적이고 정력적이며 담대한 개척자가 되는 것이다. 대영제국은 거대한 영향력을 이용해서 현재 위기에 처한 인류를 위해 더없이 귀중한 임무를 수행할 수 있다. 따라서 진보와 퇴행이 의존하고 있는 중차대한 문제들을 현실적으로 해결하기 위한 우리의 희망은 영국에 놓여 있어야 한다. 갈피를 잡지 못하고 있는 국가들이 필요로 하는 감전의 충격은 영국에서만 진행될 수 있다. 그 국가들은 군대를 지휘하고 진보라는 목적에 초점을 맞출 것이다.

우리의 정치 조직들에서, 문학 계층들에서, 사회의 모든 층위에 걸쳐서, 회의주의, 이기심, 야단법석의 시대가 이 세기와 더불어 끝날 것이라는 확실한 징후들이 이미 있다. 그러한 과학적 미신과 신물 나는 집단주의적 망상은 운이 다했다는 징표들이다. 즉 자유에 기초한 선한 법과 제도를 향해 인류를 이끌어간다는 사명에 국가가 엄숙하게 착수했으며, 그래서 심리학자들이 알려준 퇴화의 걱정스러운 징후들이 재생의 최초 징후라는 것을 영광스러운 결과로써 입증할 보편적인 움직임을 시작했다는 징표들.[16]

윌리엄 제임스, 막스 노르다우의 『퇴화와 현재』(1895) 서평[17]

16 Dixon, Ella Hepworth, *The Fin de Siéde, A Reader in Cultural History c.1880~1900*, ed. by Sally Ledger and Roger Luckhurst, Oxford: Oxford University Press, 2000, pp. 17~19.

17 Willam James(1842~1910), *Review of Degeneration by Max Nordau*(1895).

병리학적 주제에 관한 병리학적인 저서. 노르다우 선생의 방법을 선생 자신을 기술하는 데 적용한다면, 그를 최악의 부류에 속한 퇴화자로 기록할 수밖에 없을 것이다. 그는 '문자광'이고 염세가이며 '새것 혐오가'(misoneoist), '추언가'이고 ('천치', '저능아'는 그가 애칭으로 사용하는 가장 약한 용어들이다), 다른 이들의 섹슈얼리티에 대한 공포에 떠는, 지나치게 얌전빼는 부류의 '색정광', 가증스러운 예술 작품들의 이미지에 쉴 틈 없이 쫓기는 강박증 환자이며, 오만하고 무례한 유형의 '과대망상증 환자'이다. 그리고 마지막으로 그는, 건전한 사람들이 도덕적인 세계를 방어하는 데 신속하게 무장하고 조직되지 않으면, 히스테리 환자들과 퇴화자들의 음모가 그 세계를 파괴적으로 위협할 것에 대한 불건강한 망상을 지닌 피해자다. 이런 자질에 우울하리만치 불건강한 사람들의 성실함과 농담을 이해할 줄 모르는 완벽한 무능력(오스카 와일드의 경구에 수장에 걸쳐 심한 독설을 퍼붓다니!)을 추가해보라. 그러면 노르다우 선생의 사례에 대해 위로가 되지만은 않는 진단을 얻게 된다. 다른 한편으로, 그가 현대 독일 · 프랑스 · 영국의 문예뿐만 아니라 신경의학 문헌에도 교양이 있다는 점, 그리고 추악함으로 그의 상상력을 괴롭게 만드는 연구 대상 중 다수, 즉 파리의 '도색' 소설들이 실제로 혐오스럽다는 점은 인정해야 한다. 그러나 얼마나 위대하든 간에, 당대의 이름은 그의 폭언을 거의 피하지 못한다. 그가 분노해마지 않는 흐름이 바그너, 톨스토이, 러스킨, 번-존스(Burne-Jones), 로제티, 졸라, 입센, 니체뿐만 아니라 보들레르와 그 후계자들을 통해갈 때, 그의 저작이 대규모의 병리학적 '기록'에 불과하며 예술을 즐기는 방식에 나타나는 한 개인의 신경질적인 한계를 세세하게 전시하는 것에 불과하다는 것을 인정해야 한다.[18]

조지 버나드 쇼,

18 Dixon, Ella Hepworth, *The Fin de Siéde, A Reader in Cultural History c.1880~1900*, ed. by Sally Ledger and Roger Luckhurst, Oxford: Oxford University Press, 2000, p. 19.

「예술의 건강성:[19] 퇴화자로서의 예술가들에 대한 작금의 몰상식을 폭로하며」(1895/1908)

[……] 이 긴 서문을 읽고 나면 노르다우가 저술한 책의 부류를 어렵지 않게 이해할 수 있을 것이다. 인상파 화가들, 쇼펜하우어의 재림인 철학자와 극작가들에게 욕설을 퍼붓는 비평 중에서도 가장 신랄한 것들로 가득 채워진 방대한 저작을 상상해보라. 이런 움직임들을 공격하는 데 정말 어느 정도 용기가 필요해지기 시작하는 지점에 그것들이 도달하기 전에. 이 시대의 신문 비평뿐만 아니라, 오스카 와일드가 수년 전 무릎까지 오는 반바지를 패션에 도입하려 한 잠깐의 시도에 관한, 오랜 동안 잊혀졌던 조롱에서부터 '신여성'(the New Woman)에 대한 최근의 상스러운 욕에 이르는 잡담과 스캔들의 기성적인 단락들을 재탕한 것을 상상해보라. 크라프-에빙(Kraff-Ebing), 롬브로소, 광기와 범죄를 연구하는 최근의 전문가들이, 정신이상의 요소들로 작용하는 예술적 능력과 경향을 묘사하기 위해서 창안한 용의 마무리에 의해 위장된 케케묵고 때때로는 부패하기까지 한 이 난잡함을 상상해보라. 이 모든 것을 정력적이고 유능한 언론인인 자가 했다고 상상해보라. 그는 바그너와 입센 열풍에 대한 구제책으로서의 방대하고 혁명적인 책에 적절한 도입부가 있음을 알 만큼 약삭빠르고, 사람들과 명성에 신경 쓰지 않고 자신 마음대로 할 만큼 대담하며, 자신에 대한 100명의 비판자들 중 99명보다 더 설득력 있고 명석할 만큼 운이 좋고, 게다가 과학에도 더 민감한 관심이 있다. 즉, 그는 타고난 이론가이며, 논객이고, 참견꾼이다. 따라서 통찰력 없이도, 심지어 유럽과 미국의 예술적 무지에 대해 상당한 인상을 주는 책을 써낼 만한, 괄목할 만한 집중적인 근면성 없이도 유능하다(그는 다른 대부분

19 George Bernard Shaw, *The Sanity of Art: An Exposure of the Current Nonsense about Artists being Degenerate*(1895/1908).

의 독일인들처럼 섬뜩할 정도로 두루두루 근면하다). 그는 어떤 것을 마치 의도했던 것처럼 말한다. 그는 피상적인 관념들을 완고하게 고수하고, 그것들을 명료하게 바라본다. 그의 정신은 너무도 성급하게 작용하여 그것을 보는 것은 즐겁다. 이는 물론 한동안만이다. 역시 마찬가지로, 그는 몬테카를로에 있는 은행을 확실하게 파산시킬 법한 굳건한 산수의 토대에 세워진 체계나 버팀줄을 지닌 도박사들 중 어떤 사람에게도 별달리 영향을 못 미칠 이론을 가진 얼뜨기이다.

그의 이 이론은 본질적으로, 이 세계가 개들에게 던져질 것이라고 보는 평범한 사람의 흔한 미망에 지나지 않는다. 그러나 노르다우는 진부한 오류에 의지하기에는 너무도 영리하다. 그는 그런 오류를 스스로, 자신만의 방식으로 저지른다. 그는 사회적 교섭의 근대적 장치—철도, 전보/전화, 우편 등—를 통해 한 개인이 거래할 수 있는 사업의 양을 불가사의할 정도로 확장하기를 호소한다. 그는 철도 운행과 화물 수송의 증가, 인구 한 명당 작성한 편지의 수, 우리가 아무 아는 바 없었던 것들(대부분은 거짓말)을 말해주는 신문들에 관한 형편없는 통계를 제시한다. 그는 다음과 같이 말한다. "지난 오십 년 간 유럽의 인구는 두 배로 늘지 않은 반면, 유럽 노동자들의 총합은 열 배 증가했고, 부분적으로는 심지어 오십 배 늘었다. 모든 문명인은 반세기 전에 요구된 일의 양에 비하면 다섯 배에서 스물다섯 배에 이르는 일을 현재 맡고 있다." "범죄 · 광기 · 자살의 지속적인 증가", 즉 신경질환과 심장병으로 인한 사망률의 증가, 흥분제의 소비 증가, "철도 척추 증후군과 철도 도통 증후군"과 같은 신종 신경질환에 대한 통계가 더 뒤따르는데, 여기에는 우리가 탈진 상태로 모두 고통 받으며, 퇴보 증상은 전 방위적으로 나타나며 다양한 지점에서 바그너의 음악, 입센의 연극, 마네의 회화, 톨스토이의 소설, 휘트먼의 시, 예거(Jaeger) 박사의 모직 의복, 채식주의, 회의주의만큼 해부와 예방 접종에 대한 히스테리적인 공포로 귀결된다는 내용의 일반 도덕이 있다. 요컨대 노르다우 박사가 마침 인정하지 않은 모든 것 말이다. [……]

그는 퇴화(degeneration)라는 주제에 너무도 분명히 미쳐 있어서 그것의 징후를 가장 비천한 전과자들에게서 찾듯 가장 고결한 천재들에게서 찾았는데, 예외는 자신과 롬브로소, 크라프-에빙, 모즐리(Maudsey) 박사, 괴테, 셰익스피어, 베토벤이었다. 아마도 그는 코울리지만큼이나, 자신의 이론에 여러모로 편리한 사례에 대해 숙려했을 것이나, 그것은 퇴화와 '철도 척추증후군' 사이의 연결고리를 망칠 것이다. 인간의 의식이 민감하다면, 그는 퇴화자이고, 마취는 노파들이 마법을 인정하게 만든 광기의 낙인일 것이다. 만일 그가 의복에 있어 특이하다면 그는 퇴화자이다. 비단 겉감을 댄 예복이나 짧은 반바지는 중요한 징후이며, 모직 셔츠는 결정적이다. 그가 이런 문제들에 대해서 무지하다면 분명히 그는 부주의한 것이며 그러므로 퇴화자이다. 그가 술을 마신다면 그는 신경증 환자이다. 그가 채식주의자이며 절대 금주자라면 그가 즉시 감금되게끔 하라. 그가 악한 삶을 산다면, 그 사실은 두말 할 나위 없이 그의 죄를 증명한다. 반면에 그의 행실일 흠잡을 수 없다면, 그는 저주받은 '성격 이상자'로, 행동에서 나타나는 자신의 악한 성향을 깨달을 수 있는 의지와 용기를 모르는 것이다. 그가 운문을 쓴다면 그는 반향 언어증으로 고통 받고 있는 것이다. 그가 산문을 쓴다면, 그는 문자광이다. 그의 책에서 자신의 사상을 고수한다면 그는 강박증적이다. 그렇지 않다면, 그는 "특징이 없으며" "부주의하다." 우리가 봐온 것처럼, 바그너는 그 혼자서도 다른 모든 퇴화자들을 함께 모아놓은 것보다 더 과하게 퇴화된 상태인 사람에게 기대할 수 있을 법하게, 강박증적이며 부주의하기를 꾀했다. 기타 등등, 기타 등등…….

허나, 매우 많은 사람들이 예술에 의존하듯이, 필수적인 지능 없이도 과학에 의존하는 사람들에게 흔한 정신적 약점이 있는데, 노르다우는 쾌활한 인사불성 상태에 빠지면서 이것을 빠트려버렸다. 이론이 사물들의 언어도단, 모순 상태로 작용할 때, 그것이 "내 이론에는 그만큼 더 나쁘다"라고 말하는 대신, "사실에는 그만큼 더 나쁘다. 사실이 바뀌게 하라"라고 결론짓는 사람의 나약함을 말하는 것이다. 입센, 바그너, 톨스토이, 러스킨, 빅토르 위고를 우리의 감옥과 정신병동에 대한 거부와 동일시하는 이론은 상식의 이름으로서 어떤 가치를 가지는가? 이런 동일시가 redutio ad absurdum 이론의 추상적 환원이라는 것을 받아들이는 대신, 수많은 유사점이 있음을 지적함으로써 이론을 증명하기 위해 고군분투하는 난치병적인 팸플릿 필자이자 언론인인 사람의 심리 상태에 대해서는 무엇을 말할 수 있는가. 그는 위의 작가들이 모두 머리와 육체, 식욕, 정신착란, 변덕, 나약함, 불균형한 특질, 성적 충동, 흐릿한 판단력 등과 같은 공통 속성을 모두 가지고 있다고 보는데, 사실 이는 단순히 모든 인간이 가진 것이 아니라 모든 척추동물이 가진 것이다. 노르다우의 목록을 살펴보자. "흐릿하고 일관성 없는 사고, 관념들의 무분별한 자유연상, 부주의와 불안정뿐만 아니라 강박, 성적 흥분 가능성, 종교적 열광, 인지 박약, 의지, 기억, 판단의 현존." 이런 용어를 모두 이해하고 나면, 이런 모든 것들을 부분적으로 경험했다고 유죄가 아닐 사람이 단 한 명이라도 있는가? 특히 그가 비난의 근거가 되는 주제 · 시기 · 환경에 대한 어떤 언급이나 정상성의 기준을 수정하기 위한 어떤 노력이 부재하는 상황에서 모호하고 비과학적으로 비판받을 때 말이다. [……]

자, 친애하는 터커(Benjamin Tucker), 나는 노르다우의 책의 실제 가치만큼 그 책에 대해 이야기했다네. 예술이 단순히 읽히는 대신에 민족에게 실제로 알려진 나라에서, 그러한 저작에 세 줄을 할애하는 것은 불필요할걸세. 하지만 영국에서는 미신적인 경외감과 자기 의심 따위가 대부분의 사람들로 하여금 노르다우가 예술에 대해 거칠게 말하는 것처럼 예술에 대해 생각하는 것을 가로막고 있다네. 영국에서는 예술의 의미를 이해하는 것이 천 명 중 한 명이 되는 일이며, 다른 999명은 속물 주색가이거나 칼뱅파 반-주색가이기에 노르다우의 오류가 자명하다고 우기는 것이 부질없다네. 우리에게는 그의 영리하거나 힘찬 표현을 어설프게라도 갖지 못한 민족 작가들이 이미 있는데, 그들은 자신들이 우연히 좋아하지 않게 된 작품의 작가를 공격하는 데 있어서 그의 사이비 과학적인 해

부를 서투르게 모방한다네.[20]

2. 쓰보우치 쇼요의 『현대의 타락』, 「序」[21]

19세기말 민심의 귀추를 비관하고 서구 문명을 위해서 그 장래를 기우하는 논자들은 이미 적지 않다. 혹은 서양의 최근의 사회 정태를 로마 제정의 퇴폐기에 비교하는 사람들도 있고, 또는 일찍이 라틴민족의 쇠멸을 경고한 사람들도 있으며, 혹은 이에 부대적으로 황화(黃禍: 황인종이 번영함으로써 백인종에게 미치는 화)의 공포를 논하는 사람들도 있고, 또는 인종 개선의 기회가 다가오는 것을 힘써서 역설하는 사람들도 있다. 혹은 이를 사실주의 · 자연주의 · 유미주의 등의 근세 문예의 책임으로 돌려서 그 비판에 힘을 쓰는 사람들도 없지는 않다.

그렇기는 하지만, 시대의 문예 애호가들에게 거의 신과 같이 숭배되는 세기말의 대가 · 거장을 어떠한 감안도 하지 않고, 예의도 두지 않고, 이를 모조리 퇴폐적 시대정신의 대표자라고 단언한다. 그렇다고 해도 어디까지나 냉정하게 과학자다운 태도를 가지고 시가 · 소설 · 회화 · 음악 · 연주 등의 각 방면을 널리 섭렵하고 또한 강하게 시대정신을 격론통란(覈論痛難)하는 것은 노르다우의 이 저서와 같이 대담하고도 폭넓게 다루는 것은 없다.

노르다우는 범죄학의 태두인 이탈리아의 롬브로조(Lombroso Cesare, 1836~1909)의 학설을 신봉하면서도 문예가에 대한 심판과 선고는 그 스

20 George Bernard Shaw, 앞의 책, pp. 20~22.

21 Max Nordau의 Entantung(Degeneration)(1892/1895)의 일본어 번역본 坪內雄藏(坪內逍遙의 본명), 「序」, 『現代の墮落』, 대일본문명협회, 1914.

승보다 훨씬 신랄하다. 롬브로조는 높은 재능이 있는 변질자는 어떠한 식으로든 사회에 공헌을 한다고 한 데 비해서 노르다우는 이를 부정하고 세기말의 특징을 사회적으로는 유해(幼孩)라고 하여 무익한 것으로 해석한다. 그는 서구의 민중은 모두 신경쇠약증에 걸려 있는 것으로 간주하고, 그 증후를 헤아려 그 병의 근원을 진단하고 문예상에서 구체화된 것을 매우 상세하게 해부함은 물론 그 예후도 논하고 치료법까지도 논급하고 있다. 그가 논리를 펴는 데 있어서 주로 롬브로조를 이어받아 한결같이 사실에 의거하여 귀납적으로 추단하고 일견 신엄(愼嚴)하고 주도면밀할 뿐만 아니라 생리상에 미치는 의학상의 용어를 운용하는 데 있어서도 재주를 보일 뿐만 아니라, 문예품의 약점과 결함을 간파하는 데 있어서도 결코 업신여길 수 없는 형안(炯眼)을 가지고 있다.

생각건대 그 스스로도, 일찍이 소설 여러 편을 썼던 한 사람의 문학자인 까닭에 이 길에 관해서 결코 조예가 얕지 않은 점도 있고, 따라서 논조에 있어서 너무 교격함이 있음에도 불구하고 문예가의 심리를 척결하는 데 있어서 때로는 예리하게 논단이 직재하고 조사(措辭)가 명쾌하고 증거가 되는 예를 풍부하게 끌어들이고, 비유를 함에 있어서도 정교해서 처음이 책을 접하는 사람들은 천약(淺弱)하지 않은 인상을 받는 것이 일반적이다. 특히 근세문학사에 정통하지 않은 경우나, 혹은 경솔하게 그의 설명을 믿음으로써 모두를 완전한 진리인 것처럼 속단하지 않도록 해야 한다. 그의 논법의 귀납적 · 과학적인 점은 우선 크게 독자를 농락하게 된다. 그렇지만, 이 글의 경계할 점은 오히려 여기에 있다. 즉 귀납적인 것 같은데, 그 내용은 연역적이고 과학적으로 사심이 없는 것 같은데, 그 내용은 고정관념이 있음과 동시에 지나치게 공리적인 점에 있다.

그는 롬브로조 및 그 외의 과학적 연구자가 정신병자 및 변질적 범죄인의 심리 · 병리 · 유전 등을 심사하고 실험하는 통계를 내어 얻은 결과의 원칙은 거의 그대로, 헤아림을 더하지 않고 문예가 사회 전체에 적용한 것처럼 보인다. 그래서 그의 논리는 신엄한 귀납추리법에 따른 것같이 볼 수도 있지만, 기실 미리 최후의 진단을 내려두고 이에 상응하는 증후를 구하는 것같이 외견 정말로 도리답게 느끼는 데 관계없이 도리에도 또한 사실에도 등 돌리는 부분이 적지 않고, 적어도 문예가의 인물 평가로서는 견강부회(牽强附會)의 논리라는 약점이 있다. 그의 이 같은 논법을 취하면 단지 세기말의 문예가뿐만 아니라 동서고금의 위인 · 천재 · 영웅 · 호걸의 대다수도, 혹은 대개 변질자의 정형안으로 흡섭(翕攝)됨을 면하지 못하게 된다. 적어도 가장 탁월한 시인 · 소설가 · 미술가와 같은 사람은 그가 논리 중에서 "모든 천재가 모두 변질자인 것은 아니다"라고 한 것과는 관계없이 거의 모두 일종의 정신병자이다. 이렇게 이 책의 저자의 편파교격(偏頗矯激)한 평으로 인해서 저 힐시[22] 박사가 『천재와 퇴폐』에서 온건하고 진지하게, 그리고 무명씨가 『리제너레이션』에서 조금 불철저하게, 혹은 쇼우가 『예술의 건전』에서 오로지 예술상의 입장에서 이 책을 반박하게 되는 까닭이다. 요컨대 노르다우의 이 책은 근세문예를 다소의 반감과 선입견을 가지고 주로 공리주의적 견지에 서서 비판하고 있는 것으로 볼 수 있다.

그럼에도 불구하고 세간의 근세문예를 변호하는 자들 류(流)의 논리에도 때로는 커다란 모순이 있다. 그들은 옛 정치론이 군주를 신성불가침으로 독단하는 것처럼 문예가들도 절대 신성이라고 독단하려 든다.

그리하여 무엇 때문에 그들 문예가만이 현대 사회에서 방약무인(傍若無人)의 권한을 가질 수 있는가에 있어서는 이래저래 그 논지가 철저하지

22 Willam Hirsch, *Genie und Entartung: Eine Psychologische Studie*(1895), 영문 *Genius and Degeneration: A Psychological Study*(1899).

않음을 예로 한다. 틀림없이 그들은 문예의 입장을 신성하다고 가정하는 것도 가능하다고 하고, 또 그들은 문예가의 성행(性行)이 사회의 공리와 서로 교섭하는 것 없이도 가능하다고 간주한다. 그렇다고는 해도 사회의 조직과 제도가 근본적으로 확인되지 않는 한은 이것을 가능하게 하는 까닭은 문예가의 작품이(다만 직접적이지 않다고 해도) 어떠한 관계에 있어서(다만 가까운 장래에 있어서는 그렇게까지 안 해도) 어떤 시대의 인생에 어떤 공헌을 이룰 수 있는 것으로 간주하는 점에 있는 것이다. 그렇지 않으면, 특히 문예가에게만 이처럼 특권을 부여하는 이유가 성립되지 않는다. 창작가로서의 실질적인 공이 있는 자를 진실한 문예적 천재로 간주하는 이유는 첫째로 이러한 이치에 근거하지 않을 수 없다.

소위 창작에서 어떤 의미보다도 인생의 향상 혹은 확충에 유익하게 보탬이 되지 않는다면, 특히 이를 소중히 해야 할 이유도 없고, 또 한편으로 이를 만들어낼 자격이 있기 때문에 특히 그 사람을 존중해야 할 이유는 없는 것이다. 그들에게 전혀 무차별을 표방하고, 모든 평범한 개인들에게도 문예가와 같은 절대 자유가 있음을 인정하면 몰라도 구차여 계급을 두고 존류를 나누어 문예가에게만 방약무인의 권리를 부여하는 이상 그들이 규정하는 것 역시 일종의 개인적인 공리주의에서 벗어나지 않는다. 그리하여 이른바 창작은(다만 이것을 주로 자기를 위해서 하는 것이라고는 해도, 소위 자기가 현재 눈앞에 있는 소아[아집에 사로잡힌 좁은 자아]에는 없고 항상 향상하고 그치지 않는 한계의 자신인 이상은) 어떠한 의미에 있어서는 없는 의미의 인생과 서로 교섭하지 않으면 안 되는 것이다…….

그런데도 세상의 일은 분간하기가 어려워지기 쉬워서 너무 천재들을 존중한 나머지 천재들에게 흔히 있는 일종의 병적 성행을 칭찬하고 남에게 권하고, 혹은 창작을 너무 존중한 나머지 이중삼중의 모방에 지나지 않는 작품도 우러러 받들고, 그 결과 문예의 고취에 힘쓰기보다 방탕 생활의 변호에 힘을 기울이고, 예술이라는 이름 아래 불의불신(不義不信)을 장려하여 다만 사회에 누와 해를 끼치는 데 멈추지 않고, 이따금 도의 폐해도 조성해내는 자들도 있다. 이와 같은 무리들에 한하여 의외로 참된 현재의 심리에 소홀하고, 천재를 도와주는 것을 그 임무로 너무 자칭(다소의 사심에 쌓여서)하는 나머지 서술로 격찬하고 선동하고 말을 퍼뜨리기 때문에 오히려 실수하여, 바야흐로 성장해가려 하는 천재의 새싹을 죽인다. 혹은 천재는 세상의 도덕을 초월하는 것이라고 주장하면서, 이를 너무 사랑한 나머지 이르러야만 하는 세상의 평가 상에서 하나의 '완성된 인간'(完人)이 되게 하는 것을 희망하고 견강부회하여 문예적 천재를 종교가 정치적 천재, 예언자, 성현조차도 부르려 하여 바르지 못한 길로 들어가게 하고, 억지로 그 잘못을 덮어서 군자임을 위장하는 데 어쩔 수 없이 이르게 된다.[23]

23 坪內雄藏, 「序」, 『現代の墮落』, 대일본문명협회, 1914. pp. 4~14.

제6장
생활의 예술화와 민중예술론 및 예술교육론
—「예술과 인생」의 예술개조론과 그 형성

1. 생의 예술적 개조와 민중예술

> 진실로 조선생활은 광야외다. 빙세계(氷世界)외다. 그러므로 냉랭하고 삭막하고 음침합니다. 사(死)의 왕국이외다. 조선의 영(靈)은 말랐습니다. 조선인에게 예술을 주어라. 예술은 그네에게 쾌락을 주고 활기를 주고 향상을 주고 그 모든 것보다도 창조와 표현의 새 힘을 주리라. 조선이라는 사막을 변하여 예술의 화원을 지어라.[1]

1922년 1월 『개벽』에 경서학인이라는 필명으로 발표한 평론 「예술과 인생」의 일절이다. 「예술과 인생」은 이광수의 본격적인 가장 예술론이자 예술개조론이다. '생활의 예술화'가 조선의 얼음세계와도 같은 삭막한 현재의 곤경을 벗어날 수 있는 구제책의 하나임을 강조하고, 이런 생의 예

1 경서학인(京西學人: 이광수의 필명), 「예술과 인생: 신세계와 조선민족의 사명」(미정고), 『개벽』 9호, 1922, p. 7.

술화를 위해서는 자연미를 감상하는 예술교육은 물론 인생과 생활 및 노동까지도 예술로 보는 심적 태도와 변혁이 중요한 것임을 역설하고 있다. 예술이 생과 사회에 있어서 갖는 의미를 살핀 것이다. 주로 윌리엄 모리스(William Morris, 1834~1896), 엘렌 케이(Ellen Key, 1849~1926), 로맹 롤랑(Romain Rolland, 1866~1944), 에드워드 카펜터(Edward Carpenter, 1844~1929) 등의 이른바 '생의 예술화'로서의 예술관과 민중예술론의 사상적인 원경의 그림자가 혼마 히사오(本間久雄, 1886~1981)라는 대상을 독서의 전신적 매개로 하여 혼성적으로 투사되고 결합되어 있는 개조 수양론으로서의 예술론인 것이다. 이에 더해서 톨스토이의 예술론, 크로포트킨(Kropotkin Pyotr Alekseyevich, 1842~1921)의 이른바 '노동의 예술화' 및 존 러스킨(John Ruskin, 1819~1902)의 주장이나 사상까지도 부분적으로 가미되어 있다. 그만큼 이 글은 한 편의 글 속에 여러 사람의 사상이 수용 · 혼합화되어 있는 글이다.

이 「예술과 인생」은 발표된 처음부터 근래에 이르기까지 주로 공상적 예술론 또는 관념론적 이상주의 등으로 오해되거나 '상반된 가치관에 입각한 명제의 절충과 혼합' 및 '추론의 전후 모순당착' 등 부정적 평가와 비평[2]의 대상이 되는 경우가 많았다. 특히 프랑스문학자인 김붕구의 「신문학 초기의 계몽사상과 근대적 자아」(1964)에서의 비평은 모순당착의 글로서 극심하게 혹평을 가하고 있다. 그러나 그럼에도 불구하고 예술의 영역을 심미적 표현 · 형태로서의 예술 일반의 개념보다도 광의적으로 넓혀서

2 대표적인 경우는 다음과 같은 글이다. ① 박영희, 「문학상으로 본 이광수」, 『개벽』, 1925. "여명기의 공상적 예술론이 아니면 무엇이랴"(p. 88). ② 김붕구, 「신문학 초기 계몽사상과 근대적 자아」, 『한국인과 문학사상』, 일조각, 1964. "이 엄청난 관념론", "관념론적 이상주의에다 유물론을 뒤범벅으로 하여 유토피아를 그리고 [……]"(p. 11). 김붕구의 비교론적 시각은 진지하지만, 굳이 이광수와 퐁트넬과 대비화시켜서 비판하는 평가를 지향하는 것은 너무 타자 지향적임. 동국대학교 한국문학연구소, 『이광수 연구』(상), 태극사, 1984, pp. 111~112 참조.

생활예술 전반으로 규정함은 물론 혼마 히사오가 「민중예술의 의의와 가치」(1916)로써 일본 근대문학사에서 민중예술의 최초 제창자가 되고 있듯이, 이광수로 하여금 한국 근대문학에서 민중예술론의 최초 제창자로 자리매김하게 하는 의의를 지니고 있는 글이기도 하다. 이와 함께 쾌 · 불쾌의 심리학적 예술미학과 '함축'예술의 상징론, '암시'와 '최면술'의 사회심리학이 가세하면서 부분으로서가 아니라 글의 한 편 전체가 예술론으로 이루어짐으로써 이광수 최초의 미학적 예술론이며 예술행복론이다. 그래서 이 글은 영향사의 측면에서 그만큼 검토의 여지가 많은 것이다.

이광수는 이 글의 서두에서 「민중극장」(le Théatre du peuple, 1903)의 민중예술론자인 로맹 롤랑의 "인생이 만일 완전히 행복하였던들 예술의 필요는 없었으리라"라는 말을 전제로 인용한 다음, 중심 주제의 하나인 생(인생 · 생활)의 예술화와 도덕화라는 두 개의 방도를 위해서 서두에서 톨스토이, 타골, 크로포트킨, 피히테, 셸링[3] 등 많은 사람들의 말들을 인용하거나 차용한다. 그 차용에 근거하여 그는 서로가 조화로울 수도 있지만, 날카롭게 대립되고 갈등적일 수도 있는 예술과 도덕의 관계를 하나로 포괄하거나 링크하면서 현대의 불행한 인생을 행복하게 하기 위한 방책으로 도덕-예술의 예도(藝道) 동일성의 독특한 통찰과 예술관을 선언하고 천명한다. 즉 이것은, 예술은 도덕적 성격을, 그리고 도덕도 예술적 성격을 지녀야 한다는 것으로서, 도덕-예술 양극의 상보적 조화론이며 예

---

3 『이광수 전집』(삼중당)에서는 '쉘리'로 표기되고 있으나 원문 게재지인 『개벽』 19호(1922))를 검토해본 결과 쉘리(shelley)가 아니라 셸링이다. 즉 포스트칸트적 이상주의의 주요 철학자이면서 미학자인 Friedrich Wilhelm Joseph von Schelling(1775~1854)이다. 주저 『근원적 이상주의의 체계』(*System des Transzendentalen Idealismus*, 1800), 『예술철학』(*Philosophie der Kunst*, 1801~1802); Mathias Konzett(ed), *Encylcopedia of German Literature* Fitroy Dearborn Publishing, 2000, pp. 851~852 참조. 이광수의 다른 글 「문학강화」에서는 셸링으로 바로 표기됨.

술의 미학적 가치와 도덕의 공리적 가치가 하나로 결합되는 예술관인 동시에 또 도덕과 예술을 문화의 영역을 구성하는 두 개의 축으로 이해하는 문화론이다. 분명 이광수에 대해서 흔히 지적하고 있듯이 예술에 대한 도덕의 우위 현상이나 편중 현상이 아니다. 오히려 예술을 도덕보다 더 적극적이고 건설적으로 행복을 얻는 방도로 이해한다. 이것이 일단 이광수가 생각하고 있는 조선민족의 '사랑[愛]과 기쁨의 신세계'를 위한 새로운 예술로서의 예술론인 것이다.

> 그러므로 도덕화한 생활과 예술화한 생활이란 것도 결코 이중의 생활이 아니요. 단일한 양면이라 하겠습니다. 인생의 생활을 예술화하며 도덕적으로 한다 하면 인생의 생활은 예술이 되고말고. 또 인생의 생활을 도덕화하되 예술적으로 한다 하면 인생의 생활은 도덕적이 되고 마는 것이외다. 이러한 생활은 「애(愛)와 기쁨의 생활」이라 하겠습니다. 도덕은 애요, 예술은 기쁨이외다. 도덕과 예술은 하나이며 도덕적 아닌 예술은 참 예술이 아니요, 예술적 아닌 도덕은 참 도덕이 아니외다. 인생에게 죄악을 주는 예술이라 하면 그것은 인생을 배척한 예술이요, 또 인생에게 고통을 주는 도덕이라면 그것은 인생이 파기할 도덕이다.[4]

이렇게 그는 예술은 도덕성이나 태도에 의하여 생을 고양할 수 있으며 또 도덕도 예술성이나 미학적 태도에 의해서 생을 강화할 수 있다고 주장한다. 예도가 함께 맞물리는 융합의 관점이다. 그래서 「예술과 인생」은 인생과 생활을 예술화하거나 도덕화하는 방법들을 밝히거나 제시하는 데 주력하고 있다. 그 주된 방법론이 개인의 주관적 개조로서의 열등 감정을 억제하는 도덕적 수양(도덕화)과 자연과 인사에 대한 심적 태도의 적극적

4 경서학인, 「예술과 인생(미정고): 신세계와 조선민족의 사명」, 『개벽』 19호, 1922, pp. 4~5.

인 변환을 의미하는 인생의 예술적 개조(예술화)인 것으로 규정한다. 특히 자연과 삶을 아름답게 만들거나 자유로운 노동과 편리한 생활을 통해서 삶의 아름다움을 추구하는 것으로서의 생(삶)의 예술화가 강조되고 여기에 더하여 직업의 예술화와 이를 이루고 조성하기 위한 경제 조직을 중심으로 한 사회 조직의 개조 문제까지도 은성적으로 제시되고 있다. 결국 인생과 직업의 예술화, 즉 자연과 인사를 예술품으로 받아들이는 태도와 예술품을 창작하는 태도로 노동과 직업을 받아들이는 인생과 사회의 예술적 개조를 주장하고 있다. 그러한 가운데, 이광수는 양반적이거나 자본주의적이고 고등하고 신사적인 것이 아닌 "무식하고 빈궁한 조선민중이 골고루 향락하고 열망하는" 민중예술을 강조하기도 한다. 결론은 인생의 생활 자체를 모두 예술화하기 위해서 「사람아, 애(愛)와 미(美)로 너를 개조하라!」라는 신세계를 위한 사랑(종교)과 미(예술)가 응축된 예술 개조론적 구호로써 끝맺는다.

그렇다면 이광수는 어떻게 해서 이 같은 예술론을 형성하게 된 것일까. 이 생의 예술화는 민중예술론 성립의 영향사적 연계 체험을 살펴보는 것이 요망된다. 그 사상적 채널이나 맥락의 연계선은 윌리엄 모리스의 『예술의 희망과 공포 및 변화의 증표』(*Hopes and Fears For Art & Signs of Change*, 1882, 1888),[5] 엘렌 케이의 『젊은 세대』(*The Younger Generation*, 1914)[6]의 '갱신적 수양론(교양론)'(Recreative Culture) → 혼마 히사오의 「생활

5 William Morris, *Hopes and Fears For Art & Signs of Change*, Thoemmes Press, 1994. 여기에 실린 "The Lesser Arts"(1877), "The Art of the People"(1879) 등 12편의 글들은 모두 1877년에서 1886년까지의 모리스의 강연을 모은 것이다. Raymond Williams는 그의 책 *Culture & Society 1780~1950*, Columbia University Press, 1958/1983, p. 155에서 이를 "다른 어떤 산문이나 운문 로맨스보다 생명력이 있는 것"으로 평가한다.

6 Ellen Key, "Recreative Culture", *The Younger Generation*, G. P. Putnam's Sons, 1914, pp. 137~186.

의 예술화, 예술의 생활화」(1917),[7] 『생활의 예술화』(1920)[8] → 이광수의 「예술과 생활」(1922)로 이어지는 영향사적 경로로 파악된다. 카펜터(*Edward Carpenter*, 1844~1929)의 예술론, 『천사의 날개』(*Angel's Wings*, 1898) 등과도 직간접적인 관련성이 있다. 결코 그냥 씌어진 것이 아니라 혼마 히사오를 매개로 한 서구 사상과의 접촉과 독서적 편력과 정보의 확보를 통해서 비로소 가능할 수가 있었던 것이다. 따라서 이 글은 그 예술사상의 상호연계 관계의 점검을 거치면서 이광수의 생활의 예술화와 민중예술론의 원천과 성립을 도출해내고 또 그 나름의 성격과 의의를 살피려는 것이 중심 관점이며 핵심이다.

2. 「예술과 인생」 형성의 이론적 원천

예술과 도덕, 즉 예-도의 맞물림과 함께 표제가 된 인생-예술이 또한 서로 이중적으로 맞물리고 있는 「예술과 인생」에서 우선적으로 주목하게 되는 것은 '예술'이라는 개념의 양의성이다. 'art'나 'kunst'로서의 예술의 개념이란 것이 원래 일반 '기술'에서 미적 기술 'schöne Kunst' 미술에 이르기까지 다의적인 폭과 또 모호한 면을 지니고 있는 것이 사실이지만, 이 글에서도 예술에 대한 두 개의 협의적 · 광의적 개념과 의미가 있음을 환기하고 있다.

> 예술이란 말에 양양(兩樣)의 의미가 있는 것을 주의하여야 합니다. 하나는 우

---

7 혼마 히사오(本間久雄)가 1917년 5월 『新小說』지에 발표한 글.

8 『생활의 예술화』는 책으로 1920년 三德社에서 출간되었고, 1925년 東京堂에서 다시 간행됨.

주와 인생을 예술품으로 보아라 우리의 생활을 예술화하라 하는 등의 예술이니 이것은 생활의 주의로서의 예술이요, 하나는 시가 · 음악 · 미술 등을 가리켜 말하는 것이니, 인생의 일부분인 예술이외다. 전자의 의미로 보면 인생의 무슨 종류의 생활이라든지 그 활동의 심적 태도 여하에 의해서 예술이라 할 수 있으니, 정치도 과학도 기장의 수자를 기입하는 것이나 시장에서 물품을 매매하는 것이나 다 예술이 되지마는, 후자의 의미를 보면 일정한 형식과 일정한 약속 하에 특별히 지어놓은 예술품만 지칭하게 됩니다. 이것이 예술이라는 말의 본래의 의미외다.[9]

이렇게 예술의 영역을 광의적으로 확대하는 전자로서의 예술, 이른바 '생활의 주의로서의 예술'까지를 포함시킴으로써, 후자인 시가나 회화 · 조각 등 미적 가치의 실현을 본래의 목적으로 하는 협의적 예술에 국한시키지 않고, art of life, 즉 생활예술을 통해서 자연과 인생을 사랑하는 내적 개조로서의 생활미화 내지 생활(삶)의 예술화 운동을 제창한다. 이는 미의 표준을 생활 이외에서 구하지 않고, 생활 가운데서 찾는 것을 의미한다. 그리고 생소하게 들리는 '직업의 예술화'와 함께 고가한 예술인 양반적 · 신사적 · 자본주의적 · 도회적인 예술이 아닌 조선민중의 예술을 주장한다. 그럼으로써 이광수는 이런 생활의 예술화와 민중예술론이 바로 조선의 신시대와 민족을 위해서 긴요하고도 새로운 예술이 될 것이라고 보고 있는 것이다. 이것은 예술론적 인생관의 표명이다.

이와 같은 이광수의 관점은 예술이란 특정 예술가의 창조에 국한되거나 귀족(양반)계급을 위한 것이라는 한계를 뛰어넘어서 인간 창조의 모든 형태를 포함함은 물론 노동자를 포함한 민중 전체가 향락할 성질의 것이

9 경서학인, 「예술과 인생」, 『개벽』 12호, pp. 16~17.

어야 한다는 것이다. 이 같은 주장은 원천적으로 윌리엄 모리스의 예술사상을 함의하고 있을 뿐 아니라 그와 깊은 연계성이 탐지된다. 뒤에서 지적되겠지만, 윌리엄 모리스는 인간의 직업(노동)이 예술화되면 삶의 예술화와 함께 창조적인 쾌락과 예술적 자유와 기쁨의 표현이 이루어진다는 것을 주장한 사람이다. 이와 연관됨으로써 이광수는 그러한 예술에 대해서 희망을 가지고 일하는 사람들에게 자연미에 대한 예술적 감정과 태도를 갖도록 예술 교육으로 교화해야 한다고 지적하고 있다.

다음으로, 개조의 시대정신에 부응하여 '인생을 예술적으로 개조하라'는 인생개조론이며 예술개조론으로서의 성격을 함께 지닌 이 글은 그 개조의 근본 원칙과 방향을 크게 '개인의 내적 개조[10]와 사회조직의 개조'라는 두 방향으로 정향화하고 있다. 그래서 마음의 태도와 사회제도를 바꾸고 개조해야 한다는 것이 개조론으로서의 골간이며 전자와 관련된 것이 생의 예술화론이고 후자와 관련되고 있는 것이 민중예술론인 것이다. 그렇다면 이광수가 이 두 가지 기조이며 핵심인 생활의 예술화와 민중예술론을 형성하게 되는 사상의 직간접적인 원천 재원 그리고 그 중개 기능은 무엇이고 이 사상의 의미나 한계는 무엇일까. 이것을 면밀하게 살피는 것이 이광수의 예술론의 면모를 보다 정확하게 살피고 이에 다가가는 방법이 될 것이다.

(1) 1차 원천으로서의 혼마 히사오(本間久雄)의 『생활의 예술화』

이광수가 1922년에 「예술과 인생」에서 생활의 예술화와 민중예술을 제창한 시기에, 일본 문단은 이미 이에 앞서서 1910년대에 『예술과 인생』

---

10 『개벽』 19호(1922) 소재 원문에는(pp. 5~6) 모두 '肉的改造'(육적개조)로 되어 있으나 이는 '내적 개조'(內的改造)의 잘못된 오기일 것이다. 'physical'(물질적 · 육체적)하다는 면으로 쓸 수도 있으나 문의상 肉자는 잘못된 것이다.

(齊藤信策, 1907), 『생활의 예술화』(金子筑水, 1912), 『예술의 생활화』(相馬御風, 1912), 『미적 생활을 논함』(高山樗牛, 1901), 「민중예술에 대하여」(島村抱月, 1917), 『민중예술론』(로맹 롤랭, 大杉榮 역, 1917), 「생활의 예술화, 예술의 생활화」(本間久雄, 1917), 「민중예술의 의의 및 가치」(本間久雄, 1916), 『새로운 세계를 위한 새로운 예술』(大杉榮, 1917) 등의 글들이 발표됨으로써 생활의 예술화나 민중예술에 관한 논란들이 활발하게 파급 · 전개되는 상태에 있었다.

청년 문사인 이광수가 일본에서의 이런 예술사상과 동향에 자극을 받거나 주목을 하게 되는 것은 너무나 당연하고 자연스러운 현상이다. 삭막하고 음침한 조선의 현실과 조선 인민의 생활에 대해서 예술은 어떤 역할을 함으로써 희망과 기쁨을 줄 수 있는 것일까. 이 문제를 두고 이광수가 가장 관심을 갖거나 주목하게 된 대상은 바로 생활의 예술, 노동의 예술화를 시도한 모리스의 주장을 소개한 「생활의 예술화, 예술의 생활화」(1917, 『新小說』) 및 『생활의 예술화』(1920, 三德社)[11]의 논 · 저자인 동시에 「민중생활의 의의 및 가치」(1916, 『와세다문학』)의 필자인 혼마 히사오(本間久雄, 1886~1981)이다. 그는 이광수가 「문학에 뜻을 두는 이에게」(1922)에서 문학 지망생을 위한 5권의 권장 도서 가운데서 가장 '알아보기 쉬운 것'으로서 지적한 『문학개론』이라는 책의 저자이다.

혼마 히사오는 와세다대학 영문과 출신의 평론가 및 영문학자이자 일본 근대문학 연구가이다. 와세다대학 재학 중에 쓰보우치 쇼요(坪內逍遙)와 시마무라 호게츠(島村抱月)의 지도를 받았으며 졸업 후에는 호게츠 중심의 『와세다 문학』의 동인으로서, 자연주의계의 신진 평론가로서 활약

---

11 혼마 히사오의 『생활의 예술화』는 1920년에 三德社라는 출판사에서 간행되었으나, 1925년 12월부터는 東京堂이라는 출판사에서 간행된다. 주요 내용은 크게 「생활의 예술화」, 「미감(美感)의 퇴폐」, 「윌리엄 모리스의 생애」 등 3편으로 구성되어 있음.

을 시작해서, 1910년 『와세다 문학』 4월호에 「퇴폐적 경향과 자연주의의 철저적 의의」를 발표한다. 이어 엘렌 케이와 윌리엄 모리스, 에드워드 카펜터를 소개함으로써 생활의 예술화와 함께 민중예술론의 최초의 제창자가 된다. 케이와 로맹 롤랑을 자기의 주장에 자의적으로 끌어들였다고 해서 오스키 사카에(大杉榮)에 의해서 강하게 비판을 받게도 되는 그의 『민중예술의 의의와 가치』는 다이쇼(大正) 데모크라시의 고양 가운데 '민중'에 눈을 돌려서 민중을 문단에 등장시킴으로써 민중예술론을 처음으로 제창했다는 점으로 일본 현대문학사에서 획기적인 의의로 평가되고 있다.

그의 주요 저서로는 『엘렌 케이 사상의 진수』(大同館, 1915), 『근대문학 연구』(1917), 『생활의 예술화』(三德社, 1920; 東京堂, 1925), 『부인문제 십강』(1923), 『문학개론』(1926),[12] 『메이지 문학사』 등이 있고, 번역서로는 『엘렌 케이 논문집』(玄同社, 1922), 윌리엄 모리스의 저서 *How We Live & How We Might Live*의 번역인 『우리는 어떻게 살아갈 것인가』 등이 있으며, 그 밖에 이쿠다 지요고(生田長江)와 함께 엮은 『사회개조의 8대 사상가』(東京堂, 1920)가 있다. 엘렌 케이의 저서 『젊은 세대』(*The Younger Generation*, 1914, G. P. Putnam's Sons)에 게재된 「갱신적 수양론」(Recreative Culture)이라는 논문은 혼마의 번역서인 『엘렌 케이 논문집』(1922)에 게재되어 있다. 이들 저서와 논문 가운데서 이광수의 「예술과 인생」과 가장 밀접한 관련성이 있는 것은 『생활의 예술화, 예술의 생활화』, 『생활의 예술화』 그리고 『민중예술의 의의 및 가치』 그리고 『사회 개조의 8대 사상가』 등이다. 이

12 각종의 일본 현대문학 연표에 의하면 『문학개론』의 발행이 1926년 東京堂 출간으로 되어 있다. 만약 그대로 동경당에서 처음 간행되었다면 1922년에 이광수가 「문학에 뜻을 두는 이에게」에서 권장 도서 리스트에 혼마의 『문학개론』이 등재된 것은 잘못이 된다. 그러나 필자의 조사에 의하면 혼마 히사오 강술 『문학개론』은 이미 강의록으로서 1921년 早稻田大學出版部 藏版으로 총 8장 122쪽으로 간행되었다. 이광수가 지적한 것은 강의록 형태의 이 책일 것이다.

글들의 핵심이 생활의 미화, 즉 생활의 예술화 및 노동의 쾌락화에 근거한 민중예술론 사상이기 때문이다. 혼마 히사오의 『생활의 예술화』(1925, 東京堂)에서의 생활의 예술화 및 민중예술론 등을 사상적으로 지원해주고 있는 것은 바로 윌리엄 모리스, 에드워드 카펜터, 엘렌 케이 등 서구 지식인들의 개혁 사상이다. 혼마 히사오는 『생활의 예술화』에서 러스킨, 모리스, 카펜터, 케이, 롤랑, 러셀 등의 근대사회 개조의 사상가들을 랜덤하게 거명하면서 그들의 주장을 해설하는 가운데 생활의 미화 및 생활의 예술화를 제창하는 것이라고 스스로 밝히고 있다.[13] 그에 의하면 생활을 미화한다는 것에는 두 개의 의미가 있다. 하나는 생활 이외의 미의 표준에 비추어서 생활을 미화하는 것이며, 다른 하나는 미의 표준을 생활 이외에서 구하지 않고 생활 그 자체나 그 가운데서 미를 찾으려 하는 것이다. 윌리엄 모리스는 바로 이 두 번째의 생활 미화의 사상을 대표한다.

『민중예술의 의의와 가치』의 경우에는 주로 엘렌 케이, 로맹 롤랑, 매슈 아널드, 톨스토이 등을 원용하지만, 가장 근저를 이루고 있는 것은 케이의 갱신적 수양론(교양론)에 의한 일반 평민이나 노동계급의 교화운동인 교화 양식으로서의 예술관이다. 혼마나 이광수 양자는 불과 여섯 살의 나이 차이지만, 혼마는 이광수에게 있어서는 자주 거명되지는 않았지만, 주목과 자극의 대상이었던 것이 분명하다. 이광수가 생의 예술화와 민중예술론을 수용함에 있어서 일차적 제보자 또는 전신자는 이에 관한 논급이 많았던 혼마 히사오이다.

『일본근대문학 대사전』 3권에 의하면, 혼마 히사오가 엘렌 케이, 로맹 롤랑, 윌리엄 모리스, 에드워드 카펜터 등에 특별한 관심을 갖고 그들로부터 사상적인 영향을 받게 되는 경위에 대해서 다음과 같이 서술하고

13 本間久雄, 『生活の芸術化』 東京堂, 1925, pp. 6~7.

있다.

그가 1910년 『와세다 문학』 4월호에 기고한 「퇴폐적 경향과 자연주의의 철저적 의미」에는 자연주의 운동에 촉발된 20대의 회의와 오뇌 즉 회색 세계의 종말감이 짙은 동시에, 거기에서 새로운 생활에 대한 일종의 동경을 구하는 느낌도 감지된다. 그래서 이 동경의 단서는 곧 엘렌 케이에 의해서 도출되어지게 된다.

1921년(다이쇼 원년) 어느 날 히사오는 니혼바시 마루젠(日本橋 丸善)에서 외국에서 온 신간서를 찾고 있을 때, 때마침 엘렌 케이의 『부인의 도덕』이란 제목의 책을 발견하게 된다. 그때를 회상해서 그는 "엘렌 케이가 북구의 뛰어난 여류 사상가라는 것은 알고 있었지만, 눈으로 직접 그 저작을 보는 것은 처음이었다. 이것을 사서 읽는 가운데, 그 순정한 감정 · 시정이 있는 문장, 그 가운데 인생의 빛을 구하는 듯한 느낌 같은 것에 나는 비상한 매력을 느끼게 되었던 것이다. 그래서 예컨대 「영거 제레이션」이라든가 「연애의 도덕」, 「부인 운동」 등 케이의 저서를 차례차례로 읽게 된 것이다"라고 술회한다. 이렇게 하여 그는 케이를 번역하는 한편, 1916년 8월호의 『와세다 문학』에 「민중예술의 의의 및 가치」를 발표, 케이의 갱신적 수양론을 소개하고 민중을 위한 예술의 의의를 논한다. 이로부터 1년 뒤 오츠키 사카에가 같은 『와세다 문학』(1917. 10)에 「새로운 세계를 위한 새로운 예술」을 써서 이 나라(일본)에서 민중예술의 문제를 최초로 다룬 것은 혼마 히사오임을 분명하게 말해주고 있다. 여기서 엘렌 케이에 의하여 회색의 세계로부터 겨우 탈출한 그는 이전부터 친숙해온 윌리엄 모리스의 이른바 『예술에 대한 희망』[14]의 세계가 더 한층 새로운 것으로 되살아나게 됨으로써, 1917년 5월

14 이 책명을 더 정확히 지적하면 『예술에 대한 희망과 공포』(*Hopes and Fears for Art*, 1882)이다. 모리스의 강연을 모은 이 책에는 "The Lesser Arts"(1877), "The Art of the People"(1879), "The Beauty of Life"(1880), "Making the Best of It"(1899), "The Prospect of Architecture"(1881) 등 5편의 글이 실려 있다. 이 글들은 다시 합본돼 *Hopes and Fears for Arts & Signs of Change*(Thoemmes Press, 1974)로 나온다.

『생활의 예술화, 예술의 생활화』를 『신소설』(新小說)지에 발표해서 생활 속에서 예술이 생기고 노동의 예술화를 시도하는 주장을 소개하게 된다. 이 같은 모리스의 생활 태도는 히사오의 사숙한 바가 된 것이다.[15]

이를 감안하면서 엘렌 케이의 『젊은 세대』(*The Younger Generation*, 1914)에 실려 있는 「갱신적 수양론」(Recreative Culture) 및 윌리엄 모리스의 『예술에 대한 희망과 공포』(*Hopes and Fears For Art*) 등에 제시된 민중을 위한 예술의 의의, 생활의 예술화나 노동의 예술화 등을 혼마와 연결하고 다시 혼마와 이광수와의 연계성을 살펴보는 것은 이광수의 「예술과 인생」의 예술론을 검증하거나 밝히는 결정적인 근거나 단서가 되는 것이다.

이 서술의 내용에서 혼마 히사오가 사상적으로 윌리엄 모리스나 엘렌 케이에 얼마나 사숙하거나 경도되었으며, 그로 인해서 그의 「생활의 예술화, 예술의 생활화」(1917), 『생활의 예술화』(1920), 「민중예술의 의의 및 가치」(1916)를 이루는 사상적 기반이 되었음을 유추하기란 그리 어렵지 않다. 혼마는 모리스와 엘렌 케이에 대한 소개자로서 뿐만 아니라 그들의 사상을 해설하거나 거기에 근거하여 생활 속에서의 예술 · 노동과 직업의 예술화 등 생활 미화의 사상과 민중예술론을 주장한 장본인이 된 것이다. 이광수의 「예술과 생활」은 바로 이러한 혼마와의 깊은 친연성 내지 문화매개적 맥락으로서의 상호관계를 지니고 있음에서 이루어진 것이 분명하다. '키워드'라고 할 수 있는 '생활의 예술화', '민중예술', '노동의 쾌락화'(직업의 예술화)라는 새로운 용어 간의 상호 일치에서부터 교화 양식으로서의 예술 · 노동을 쾌락화시키는 대신에 노예화시키는 자본

15 『日本近代文學大事典』 3卷, 日本近代文學館, 講談社, 1979, pp. 213~214 및 山本健吉 · 三好行雄 · 吉田精一, 『日本文學史辭典』(近現代篇), 角川書店, 1988, pp. 162~163 참조. 大正の文學, 近代文學史 I, 紅野敏雄 三好行雄 外 編, 有斐閣, 1992, pp. 117~118 참조.

주의나 상업주의에 대한 비판 및 그로부터의 개조 등 모리스와 케이가 기조를 이루고 있는 점에서의 상호 일치화가 그러하다. 이것은 어느 한쪽이 다른 한쪽으로부터 영향을 받거나 차용의 부채성을 갖고 있는 현상이다. 그런 점에서 이광수보다는 먼저 이들의 사상을 알고 소개하거나 원용하고 있는 혼마 히사오가 정보적 재원이나 대여적 영향의 위치에 있는 것이 분명하다.

혼마 히사오의 『생활의 예술화』(1920/1925)는 영국의 사상가들인 윌리엄 모리스, 에드워드 카펜터 등의 사상에 대한 해설을 위주로 하고, 저자인 혼마의 생활예술화에 대한 제창의 일단을 드러내고 있는 책이다. 「생활의 예술화」, 「미감의 퇴폐」, 그리고 「윌리엄 모리스의 생애」 등 모두 3편으로 이루어져 있으며, 부분적으로 케이가 논의되기는 하지만, 주로 모리스의 생활예술화와 민중예술론의 해설에 집중되어 있다. 미의 표준을 생활 그 자체 속에서 구하고, 또 생활자의 창조적 충동에 기조하는 생활의 예술화를 제창하는 것이 모리스의 사상임을 전제로 혼마의 『생활의 예술화』는 모리스의 생활 미화의 예술관이나 사회관의 주장들을 상당 부분 그대로 인용하거나 해설한다.[16] 모리스의 『유용한 일과 무용한 노고』(*Useful Work Versus Useless Toil*)와 『민중의 예술』(*The Art of the People*), 『생의 아름다움』(*The Beauty of Life*) 등이 거론된다. 특히 선하고 악한 두 종류의 일의 분화(축복과 부담), 휴식의 희망, 생산의 희망, 쾌락의 희망 등 희망의 3분화를 다루면서 노동의 쾌락화(예술화)와 노동 생활환경의 개조를 다룬 『유용한 일과 무용한 노고』가 많이 인용되고 있다. 모리스에 의하면 자본주의 하에서의 노동은 단지 상품 생산의 소외된 본성을 기초로 하기 때문에 '무용한 노고'가 되지만, '유용한 일'은 쾌락의 희망, 생산의 희망, 휴식

16 本間久雄, 『生活の芸術化』, 東京堂, 1925, pp. 29~36.

의 희망을 제시하는 세 기준을 합치는 일로서 규정한다. 그리고 민중예술은 'Popular Art'로서 일컬어지기도 한다. 『민중의 예술』과 『생의 아름다움』에서 반복적으로 거론되고 있는 "art which is to be made by the people and for the people, as a happiness to the maker and the user"[17]가 히사오의 책 가운데 번역 · 해설되어 있다. 그밖에도 고대 건축의 파괴로 인한 미감의 조락과 퇴폐에 관한 모리스의 견해 및 노동의 쾌락화 및 생활의 예술화에 대한 카펜터의 견해도 역설되고 있다.

혼마 히사오의 논문 「민중예술의 의의 및 가치」에서는 주로 엘렌 케이의 「갱신적 수양론」을 비롯해 그밖에 롤랑과 톨스토이를 끌어들여서 민중예술론을 정립함으로써 민중예술에 대해 활발한 논쟁을 불러들이게 된다. 이에 대해서는 뒤에서 더 언급하겠지만, 이러한 일본의 생활 예술화와 민중예술론의 동향에 대해서 이광수가 결코 무관심하거나 냉담했을 수는 없었을 것이다. 「예술과 인생」이라는 논문을 쓰고 있다는 사실 자체가 이에 대한 그의 관심이 적지 않았다는 반증이며 혼마를 통해서건 또 다른 사람이나 책의 독서에 의한 수용 루트를 통해서건 사상의 진원인 모리스와 케이를 이해하거나 받아들일 수밖에 없었을 것이다. 그러나 이광수는 「문학에 뜻을 두는 이에게」(1922) 외에는 어느 곳에서도 독서 편력과 명시화된 인용에서 혼마 히사오를 거명하지 않고 있다. 그리고 생의 예술화와 민중예술론의 사상적 · 이론적 기반이며 영향의 원천이 확실한 모리스나 케이에 대해서조차도 일언반구 거명되지 않고 있다. 보기는 했지만, 구태여 밝히고 싶지 않았던 모양이다. 이와는 달리 혼마 히사오는 뒷날 어느 회고담에서 "당시에 읽은 엘렌 케이 [……] 윌리엄 모리스 같은 사람

17 "民衆によって民衆のために造られその製作者にもその使用者にも共に幸福である藝術" 本間久雄, 『生活の芸術化』 東京堂, 1925, pp. 38~39.

들의 설을 토대로 해서 뭐 거기에 유발되어서 민중예술론이라는 걸 썼다"고 밝힌 바 있다. 혼마는 「민중예술의 의의와 가치」에서는 주로 케이의 「갱신적 수양론」을 그 근저로 원용하고 있지만, 『생활의 예술화』에 있어서는 윌리엄 모리스와 에드워드 카펜터의 『천사의 날개』(1898)의 예술론을 주로 차용한다.

이광수가 사회개조론자로서의 모리스를 이해하는 데 도움이 되었으리라고 짐작되는 자료로는 혼마 히사오가 번역한 모리스의 『우리는 어떻게 살며 살아야 할 것인가?』(*How We Live and How We Might Live*), 혼마 히사오, 이쿠타 지요고(生田長江) 공편의 『사회 개조의 8대 사상가』(1920, 東京堂)의 5장 「모리스」,[18] 구리야가와 하쿠손의 『근대문학십강』(1912)과 평론 「예술로부터 사회개조로: 윌리엄 모리스 연구」[19] 등이 있다. 이광수·김억 등이 모두 숙독한, 『근대문학십강』으로 유명한 구리야가와 하쿠손의 이름은 『동아일보』에 발표되어 양주동(梁柱東)과의 논쟁을 벌이게 된 이광수의 「중용과 철저」(1928)라는 글에서 다음과 같이 거명·인용되어 있다.

> 일본의 존경할 만한 비평가 주천백촌(廚川白村) 씨는 말하기를 사회가 침체의 상태에 있을 때에는 극단으로 달아나는 교격한 혁명가, 시인이나 사상가나 정치가가 나와서 신기운을 열게 되거니와 그것은 임시적이요, 그 혁명의 과정이 끝

18 生田長江·本間久雄 共著, 『社會改造の八代思想家』, 東京堂書店, 1920. 일종의 사회개조 사상에 대한 계몽서인 이 책에 다루어진 8대 사상가는 마르크스, 크로포트킨, 러셀, 톨스토이, 윌리엄 모리스, 에드워드 카펜터, 입센, 엘렌 케이 등이다. 여기에는 모리스의 인생의 예술화, 사회주의자로서의 공적, 예술의 민중화 등이 제시되어 있다(pp. 191~247). 그리고 E. 카펜터의 근대과학관·예술관·현대문학관·사회개조론이 다루어짐(pp. 251~308).

19 廚川白村, 『廚川白村全集』 3巻 文學評論, 改造社, 1930, pp. 171~197. 「예술에서 사회개조론으로: 윌리엄 모리스 연구」.

난 뒤에는 곧 상(常)으로 돌아간다고 말하였고, 씨도 아널드와 동양으로 바이런은 당시 영 문단의 혁명가요 결코 영구히 영인의 정신을 지배할 시인이 아닌 것을 말하고, 또 현대의 영문단에서 교격의 평을 듣는 버나아드 쇼우도 바이런과 같은 변적(變的) 혁명시인(넓은 의미의)인 것을 말하였다.[20]

이광수의 '상'과 '중용'의 문학론이 이루어지는 데 있어서 결정적으로 영향을 주게 된 대목이다. 이렇게 존경할 만한 영문학 전공의 비평가인 구리야가와는 러스킨이나 모리스로부터 강한 영향을 받게 됨으로써 모리스 연구 논문까지 쓰게 된다. 그의 「예술에서 사회개조로: 윌리엄 모리스 연구」라는 논문의 표제가 시사하고 있듯이, 이 논문은 생의 전(前)반생에 있어서 순연한 예술지상주의자이며 몽상가요 낭만주의자였던 모리스가 사회주의자 및 사회개조론자로 옮겨가게 되는 사회관과 예술관에 관련된 글이다. 스승이나 다름없는 존 러스킨의 중세의 건축을 논한 명저 『베니스의 돌』에서 주장한 바, 예술이란 인간의 일에 대한 즐거움의 표현(the expression of man's joy in the work)을 계승하여, 생활을 예술화하기 위해서는 중세인들이 즐긴 자유, 제작 창조의 기쁨을 향유할 수 있는 사회를 만드는 것, 즉 강제와 억압을 면하고 노동자의 자유와 개성의 표현을 중시하고 조직을 사회개조론의 근본으로 하고 있는 것이다.

혼마 히사오나 구리야가와와 하쿠손 등의 글이나 기타 이쿠다지요고의 책에서 제시되고 있는 러스킨, 모리스, 케이, 카펜터의 정보들에 자극을 받게 되고 이를 매개로 한 독서에 의해서 그들의 사상들과 접하게 됨으로써 이광수는 「예술과 인생」이라는 생의 예술화론, 민중예술론을 쓰게 되

20 이광수, 「중용과 철저」, 『조선이 가지고 싶은 문학』(1926), 『이광수 전집』 제16권, 삼중당(1963/1968), p. 145.

는 것이다. 그런데 도덕이라는 말이 드문 혼마 히사오의 경우와 비교해서 이광수의 「예술과 인생」에서는 예술에 대한 도덕의 우위를 주장하고 있는 것은 아니지만, 도덕의 의의를 두드러지게 강조하고 있는 점이 특징이다. 이 점에 있어서는 도덕적인 것을 인정하는 러스킨적인 양상이 있다. 러스킨의 예술에 관한 모든 글은 좋은 예술의 '도덕성'을 만들어낸다는 것이다. 그렇듯이 이광수에게 있어서 예술과 도덕은 '하나'이며, 그 결합에 의해서 생성되는 생활이 곧 '애(愛)와 기쁨'의 생활이다.

(2) 근원 재원(원천)으로서의 모리스와 케이, 카펜터의 사상

1) 윌리엄 모리스의 예술사상: 생의 예술화, 예술의 민중화

그렇다면, 사상의 원천으로서의 윌리엄 모리스와 에드워드 카펜터, 엘렌 케이는 어떠한 인물들이며 혼마 히사오를 매개로 하거나 여타 독서의 편력 과정을 통해서 이광수는 이들로부터 무엇을 얻을 수 있었던 것일까?

윌리엄 모리스(William Morris, 1834~1896)는 19세기말 영국의 작가 · 시인 · 디자이너 · 예술가 · 사회주의자로서, 존 러스킨(John Ruskin, 1819~1902), 토머스 칼라일(Thomas Carlyle, 1795~1881), 매슈 아널드(Mathew Arnold, 1822~1888) 등에 이어서 빅토리아 시대를 대표하는 사상가이다. 1834년에 출생해서 1896년에 죽었다. 그의 죽음이 곧 19세기의 상징적인 종언이며 영국이 잃은 가장 위대한 사람의 하나[21]라고 비유되거나 평가되는 존재이다. 그에 의하면 예술은 사람의 손으로 만든 모든 것을 포함하며 러스킨과 함께 예술의 미는 그것을 만든 사람의 쾌락의 결과로서 규

---

21 Philip Henderson, "William Morris"(1834~1896), *British Writers* Vol. 5, Ian Scott-Kilvert(ed) Charles Scribner's Son, 1983, p. 291.

정된다. 사회주의자로서의 그는 '미래를 위해서 일했지만, 그의 가슴은 과거에 있었다'는 지적이 있다. 사회개조론자와 중세의 애모자로서의 양면적 자세를 두고 하는 말이다.

그는 목사가 되기 위해서 옥스퍼드 엑스터 칼리지에 입학하였으나 러스킨과의 만남으로 인해서 문학과 예술에 눈뜨게 된다. 선배인 러스킨은 모리스에게 있어서는 어느 누구보다도 중요한 존재이다. 러스킨은 칼라일, 찰스 킹즐리 등과 함께 예술을 통한 사회개혁이라는 모리스의 사상을 형성하게 하는 토대이며, 모리스는 그로부터 한걸음 더 나아가서 사회주의에 이르게 되는 사회개혁자가 되는 것이다. 이에 대하여 레이몬드 윌리엄스는 『문화와 사회』(1958)에서 다음과 같이 지적한다.

> 그 자신의 사회의 가치에 대한 그의 괄목할 만하고 상찬 받을 연구는 우리를 여기까지는 이끌어주었으나, 더 이상 우리를 넘어서게 하지는 못한다. 바로 여기에서 우리의 관심은 러스킨으로부터 가장 깊게 영향을 받은 윌리엄 모리스에게로 이끌리게 되는 것이다. 이 전통적 맥락에서 모리스의 의의는 그가 실재적으로 자라나는 사회적 힘, 즉 조직화된 근로 계급의 힘에다가 보편적 가치를 부여해야만 했던 사실이다. 이것은 보편적 막다름을 깨기 위해서 그때까지 시도된 것 중에서 가장 괄목할 만한 것이었다.[22]

러스킨은, 예술가는 좋은 사회를 만드는 일에 본질적인 역할을 하고 예술은 인간의 사회적 생활의 표현이며 참된 예술은 도덕적이라고 생각하고, 산업주의 사회의 해악으로부터 인간을 구하는 것이 예술이라고 보고

22 Raymond Williams, *Culture & Society 1780~1950*, Columbia University Press, 1958/1983, p. 148.

예술에 의한 사회개혁의 필요성을 주장한 비평가요 사회사상가이다. 그는 모리스가 옥스퍼드에 입학한 당시 이미 『근대화가론』(*Modern Painters*, 1843~1846) 5권 중 두 권과 『건축의 일곱 개 등불』(*The Seven Lamps of Architecture*, 1849), 그리고 『베니스의 돌』(*Stones of Venice*, 1852~1853) 등 세 권을 발간함으로써 매우 저명한 상태에 있었다. 1857년에는 『예술의 정치경제학』(*The Poetical Economy of the Art*)을 씀으로써 신앙 · 도덕 · 교육 등의 사회적 조건이 좋은 예술 창조에 불가결한 조건이라는 확신으로 사회경제적 개혁을 주장했다. 러스킨의 『예술의 정치경제학』은 이광수에게 특별히 영향을 주게 된다. 즉 이광수는 『매일신보』에 발표한 그의 「동경잡신」(1916. 9. 27~11. 9)의 '경제의 의의' 및 '근이이이'(勤而已矣)에서 러스킨의 『예술경제론』의 문절들을 초역하거나 의역 · 보술해서 글에 끼워 넣을[23] 정도로—"금일 조선인을 위하여 차론을 저(著)한 듯한 감"이라고— 감탄과 공감을 나타내고 있다. 이광수의 러스킨 인용은 그가 르봉을 인용하는 경우와 버금하는 양이다. 그리고 "러스킨 문집을 독하다"라고 운운한 것으로 보면 이미 이전에 일본에서 러스킨의 글이 적지 않게 읽혀지거나 번역되어졌음을 짐작하게 한다. 이렇듯, 예술비평가 및 사회이론가로서 국제적인 애호자들을 많이 갖고 있는 러스킨의 테마는 19세기의 문화적이고 사회적인 성분들의 명세서[24]일 정도로 광범위한 것이었다.

모리스는 1853년에 옥스퍼드의 학생으로서, 러스킨의 『베니스의 돌』 2권 6장인 「고딕의 본질」(The Nature of Gothic)에서 큰 감동을 받게 된다. 여기서 러스킨은 고딕 건축이 직인들에게 표현의 자유를 허락한 가장 알려진 형태라고 찬양한 반면, 산업사회의 생산은 노동자들로 하여금 기계화

---

23 이광수, 「동경잡신」, 『이광수 전집』 17권, 삼중당, 1962, pp. 491~494.

24 Michael kelly(ed), *Encylcopedia of Aesthetics* Vol. 4, 'Ruskin, John'(1819~1900), Oxford University Press, 1998, p. 189.

된 존재, 즉 '일손'(일꾼, hand)으로 만들어버린 것이라고 격렬하게 주장한[25] 것이다. 즉 예술과 노동의 상관관계에 대한 이론적 통찰에서 과거 중세 고딕의 직인들은 직인으로서 자유롭게 노동의 즐거움을 느끼면서 자신의 손으로 직접 고딕 건물을 만들어낸 반면에, 산업혁명 이후는 노동자들이 기계의 노예로 전락하거나 대량 생산에 근거하는 노동 분화의 체계 속에서 단순한 일손의 부분으로서 비인간화되어버렸다는 것이다. 노동은 즐거움이어야 하며 도덕적 · 사회적 가치로서의 중세교회와 성당에서 그가 발견한 것, 즉 개인적 직인(장인)의 자유, 기계를 능가하는 손들의 우월성[26]은 모리스의 평생 작업을 위한 길을 포장해주게 된다. 1870년대 후반과 1880년대 초에 모리스의 글들, 즉 그의 전 미학 · 철학이 담긴 『작은 예술』, 『생의 아름다움』, 『건축의 조망』에서 주장하고 있는 것은 모두 이러한 근원적 통찰의 보증이며 발전인 것이다. 러스킨이 예술에 있어서 미는 그 사물을 만드는 과정에 있어서의 그 사람의 즐거움(쾌락)의 결과라고 규정한다. 모리스도 예술을 창조하는 것은 노동에서의 즐거움의 표현이라고 규정한다. 이렇듯 젊어서 존 러스킨의 「고딕의 본질」로부터 받은 영향은 뒷날 그 자신의 행동을 정당화하기 위해서 러스킨의 이론을 발전시키는 데 강박되게 된다.

모리스는 『제이슨의 삶과 죽음』(1867), 『지상낙원』(1868~1870) 등 전통적인 이야기를 재현하는 장편의 서사시편의 작가이기도 하지만, 『예술에 대한 희망과 공포』(1882) 및 「우리가 살고 있는 방식과 살 수 있는 방식」 등 일곱 개의 글로 이루어진 『변화의 징표』(1888)라는 강연집을 간행한다. 여

25 Peter Faulkner, "Introduction" William Morris, *Hopes and Fears For Art & Signs of Change*, Thoemmes Press, 1994.

26 Dominic Head(ed), *The Cambridge Guide to Literature in English*, Cambridge University Press, 2006, p. 970.

기에는 19세기 영국의 산업과 상업의 발전이 지닌 많은 저해 효과와 함께 행복한 삶을 위한 방향들을 지적한다. 산업과 상업은 일에 있어서 노동자의 기쁨을 파괴했으며 이념관념을 이익관념으로 대체하여 환경을 파괴해 버렸다는 것이다. 오늘날 삶의 아름다움을 해치는 것은 기계를 하인으로 삼지 못하고 주인으로 삼기 때문이며, 다시 말해서 자연의 힘에 대한 통제력은 남을 노예화하는 목적에 사용하고 얼마나 그들의 생활에서 행복을 박탈하는가에 대하여 무관심한 것이 우리가 빠져든 무서운 죄악의 증거라는 것이다. 요컨대 현대인의 생활의 최대 결함은 현대 자본주의 · 영리주의에 기초하고 있다는 것이다. 러스킨은 노동이 없는 인생은 죄악이고 예술(미술)이 없는 노동은 야만이라고 주장한다.

그래서 모리스는 아주 비상하게 넓은 방법으로 예술을 확대하여 예술에 모든 인간 창조의 형태를 포함시키고 노동을 즐겁고 기쁘게 만드는 것으로 봄으로써 생활을 미화(beautify life)하고 노동을 미화(beautify labour)하는 생활(노동)의 예술화를 제시하는 것이다. 이러한 생활의 예술화, 인생의 예술화를 하기 위해서는 창조에 따르는 기쁨이나 즐거움 및 자유가 있어야 된다는 것이 그의 주장이다.

그는 총체적으로 예술이 소수의 특권을 위한 것이라는 관념에 반대하고 본질적으로 인간적이며 인간화하는 행위로 본 것이다.[27] 참된 예술은

27 모리스에 대한 주요 참고도서는 다음과 같다. ① William Morris, "Introduction", *Hopes and Fears For Art & Signs of Change*, Thoemmes Press, 1994, v~xviii. ② William Rose Benét(ed), *The Readers Encyclopedia*, Fourth Edition, A&C Black, 1998, p. 704, p. 897. ③ Dominic Head(ed), *The Cambridge Guide to Literature in English*, Cambridge University Press, 2006, pp. 769~770. ④ Ian Scott-Kilvert(ed), *British Writers* Vol. 5, Charles Scribner's Sons, 1998, pp. 173~185, pp. 291~307. ⑤ 박홍규, 『윌리엄 모리스 평전』, 개마고원, 2007, pp. 105~116. ⑥ Paul Thompson, *The Work of William Morris*, Oxford University Press, 1967/1991. ⑦ Michael kelly(ed), *Encylcopedia of Aesthetics* Vol. 4, Oxford University Press, 1998, pp. 296~299. ⑧ Raymond Williams, *Culture & Society*,

노동을 통한 인간의 행복의 표현이며 민중에 의해서 만들어지고 민중을 위해서 만들어지는 예술, 만드는 손과 사용자의 손에 의해서 행복이 되는 예술이라는 것이다. 그의 특기할 만한 목적은 예술의 민중화이다. 『예술에 대한 희망과 공포』에 포함되고 있는 글인 『민중의 예술』(*The Art of People*)에서는 그는 다음과 같은 구절이 자주 반복되고 있다.

> [……] a new art, a glorious art, made by the people and for the people as a happiness to the maker and the user.[28]

> [……] 새로운 예술, 영광스런 예술은 만드는 사람과 이용하는 사람에 대한 행복으로서 민중에 의해, 민중을 위해 만들어진다.

> [……] real art, the expression of man's happiness in his labour—an art made by the people, and for the people, as a happiness to the maker and the user.[29]

> [……] 노동에서의 인간의 행복의 표현인 진정한 예술은 만드는 사람과 이용하는 사람에 대한 행복으로서 민중에 의해서 민중을 위해서 만들어진다.

이처럼, 노동에서의 즐거움과 행복의 표현인 건강한 예술은 민중에 의해서 민중을 위해서, 만든 사람과 사용하는 사람의 행복으로써 만들어져

1780~1950, Columbia University Press, 1958/1983, pp. 148~158. 生田長江, 本間久雄, 『社會改造の八大思想家』, 東京堂, 1920, pp. 191~247.

28 William Morris, 앞의 책, p. 50.

29 앞의 책, p. 46.

야 한다는 것이다. 이와 같이 모리스는 그의 글 「예술의 목표」에서 천명되고 있듯이, 사람들의 불안을 진정시키고 즐거움을 주는 것이 예술의 목적이며 예술의 즐거움은 노동하는 즐거움이자 자기를 실현하는 즐거움인 것으로, 그리고 이러한 예술의 창조와 거기에 따르는 일의 즐거움은 회화나 조각 등의 협의적인 예술작품에만 국한되는 것이 아니라, 모든 노동의 부분이며 또 그렇게 되어야만 된다고 주장한다. 곧 예술의 민중화이다. 『작은 예술』(생활예술, *The Lesser Art*)의 말미에는 다음과 같은 대목이 제시되어 있다.

> 나는 소수를 위한 예술, 소수를 위한 교육 또는 소수를 위한 자유를 바라지 않는다. [……]
>
> 나는 탄환과 총칼로 하는 전쟁만큼 상업전쟁으로부터도 안일을 얻기를 희망한다. [……]
>
> 그렇게 되면 분명 각자가 바른 곳에 있게 될 것이고 남을 시키지 않으면서도 행복해질 수가 있을 것이다. 누구의 '하인'으로 명령되는 바도 없고 타인의 '주인'이 되는 것을 경멸할 것이다. 그러면 사람들은 자신의 일을 하며 틀림없이 행복해질 것이고, 그 행복은 분명히 장식적이고 고상한 '민중예술'(popular art)을 산출하게 될 것이다. 민중예술은 우리들이 사는 길거리를 숲처럼 아름답게 산록들처럼 고결하게 할 것이다.[30]

또한 모리스의 『작은 예술』, 『생의 아름다움』 및 『예술의 목표』 등에서는 삶 또는 생활의 예술화 또는 미화(심미화) 그리고 미적 철학이 다음과 같이 제시되어 있다.

30 앞의 책, pp. 26~27.

우리의 주제는 사람들이 늘 친숙한 일상의 삶의 문제를 다소간 미화시키려는 수단에 의한 예술의 체제이다.[31]

그러므로 예술의 목적은 사람들이 그들의 자유(안일)를 즐기게 아름다움과 일에의 관심을 주게 함으로써 그리고 휴식에 지치는 것까지도 막고 그들의 일에 희망과 신체적인 기쁨을 줌으로써 사람들의 행복을 증진시키는 것이다. 혹은 짧게 말해서 인간의 일에 행복하게 만들고 그들의 휴식을 풍부하게 하는 것이다. 따라서 진정한 예술은 인간 행로에 있어서 순수한 은총이다.[32]

예술이 삶과 노동을 미화하고 낭만화함으로써 삶을 예술화하고 예술에 의해서 일상의 삶을 향상시킨다는 사유인 것이다. 이에는 예술이 노동의 기쁨과 자유를 표현한다는 모리스의 예술관이 깊이 함의되어 있는 것이다. 이와 같은 모리스 예술관의 개관만으로도 이광수의 「예술과 인생」은 모리스나 혼마 히사오의 거명을 배제하고 있음에도 불구하고, 그 발상이나 내용에 있어서 그들의 경우와 일치하는 양상이나 요소 및 영향된 바가 적지 않음을 알 수 있게 되는 것이다. 그러한 사상적 근거 없이는 거의 불가능할 정도로 실질적으로 영향이 크게 작용한 것이다. '대중예술'(popular art)로서의 민중예술을 제기하면서도 그 원초적 제창자들의 존재와 사상들에 대하여 이광수는 아마도 자세히 거명하는 게 꺼려지고 싫었던 모양이다. 윌리엄 모리스의 이름은 조선에서도 『개벽』 14호(1922년 6월)의 「개조계의 일인인 에드워드 카펜터를 소개함」(박사직)에서 "1886년에는 윌리엄 모리스와 윤돈(런던) 사회주의자 동맹도 관계가 있었으며

31 앞의 책, p. 4.
32 앞의 책, p. 84.

[……]"라고 기재되어 있어서 아주 생소한 존재는 아니었던 것이다. 사상적인 맥락 규명에서 또 하나 간과해버릴 수 없는 존재가 에드워드 카펜터이다. 시살 혼마는 그의 『생활의 예술화』를 쓰는 과정에서 모리스와 함께 생활 미화나 생활의 예술화뿐 민중예술로 카펜터의 예술론 · 사회개조론을 인용하거나 해설한 바가 적지 않기 때문이다.

2) 에드워드 카펜터의 예술론 『천사의 날개』

카펜터(Edward Carpenter, 1844~1929)는 모리와 같이 생활의 미화, 노동의 쾌락화를 주장한 영국의 시인, 평론가 그리고 사회개혁자이다. 그는 케임브리지대학에서 수학 · 과학 · 음악을 전공했고 1864년에 졸업한 후 같은 대학에서 연구원 생활을 했으며, 기독교 사회주의 운동의 지도자 존 프레드릭과 같이 사제보로 종교사업에 종사했다. 그후 약 7년간 대학 과외 강좌에서 과학 · 음악을 가르쳤다. 인습적이고 형해화된 교회생활에 회의를 갖고 전원으로 들어가 반농생활을 했다.

주요 저서로 예술론인 『천사의 날개』(1898), 『문명론』(1889), 자아론인 『창조의 예술』(1904), 사회개조론인 『산업적 자유를 향하여』(1917), 연애론인 『연애 성숙기』(1886) 등이 있다. 일본에서 처음 카펜터가 소개된 것은 이시카와(石川三四郎)의 『철인 카펜터』(1912, 東京堂)이며 다이쇼 데모크라시 시대에 성시를 이루게 되었다. 예술론인 『천사의 날개』(*Angel's Wings*, 1898)가 번역된 것은 1916년 미우라(三浦關近)의 『생에 철학예술』(천사의 날개)(更新文學社)에 의해서이다. 다시 1925년 고야오시오(古屋旁雄), 하야카와 코노(早川孝之)에 의해서 공역된다.

민주주의의 시인 · 사상사의 저작으로서 그의 저서들은 일본에서 잇따라 번역 · 소개되었다. 이들 일본에서의 번역가와 평론가는 사회주의 사상 분야와 예술 분야 등의 두 그룹으로 분화된다. 혼마 히사오는 그의 『생활의 예술화』(1920)에서 모리스와 카펜터를 생활의 예술화 사상 및 민중 예술론의 대표로서 소개 · 해설하고 있으며, 이쿠타 지요고(生田長江)와의 공저인 『사회 개조의 8대 사상가』(1920)에서는 세계 8대 개조 사상가의 한 사람으로서 카펜터의 근대과학관 · 예술관 · 현대문명관 · 사회개조관을 해설 · 소개했다(pp. 251~308).

러스킨과 모리스에 이어서 노동의 쾌락화, 생활의 예술화—생활의 미화, 미적 의식의 생활— 창조적 충동을 기초로 하는 노동 등 노동의 쾌락화 및 생활의 미화를 주장한 카펜터를 예술론 · 사회개조론의 사상가로 소개한 것이다. 우리의 경우, 『개벽』 12호와 14호(1921)에 실린 박사직(朴思稷)의 「개조계의 1인인 에드워드 카펜타아를 소개함」이라는 글이 바로 이 『사회 개조의 8대 사상가』의 글을 그대로 초역한 것이며, 묘향산인 역의 「먼저 당신 자신의 자아에 진리가 있을지어다. 에드워드 카펜타」는 카펜터의 『천사의 날개』의 결론 장을 중역해서 소개한 것이다. 시기적으로 이들 번역 · 소개와 이광수의 「예술과 인생」(1922)의 출현은 거의 일치할 만큼 근접되어 있다. 아마도 이광수가 카펜터의 사상을 접하게 된 것은 혼마를 통해서 이루어졌을 것으로 짐작된다. 혼마는 『생활의 예술화』에서 창조적 충동을 기초로 한 노동의 예술화라는 카펜터의 주장을 소개할 뿐 아니라, 카펜터의 "모든 사람은 일종의 예술가가 되지 않으면 안 된다. 그래서 그의 모든 일이 정말 자아의 표현이며 자아의 해방인 것을 느낌으로써 그 일에 쾌락을 구하지 않으면 안 된다. 이리하여 세상은 기쁨으로 가득 차게 된다"(p. 26)는 구절을 인용하고 이것이 바로 카펜터의 '생활의 예술'의 요점이라고 지적한다. 그밖에도 여러 곳이 생활 미화, 노동의 쾌락화와 관련하여 카펜터를 소개한다(p. 5, 8, 28). 요컨대 생활의 예술화 및 노동의 쾌락화란 곧 노동자 자신의 자아 표현, 자아 해방에 수반해서 생기는 노동자 자신의 쾌락이라는 것이다.

카펜터는 그의 예술론인 『천사의 날개』의 '인생의 예술'(The Art of Life) 장에서 인생은 전적 표현이며 자아의 표현은 자기 안에 있는 모든 사상 감정을 자유롭게 발로하여 자연스럽게 나아간다는 것, 따라서 생활이 자아의 표현에 근접할수록 의의 있고 가치가 있다는 것이다. 그리고 자아의 전적 표현은 동시에 만인의 마음의 표현이며 민중의 마음의 표현이라는 것이다. 무릇 예술에는 민중적 요소를 포함하는 것은 아니지만, 특히 민중예술이 있다고 하면 그것은 자아의 전적 표현이 없이는 안 된다는 것이다. 자아의 근저에 들기 위해서 해방하는 예술, 자아의 전부를 표현하기 위해서 해방하는 예술, 그것이 참된 민중예술이라는 것이다.

한편, 카펜터는 자신의 사회개조론인 『산업적 자유를 향하여』(*Towards Industrial Freedom*, 1917)의 '예술로서의 산업' 장에서는 러스킨이나 모리스의 견해와 마찬가지로 근대 사회의 자유롭고 창조적인 일의 쾌락이 없는 고통스런 노동 악용의 조건을 지적하여 추악 · 권태 · 과로 · 병약으로 인해서 일에서의 창조의 기쁨이 소멸되어버렸다는 것이다. 오늘에 있어서는 공장에 있어서나 농장에 있어서나 꿈과 같은 미의 요소는 전혀 불가능하게 사라져버렸다는 것이다. 그렇기 때문에 노예적 노동으로부터 벗어나 노동자가 자아 표현과 자아 해방을 얻는 작업을 하게 되면, 즉 창조적 작업을 하는 예술가가 되면 노동의 쾌락화가 이뤄지고 세상은 기쁨으로 가득하게 된다고 주장한다. 생활의 미화, 노동의 쾌락화의 예술화 운동을 주장한 것이다. 그래서 카펜터는 '일상생활에 있어서의 미'라는 장에서 미의식의 생활의 복귀를 위해서 다음과 같이 구호로 주장한다.

> 일반 민중에게 미의식을 주라. 자유를 주라. 건강을 주라.

자유의 정신, 미의식, 창조의 충동이 유감없이 발양된 사회가 진정한 사회라는 것이다. 이에 고무된 이광수 역시 다음과 같이 구호적인 주장을 하게 된다.

> 조선인에게 예술을 주어라. 예술은 그네에게 쾌락을 주고 활기를 주고 향상을 주고, 그 모든 것보다도 창조와 표현의 새 힘을 주리라. 조선어라는 사막을 변하여 예술은 화원을 지어라.

3) 엘렌 케이의 갱신적 수양론

엘렌 케이(Key, Ellen Karolina Sofia, 1849~1926)는 스웨덴의 작가이며 여성 사상가이다. 19세기말부터 20세기초까지 활동하면서 아동의 교육, 부인의 모성적 사명을 설파하고 제1차 세계대전 중에는 전쟁을 비판하며 평화의 건설을 주장한, 문명비평가로서 세계에 널리 알려진 인물이다. 그녀는 여성과 땅 그리고 평화를 삼위일체로 보았다. 스칸디나비아 사람들에게 지대한 영향을 준 반-권위적이고 아동 중심주의적 교육사상과 방법을 전개한 『아동의 세기』(*The Century of Child*, 1900) 외에 자유연애와 결혼을 주장하여 연애관의 혁명을 제시한 『연애와 결혼』(1911), 『부인운동』이 그의 주요 3부작이며 『젊은 세대』(*The Younger Generation*, 1914), 『전쟁·평화 및 장래』, 그밖에도 『생명선』(*Lifelines* I~III, 1903~1906)—이 책은 도덕철학을 기술한 것으로 신선한 지적 삶과 강한 개성을 가진 한 여인의 이야기임— 등이 있다.[33] 한국의 경우, 엘렌 케이는 근대 최초의 근대소설 및 이광수의 『무정』(1917)에서 그의 이름이 이따금씩 거명되었지만, 1921년에 노자영(盧子泳)에 의해서 「여성운동의 제1인자: Ellen Key—엘렌 케이」란 표제

33 Claire Buck(ed), *The Bloomsbury Guide to Women's Literature*, Bloomsbury, 1992, p. 695.

로 그 생애와 사상이 『개벽』 8~9호에 연재 소개되었다. 이는 이쿠다 조오고(生田長江)와 혼마 히사오 공편의 계몽서 『사회개조의 8대 사상가』(1920, 東京堂)에 수록된 '엘렌 케이'에 근거하여 씌어진 것이다.[34] 『사회개조의 8대 사상가』에서 다루어진 8대 사상가는 마르크스, 크로포트킨, 러셀, 톨스토이, 윌리엄 모리스, 에드워드 카펜터, 입센, 엘렌 케이 등이다.

일본의 경우, 엘렌 케이에 대해서 아주 각별한 '매력'을 느끼고 그로부터 사상적으로 깊은 영향을 받은 사람은 앞서 지적했듯이 혼마 히사오이다. 특히 『젊은 시대인(세대)』(1914)에 실린 엘렌 케이의 장편 논문인 「갱신적 수양론」(Recreative Culture)은 혼마 히사오로 하여금 「민중예술의 의의와 가치」(1916)에서 표제 그대로 민중을 위한 예술의 의의와 가치를 처음으로 논하게 하고 이에 이어서 『엘렌 케이 사상의 진수』와 『엘렌 케이 논문집』을 번역 · 출간(1922)하게 한다. 혼마의 『생활의 예술화』(1920, 1925, 1929)에서는 모리스가 이론적 근저를 이루고 있지만, 생산적 쾌락—노동의 쾌락화로서의 생활미화론을 해설하기 위해서는 엘렌 케이의 갱신적 수양론(교양론)이 약간 원용되기도 한다. 그리고 구리야가와 하쿠손도 연애를 육욕이나 죄악으로 보는 재래의 도덕적인 편견에 대항하여 근대적 진실의 연애를 주장하는 『근대의 연애관』(1922, 改造社, 전년 『아사히신문』에 연재)에서 엘렌 케이와 루카스, 에리스, 카펜터를 원용하였다.

일본 근대문학사에 있어서 민중예술의 최초 제창으로서, 그리고 민중예술을 위한 논쟁의 발단으로서의 의의를 함께 지닌 혼마의 「민중예술의

34 노자영은 글의 서두에서 "生田군의 「엘렌 케이」론을 토대 삼고 그의 인물급 사상일반으로 세상에 소개코자 하노라"라고 하고 있다. 이 '生田'군이란 이쿠다 조오고이다. 『개벽』 8호, pp. 46~53; 『개벽』 9호, pp. 45~50(1921). 김학동, 「자연주의 소설론」, 『한국근대문학 연구』 인문연구논집 2집, 서강대학교 인문과학연구소, 1969, p. 183 참조. 生田長江, 本間久雄, 앞의 책, pp. 351~393 참조.

의의와 가치」는 민중예술론을 위한 이론적인 원용 대상으로서 주로 엘렌 케이의 「갱신적 수양론(교양론)」과 로맹 롤랑의 『민중극장』(*Le théatre du peuple*, 1903)이 제시되어 있다. 톨스토이의 『예술이란 무엇인가』의 예술론 및 매슈 아널드의 『문화와 무질서』(*Culture & Anarchy*, 1869)가 또 부분적으로 인용되거나 가미되어 있다.[35] 그러나 혼마 히사오는 자신이 글의 서두에서 밝히고 있듯이, 주로 엘렌 케이의 「갱신적 수양론」 일편을 중심으로 하고 로맹 롤랑을 얼마간 안배한 가운데, 그 나름의 민중예술의 의의와 가치를 살피고자 한 것이다.

엘렌 케이의 「갱신적 수양론」은 국민 전체가 갱신적 수양을 필요로 하지만, 무엇보다도 8시간의 노동과 8시간의 수면과 나란히 8시간의 휴식(휴양)이라는 정당한 요구를 주장하는 군중인 평민 노동자를 그 수양적 교양의 대상으로 해서 현대의 노동생활에 힘과 청신함을 주려는 교화운동으로서의 의의를 지닌 것이다. 갱신적 교양이란 여러 가지의 쾌락(즐거움)을 식별하는 능력과 다시 새로운 힘을 가져오는 생산적(productive)인 쾌락을 선택해서 비생산적(unproductive)인 쾌락을 배척하는 의지를 의미한다.[36] 따라서 엘렌 케이는 물질상의 불만이 심한 데다가 노동의 과로 속에서 어떤 위안도 오락도 없이 기계화된 노동자를 위하는 길은 바로 그들을 교화 · 교양하는 것이라고 한다. 즉 그들 개개인의 생활양식이 "일층 완전한 제 형식을 획득하게" 그들을 교양하는 것이다. 그래서 그들을 교양하기 위해서는 그들의 미란 · 피폐 · 곤비한 심신에 무엇보다 먼저 일종의

35 로맹 롤랑이나 매슈 아널드가 이광수의 글에서 거명된 것은 「예술과 인생」, 「중용과 철저」, 「문예사상문답」 등에서다. "culture"의 번역으로서 당시 일본에서는 '문화'로서가 아니라 '교화', '교양', '수양' 등으로 옮겨지고 있었다. 매슈 아널드와 이광수 문학과의 비교문학적 검토 작업은 송명희, 『이광수의 민족주의와 페미니즘』, 국학자료원(1977)에 다루어져 있음.

36 Ellen Key, *The Younger Generation*, G. P. Putnam's Sons, 1914, pp. 138~139.

청량제나 자양제를 주는 것에 의해서 시작해야만 하며 이 경우에 청량제는 바로 그들 심신의 '갱신'(recreation, renewal)을 주는 갱신적 쾌락이라는 것이다. 엘렌 케이는 이에 대해서 다음과 같이 말하고 있다.

모든 계급 가운데서 대다수의 사람들은 공허한 쾌락에 몸을 맡기고 있다. 그러나 이 같은 공허한 쾌락에 몸을 맡기는 것은 노동자의 계급에서 가장 심한 것이다. 아마 열등한 쾌락에 빠짐으로써 정신적인 해를 입는 것은 단순히 노동자 계급만이 아니고 모든 계급의 각 개인에게 있어서 유해한 것이라고 할 수 있다. 그렇지만 제4계급 노동자 계급—인간 전체의 직접적인 장래에 문제가 이들의 손에 있는—이 이런 정신적인 해를 입는 것은 인류 전체에 있어서 아주 유해한 것이 아닐 수 없다. 노동자계급은 그들의 일에 대한 활력을 증진하여 강고하게 하기 위해서는 어떠한 방법이라도 써야 한다. 따라서 그들 노동자가 지금 즐기고 있는 공허한 한가함 또는 그들이 얻고자 바라고 있는 여가의 증가는 실제로는 무가치한 오락을 위해서 쓰고 있어서 참된 갱신을 위해서는 바로 육체적 · 심리적인 여러 가지 힘의 갱신을 위해서 노력하는 것이 가장 중요한 문제인 것이다.

(In every class the majority allows itself empty pleasures. But nowhere else in this so fraught with damage as in the working-class. For although of course it is equally disastrous to every individual in every class to suffer spiritual injury through base pleasures, it is far more disastrous to the whole community and to its future if the fourth estate—in whose hands lie the problems of immediate future— suffers such injury. The working-class requires to use every means, even that of pleasure, for strengthening and increasing its powers for their tasks. It is therefore a question of supreme importance whether the scanty leisure working-men now enjoy, also the increased spare time they hope to gain, is wasted in worthless amusements or is employed in true recreation, in renewal of physical and mental powers)[37]

이렇게 예술은 교화 기관이나 양식으로서 갱신적 쾌락을 그들 노동자들에게 주는 것에 교화운동의 가장 중요한 의의가 있다는 것이다. 특히 이 글에서는 갱신의 양상이나 방법을 설명하기 위해서 심적 갱신/육체적 갱신(mental/physical renewal), 육체적 수양/심미적 수양(physical culture/aesthetic culture), 사회적 개혁/도덕적 개혁, 생산적 쾌락/비생산적 쾌락, 생산적 심적 상태/비생산적 심적 상태, 고상한 쾌락/미천한 쾌락 등 분화법의 용어들이 현저하게 구사되어 있다.

혼마 히사오는 이 글에서 영향을 받음으로써 민중예술에서의 '민중' 개념을 "상류계급 내지 하류계급을 제외한 중류계급 이하 노동자계급을 모두 포함하는 일반 민중, 일반 평민계급에 속하는 사람들"[38] 및 이를 다시 축소해서 엘렌 케이와 로맹 롤랑을 따라서 "하류계급 및 최저급 노동자계급의 사람들"[39]로 규정하고 민중예술을 "상하귀천의 일체의 계급을 떠나서 누구에게도 이해되고 감상될 수 있는 종류의 것, 톨스토이의 이른바 「일반적 예술」인 것은 물론이라"는 것이다. 따라서 민중예술이란 민중과 평민을 위한 예술이며 고등문예 내지 전문적인 예비지식을 갖추어야 이해될 '고급예술'과는 대비되는 야외극장 · 활동사진 · 소인극 · 연중행사

---

37 Ellen Key, 앞의 책, p. 141; 혼마 히사오 역, 『엘렌 케이 논문집』, 玄同社, 1922, pp. 185~186; 혼마 히사오, 「민중예술의 의의와 가치」(1916), 『近代文學評論大系 5』(大正期 II), 遠藤祐 祖父江昭二編, 1983, p. 15.

38 앞의 책, 『近代文學評論大系 5』, p. 13.

39 앞의 책, p. 14.

들과 같이 민중을 즐겁게 하고 교화하고자 하는 예술이라고 규정한다. 그 의의는 평민 또는 노동자계급의 참담하고 누추함으로부터 구하는 '교화 운동의 기관 내지 양식'으로서의 의의가 있으며 민중으로 하여금 '보다 나은 생활'에의 암시인 점에서 그 일체의 가치가 있다고 본 것이다. 요컨대 혼마는 이 글에서는 주로 엘렌 케이의 갱신적 수양론에 근거해, 민중인 노동자들을 교화한다는 것은 그들의 심신에 갱신을 주는 갱신적 쾌락으로서의 의의와 가치가 있다는 것이다. 혼마 히사오는 자신의 저서 『생활의 예술화』에서 민중예술은 윌리엄 모리스가 『민중의 예술』에서 제시하고 있는바, "민중에 의해서 민중을 위해서 만들어지고 그 제작자도 사용자도 함께 행복해지는 예술"이라고 일컫는 바와 결국 같은 의미이며 다르지 않다고[40] 규정한다.

이와 같은 교화적 내용을 담고 있는 혼마의 「민중예술의 의의와 가치」를 시발로 하여 사회주의의 입장에서 혼마의 발상을 비노동계급적이라고 평하면서 예술의 문제에 앞서서 사회계급의 철폐를 주장하는 야스나리 사다오(安成貞雄)의 「그대는 귀족인가 평민인가」(1916)에서의 반론, 또한 로맹 롤랑의 민중예술론을 엘렌 케이의 논지에 따라 자기류로 잘못 소개한 것이라는 오즈키 사카에의 「새로운 세계를 위한 새로운 예술」(1917)의 비판 등 '민중예술'의 논의는 '민중' 심벌의 쟁탈 상황을 보여줌으로써 다이쇼 데모크라시의 사상적 상황을 반영[41]하고 있다. 특히 이 오즈키의 「새로운 세계를 위한 새로운 예술」은 「민중극장」(le théatre du peuple, 1903) 서문 말미의 "새로운 세계를 위해서 새로운 예술을 건설한다"에서 유래한 것으로, 혼마의 민중 개념을 비판하고 민중은 새로운 사회를 건설하는

40 本間久雄, 『生活の芸術化』, 東京堂, 1925/1929, pp. 38~39.

41 『日本近代文學大事典』, 日本近代文學館, 講談社, 1978, pp. 384~385, pp. 494~495 참조.

중심으로 평민 노동자이며 민중예술은 기본이 "민중에 의한, 민중을 위한, 민중의 예술"(Art by the people, for the people and of the people)이라는 것으로 규정된다. 「민중극장」은 예술은 민중에게 기쁨과 에너지, 지성을 주어야 한다고 주장한다.

이렇게 혼마의 주장에서 처음으로 비롯된 민중예술론은 일본의 경우, 이후 세 가지의 방향으로 발전한다. 그 첫 번째는 혼마가 주장하는 방향으로, 노동자계급의 교화의 필요성을 말하고 '고등예술'에 대치되는 형식으로, 민중에 의해 감상되는 정도의 대중적 · 보편적 · 비전문적인 예술을 일컫는 주장이다. 이는 '교화'라는 점, 민중 개념의 모호함, 민중을 위해 일단 낮은 대중적(통속적)인 예술로 주장한다는 점에서 정책적 · 귀족적 · 독선적인 것으로 비판받는다. 두 번째 방향은 오즈키 사카에가 주장하는 방향, 즉 그는 "민중에 의해서, 민중을 위해서 만들어지고 민중이 소유하는 예술"로 규정하는 것으로, '환희와 기운과 이지'를 '민중예술의 주된 조건'으로 두고 있다. 오즈키는 로맹 롤랑의 『민중예술론』을 번역해, 롤랑론에 촉발된 것을 출발로 하여 민중을 평민노동자로, "민중예술은 이 평민 · 노동자의 예술"이라고 명확히 규정하고는 뒷날 제4계급의 문학의 길을 열었다. 마지막 세 번째는 혼마와 오즈키 사이에 있는 톨스토이적인 인간주의의 입장에 선 가토 이치오(加藤一夫)의 휴머니즘과 데모크라시를 관념적으로 절충한 방향이다.[42]

이광수의 「예술과 인생」의 출현은 30~50명이 90편 이상의 논문으로 대규모적인 문학논쟁사를 일으킨 일본에서의 이 같은 사상사적인 상황 및 동향과 밀접하게 연관되어 있다. 「예술과 인생」의 형성은 그 맥락적인 연계 과정에 있어서 모리스(및 러스킨), 카펜터, 엘렌 케이(원천 기능)-로맹

42 長谷川泉, 高橋新太郎, 『文芸用語の基礎知識』, 至文堂, 1980, p. 533.

롤랑, 톨스토이(보완 기능)–혼마 히사오(매개 기능)–이광수(수용 기능)라는 연계 맥락의 채널과 상호관계의 연장선에서 비로소 가능할 수가 있었던 것이다.

3. 이광수의 생의 예술화와 민중예술론 · 예술교육론

그렇다면, 이러한 문화적인 상호 관련의 맥락 속에서 형성이 가능할 수 있었던 「예술과 생활」에서 이광수가 그들로부터 받아들인 것은 무엇이며, 이를 통해 그가 주장하고자 하는 생각은 무엇인가. 우선 이를 크게 보면 생활의 예술화론(생활미화)과 민중예술론이라는 두 개로 항목화된다. 이와 아울러서 '심미 교육의 기저'로서의 예술교육론,[43] 러스킨이나 모리스 등에서 연유하는 자본주의 고용제도에 대한 비판 등이 다루어져 있는 민중적 예술론이다. 그는 인생(생)의 예술화를 규정하여 "인생과 자연을 예술품으로 보는 마음"의 태도와 "직업(노동)을 예술적 창조의 태도로 하는(직업의 예술화) 습관" 등 "우리의 생활을 예술적으로 한다는 의미"로 보고 있다. 그리고 민중예술은 "천하 모든 민중의 요구하는 것"과 부합하고 "무식하고 빈궁한 조선민중의 골고루 향락할 예술"이라고 주장하고 그 특징은 "델리킷한 것보다도 순박한 것, 우미한 것보다는 용감한 것, 슬픈 것보다는 상쾌한 것"이어야 한다고 그 미적 범주를 규정하고 또 '넓게', '적은 돈', '적은 소양'으로도 감상할 수 있으며 형식보다는 내용에 더 비중을 두어야 하는 것으로 그 의의와 가치를 지닌 것이어야 하며, 그렇다

43 이제까지 심미 교육에 대해서 주목한 글은 김현주, 「이광수의 문학교육론: 심미교육과 이념교육을 통한 국민교육론」, 김철 · 신형기 외, 『문학속의 파시즘』, 삼인, 2001, pp. 144~147; 김현주, 『이광수와 문화기획』, 태학사, 2008, pp. 247~254이다.

고 결코 '통속'이나 '저급한 예술'이 아니라는 점이 근거되어 있는 것이라고 규정한다. 그래서 그의 『민족개조론』이 민족성의 개조론이라면, 「예술과 인생」은 이광수의 예술개조론인 것이다. 그는 이를 위한 젊은 세대 'younger generation'인 '신인'(新人)으로의 인간적 개조를 주장하게 된다.

(1) 생의 예술화와 창조의 자유와 즐거움

비교적 긴 글인 「예술과 인생」은 '애(愛)와 기쁨'의 생활도 인생을 도덕화하고 예술화하는 방향으로 크게 내적 · 주관적 개조와 사회조직의 개조(외적 · 객관적)로 양분화한다. 다시 전자의 내적 개조를 도덕적 개조(수양)와 예술적 개조로 나눈 가운데, 그 중에서도 인성의 예술적 개조가 "더욱 적극적이오, 건설적으로 인생의 행복을 발(發)하게 하는 것"이라고 지적한다. 바로 이 예술적 개조는 "개인이 자연과 인사를 대할 때에 가지는 심적 태도의 방향을 변환"함을 가리키는 것으로, 이러한 심적 태도의 변환에 의해서 인생과 자연미를 사랑하고 자연계를 하나의 예술품으로 볼 뿐만 아니라, 직업을 예술로 아는 인생의 예술화와 직업의 예술화가 마침내 이루어진다는 것이다. 도시 '개조'라는 것이 엘렌 케이 등이 말하는 'recreation'이나 'renewal'과 같은 개념이고, '수양'은 'culture', 그리고 많이 쓰고 있는 '심적 태도'는 'mental condition'과 일치된다. 이렇게 이광수는 예술적으로 개조하거나 미화시키기 위한 생활예술론적인 '심적 태도'의 변환을 가져오는 데에는 긴요한 '수양'(교육 · 교양)이 필요하며 그것이 바로 자연미를 사랑하고 형상 · 색체 · 음향의 배치와 변화에서 미와 함축을 발견하는 '예술교육'(Kunsterziehung) 또는 미학교육(ästhetische Erziehung)이라고 주장한다.

한편, 그는 직업의 예술화를 설명하는 대목에서는 도기장이가 그릇을

굽거나 편수(片手)가 집을 짓는 일(작업)에 있어서도 "심적 태도 여하로 [……] 직업으로 하여금 예술적 자유(창조의 자유)와 기쁨의 표현"이 이루어진다고 지적한다. 예술적 자유와 기쁨의 표현이라는 예술관이다. 러스킨, 모리스와 아주 닮은 관점이다.

> 하나는 우주와 인생을 예술품으로 보아라. 우리의 생활을 예술화하는 등의 예술이니, 그것은 생활의 주의로서의 예술이요, 하나는 시가 · 음악 · 미술 등을 가리키는 것이다.

> 다만 여기서 하나 볼 것은 그 노역(勞役)의 기쁨의 중요한 요건이 자유인 듯합니다. 곧 자기가 하고 싶은 자기의 직업을 함인 듯합니다. 기쁨은 노예적 노역의 산물이 아니요, 자유인의 노역의 산물인 듯합니다.

> 집을 잘 지었다 하는 '잘'에 우리의 순수한 창조의 자유와 기쁨이 있는 것이외다.

> 도기장이가 자기의 머리 속에 생각나는 모양의 그릇을 맨들 량으로 흙을 파고 이기고 뭉치고 광선과 열을 이용하여 그것을 구워 마침내 생각했던 바와 같은 그릇을 이루어내는 경과가 다 같이 창조적 기쁨과 자유의 기쁨을 얻는 데는 예술적이라 할 수 있습니다.

생의 예술화와 관련되거나 예술의 범주를 시나 회화, 조각 및 음악 같은 것에만 국한하지 않고 모든 인간적 창조 형태나 일까지도 광의적으로 확대, 포용하고 또 창조의 자유와 기쁨을 언급하고 있는 이와 같은 이광수의 관점이나 견해는 모두 이미 앞에서 살펴보아온 것처럼 『베니스의 돌』의 「고딕의 본성」에서 제시된 러스킨의 사상 및 이를 잇고 있는 모리스의 『예술을 위한 희망과 공포 및 변화의 징표들』에서의 일련 글들의 주장 및 이를 받아들인 혼마 히사오의 『생활의 예술화』에 나타난 주장들과 거의 일치되거나 완전히 동일한 관점이다. 러스킨은 고딕 건축이 직인들의 표현 자유를 허락했다고 했다. 그리고 모리스는 예술의 목적이 사람들의 불안을 진정시키고 기쁨과 즐거움을 주는 것에 있기 때문에, 예술의 창조와 이에 수반되는 일의 즐거움은 회화나 조각 등의 예술품에만 한정되는 것이 아니라 모든 노동의 일부이고 또 그리되어야 한다고 주장한다.

> our subject is that great body of art, by means of which men have at all times more or less striven to beautify the familiar matters of everyday life.[44]

> (우리의 주제는 예술의 본체이다. 그에 의해서 인간들이 언제나 또는 다소간 일상의 삶의 친숙한 문제들을 미화하도록 애쓰게 된다.)

> now only let the arts which we are talking beautify our labour [……][45]

> (우리가 이야기하는 예술이 단지 우리의 노동을 미화하게 하라.)

> Therefore the Aim of Art is to increase the happiness of men, by giving them beauty and interest of incident, to amuse their leisure, and prevent them wearing even of rest, and by giving them hope and bodily pleasure in

---

44 William Morris, *Hopes and Fears for Art & Signs of Change*, Thoemmes Press, 1994, p. 4.

45 앞의 책, p. 66.

their work: or shortly, to make man's work happy and his rest fruitful consequently, genuine art is an unmixed blessing to the raw of man.[46]

(그러므로 예술의 목적은 사람들에게 미와 일에 대한 관심을 주면서 인간의 행복을 증진시키는 것, 그들의 여가를 즐기게 하고 휴식의 지루함을 막아주면서 그들에게 일하는 가운데 희망과 신체적 쾌락을 주는 것, 혹은 짧게 말해서 사람의 노동을 행복하게 하고 휴식을 풍성하게 함으로써 진정한 예술은 인간의 천연성에 대한 순수한 은총이다.)

이에 비해서 이광수가 파악하고 있는 조선의 근대적 현실은 인민이 사상과 창조의 자유와 용기를 잃어서 생의 예술화가 없고 거의 예술을 안 가졌다고 할 만한 땅, 즉 부재의 광야가 되었다는 것이다.

(2) 민중예술론

한편 이광수는 내적 · 주관적 개조와 대응되는 (외적 · 객관적) 개조로 '사회조직의 개조'의 근본 원칙 중 하나로서 조선인에게 예술을 주되, 그것은 기쁨과 활기와 향상과 사회생활의 훈련을 주는 '생의 예술'이어야 하며 '건전한 예술'인 민중예술이어야 한다고 주장한다. 군악적 · 종교악적인 정서를 일으키는 예술, 소박한 것, 장엄한 것, 상쾌한 것으로서의 예술, 쾌활한 웃음과 발랄한 활기와 자유로운 창조력을 주는 예술을 민중에게 주어야 한다고 주장하는 것이다.

혼마 히사오의 「민중예술의 의의와 가치」와 같이 「예술과 인생」의 전편이 민중예술을 다룬 것은 아니지만, 글의 후반부는 내용상으로 보아, '민

---

46 앞의 책, p. 84.

중'과 '민중예술'을 거론함으로써 이광수의 생의 예술화를 주장하는 「예술과 인생」의 일면은 분명히 이광수의 민중예술론이다. 같은 해에 로맹 롤랑의 『민중예술론』이 김억에 의해 그 일부가 번역되는 현상도 이를 계기로 해서 민중이나 민중예술에 대한 논의가 이 시기에 우리의 현대문학사에 있어서도 마침내 시작되었음을 의미하는 의의가 있는 것이다. 이광수는 그의 민중예술에 대해서 다음과 같이 언급하고 있다.

> 이 예술은 양반적 신사적이어서는 못씁니다. 자본주의적이어도 못쓰고 도회적이어서도 못씁니다. 그것은 우리 민중 전체의 향락할 만한 성질의 것이라야만 합니다. 진정한 민중예술은 천하 모든 민중의 원하는 것이겠지마는, 특히 우리 조선민중의 원하는 것이외다. '무식하고 빈궁한 조선민중'이 골고루 향락할 예술이야말로 오늘날 조선이 갈망하는 예술이외다. 조선의 예술로 하여금 조선민중의 정신과 함께 자라게 하고 싶지, 병아(病兒)에게 억지로 약을 먹이는 모양으로 서양이나 일본 직수입의 질이 너무 다르고 너무 신사적이요, 자본주의적인 고가한 예술을 억지로 먹이고 싶지 아니합니다. 이에 고가라 함은 예술에 대한 특별한 장세월의 소양과 가격이 고등한 예술품을 이름이외다.[47]

> [……] 근래에 조선에 꽤 유행하는 모양인 상징파의 문예 같은 것은 무슨 맛인지 알기가 대단히 어려운 것이니 아마 이것은 민중에게 준 데야 울지도 웃지도 아니할 것입니다. 일부 호기인사의 예술에 불과한 것이외다. [……] 조선민중의 예술은 조선민중의 생활을 그리는 것이 필요한 요건입니다.[48]

---

47 경서학인, 「예술과 인생」, 『개벽』 19호, 1922, p. 18.
48 앞의 글, p. 19.

총명한 조선의 예술가는 조선민중의 생활에 기한 신예술을 창작하는 자외다.[49]

우리 민중의 감정은 아직 복잡·섬세한 것은 감동할 만하지 못합니다. 그네의 즐겨하는 바는 단순하고 소박한 것이외다. 비겨 말하면 굵은 선으로 굴곡이 분명하게 그린 것이외다. 색채로 말하면 모든 간색보다도 농후한 순색이요, 시가나 극이나 기타 문예도 심리의 섬세한 묘사보다도 동작이 굵은 선적인 것을 좋아할 시대외다. 이러한 예술이 반드시 저급의 예술이 아니외다. 이러한 단순하고 소박한 예술 중에서 참으로 건전한 민중예술이 성장할 것이외다. 부질없이 외국예술을 모방하여 저도 잘 알지 못하는 고원하고 섬세한 것을 민중에게 강잉(强仍)하는 것은 극히 해로운 일이외다.[50]

이광수가 파악하고 있거나 주장하고 있는 민중예술의 성격이며 특성이다. 요약하면 다음과 같다.

① 민중은 '무식하고 빈궁'하면서 노동에 종사하는 부류 이하의 평민계급이다.

② 민중예술은 이런 민중의 요구에 응하는 예술이며 민중이 향락할 수 있는 민중을 위한 예술이다.

③ 민중예술은 "가장 널리 감상할 수 있는, 가장 적은 금전으로 감상할 수 있는, 가장 적은 소양으로 감상할 수 있는" 세 요건의 예술이다.

④ 민중 교화를 위해서 필요한 예술이며 '양반적·신사적인 고등예술'에 대척 관계에 있다. 특히 서구의 상징주의나 예술지상주의 예술은 배척

---

49 앞의 글, p. 19.
50 앞의 글, p. 20.

의 대상이다.

⑤ 조선 민중이 골고루 향락할 민중예술은 군악적 종교학과 같은 경건한 예술 및 순박 · 온감 · 상쾌, 즉 쾌활한 웃음, 발랄한 활기, 용감한 기력의 예술이다.

여기서 우리는 이광수의 민중예술에 대한 관념이 톨스토이는 물론 모리스 · 카펜터 · 케이 · 롤랑 및 혼마 히사오, 오즈키 사카에, 카토 이치오 등 민중예술론의 복합적인 수용을 통해서 자기 나름의 선택, 그리고 변이와 윤색을 거쳐서 이루어진 것으로 짐작한다. 그리고 타자의 가치에 대한 애호와 혐오의 혼성 현상 및 민중 친화와 민족지향주의 · 반계급주의의 단면 현상도 보게 된다.

그러나 「예술과 인생」을 형성하는 데 있어서 가장 깊은 영향으로 작용한 것은 톨스토이의 『예술이란 무엇인가』에서의 '일반적 예술', 모리스의 『예술에 대한 희망과 공포 및 변화의 징표』에서의 '민중예술' 등과 에드워드 카펜터의 『천사의 날개』, 『산업적 자유를 향하여』, 엘렌 케이의 「갱신적 수양론」 그리고 이를 받아들여 민중예술론을 제기한 혼마 시사오의 『생활의 예술화』의 소론이다. 최초의 민중예술론자인 톨스토이의 『예술이란 무엇인가』는 이미 알고 있는 것처럼, 감염의 예술론이면서 동시에 민중예술론이라고 해도 과언이 아니다. 이광수가 '스승으로 섬기고' 사숙한 톨스토이는 위대하고, 진정한 예술은 만인에게 받아들여지고 이해되기 때문에 위대하며, 상류계급의 예술은 종교성을 상실한 데다 민중적인 요소도 버렸기 때문에 더욱더 배타적이어서 한편에 치우쳐 있기 때문에 대부분의 사람들에게는 점점 더 모를 것이 되어버렸다고 비판한다.[51] 그

51 Leo Tolstoi, *What is Art?*, Translated from the Russian original by Aylmer Maude, Replica Books, 2000, chapter IX, p. 75, pp. 77~78 참조.

리고 모리스는 『민중의 예술』에서 “민중에 의해 만들어지고, 민중을 위해 만들어지는 예술, 만드는 손과 이용하는 손에 행복이 되는 예술”[52]이 민중예술이라고 지적한다. 이 『민중의 예술』과 『삶의 아름다움』, 『유용한 일과 무용한 노고』 등은 모리스의 미학이론으로서 중요한 의의가 있는 글이다. 모리스에 의하면 자본주의 하에서의 노동은 단지 상품 생산의 소외된 성격을 보여주는 무용한 노고인 반면, 유용한 일은 즐거움의 희망, 생산의 희망, 휴식의 희망이라는 세 기준이 만나는 일이라는 것이다. 그리고 엘렌 케이의 「갱신적 수양론」은 귀족계급을 배제한 노동자계급의 사람들에게 노동에서의 갱신적 쾌락을 주기 위한 교화 기관 내지 교화 양식으로서 민중예술의 성격을 주장한 것이다. 그리고 혼마는 한 편의 논문과 한 권의 책에서 이들 엘렌 케이와 모리스와 카펜터의 사상을 함께 수용함으로써 민중예술론을 정립하였으며, 교화의 대중적 예술론으로서 평가되고 있다. 이들과 상호 연관됨으로써 비로소 형성할 수 있었던 이광수는 민중예술은 민중의 생활을, 그리고 민중의 기호에 합치고 민중의 요구와 ‘심현에 향명’해야 하며, 양반적 · 신사적이어도, 자본주의적이어도 안 된다고 지적한다. 그럼으로써 예술을 위한 예술, 특수 계층의 예술인 상징주의의 문예를 강하게 비판하고 부정한다. 이것은 예술이 특권적 소수를 위하거나 유한 귀족계급의 장식적 소장품이나 자본주의 사회의 상품이 되어서는 안 된다는 톨스토이나 모리스의 관점과도 상통하는 현상이다. 그리고 교화 양식으로서의 민중예술론인 엘렌 케이의 「갱신적 수양론」에 바탕이 되고 있는 ‘개조’(recreation)는 이광수로 하여금 ‘개조’와 개조 방법의 분화(내적 개조, 주관적 개조, 예술적 개조, 도덕적 개조, 사회조직 개조) 및 ‘심적 상태’, ‘심적 태도’의 용어적 분화를 만들어감에 있어서 기본적 근거가

52 William Morris, 앞의 책, p. 47, p. 50.

되었을 것으로 믿어진다.

그러나 이렇게 형성된 이광수의 민중예술을 평민 · 노동자의 예술로 규정함에 있어서는 롤랑, 오츠키와의 관련 및 사회운동과의 관계도 없지 않지만, 계급적 프롤레타리아 예술로서의 민중 및 민중예술과는 차원이 다른 교화 양식으로서의 대중적 민중예술에 더 근접한다. '민중의 예술'(art of people)로서의 예술이면서 동시에 '대중예술'(popular art)로서의 양상이다. 여기서 이광수 문학에 있어서의 '민중성=대중성'이라는 등가성의 평가[53]가 객관적으로 제기된다. 그러나 이광수는 이 대목에서 문제의 '민중성'이 곧 '통속'이나 '저급의 예술'은 결코 아니며 소박하면서도 민중의 '심현'(心絃)에 '향명'(響鳴)하는 예술이 되어야 한다고 주장한다. 요컨대 그의 민중예술은 통속예술이 아니고 대중 또는 일반 민중의 마음에 울림과 떨림의 공명을 주고 얻을 수 있는 예술이라는 규정이다. 이것은 이광수 문학의 특성이나 정체성에 대한 자기 해명이자 선언이며 옹호로서의 의의를 지니고 있다.

(3) 자본주의적 고용 제도의 반예술성 비판

「예술과 인생」에서 결코 간과해버릴 수 없는 특별한 점은 자본주의적 산업사회의 고용제도가 만들어내는 노동의 소외와 노동자의 궁핍화에 대한 지적이다. 이는 인생을 예술화하고 도덕화하는 외적이고 객관적인 개조로서의 사회조직의 개조와 관련된 문제인 것으로, 창조의 자유와 기쁨이 없이 노예적이고, 생활비 확보가 부재한 노동자의 상태가 직업적 노역의 예술적 가치, 즉 생활의 예술화를 가져올 수는 없는 요인이며, 사회를

53 이 문제에 대해서 김우종은 「예술과 인생」은 "문학의 대중성을 노골적으로 설명한 글" 또는 "민족문학 · 계몽문학인 동시에 민중문학"이라고 지적했다. 김우종, 『춘원의 명작: 평론집—문학에 뜻을 두고 있는 이에게』, 우신사, 1983, p. 315~316.

파국의 국면으로 몰아가고 있다고 신랄하게 비판한다. 따라서 사회를 개조해야 한다는 논리이다. 이것은 당대 조선의 사회적 현실에 대한 이광수의 사회적 현실관을 그대로 반영하고 있는 놀라운 관점이다. 그러나 그의 독자적 견해라고 보기는 어렵다. 이광수가 읽은 러스킨이나 모리스, 카펜터 등 일련의 글의 비판, 즉 자본주의에 의한 노동의 고역으로서의 전이, 일로부터 노동자의 쾌락의 파괴, 노동자들의 기계로의 노예화, 인간의 소유 본능을 극단화하고 모든 가치를 금전적 가치로 환원시킨 자본주의의 횡포와 노동자들의 돈으로부터의 소외 현상과 궁핍화 등의 지적과도 결코 무관한 것이 아니기 때문이다. 이광수는 이러한 외부의 시각들과 조선사회의 현실을 함께 겹치고 일치시키는 관점에서 조선의 사회도 서구의 사정과 조금도 다름없는 산업사회에서 인간 소외라는 위기적 상황과 국면에 있다는 것을 경고하거나 환기시키고 있는 것이 분명하다.

따라서 이광수는 생활을 행복하게 하고 인생을 예술화하자면 내적 개조는 물론 미적 개조를 경제 조직을 중심으로 한 사회 조직을 개조함으로써 개인이 자유로운 직업을 위하여 예술적 창조의 노역을 얻는 사회가 되어야 한다는 것이다. 여기에는 예술의 경제사회적 관점이 내재되어 있는 것이 분명하다. 그는 산업혁명 이후의 자본주의의 발전에 따라서 오늘날의 현대 사회가 "노예 많은 시대"[54]이며 고용자/노예의 관계임을 밝힘으로써 경제 조직과 사회 조직의 개조의 필연성을 암암리에 시사하고 있다. 이러한 이광수의 글에서 흔히 보기 드문 비판적 관점은 보다 자세히 부연하면 예술은 인간 노동의 즐거움을 표현한 것이라는 러스킨의 「고딕의 본질」, 「예술의 정치경제학」에서의 노동자들이 기계의 노예화나 비인간화되어 있다는 지적 및 이를 잇고 있는 윌리엄 모리스의 「작은 예술」에서

---

54 경서학인, 「예술과 인생」, 『개벽』 19호, 1922, p. 13.

"누구도 타인의 '노예'(종)로 명령받지 않게 될 것이며, 누구도 타인의 '주인'이 되는 것을 경멸할 것이다"(no one bidden to be any man's servant, everyone scorning to be any man's master)[55]라고 한 관점과 일맥상통한다. 뿐만 아니라 다음의 대목들은 모두 러스킨이나 모리스의 역사적 관점과 내용상으로 일치된다. 뿐만 아니라 에드워드 카펜터의 사회개혁론인 『산업적 자유를 향하여』(1917)의 '예술로서의 산업' 장에 제시된 '노동의 쾌락화'와도 연계된다.

> 고용제도는 고래로 있는 것이지마는 산업혁명 이래로 자본주의의 발달됨을 따라 거의 모든 직업의 경영이 소수 자본가의 수중에 들어가고 이에 종사하는 개인은 지식계급이나 노동자를 물론하고 피용자의 위치에 있게 되었습니다. 그래서 다수의 피용자는 소수의 자본주의 계급의 의사에 복종하는 처지에 있게 되었나니, 아마 오늘날처럼 노예 많은 시대는 없을 것이다. 이럼으로 다수의 피용자의 노역은 그 일에 대한 흥미보다도 그 일로써 나오는 봉급에 대한 욕망으로 좌우하게 되었습니다. 매삭 얼마의 봉급을 얻기 위하여 억지로 억지로 모종의 직업에 봉사하는 처지임으로 그의 직업은 노예적 노역으로 화하여 활동의 본연적인 성질인 예술적 자유와 쾌락을 맛보지 못하게 됩니다.[56]

> [……] 게다가 종일 노역한 물질적 보수가 그날의 의식과 오락의 자(資)에 부족할 시에는 더구나 고통과 불평이 생겨 인성은 더욱 더욱 타락할 것이니 이것이 오늘날 경제조직의 상태외다. [……] 저 불평하고 고민하는 표정을 가진 노동자들의 얼굴은 얼마간 지나면 자포가지의 표정을 가지게 됩니다. [……] 그러다가

55 William Morris, 앞의 책, p. 26.
56 경서학인, 앞의 글, pp. 13~14.

그 자포자기의 표정은 분노의 표정으로 변하나니 여기서 개인적으로는 살인·강도 같은 죄악이 생기고, 단체적으로는 동맹파공[동맹파업]과 기타 혁명적 파괴적 폭동이 일어나는 것이외다.[57]

이 글에서 보는 것처럼 이광수가 조선의 현실에서 심각하게 받아들이고 있는 절박한 위기의식은 노동자들의 불만과 분노를 유발하고 노동자들의 확실하고도 유일한 위안인 노동의 예술을 파괴시킨, 자본주의 병폐의 확산과 동맹파업 및 사회주의적 혁명의 폭력성이다. 이광수는 이에 대응하는 방법은 사회조직의 개조로 예술적 창조의 노역을 잇는 사회가 되는 것이라고 밝히고 있다. 노동의 쾌락화를 위해서는 현시의 자본주의와 산업주의 속에서 노동 생활의 폐해를 지적함으로 그 상태의 개조를 주장한 것은 모리스나 카펜터의 주장과 상응한다. 특히 '자유'와 '창조', '창조의 자유', '예술적 자유'를 강조함으로써 인생의 예술화, 노동의 쾌락화를 주장한 카펜터의 『천사의 날개』의 예술관, 그리고 『산업적 자유를 향하여』의 '예술로서의 산업'의 사회개조론과 일치되는 점이 적지 않다. 그러나 이광수는 이렇게 방법을 전제하기는 하면서도 그 주체적인 방법일 수 있는 이 사회 개조에 대해서는 "여기서 말하고자 하지 아니하고"라고 일단 유보 및 묵언화시키고, 한걸음 물러서서 다른 개조의 한 방법인 "덕을 기르도록 노력해라"라는 덕육적(德育的)이고 도덕적인 개조를 제시한다. 여기서 다 같이 자본주의 제도에 대해서 비판적이면서도 현대 자본주의 사회에로의 변이를 비판하는 모리스의 사회주의적 열정 및 카펜터의 사회개조론과 이광수의 '애와 미'의 도덕적 미학과는 현저한 차이가 있게 된다. 이광수에게 있어서 중요한 것은 범죄와 폭력과 혁명이 아니라, 도

57 앞의 글, pp. 14~15.

덕과 예술이 하나로 응축되어진 생활예술로서의 미학과 그 치유력이다. 그의 민중예술이나 문학은 노동문학이나 민중문학 그 자체가 아니라 개조 · 교화로서의 민중문학이다. 그래서 케이나 혼마의 경우와 더 근접하게 된다.

(4) 미학적 예술교육

김현주는 그의 논문 「이광수의 문학교육론: 심미교육과 이념교육을 통한 국민교육론」[58]에서 이광수의 「예술과 생활」이 심미 교육으로서의 예술교육적 양상을 지니고 있음을 지적한 바 있다. 정확한 지적이다. 「예술과 인생」은 자연미를 감상하기 위한 수용과 예술교육의 필요성을 강조하고 있는 데다가 현상 · 색채 · 음향 · 함축 등 자연의 미를 구성하는 4요소를 열거하는 등 심미 교육이 펼쳐져 있기 때문이다. 「예술과 인생」은 미적 판단을 위한 심리적 쾌-불쾌이론의 수용, 자연미를 논함에 있어서의 '함축', 즉 미적 상징과 예술교육론을 도입하고 있는 것, '암시'의 사회심리학을 원용하고 있는 것은 비록 전체의 글에서는 아주 적은 부분이지만, 이광수의 예술론에 제시된 미학적 단면을 보여주는 의의 있는 요소임은 분명하다. 그리고 그는 상징파의 시에 대해서는 부정적이고, 고통 · 낙담 · 타락 · 신경쇠약 · 나태로 이끎으로써 취향을 변질시키고 타락시키는 'degeneration'으로서의 예술은 사(死)의 예술이며 나쁜 예술이라고 혹평한다. 이런 비판의 관점은 심미적이라기보다는 상당히 도덕적 기반에 선 것이긴 하다.

앞에서 두루 살펴보았듯이 「예술과 인생」은 생활의 예술화와 민중예술에 대한 이광수의 예술론이자 예술개조론이다. 톨스토이, 러스킨, 로맹

58 김현주, 앞의 글, pp. 144~157.

롤랑, 모리스, 엘렌 케이, 혼마 히사오 등의 많은 이론이나 주장들과의 문화횡단적인 연계 관계 속에서 형성시킴으로써 음침하고 황막한 조선의 상황 속에서의 생활의 예술화에 대한 예술미학과 민중을 위한 민중예술을 처음으로 제창하였다는 점에서 「예술과 인생」은 분명한 의의를 지니고 있다. 그러나 이 민중예술론은 일반 평민 내지 노동자계급의 교화 운동의 필요성과 관련된 것이지 프롤레타리아 문학운동과 관련된 노동문학으로서의 민중문학은 아니다.

"공상적 예술론"이니 "관념론적 이상주의와 유물론의 뒤범벅"이라는 혹독한 비평이 있고, 면밀한 검증도 없이 선험에 의한 폄하와 비난이 현존하는 비평의 대부분을 이루고 있지만, 도무지 '예술'이니 '미학'이니 하는 것에 대한 관념과 이해의 부재 상태나 다름없는 시대에 처음으로 제창된 예술론이며 사람들에게 예술에 대한 감정을 환기하고 있다는 점에서 긍정적으로 평가되어야 할 예술론이다. 물론 '예술화'에 대한 말의 남용화, 통속적인 대중성의 잠재화, 민중 개념에 잠재하는 하층 계급의 비하화, 외국의 타자들의 이론에 대한 과도한 신뢰와 그 번안화 등 재검토해보아야 할 점도 적지 않은 것이 사실이다. 그러나 그럼에도 불구하고 1920년대 초반에 동서의, 동시대의 예술관을 도입하여 예술에 대한 희망을 갖도록 고무하고 산업사회의 인간 소외 문제를 지적한 점만으로도 의의 있는 작업인 것이다. 다시 말하면, 혹자들처럼 「예술과 인생」은 그저 공상적이며 관념론적 글에 불과한 것이라고 폄하해버릴 수도 있다. 그러나 보다 더 확실한 것은 기쁨의 삶이나 노동을 위한 윌리엄 모리스의 유토피안 비전과 마찬가지로 이것이 사랑과 미를 위한 이광수의 '신천리'에의 개조론적 비전이라는 점과 조선에 있어서의 생활의 예술화, 직업의 예술화, 예술의 민중화론이라는 점에서 충분히 주목하고 평가할 가치가 있다는 것이다.

제7장
‘상(常)의 문학’론과 매슈 아널드와 구리야가와 하쿠손
—「중용과 철저」, 「「철저와 중용」을 읽고」론

1. ‘상’(常)의 문학 대 ‘변’(變)의 문학: 초시대성과 시대성

1926년에 ‘조선이 가지고 싶은 문학’이라는 부제를 달고 『동아일보』에 발표된 이광수의 문학평론 「중용과 철저」는 그의 「민족개조론」(1922)과 더불어 거듭되는 시비 논쟁과 반론을 불러일으킨 문제적인 글이다. 여기서 그는 중용사상의 ‘體常而盡變’[1]의 ‘상’(常)과 ‘변’(變)의 이항적 대립에서 구한 듯한 논리로 문학을 ‘상－변’으로 가르고 있다. 여기에는 당시에 대두하던 경향문학이나 프로문학과 같은 증오화와 쟁투화 지향의 혁명적인 ‘변’의 문학보다는 삶과 일상생활의 희로애락이 제시되는 상과 중용(中庸)의 문학을 취하는 것이 조선문학에서 더 바람직한 것이라고 주장한다. 문학은 변으로서의 ‘혁명적 문학’[2]과 상으로서의 ‘인성의 깊은 흐름’[3]을 따

1 大學中庸, 차상원 역해, 한국교육출판공사, 1986. p. 164 참조. 중용지도(中庸之道)에 대한 순자(荀子)의 지적으로 ‘도의 체는 상이요, 도의 용은 변’이라는 의미이지만, 요컨대 ‘常’과 ‘變’은 대립 개념이다.

2 고리키에 의하면 사회주의 · 사실주의의 다른 이름이 곧 ‘혁명적 낭만주의’(revolutionary romanticism)이다. Dmitry Markov, *Socialitst Literature: Problems of Development*, Raduga

르는 문학으로 대립적 양분화가 전제되어 있다. 전자는 '시대의 일시적 특색'인 '시대정신'(Zeitgeist)과 결부된 문학이고, 후자는 '일상생활에서 나오는 희로애락을 제재'로 한 생의 항구성과 보편성을 지닌 문학이다. 이와 같은 분류화의 기본 사유는 사회적 침체의 상태나 사회가 혁명을 요구하는 시대에는 일변된 '변'의 혁명적 시인과 사상가가 나타나서 새로운 변화의 신기운을 불러일으키게 되지만, 그것은 단지 일시적인 현상이며 그 과정이 지나고 나면 다시 '변'에서 '상'의 제자리로 되돌아가게 된다는 논리를 근본 바탕으로 하고 있다.

이와 같이 이광수는 상－변의 이원(二元)에서 '중'(中)을 의식하면서도 '변'보다는 '상'에 치중할 뿐만 아니라 혁명의 위험하고 '변'적인 양태를 지닌 문학의 치명적인 악영향을 배격하려는 대안적 입장을 취한다. 짐작컨대 혁명에 대한 이 같은 거부반응에는 그가 진작부터 각별하게 관심을 가져왔던 구스타프 르봉의 반사회주의적 사회심리학[4]이나 반계급문학적 문학관이 적지 않게 투사되어 있을 것이다. 바야흐로 사회주의가 새로운 사상으로 각광을 받으며 등장하는 시대적 상황에서 쉽게 할 수 있는 발언

Publishers, Moscow, 1984. pp. 24~26 참조. 사회주의 문학은 '혁명'이나 '혁명적'이라는 말을 많이 쓸 정도로 혁명 사상을 고취하는 문학이다.

3 이광수, 「양주동 씨의 「철저와 중용」을 읽고」, 『이광수 전집』 16권, 삼중당, 1968, p. 152.

4 르봉의 사회주의에 대한 반대는 그의 『민족발전의 심리』, 『사회주의의 심리』(Psychologie du Socialisme, 1898)와 『혁명의 심리』에서 제시된다. 『사회주의의 심리』에서 그는 사회주의를 지상에 천국을 약속하고 전 세상에의 승리를 예언하는 새로운 종교이지만, 그 약속을 성취할 수가 없어서 모든 종교 가운데서 가장 단명할 수밖에 없는 것으로 묘사하였다. 집단주의와 '총체적인 폭력행위'만이 결과한다는 것이다. 그리고 『혁명의 심리』(*La Psychologie des Révolutions*)에서 그는 혁명은 건설적 성격을 성취하지 못하며 단지 존재하는 제도를 뒤에 다른 이름으로 대치하기 위해서 파괴할 뿐이라고 논한다. Alice Widener(ed), *Gustave Le Bon: The Man and His Works*, Liberty Press, 1979, pp. 19~20, pp. 20~21. 이광수는 『개벽』의 특집(1925. 2) 「계급문학 시비론」에서도 "계급을 초월한 예술이라야"라고 하여 계급문학을 부인한다.

이 아니다.

> 무엇이나 상과 변이 있거니와 문학(모든 예술에도)에도 그것이 있다. 밥과 같이 신선한 공기와 물과 같이 태양과 광선과 같이 현숙한 아내와 같이 늘 보니 평범한 듯하면서도 늘 보아도 물리지 아니하는 문학이 있고 반짝이는 유성과 같이 달디 단 꿀물과 같이 요염한 창부와 같이 일시는 반짝하여 우리의 감각을 무섭게 자극하나 얼마 아니하여 곧 물리고 마는 문학이 있다.[5]

> 문학도 그렇다고 생각한다. 치열한 문학, 심각한 문학, 자릿자릿한 문학, 신통하고 기이하여 입을 딱 벌리게 되는 문학, 기상이 천외에서 뚝 떨어져서 귀신이 곡할 문학은 찾을 필요가 없고 또 그런 것을 지으려 애쓸 필요가 없다. 그것도 있는 것이 심심치 아니하고 또 특종의 신경과 취미를 가진 사람에게 만족을 주는 점으로 좋거니와 이것이 문학의 상(常)은 아니요, 정도는 아니다. 이단이요, 서자요, 기형아요, 괴물이다. 색은행괴(索隱行怪)는 인(仁)한 자가 적다.[6]

이렇게 '변'으로서의 'müssen'(꼭 해야 하는)의 문학을 거부하고 지금의 조선이 가질 필요가 있는 'dürfen'(필요로 하는)의 문학은 바로 '상적 문학, 정적(正的) 문학, 영문학적 문학'이 바람직스럽다는 주장을 밝히고 있다. 여기에다가 그는 혁명이나 혁명문학을 원론적으로는 수긍하면서도 조선인의 현재의 중병 상태와 허약함을 전제로 하여 '지금'(아직은)~'후에라야'(다음)라는 식의 그의 글의 논리의 상당히 전형화된 유보 및 준비 단계가 필요하다는, 예의 준비론과 상조론(尙早論)의 담론을 피력하고 있다.

---

5 이광수, 『이광수 전집』 16권, 삼중당, 1968, p. 144.

6 앞의 책, p. 149.

이 때문에 「중용과 철저」는 발표되자마자 시기적으로나 내용으로나 많은 비판자들의 비판과 반론을 불러오게 되는 것이다. 백기만 · 양주동 · 양명의 반론이 그것이지만, 대표적인 것은 역시 양주동의 「철저와 중용」(1926)이며 이광수의 「양주동 씨의 '철저와 중용'을 읽고」는 양씨에 대한 재반론[7]이다. 여기서 '상'과 '중용'은 이광수의 문학과 비평 개념의 기본 규범이 된다.

'상'과 '변'을 둘러싸고 전개되는 이와 같은 논쟁은 오늘의 비평적 관점에서 보면 문학의 초시대성(Überzeitlichkeit)과 시대성(Zeitlichkeit)이라는 두 기능을 위요한 비평의 쟁점적 논쟁 현상이다. 문학의 가치에서 초시대적인 것과 시대적인 것, 또는 초시간성과 시간성에서 어느 것에 비중을 두어야 할 것인가 하는 문제이면서 약간은 작품 내재성과 작품 초월성(외현성)의 문제까지도 함께 맞물려 있는 문제이기도 하다. 이 논쟁에서 전자의 입장이 이광수이며 후자의 입장이 양주동이다. 이 글의 초점은 왜 「중용과 철저」가 논쟁과 반박을 불러일으킬 수밖에 없었으며, 또 그 논쟁이 어떻게 전개되었는가의 추이와 경과를 따라가는 논쟁사적 귀추와 평가에 있지 않다. 그리고 식민지 통치 현실에 대한 외면이라는 너무도 판에 박힌 듯한 이광수 비판의 기존 논의들에 동조적으로 가세하는 것에도 있지 않다. 이에 앞서 '상/변', '중용/철저'라는 비평 용어의 의미론적 대비에 유의해서, '상의 문학', '중용의 문학'이라는 이광수의 비평 용어와 글이 형성하는 이론적인 기반과 근거, 그 사상적 맥락을 살펴보려는 것이 주안점이다. '상'과 '중용'의 이론과 형성 과정에 있어서 필연적 관계인 매슈 아널드–구리야가와 하쿠손(廚川 白村)–이광수의 글이 어떻게 삼각점으

7 이에 관한 평가는 김영민, 『한국근대문학 비평사』, 소명출판사, 1999, pp. 247~257에 다루어져 있음. 이 책은 논쟁사 위주의 비평사이다. "문학이 현실의 문제를 바라보는 일에서 멀어지게 한다"고 비판적으로 지적함.

로 상호 링크되면서 언어관통적인 실천이 이루어지며 또 이광수에 의해서 동양의 중용사상이 이 과정에서 어떻게 혼성화되고 윤색되어 자기화되었는가를 살펴보고자 하는 것이다. 「중용과 철저」의 본문 가운데서도 인용되고 있지만, 이광수의 이 글이 이루어지는 데에 있어서 결정적인 자극과 핵심적 근거가 된 것은 매슈 아널드와 구리야가와 하쿠손이다. 그리고 자사(子思)의 중용(中庸)을 논의의 보유를 위해서 여기에 적용시킴으로써 혁명문학—프로문학 또는 신경향파 문학—에 대응하는 시대성 초월을 위한 이광수의 대안적 문학론인 「중용과 철저」가 마침내 이루어지게 되는 것이다. 그래서 이 글에서 중요하게 인용되고 있는 사람은 매슈 아널드, 구리야가와 하쿠손, 괴테, 그리고 자사와 공자(孔子)이다.

2. 매슈 아널드와 구리야가와 하쿠손

'상'과 '중용'이 비평적 핵심 용어인 「중용과 철저」에서 우선 각별하게 주목하게 되는 대목은 글의 3장이다.

> 영국의 비평가 메튜우 아널드 씨는 시인 바이런과 워어즈워어드를 대조하여 이런 뜻을 말하였다. 바이런은 일시 그 명성이 워어즈워어드를 압도하여 거의 비교할 수도 없이 우세하였거니와 마침내 그 생명을 가질 자는 워어즈워어드라고. 그리고 그 이유로 바이런은 교격(矯激)한 시인 즉 변적 시인이요, 워어즈워어드는 영원의 진리, 평범한 인생과 자연의 진리와 미를 찾는 시인이라고.
>
> 과연 아널드 씨의 이 평은 맞았다. 바이런은 침체한 당시 영국문단(대륙문단에도)에 혁명적 충동을 주었으나 그는 마침내 물림을 받았다. 일본의 존경할 만한 비평가 구리야가와 하쿠손(廚川白村, 주천백촌) 씨는 말하기를 사회가 침체의 상

태에 있을 때에는 극단으로 달아나는 교격한 혁명가 시인이나 사상가나 정치가가 나와서 신기운을 열게 되거니와 그것은 일시적이요, 그 혁명의 과정이 끝난 뒤에는 곧 상으로 돌아간다고 말하였고, 씨도 아널드와 동양으로 바이런은 당시 영문단의 혁명아요, 결코 영구히 영인의 정신을 지배할 시인이 아닌 것을 말하고 또 현대의 영문단에서 교격의 평을 듣는 버나아드 쇼오도 바이런과 같이 변적 혁명적 시인(넓은 의미의)인 것을 말하였다.[8]

여기서 간과해버릴 수 없는 것이 '상'과 '중용문학론'을 위해서 매슈 아널드[9]와 구리야가와 하쿠손 등 영국과 일본의 두 문학 비평가가 거명되고 또 이들의 글의 내용이 구체적인 텍스트의 출전에 대한 밝힘이 없이 풀어서 인용되고 있다는 사실이다. 그럼에도 불구하고 이것은 이광수가 원전 · 번역 · 인용 등에서 어떤 형태로든 이들 둘의 글에 대한 이해와 독서 과정에서 특별한 관심을 갖고 있었음을 의미한다. 그리고 또 이들의 글이 이광수의 '상의 문학'과 '중용의 문학'을 형성하는 데 있어서 매우 고무적인 근거나 촉매로서의 역할이나 영향이 되고 있음을 시사하는 것이다.

그렇다면, 인용된 텍스트 및 글의 이론적 근거와 기반이 된 출전과 원용된 부분들은 무엇인가. 이에 대한 전거와 응답은 우선 단적으로 지적해서 매슈 아널드의 『비평선집』(*Essays in Criticism*, 1865/1869)에 수록된 글들인 「바이런」(Byron), 「워즈워드」(Wordsworth), 「시 연구」(The Study of Poetry) 및 「현대에 있어서의 비평의 기능」(The Function of Criticism at the Present Time)과 구리야가와 하쿠손의 「최근영시개론」, 『문예사조론』(1914), 그리

8 이광수, 「중용과 철저: 조선이 가지고 싶은 문학」(1928), 『이광수 전집』 16권, 1963/1968, p. 145.

9 매슈 아널드와 이광수를 연결한 비교문학적인 살핌은 송명희의 『이광수의 민족주의와 페미니즘』, 국학자료원, 1997, pp. 184~191에서 수행되었다. 연구사적으로 의의가 있는 글이다. 그러나 주변적 접근이어서 핵심에 닿지 못한 아쉬움이 있음.

고 『근대문학십강』(1912) 등이다. 구체적으로 이 글 속에 제시되어 있는 "permanence"(구원성), "permanent source of joy and consolation for mankind"(인류를 위한 기쁨과 위안의 영원한 원천), "imperishable excellence of sincerity and strength"(성실성과 힘의 불멸하는 탁월함), "sense for the best in poetry"(시에서의 최상의 의식), "시대정신"(Zeitgeist), "常" 또는 "常態/變態" 그리고 "中庸" 및 "Aurea mediocritas"(황금의 중용), "米の飯"(쌀밥)이 이광수의 '상'과 '변'과 '중용'과 '최선'과 '시대정신', '쌀밥'(밥맛)을 만들어내는 중요한 어휘론적 재원으로서 작용하는 것이다. 여기에 덧붙여서 자사(子思)의 『中庸』 사상이 이에 보유적으로 연결 혼성화되어 있다.

(1) 아널드의 'permanence'와 이광수의 '상'

19세기 영국의 사회문화 비평가인 매슈 아널드는 "19세기 사상에 있어서 위대하고 중요한 인물"[10]로 평가되어지는 인물이다. 모든 문학의 목표는 "인생의 비평"(Criticism of Life)이라고 규정한 그의 비평가로서의 작업은 해석적인 것이 아니라 주로 평가적인 것으로서 그 의의는 인생을 평가함에 있어서 도움을 주려는 것이며, 인생 비평을 규정하여 "시인의 위대함은 삶, 즉 어떻게 사느냐의 물음에 사상을 힘차고 아름답게 적용하는 데 있다"고 지적한다. 그리고 또한 그는 비평을 "세상에서 알려지고 생각된, 최상의 것을 배우고 퍼트리려는 사심 없는(disinterested) 노력"이라고 규정한다. 이 규범이 '무질서'(anarchy)에 대응되는 단맛과 빛인 '문화(교양)'(culture)이다.[11] 이와 같이 그는 문학의 이론이고 시이고 간에 모두를

---

10 Raymond Williams, *Culture and Society 1780~1950*, Columbia University Press, 1958/1983, p. 128.

11 John Mcgowan, "Mathew Arnold", *The Oxford Encylcopedia of British Literature*, David Scott Kastan (ed), Oxford University Press, 2006, pp. 59~60 참조. Miriam Allott, Robert H. Super(ed), *Mathew Arnold*, Oxford University Press, 1988, p. 337.

인생의 비평으로 간주하며, '보통의 자아들'(ordinary selves)은 그들의 '최상의 자아'(best self)를 위해서 고무되어야 한다는 것이다. 이 같은 그의 문학 · 문화관은 현대 영국 문예비평에도 지대한 영향을 끼치고 있다. 그의 『문화와 무질서』(*Culture and Anarchy*, 1869)는 빅토리아조 문화비평의 정전으로서 탁월한 위치를 차지한다.

낭만 시인인 워즈워드와 바이런을 비교한 그의 글 「바이런」(1881)에서 그는 '상'(常)이나 '구원성'의 개념과 일치하는 'permanent' 또는 'permanence'란 단어를 여러 번이나 쓰고 있다. 이는 결코 그냥 스쳐지나가는 범상스런 단어가 아니다. 앞에서 이미 인용된 이광수의 글에서처럼 매슈 아널드가 가변적인 사회나 역사 속에서의 워즈워드와 바이런 시의 성격을 비교 · 평가한 관점을 함축하거나 투영하는 평가의 의미를 지니고 있기 때문이다.

> 워어즈워어드는 인류를 위한 기쁨과 위안의 영원한(구원의) 원천(permanent source)들에 대한 통찰력을 갖고 있지만, 이는 바이런에게는 없다. 그의 시는 바이런의 시의 경우보다 더 의지할 수 있고 또 사람들이 더 많이 항상 의지할 수 있는 것을 준다. 그러므로 나는 비록 몇 가지 점에서 그가 바이런보다 크게 못하고, 바이런의 시가 워어즈워어드의 시보다도 아마도 늘 더 많은 독자를 얻을 것이고, 보다 더 쉽게 즐거움을 주리라고 하여도 전체적으로 보다 워어즈워어드의 시를 바이런의 시보다도 상위에 둔다.[12]

이런 인류를 위한 기쁨과 위안의 영원한 원천에 관심하는 '상'의 징표인 워즈워드의 시와는 대척적으로 '변적 시인'인 바이런 시의 경우에 대

12 Mathew Arnold, *Essays in Criticism*, J. M. Dent & Sons LTD, 1969/1984, p. 329.

해서 매슈 아널드는 시대사회나 경험현실에 중점을 두는 시대성 문학과 그 가변성에 대해서 다음과 같이 지적한다.

> 바이런의 시에 대해서 세상은 열렬히 경의를 표했다. 바이런의 급류 같은 시는 당대 시인들로부터 완전히 정당한, 아니 아마 그 이상의 인정을 받았다. 그의 시는 '그 온갖 불완전함을 보란 듯이 내세우고서' 소홀함에도 불구하고, 산만함에도 불구하고, 반복에도 불구하고, 한마디로 그것이 가진 어떤 결점에도 불구하고, 찬양과 열렬한 사랑을 받았다. 그의 이름은 여전히 위대하고 찬란하다. 그럼에도 불구하고 물밀 듯한 인기를 누리던 시절도 이제 지나가 버렸다.[13]

아널드의 이 대비적 대목이 바로 이광수가 「중용과 철저」에서 '변적'인 것과 '상적'인 것으로 인용돼 언급한 아널드의 평가와 내용상으로 가장 같거나 일치하는 부분이며 출전 부위에 해당하는 축약된 인용의 원천이다. 이렇듯 워즈워드와 바이런의 대비화에서 이광수는 직접적이라기보다는 구리야가와의 「최근 영시 개론」 등을 매개로 함으로써 '상'과 '변' 또는 '영구성'(구원성)과 '일시성'이 대비되는 '상/변'적 문학을 설정하여 구분할 뿐만 아니라, '변'적인 것보다는 '상'적인 것에 더 상위적 가치를 두게 되는 것이다. 그래서 이광수는 초시대적이거나 초시간적인 문학, 즉 상적인 문학, 구원성을 지닌 문학을 그가 각별하게 애착을 가졌던 영문학과 한문학을 일치시키면서 다음과 같이 규정한다.

> 인생에게 항부불변하는 상적 생활이 있는 법이니 그것은 행복된 가정생활(남

---

13 Mathew Arnold, 앞의 책, p. 315; 윤지관 엮음, 『삶의 비평』(매슈 아널드 문학비평선집), 민지사, 1985, p. 200 참조 및 송명희, 앞의 책, 1997, pp. 184~191 참조.

녀의 애[愛]), 자녀에 대한 애, 종족적 애와 여기서 오는 기쁨과 희망과 또 이를 위하여 노력하는 활동과 그것이 불여의(不如意)하는 데서 실망과 비애와 일언이폐지하면, 평범한 일상생활이다. 그러므로 상적(常的)인 문학 구원성(久遠性)을 가진 문학은 이 일상생활—만인에게 공통한 생활— 거기서 나오는 희로애락을 제재로 한 문학이다.[14]

영구성이나 시대 초월성을 지닌 '상의 문학'은 주로 평범한 일상생활, 즉 행복한 가족생활(남녀의 사랑, 자녀의 사랑)과 종족애(민족애)를 실현하고 추구해가는 과정에서 연유하는 삶의 희로애락을 그 제재로서 다루는 문학이라는 것이다. 이러한 관점은 매슈 아널드가 워즈워드를 지적해서 "인류를 위한 기쁨과 위안의 항구적 원천에의 통찰"이나 "자연 속에서 우리에게 주어진 기쁨, 원초적인 인간적 여정과 의무 가운데서 주어진 기쁨의 원천을 느끼는 힘 속에, 그리고 영감이 떠오르는 순간 이 기쁨을 묘사하고 우리 또한 그것을 느끼게 만드는 그 힘"이라고 한 점과 서로 일맥상통하는 관점이다.

이광수는 시대성을 강조하는 양주동의 반론에 답하는 글에서 시대성을 넘어서는 초시간적 가치=영구성을 '인성의 깊은 흐름'이라고 지적한다. 이와 같이 이광수는 이 '항구불변의 상적'인 초시간성의 가치를 강조하기 위해서 "시대정신은 그 시대의 일시적인 특색은 될지언정, 영구성을 가진 것은 아니다"라고 하여 괴테의 이른바 '시대정신'(Zeitgeist)에 대해서도 비판적인 입장을 취하게 된다. 시대정신이란 일반적인 개념으로서는 각 시대에 널리 퍼져 있는 정신적 경향이다. 즉, 한 시대의 시대적 현상에서 나

14 이광수, 「중용과 철저」, 『동아일보』 1226, 1월 2일~3일, 『이광수 전집』 18권, 삼중당, pp. 146~147.

타나는 정신적인 주의와 문체, 삶의 형식, 이념의 동질성이나 유사성에 대한 개념이다. 이광수는 이를 "시대마다 그 시대를 지배하는 가장 큰 힘을 가진 정신"으로 규정하고, 시대정신은 일부의 진리는 있지만, 모든 다른 진리를 병탄(倂呑)하는 폭위(暴威)를 부리기도 하기 때문에 일시적인 것이라고 지적한다. 이 · 양(李 · 梁) 양자의 논쟁 과정에서 이 '시대정신'에 대한 시비는 논쟁의 핵심을 이루게 되지만, 공교롭게도 원군처럼 매슈 아널드의 「바이런」 장에서도 괴테의 '시대정신'과 바이런에 대한 시대적인 것에 대한 평가의 결함이 제시되고 있어서, 이광수와 매슈 아널드는 이래저래 밀접한 연관성을 갖고 있음을 보여준다. 그 한 대목을 옮겨보면 다음과 같다.

괴테는 시대정신이 바로 그 당시로는 바이런 편에서 작용하고 있었다고 말하곤 했다. 바이런은 그의 다른 이점에다 시대정신이 그 편에서 작용한다는 이점을 보태었는데, 이 이점에서 그는 득을 볼 권리가 있었다. 괴테 자신이 이점을 알았고 그렇게 생각했을 것이며 그리하여 바이런에 대한 평가를 다시 올리고 칭찬의 강도를 높이는 방향을 취했을 것이다. 그러나 그 순간 바이런에 대해 말하는 괴테는 단테나 몰리에르나 밀턴에 관해 말하는 괴테와 똑같이 냉정한 비평가는 아니었고 또 그럴 수도 없었다.

(The Time-spirit, or Zeit-geist, he would himself have said, was working just then for Byron. This working of Zeit-geist in his favor was an advantage added to Byron's other advantages, an advantage of which he had a right to get the benefit. This is what Goethe would have thought and said to himself; and so he would have been led even to highten somewhat his estimate of Byron, and to accentuate the emphasis of praise. Goethe speaking of Byron at that moment was not and could not be quite the same cool critic as Goethe speaking of Dante, or Moliere or Milton.)[15]

시대정신에 대한 이광수의 비판적 관점은 「양주동 씨의 '철저와 중용'을 읽고」의 재반론에 이르면 훨씬 더 그 비판의 강도나 빈도가 강화되며, 여기에 대응하여 문학의 본질을 '인성의 깊은 흐름'에다가 두는 입장이다. 즉, 시대정신은 '변'임에 비해서 '인성'은 영구적인 '상'인 것으로 보는 입장이다. 시대정신보다는 인성, 즉 영구적인 인간의 본성의 깊은 흐름에 더 주목하겠다는 주장이다. 물론 그렇다고 해서 그가 시대정신 그 자체를 완전히 부인하려는 태도는 아니다. 그것의 일시성과 편향성을 문제시하는 것이다.

시대정신을 문학의 조류의 결정적 역(力)으로 보시는 듯하나, 나는 시대정신보다는 인성의 깊은 흐름(거의 영구적이라고 할 만한)이야말로 문학의 본질이요, 시대정신 또는 시대상 같은 것은 그 본질이 표현되기 위하여 의탁하는 재료로 본다.[16]

인성의 깊은 흐름도 모든 시대정신이라는 파동을 일으키면서 유유하게 탕탕하게 한결같이 흘러가는 것이라고 본다. 그러므로 만일 어떤 문학작품들이 그때 한때의 시대정신을 그린 것이라면, 그 작품은 다만 생명이 짧을뿐더러 인성에 깊은 감동을 못주고 말 것이다.[17]

15 Mathew Arnold, *Essays in Criticism*, J. M. Dent & Sons LTD, 1969, p. 319~320.
16 이광수, 「양주동 씨의 「철저와 중용」을 읽고」, 『이광수 전집』 16권, 삼중당, 1968, p. 152.
17 앞의 글, p. 152.

그런데 시대정신으로 주된 문학을 그 시대정신으로 고취하는 사회적 효과는 자못 크다. 그러므로 나도 이 점에서는 조선의 혁명적 정신의 시가나 소설이 많이 생기기를 바란다.[18]

또 시대를 따라, 즉 시대정신은 어떤 기질(가령 혁명적인 기질)을 가진 개인이 많아지는 때가 있다. [……] 그러나 혁명인 문학만이 금후의 유일한 조선의 문학이 될 리는 만무할뿐더러 나는 도리어 중용의 정신을 잃은, 즉 인성의 영구적이요, 본질적이요, 상적인 원리(즉 애라든가, 정의라든가, 용서라든가 하는)를 무시한 혁명적 문학(근래에 조선에 보이는 바와 같이 증오와 분노와 살벌과 죄악 같은 것을 인성의 본질인 듯이 가장 존귀한 것인 듯이 찬양하는)은 도리어 진정한 혁명을 해하고 진정한 민족성의 향상을 해하는 것이라고 본다.[19]

어쨌거나, 이광수는 시대정신과 너무 밀접하게 관련된 '변'적이고 혁명적인 문학에 대응하는 구원성의 '상의 문학'을 조선에 있어서의 바람직한 것, '뒤르펜'(dürfen)의 문학으로 보고 있다. 그는 바로 그 모형이 영문학이고 한문학이라는 것이다. 이 '상'적이란 것은 만인의 삶에 있어서의 공통된 일상생활의 희로애락 또는 '인성의 깊은 흐름'과 관련되는 문학이다. 문학의 가치나 기능을 '영구/일시', 또는 '초시대성/시대성'으로 접점과 융합이 없이 양분화하는 두 퍼스팩티브는 오늘날의 참여문학 대 순수문학 논쟁의 선행 양상으로서의 의미를 지닌다. 문학의 시대성이 거세게 강화된 시기에 이 같은 초시대성의 문학론을 제시함으로써 이광수의 소론에 대해 당시로서는 비난과 공박이 필연적일 수밖에 없었다. 시대와 민족

18 앞의 글, p. 155.
19 앞의 글, p. 152.

현실을 무시하고 외면했다는 오늘날의 비평적 평가도 그 나름으로의 정당성도 있다. 그러나 문학의 시대 이념적인 장치화가 극단화되어가는 시대에 그러한 시대의 문학 현실을 비판하는 관점으로 문학의 초시대성을 옹호하려는 이광수의 비평과 주장도 문학비평사에서 의의 있는 하나의 성찰이지 비난일변도의 대상은 결코 아니다. 계급이나 혁명 정신이 아니라 보편적 인간 정신과 인간 완성을 위한 옹호와 사랑에의 이끌림의 지향은 분명히 긍정할 양상이기 때문이다. 그러나 여기에는 인생 그 자체의 가치에 크게 중점을 두는 인생파적 비평으로서의 면모도 있다. 물론 문학의 창조에는 인간과 시대의 힘이 다 함께 필요한데 그 두 쪽 중 한쪽에 대한 배려가 '변'의 문학에 비해서 상대적으로 부족한 것은 분명하다.

그렇다면 이광수의 '상의 문학'에서 '상'(常)이라는 용어의 출현이 어떻게 가능했을까. 이는 「중용과 철저」의 3장에 인용되고 있는 매슈 아널드와 구리야가와의 대목에서 유추해보면 아널드의 'permanence'(영구성), 그리고 구리야가와의 「최근 영시 개론」의 '常'과 밀접한 관련이 있을 것으로 짐작된다. 구리야가와는 이 책의 제1장에서 바이런과 호반 시인을 다루면서 "詩人の常として", "常に"(항상), "世の常の詩人", "尋常一様" 등과 함께 '常'이라는 명사와 부사를 빈번하게 쓰고 있다.[20] 그리고 『근대문학십강』의 제4강 제4장 「문예상의 남구북구 및 영국」에서 중용이 깨어진 격렬의 사상을 '변태'라고 일컫는다. 따라서 이광수는 아널드의 'permanence', 구리야가와의 '常'과 '상태'(常態) 및 '변태'(變態)에 착안함으로써, 이를 중용의 '常'과 서로 연계시켜서 마침내 그 나름의 '상의 문학'이라는 용어를 이루게 되었을 것으로 믿어진다. 구리야가와의 '常' 역

20 廚川白村, 「最近英詩概論」, 『廚川白村全集』 2卷, 1930, 改造社, pp. 251~256 및 『近代文學十講』, pp. 232~233 참조.

시 맥락상으로 보면 매슈 아널드의 'permanence'와 관련이 있다.

한편, 이광수가 「중용과 철저」에서 매슈 아널드로부터 받은 재원과 영향은 비단 이것만이 아니다. 아널드의 관점이나 사상이 이광수 글의 여러 곳에 투영되어 있기 때문이다. 다음과 같은 대목들이 그것이다.

> ① [……] 참된 열정과 용기는 아아널드 씨가 시인 바이런을 평한 말과 같이 sincerity에 있는 것이다. '진정'과 '적성'(赤誠)에 있는 것이다.

> ② 시인의 의무는 그가 가진 최선을 민중에게 보여줌에 있다. 그가 최선이라는 것보다도 그가 인식할 수 있는 최선을 민중에게 보여줌에 있다. 이 점에서 시인은 민중의 선생이요, 지도자다. 시는 그 시를 생한 민중의 최고정신이라 할 것이다. 심미적으로 도덕적으로 그러한 것이다.

이와 같은 어구와 용어는 모두 매슈 아널드의 글과 밀접한 연관성을 지닌 것들이다. ①의 인용문은 아널드가 바이런을 평가하는 글에서 거듭 반복하여 쓰고 있는 "the excellence of sincerity and strength" 즉 성실성과 힘의 탁월함[21]을 인용한 것이고, ②의 내용은 매슈 아널드의 다음과 같은 글들과 연관된 것이다.

> 최상의 시는 다른 어떤 것도 할 수 없는 식으로 우리를 형성하고 유리하고 즐겁게 하는 힘을 가질 것이다.[22]

---

21 Mathew Arnold, Essays in Criticism, J. M. Dent & Sons LTD, 1969/1984, p. 321, p. 325, p. 339.

22 Mathew Arnold, Essays in Criticism, A. C. Burt Co., 1865, p. 281.

시는 근본에 있어서 인생 비평이라는 것, 시인의 위대성은 인생, 즉 어떻게 사느냐의 문제에, 사상은 강렬하고 아름답게 작용하는 데 있다는 것이다.[23]

비평이란 세상에서 알려지고 생각된 최상의 것을 배우고 퍼트리려는 사심 없는 노력이다.[24]

아널드에 의하면 시는 "인간의 최선 자아의 뛰어난 발언기관"(distinct of organ of the 'best self of man')이며, 비평 또한 그러하다는 것이다. '최선 자아'의 발언기관인 시와 비평은 부적절한 계급 이념과 관습에 의해 망각된 최선 자아를 각성하게 하는 것이다. ②에의 '최선'은 곧 '최상'을 의미한다. 'sincerity' 즉 '진정성'은 톨스토이의 『예술이란 무엇인가』에서도 작품의 중요한 조건 중의 하나이다.

(2) 중용론과 구리야가와 하쿠손의 『근대문학십강』

매슈 아널드에게 있어서 '무질서/문화(교양)'의 대응과 마찬가지로, 이광수에 있어서는 '철저/중용'이 대응한다. 매슈 아널드는 문화비평서 『문화와 무질서』(*Culture and Anarchy*, 1869)에서 쓴 '무질서와 문화(교양)'라는 용어가 그의 무질서한 시대의 사회적 해악에 대한 구제와 대안의 의미를 각각 함축하고 있듯이, 이광수의 「중용과 철저」 역시 이와 마찬가지의 사상을 내포하고 있다. '열렬'과 '절대'와 '철저'라는 극단으로만 치달음으로써 병적 상태가 된 문학과 사회적 상황에 대한 지양과 치유책으로서 들고 나온 것이 바로 '중용'이란 비판적 규준이다. 매슈 아널드가 헤브라이즘

23 Mathew Arnold, Essays in Criticism, J. M. Dent & Sons LTD, 1969, p. 302.

24 Miriam Allott, Robert H. Super(ed), *Mathew Arnold*, Oxford University Press, 1988, p. 337.

의 도덕적 의식과 헬레니즘의 비판적 지성 간의 균형(balance)과 조화를 찾으려 한 것과 같은 관점이다. 중용이란 결국 이처럼 교양의 달성에 의한 조화와 '밸런스'의 문제인 것이다. 그래서 「중용과 철저」 및 「양주동 씨의 '철저와 중용'을 읽고」에서는 거듭하여 중용을 거론하면서 한문학과 영문학을 모형화하면서 '중용의 문학'을 강조한다. 특히 양주동에 대한 재반론의 글은 거의 중용론이라고 해도 과언이 아니다.

기실 우주와 인생을 지배하는 근본원칙은 중용인가 싶다.

한문학이 중용의 도를 벗어나기를 두려워하는 것은 우리가 잘 아는 바다……. 그런데 영문학도 상식적이요, 평범한 것이 특징이다. 이것은 앵글로 색슨 족의 가장 중용적, 상식적인 민족적 특성에서도 오는 것이려니와 그 지리적으로 역사적으로 북구민족의 극단의 엄숙과 지둔과 이지적, 명상적인 것에 남구민족의 극단의 감각적, 감정적, 쾌락적, 경쾌적인 특징을 받아 조화한 까닭이라고 한다.

진실로 힘있는 혁명을 기다리기도 중용의 상도를 꾸준히 밟는 것이다.

[……] 중용의 정신을 잃은 즉 인성의 영구적이요, 본질적이요, 상적 원리(즉 애[愛]라든가 정의라든가 용서라든가 하는)를 무시한 혁명적 문학(근래에 조선에 보이는 바와 같이 증오와 분노와 살벌과 죄악 같은 것을 인성의 본질인 듯이, 가장 존귀한 것인 듯이, 찬양하는)은 도리어 진정한 혁명을 해하고 진정한 민족성의 향상을 해하는 것이라고 본다.

현재에 우리에게 없는 것도 현재에 우리에게(우리 다수 동포에게) 주고 싶은 문학은 무엇보다도 밥과 같고 물과 같은 상적(常的) 문학이다. 정(正)과 진(眞)의 문학이요, 인성의 원형이정(元亨利貞)에 기초한 문학이요, 중용의 문학이다.

중용의 대립은 과불급(過不及)이다. 혁명은 결코 과불급으로 되는 것이 아닐 것이다. 중용은 무슨 주의가 아니요, 방법이 있다. 내가 철저란 말을 차용한 것은 과불급의 극단을 표하려 함에 불과하다. 중용은 전장에서도 우리를 바로 인도하는 진리다.

이렇게 그는 중용의 가치를 미적 이상이며 우주와 인생을 지배하는 원리로서, 극단주의로부터 치유하고 밥과 물처럼 생명적 활기를 증진시키는 것이라고 역설한다. 중용사상의 문학적 영향 현상이며 비평적 적용이다.

원래 중용(中庸)은 중국 고대의 유가인 자사(子思)의 저서로 4서 중의 하나로 알려진 책 『중용』에서 강조된 유가의 윤리 원칙으로서 중간에 서서 치우치지도 않고 기울어지지도 않는 평상(平常)의 도리요, 행동의 표준을 가리키는 말이다. 공자(孔子, B. C. 551~479)는 이것을 최고의 도덕적 표준이나 경지로 간주하였다. 『논어』 '옹야'(雍也)에 "중용의 덕(德)된 성격은 지극하도다"라고 하였는데, 공자가 말한 중(中)이 가리키는 것은 주례(周禮)를 표준으로 하는 것으로서, 지나침이 없고 미치지 못함도 없으며 치우치지도 않고 기울어지지도 않는 것이며 용(庸)은 평상이다(不偏不倚 無過不及 以平常之理). 이런 중용의 도는 공자의 사상 체계 중에서 가장 중요한 내용이 되어 있으며, 공자의 손자인 자사는 공자의 중용사상을 발전시켜서 『중용』을 지은 것으로 전해지고 있다. 여기서 중용은 도덕적 행위의 최고 표준인 것을 긍정하였다. 그래서 중용(mean, mite)의 중용지도나 중용사상의 핵심이요, 중(中)과 그 중의 불역성(不易性) · 평상성(平常性) · 항상성(恒常性)을 나타내는 것이다. 그런데 이 중용이란 가치는 중국의 유교에서뿐만 아니고, 그리스 아리스토텔레스의 『니코마키아 에티카』라는 윤리서에서도 주장되고 있다. 그에 의하면 마땅한 정도보다 넘치든지 부족한 것은 악덕이며 양극단의 중간(mesotés)을 선택하는 것이 참다운 덕이라고 하였다. 어느 경우든 극단적인 것 또는 서로 충돌하는 일의 중간 길을 선택한다는 의미이겠지만, 이광수는 바로 이 중용의 덕을 가장 잘 말한 이는 서양인보다는 자사와 같은 동양의 유자(儒者)라고 지적한다. 이것은 그가 유가사상적 중용을 상당히 의식했다는 근거가 된다.

그러나 그럼에도 불구하고, 이광수로 하여금 중용의 문학론을 형성케 하는 보다 결정적인 요인은 유가 경전인 『중용』 그 자체에서 연유된 것보다는 서구 문학, 특히 영문학의 특성을 논하면서 제시한 구리야가와 하쿠손의 중용에 관련된 영문학론으로부터 받은 자극과 영향이 더 근원적인 요인이다. 즉 구리야가와의 책에 대한 독서가 보다 결정적인 요인인 것이다. 이미 앞에서도 언급한 바 있지만, 이광수가 '존경할 만한 비평가'로 지목한 구리야가와 하쿠손(厨川 白村, 1880~1923)은 다이쇼시대의 영문학자요, 평론가이다. 동경제국대학 영문과 출신인 그는 재학 중 나쓰메 소세키와 우에다 빈(上田敏)의 지도를 받았으며 경도제국대학의 강사로 빅토리아조와 세기말의 영문학을 강의하고, 1915년 문부성의 재외연구원으로 도미명을 받았으나 그해 한쪽 다리를 절단하는 수술을 받고 다음해 1월에 출발, 1917년 7월에 귀국한 후 문학박사 학위를 받고 경도제국대학 교수가 된다. 관동 대지진을 만나 43세로 사망했으며, 그의 『근대문학십강』(1912)은 19세기부터 20세기 초까지의 구주문예 사조를 체계적으로 조직화함으로써 널리 알려진 소개서로서의 의의가 있으며, 그 속편이 『문예사조론』(1913)이다. 미국 유학 중에 체득한 민주주의와 러스킨, 모리스의 영향으로 문예를 인생 · 사회의 향상에 기여하는 것으로서 받아들임으로써 일본 사회의 후진성을 비판하여 청년층에 깊은 감명을 주었고, 그의

『근대의 연애관』(1922)은 연애를 육욕 · 죄악시하는 재래의 도덕가들의 편견에 대항하여, 엘렌 케이, 루카스, 에리스, 카펜터를 원용하여 근대적 인간관계에 맞는 진실한 연애를 주장하기도 하였다.[25]

이 구리야가와 하쿠손의 『근대문학십강』에서의 제4강 「문예상의 남구 북구 및 영국」(pp. 206~238)은 영국과 영국문학의 특성으로서의 '중용조화'(中庸調和)와 '중용주의'(中庸主義) 및 '중용균제'(中庸均齊)를 주로 다루고 있다. 러스킨의 『베니스의 돌』, 니체의 『비극의 탄생』(*Die Geburt der Tragödie*), 매슈 아널드의 『켈트문학 연구』(*On the Study of Celtic Literature*, 1867) 및 에드먼드 고스(Edmund Gosse)의 문학사 등에 근거하여 씌어진 제4장은 유럽 각국의 문예를 민족성과 지리, 역사적 관계에 의해서 분화한 두 개의 분파(러스킨의 남구 북구의 구분, 니체의 아폴로적인 것, 디오니소스적인 것), 즉 북구 문학과 남구 문학과 극단화된 사상이 영국의 중용주의에 의해서 융화 · 조화를 이루게 된 것이라고 주장하고 있는 것이 그 주된 내용이다. 몇 개의 경우를 옮겨보면 다음과 같다.

> —매슈 아널드가 『켈트문학 연구』의 강연에서 술회하고 있듯이 켈트의 피가 흘러들어와서 색슨 인종은 불후의 대시인을 산출한다. 차가운 이지와 뜨거운 감정과 소박한 북구민족의 실제적 경향과 꽃 같은 남구풍의 시인적 경향과 양자가 혼연해서 서로 융합 · 조화해서 얻어진 것이 영국의 위대한 소이다.[26]

> —잉글랜드 문학에 나타나는 많은 사상방면의 특색은 가정취미, 경건한 종교심리, 경쾌한 유우머 취미라는 점을 나는 이 남북 사상의 융합에 의해서 그 해석

---

25 마츠다 미노루(松田穰) 편, 『비교문학사전』, 동경당, 1979, pp. 85~86 참조.
26 廚川白村, 『近代文學十講』, 大日本圖書株式會社, 1912/1922(58판), p. 220.

이 얻어진다고 생각한다.[27]

—영국 사상의 특생은 이 남국과 북국과의 중용에 있기 때문에 그 국운이 융창한 시대는 자연 가장 잘 이 특색이 발휘되는 때가 아니면 안 된다. 문예상에 있어서도 튜튼의 기품과 라틴의 취미가 잘 융합해서 중정(中正)을 얻은 시기이다.[28]

다소는 단순한 해석적 요소도 지닌 것이지만, 이렇게 중용주의와 중용균제가 영국의 장점이고 특색이라는 것이다. 영국문학과 관련해서 이광수가 구리야가와 하쿠손의 『근대문학십강』으로부터 직접적인 영향을 받았다고 생각되는 몇 사례를 지적하여 두고자 한다.

이광수는 중용 문학의 모형으로서 영국문학의 성격과 특성에 대해서 다음과 같이 지적하고 있다. 요컨대 지리적 · 역사적 특성과 민족성의 차이에서 연유한 북구 · 남구 문학의 상호 이질적 극단 현상이 중용 조화를 이룸으로써 특유의 독자적 성격을 갖고 있다는 설명이다.

그런데 영문학도 상식적이요, 평범한 것이 특징이다. 이것이 앵글로 색슨 족의 가장 중용적, 상식적인 민족적 특성에서도 오는 것이려니와 그 지리적으로 역사적으로 북구민족의 극단의 엄숙과 지둔과 이지적 · 명상적인 것에 남구민족의 극단의 감각적 · 감정적 · 쾌락적 · 경쾌적인 특징을 받아 조화한 까닭이라고도 한다.[29]

27 앞의 책, p. 223.

28 앞의 책, p. 224.

29 이광수, 「중용과 철저」, 『동아일보』 1226, 1월 2일~3일, 『이광수 전집』 16권, 삼중당, pp. 149~150.

[……] 바이런 같은 교격한 시인을 제하고는 세익스피어, 밀턴은 물론이요 워어즈워어드, 테니슨 무릇 오래두고 영인(英人)의 정신을 지배하는 시인은 대개 평범한 제재와 평범한 기교를 썼다. 그러므로 영문학은 남구문학과 같이 산뜻하고 달콤하고 짜르르하고 사람을 녹여버리려 하는 맛도 없고, 북구문학과 같이 음침하고 무시무시하고 빽빽하고 뚝뚝한 맛은 없고 구수무레하고 따뜻하고 양념을 하지 아니한 밥과 반찬과 같다. 남구문학은 먹으매 취하게 하고 혼미하게 하고 북구문학은 먹으매 한숨지고 무섭고 마치 굳은 음식을 많이 먹은 것 모양으로 트림하여 몸이 무겁고, 자면 가위가 눌릴 듯하되, 영문학은 알맞추 먹은 가정에서 만든 저녁과 같다.[30]

영국문학의 성격이 '중용적'이고 '상식적'이라는 지적이나 북구 민족이 '엄숙', '지둔', '이지적', '명상적'이고 남구 민족이 '감각적', '감정적', '쾌락적', '경쾌적'이라는 특색의 지적 사항은 거의 대부분이 구리야가와의 『근대문학십강』의 제4강 4장의 「문예상의 남구북구 및 영국」에서 지적한 '중용적', '상식적'과 '사색적 · 명상적', '엄숙' 및 '감각적', '관능적', '환희 · 감격 · 심취'와 일치하거나 유사하다. 그리고 영국문학이 바로 상융(相融)과 조화(調和), 중용균제(中庸均齊)를 이루고 있다는 것이다.[31] 이광수의 '~이라고도 한다'는 인용어법은 매슈 아널드이든 구리야가와이든 이렇게 밥맛론의 인용을 하고 있음에 대한 시인인 것이다. 특히 위의 글에서 맛이나 쌀밥의 밥맛으로 비유한 밥맛론의 설명은 구리야가와의 다음과 같은 구절에서 연유되고 있음을 유추하기는 그다지 어렵지 않다. 분명히 구리야가와를 읽고서 쓴 글이기 때문이다.

---

30 앞의 책, p. 150.

31 廚川白村, 『近代文學十講』, 大日本圖書株式會社, 1912/1922. 이 책은 처음(1912년)에는 角川書店에서 발간되었고 1922년까지 58판 발행되었음. pp. 208~233 참조.

大陸の方で最も北歐的なるイブセンや，最も南歐的なるダヌンチォの作物を唐辛子とすれば英吉利のテニソンやプラウニングの詩歌は米の飯のやぅに，一時ぴりつとした感じを與へる piquantな pungent なものでない代りに，またいつまで味はつても飽くを知らぬうまみがある詩人が所謂 not ‘too bright, or good, for human nature’s daily food’ である所以は，全く此の中正を得た點に起因するのであらう.

既に英國思想の特色が此南國との北國との中庸にありとすれば，其國運の隆昌な時代はおのづから最もよく此特色が發揮せられた時でなければならぬ. 文藝の上にもテウトンの氣風と羅甸の趣味とがうまく融合して，中正を得た時期である. 之に反して一方の極端に走つた激烈な思想のあらはれるやうな時代は英國に取つて決して國運隆昌の時期でもなけねば，また文藝の勃興期でもなく，寧ろ一般の沈衰時代とも目すべき時である.[32]

(대륙 쪽에서 가장 북구적인 입센이나 가장 남구적인 다눈치오의 작품을 고추라고 하면, 영국의 테니슨이나 브라우닝의 시는 쌀밥처럼, 잠깐 톡 쏘는 느낌을 주는, 짜릿한 자극적인 것 piquant, pungent가 아닌 대신에, 또 언제까지 맛을 보아도 질리지 않는 맛이 있는 시인이 소위 not ‘too bright, or good, for human nature’s daily food’인 까닭은 전적으로 이 중정을 얻은 점에 기인하는 것일 것이다.

이미 영국 사상의 특색이 이 남국과 북국과의 중용에 있다고 하면 그 국운이 융성한 시대는 자연히 이 특색이 가장 잘 발휘된 때이어야 한다. 문예에서도 튜톤의 기풍과 라틴의 취미가 잘 융합하여 중정을 얻은 시기이다. 이에 반하여 일방의 극단으로 달린 격렬한 사상이 나타나는 것 같은 시대는 영국에 있어서 결

32 앞의 책, p. 224.

코 국운 융성의 시기도 아니며, 또 문예의 발흥기도 아니고 오히려 보통의 침쇠(沈衰) 시대라고 간주해야 할 때이다.)

이렇듯 이광수는 '고추'(唐辛子)에 대응하는 일용할 '쌀밥'(米の飯)이나 밥맛의 비유로서의 구리야가와의 글을 토대로 하여 이를 때론 축약하고 혹은 보유·부연·윤색함으로써 자신의 글로 바꾸어내고 있는 것이다. 이 같은 비유는 결코 독자적으로 이루어진 것이 아니다.

그리고 이광수의 「중용과 철저」라는 핵심적 표제나 주제의 형성 또한 구리야가와의 글과 무관하지 않다.

로마의 시인 호라티우스는 Aureamme diocritas라 하여 중용을 황금에다 비겼다. 로마인보다는 중용의 뜻을 가장 잘 말한 이는 동양의 유자일 것이니, 자사는 이것을 제목으로 한 인생철학을 세웠다…….

그러나 중용은 나쁘게 말하면 타협이요, 불철저요, 미지근하다. 이것은 현대의 우리가 가장 미워하는 것이다. '열렬'이라든지, '철저'라든지, '절대'라든지 하는 말이 우리 중에 가장 애용되어서, 마치 이 말에는 신성불가침의 권위가 있는 듯하고, 불가항(不可抗)의 진리가 있는 듯하다.

그러나 열렬은 타버리고 철저는 밑이 빠져버리고 절대는 할 일을 없애버리고 만다. 이론으로 심히 좋지마는 실행할 수 없는 것은 철저다. All or Nothing이란 것은 공상의 말이다.[33]

이 대목은 이광수가 '중용'과 '철저'를 그의 비평 용어화함으로써 글의 표제로서 그리고 그의 비평적 전략과 입장의 근거가 되고 있는 부분이다.

33 이광수, 「중용과 철저」, 『동아일보』 1226, 1월 2일~3일, 『이광수 전집』 16권, 삼중당, pp. 148~149.

즉 그것은 「중용과 철저」라는 글의 '상'과 '중용' 문학의 사상적인 기틀이다. 이런 기틀이 이루어지는 데 있어서 결정적인 촉매 작용을 일으키는 것이 바로 구리야가와의 다음과 같은 글이다.

西洋でも中庸といふ事は羅馬の詩人 Horatius の昔から aurea mediocritas 「黃金の中庸」 などと云つて貴ばれてゐる. 如何にも結構な事には相違ない. が此一方の極端に行かずして中正の道を取るといふ事は, 其半面に於て極めて不徹底なる妥協, 讓步, 姑息の態度を意味するものだといふ點にも注意しなければならぬ. イブセンの「ブランド」にふ「一切(オール)か然(オア)らずむば皆無(ナッシング)」の思想とは反對に, 先づ何事も好い加減の中途半端な所で切り上げて臭い物にはそつと蓋をして置かうといふ虛位の態度である. 赤裸@の眞相を暴露し來つて, 根本的に舊きを破壞し新しきを建てせいとある努力をしない偸安姑息がやがて比中庸の一面である. 從つて近代の科學的精神に基いた自然主義勃興期以後の歐洲思想界の大勢とは, 全然別種の軌道を行くものと見なければならぬ. すべて奧の奧めで底の底めで徹して行かむと欲する所めで行かなければ止まないといふ大陸近代の思想とは到底相容れざるは之が爲めである. 中庸均齊は實に英國の長所であると共にまた其短所でもある. 近代歐洲一般の思想界の如き大勢に對しては熱情か野性か現實的主智的傾向か, いづれか一方の極端に走つた文藝が, 歡迎せられて英吉利ばかりは時勢後れの觀があつたのは自然の結果である.[34]

(서양에서도 중용이라는 것은 로마의 시인 호라티우스[Horatius]의 예부터 aurea mediocritas[황금의 중용] 등이라고 하며 존중되고 있다. 매우 훌륭한 일임

34 廚川白村, 앞의 책, pp. 226~227.

에 틀림이 없다. 그러나 이 한쪽의 극단으로 가지 않고 중정(中正)의 길을 취한다는 것은 그 다른 한쪽에 있어서는 극히 불철저한 타협양보, 고식적인 태도를 의미하는 것이라는 점에도 주의해야만 한다.

입센의 [브란드]에서 말하는 [전부든지 그렇지 않으면 전무(올 오어 나싱)]라는 사상과는 반대로, 우선 무슨 일이든지 어지간히 어정쩡한 곳에서 일단락지어 냄새나는 것에는 살짝 뚜껑을 덮어둔다는 허위의 태도이다. 적나라한 진상을 폭로해와서 근본적으로 옛날을 파괴하고 새것을 세우려고 하는 노력을 하지 않는 투안고식[偷安姑息]이 결국 이 중용의 일면이다.

따라서 근대의 과학적 정신에 근거한 자연주의 발흥 이후의 구주 사상계의 대세와는, 전혀 별종의 궤도를 가는 것으로 보아야 한다. 모두 속속들이 밑바닥까지 철저하게 가려고 원하는 곳까지 가지 않으면 멈추지 않는다고 하는 대륙 근대 사상과는 도저히 양립할 수 없는 것은 이것이 이유이다.

중용균제(中庸均齊)는 실로 영국의 장점이기도 하면서 동시에 그 단점이기도 하다. 근대 구조 일반의 사상계와 같은 대세에 대해서는, 열정이든지 야성이든지 현실적, 주지적 경향이든지 어느 쪽이든지 한쪽의 극단으로 달릴 문예가 환영받아, 영국만큼은 시대의 추세에 뒤떨어진 견해가 있었던 것은 자연적인 결과이다.)

『근대문학십강』의 속편인 『문예사조론』(1913)에서 구리야가와는 이 중용(mean) 문제는 아리스토텔레스 철학의 기초가 된 것으로서 단순한 양극의 중간으로서의 의미가 아니라고 한다.[35]

---

35 廚川白村, 「文藝思潮論」(1914), 『廚川白村全集』 2卷, 改造社, 1930, p. 93.

3. 사회주의 문학론에 대한 비판과 상조론

이렇게 해서 매슈 아널드와 구리야가와, 그리고 유학의 중용사상을 혼성하여 이광수는 '상'과 '중용'의 문학론을 형성시킨다. 우리에게 필요한 것은 영문학과 한문학으로 표증되는 문학, 즉 상적 문학이며 정(正)과 진(眞)의 문학, 인성의 원형이정(元亨利貞)에 기초한 중용의 문학임을 강조한다. 가정(가족)과 종족(민족)에 대한 사랑을 구현하는 문학, 영원성과 보편성을 가진 문학이 가치가 있는 문학이라는 것이다. 그가 이렇게 상적인 문학, 중용의 문학을 주장하고 있는 점에 대해 오늘의 논자나 비판자들 역시 그가 식민지 현실과 민족의 불행의 근본 원인을 외면하는 궤변적 주장이며 문학론이라고 혹평한다. 문학의 시대(시간)성의 가치를 최고의 비판적 기준으로 중시하는 관점에서 보면, 이광수의 「중용과 철저」가 긍정적일 수 없는 것은 너무나 당연한 현상이다. 그러나 다른 한편으로 이광수가 이 글에서 겨냥하고 있는 것은 구체적으로 명시는 하지 않았지만, 증오와 분노와 살벌, 죄악, 살육의 감정을 주로 고취하는 동시대의 '혁명적 문학', 즉 프로문학이라든가 신경향파의 문학이 지닌 극단성이라는 점에 주목해볼 필요가 있다. 따라서 이는 1920년대의 사회주의 문학의 사랑이 부재한 범죄성의 혁명미학에 대한 비판이면서 가치론적으로 보면 문학의 초시대성(초시간성), 작품 내재성에 대한 옹호론으로서의 의의와 성격을 지니고 있기도 한 것이다. 문학의 시대성, 일시성에 대한 영원성과 보편성의 옹호, 계급적 가치에 대한 생의 본질적 가치와 탈계급성의 옹호인 것이다.

그런 점에서 이광수가 「문사와 수양」, 「예술과 인생」 등의 글 말미에서, 지금 우리 조선인은 중병 앓고 난 사람 같아서 육체적으로 정신적으로 허약하니 원기를 보양함이 필요하다고 한 강박된 준비론이나 미비적 상조론(尙早論)이 반드시 퇴행적 의식이나 일제에의 타협적인 준비론이라기보다는 선택의 선후나 우선순위에 대한 절차적이고 전략적인 배려라고도 평가할 수 있을 것이다. 이런 상조론에도 불구하고 지나치게 철저하다고 싶을 정도로 혁명문학에 대한 강한 거부가 그 범역을 넘어서 문학의 시대성 자체를 외면한 듯한 느낌을 갖게 함으로써 오히려 문학의 시대성과 초시대성의 상융과 중용균제 가운데서 문학을 평가해야 함으로부터의 이반 현상의 가능성이 있다는 점을 부인할 수는 없는 것이다. 끝으로 부연하는 것은 「중용과 철저」가 반사회주의적인 글이기 때문에 북한의 『조선문학사』(19세기말~1925)(과학백과사전출판사, 1980)는 당연히 이에 대해서 '반인민적인 부르주아 반동의 문학과 사상'으로 비판한다.

제2부
진화와 개조사상의 계보와 퍼스팩티브

제8장
이광수의 진화론 사상
—사회진화론 및 에른스트 헤켈과의 관계

1. 『그의 자서전』의 다윈과 에른스트 헤켈

찰스 다윈의 『종의 기원』(1859)에서 비롯되는 진화론은 모든 유기체는 하나 또는 보다 단순한 생명 형태로부터의 길고 느리고 자연적 선택과 발전 과정의 최종 결과라는 이론이다. 이 진화론은 우리의 종(種)과 세계관의 이해뿐만 아니라 사회과학에도 깊은 영향을 미침으로써 세계의 사상 체계에 거센 후폭풍과 대혁명을 일으켰다. 이광수의 1인칭 자아 서술의 자전적 서사 『그의 자서전』(1936~1937) 「대학생」 장에는 젊은 날의 분방한 지적 표랑의 고백과 더불어 진화론과 관련된 다음과 같은 주목할 대목이 있다. 주인공인 남궁석의 목소리를 빌려서 이광수는 찰스 다윈과 에른스트 헤켈의 진화론을 접하였을 때, 스스로가 받은 충격과 감격적인 반응 및 그로 인한 사상적 흔들림과 변화에 대해서 서술한 것이다. 이 글에서 제시된 니콜로 마키아벨리(1496~1527)의 『군주론』(1532)은 국가권력설, 권모술수의 사상으로 유명하다.

나는 다아윈의 진화론이 마땅히 성경을 대신할 것이라고 생각하고 헤에겔의 『알 수 없는 우주』[1]라는 것을 읽었을 때에는 비로소 진리에 접한 것처럼 기뻐하였다.

"struggle for life(살려는 싸움)"

"survival of the best(잘난 자는 산다)"

이러한 진화론의 문귀를 염불 모양으로 외우고 술이나 취하면 목청껏 외쳤다. 이렇게 되매 내 도덕관념은 근거로부터 흔들렸다. 착하신 하나님이 계셔서 세계를 다스리신다는 믿음 위에 섰던 도덕은 여지없이 무너지고 말았다. 선이 어디 있느냐. 악은 어디 있느냐.

"Might is right"

마키아벨리, 트라츄케의 정치론이 마음에 푹푹 들어갔다. "힘이 옳음이라 힘센 자만 살 권리가 있다. 힘센 자의 하는 일은 다 옳다!" 이러한 도덕관을 가지게 되었다. 나는 이러한 의미로 글을 썼다. 또 말할 기회가 있으면, 이러한 의미로 말을 하였다. 그리고 나는 조선의 역사가 이 진리를 몰랐음에서 빛을 잃었으리라고 주장하였다. 물론 이것은 나 혼자의 사상이 아니라 당시 세계를 특히 일본 학계를 풍미하던 독일 사상의 영향을 받은 것일 것이다.[2]

1 밑줄 친 곳에 표기된 "헤에겔"은 철학자 헤겔(Hegel G. W. Friedrich, 1770~1831)이 아니라 독일의 생물학자이자 철학자로서 다윈의 진화론을 독일에 전파 · 옹호한 에른스트 헤켈(Ernst Heinrich Haeckel, 1834~1919)이다. 이는 『이광수 전집』(1962)을 편집할 때 "헤겔"로 잘못 오기한 것이다. 따라서 『알 수 없는 우주』라는 책은 헤켈의 저서 『우주의 수수께끼』(*Die Welträtsel*, 1899)이다. 이 인명 오기를 지적하고 이광수론에서 헤켈을 처음으로 거론한 것은 와다 도모미(和田とも美, 현재 일본 도야마대학 인문학부 교수)의 서울대학교 박사학위논문인 「이광수 소설의 생명의식연구」(2007)이다. 『알 수 없는 우주』라고 일컬어진 *Die Welträtsel*은 1906년에 일본에서 『宇宙の謎』라는 표제로 栗原古城에 의해서 번역된다(玄黃社 출판). 영어 제목은 *The Riddle of the Universe*(tran. Joseph McCabe, 1901)이다. 岡上高橋 譯, 『宇宙の謎』(有朋堂, 1906)가 있다는 지적이 있으나 확인 불가.

2 『이광수 전집』 17권, 삼중당, 1962, p. 432.

이광수의 또 다른 글 「동경잡신」(東京雜信, 1918)의 14장 「일반 인사의 필독할 서적 수 종」[3]에서는 진화론 관련 서적으로 일본의 오카 아사지로(丘淺次郎)의 『진화론강화』(進化論講話, 1904)를 추천하면서 이에 대해서 다음과 같이 설명하고 있다.

> 진화론은 신문명의 총원천이며 과학은 물론이거니와 현대 인류의 만반 사상은 윤리 · 정치 · 교육 · 종교를 물론하고 진화론의 원리의 영향을 수하였으며, 또 독(讀)하기에도 썩 재미가 유하더라.[4]

두 편의 글에서 인용된 대목들을 통해서 우리는 이광수의 진화사상 이해의 폭과 범위, 수용의 원천 및 경로, 이와 관련된 몇 가지 유용한 암시 및 해석의 단서 몇 가지를 찾을 수 있게 된다.

① 찰스 다윈(Charles Robert Darwin, 1809~1882)과 헤켈(Ernst Heinrich Haeckel, 1834~1919)을 함께 명시적으로 거명함으로써 그의 진화론 이해의 원천과 가닥이 생물진화론과 사회진화론 또는 사회다위니즘을 함께 공유한다는 것, 다윈의 생물에 관한 진화론이 사상사적으로 생물 기원과 창조에 대한 기독교적 · 성서적 설명에 대립된다는 것. 생물진화론의 이해는 주로 1870년대에서 1890년대에 다윈의 『종의 기원』(1859)과 『인간의 유

3 여기(『이광수 전집』 17권, 삼중당, 1962, p. 513)에 추천된 책은 모두 다음과 같다. ① 서양사: 箕作元八, 『서양사 강화』. ② 세계지리: 志賀重昻 혹은 野口保興 씨의 저. ③ 진화론: 丘淺次郎, 『進化論 講話』. ④ 경제원론: 누구의 것이나 무방함. ⑤ 개국 50년사: 大隈重信 씨가 엮은 것. ⑥ 중국철학사 및 서양철학사: 중국철학사는 遠藤隆吉, 서양철학사는 大西祝 ⑦ 蘇峰文集 德富猪一郎.

4 『이광수 전집』 17권, 삼중당, 1962, p. 513. 이광수는 「동경잡신」에서 권장 도서의 세 번째로 오카 아사지로의 『진화론강화』를 손꼽고 있는데 이는 그가 이 책을 진화론 관련의 주요 서적으로 읽었다는 증좌이다. 오카 아사지로는 다윈의 『종의 기원』(*On the Origin of Species*)을 『種之起源』으로 1905년에 번역 · 교열하기도 했다.

래』(*The Descent of Man*, 1874)가 각각 번역된 『生物始原』, 『인조론』 및 오카 아사지로의 『진화론 강화』와 관련되고, 사회진화론은 그 주도자인 허버트 스펜서(Herbert Spencer, 1820~1903) 및 부분적 해당자인 독일의 에른스트 헤켈의 『우주의 수수께끼』(1899) 등과 관련되어 있다는 점이다.

② 중국의 루쉰(魯迅)의 「인간의 역사」(人之歷史, 1907)[5]가 바로 헤켈의 종족발생학의 일원적 연구를 해설하고 있는 것처럼, 이광수의 진화론 독서와 그로 인한 '진리에 접하는' 감격 역시 같은 에른스트 헤켈의 『우주의 수수께끼』에서 비롯됨으로써, 근대 동아시아 지식인들의 진화론 사상 수용의 한 부분이 모두 헤켈과 밀접한 관련성을 갖고 있다는 점.

③ 『그의 자서전』에서 진화론을 표증하는 대표적 어구인 'struggle for existence', 'struggle for survival'(생존경쟁), 'survival of the fittest'(이는 다윈이 스펜서로부터 빌려온 것으로 '적자생존'), 'natural selection'(자연선택) 가운데에서 두 가지가 'struggle for life', 'survival if the best'로 변형 · 이형화되고 있다는 점. 특히 1852년 스펜서가 창안하여 가장 유명한 어구인 'survival of the fittest'에서 'fittest'(최적자)가 'the best'(잘난 자)로 대치된 점. 이는 이해의 불확실성과 자의성이 따르는 그의 진화론에 대한 이해[6]가 스펜서나 헤켈과의 관련이 적지 않음을 시사한다.

④ 이광수로 하여금 생존경쟁 · 자연도태 · 적자생존 · 약육강식(우승열패)이란 어구로 간소하게 공식화된 진화론이 정통 신학에의 회의와 함께 힘이 곧 옳음(정의)이라는 세계관과 도덕관의 영향을 받게 함으로써 "그러

---

5 1907년 12월에 일본 동경에서 월간지 『河南』 제1호에 발표, 원제 「人間之歷史」. 이 글은 헤켈의 인류발생학의 해설을 중심으로 다윈의 생물진화론 및 그 발전 역사를 소개한 루쉰의 초기의 중요한 논문이다.

6 어구 자체가 원래 스펜서의 어구이며, 또 헤켈의 영문판 *The Riddle of the Universe*에서 "struggle for the life" 및 "survival of the fittest or the victory of the best"라고 되어 있다. trans. by Joseph Mccabe, p. 270.

한 의미로 쓴 글"이 있다고 고백하고 있는 점. 이는 스펜서가 만들어낸 유명한 어구의 'fittest'가 'best'를 내포하는 것으로 보면서도 '강자'(strongest)인 것으로 받아들이는[7] 경쟁을 진보의 동력으로 삼고 힘을 최고 · 최선으로 보는 이른바 '힘의 정치'(Machtpolitik)로서 받아들이고 있음이 시사된다. 그렇기 때문에 이광수는 강자로서의 '힘이 옳음이라'(Might is Right)라는 힘의 정치로서의 변용적인 어구를 덧붙여 추출해낸 것 이다. 이것은 생존 경쟁을 규정하면서 'victory of the best' 및 'strongest as the best'로 보고 있는[8] 헤켈의 진화론이나 'fittest'를 '강자'로 보는 스펜서의 경우와 '강자의 정당성'(right of strong)을 강조하는 가토 히로유키(加藤弘之)와도 매우 닮은 현상이다.

⑤ 이광수가 『그의 자서전』뿐만 아니라, 논문 「팔자설을 기초로 한 조선인의 인생관」(1921)에서도 "영국의 헉슬리, 덕국의 헤켈 같은 이는 그 동포에게 과학적 정신을 주입하기로 유명한 학자들"[9]이라고 하여 헉슬리

---

7 John H. Cartwright, Brian Baker, *Literature and Science*, ABC–Clio, 2005, p. 200.

8 헤켈의 『우주의 수수께끼』 영문판 *The Riddle of The Universe*에서 생존경쟁을 설명한 대목은 다음과 같다. "It may be said that the struggle for the life is the survival of the fittest or the victory of the best; that it only the correct when we regard the strongest as the best(in a moral scene)"(p. 270). 이에 해당하는 일본어 번역은 "생존경쟁은 적자생존이며 최우자(最優者)의 승리이며, 강자가 선자(善者)임이 승인되었을 때, 비로소 이것이 적당하다고 할 수 있다"(『宇宙の謎』, pp. 441~442). Robert C. Bannister, *Social Darwinism: Science and Myth in Anglo–American Social Thought*, Temple University Press, 1979 참조.

9 『개벽』 14호, p. 44. 여기에도 분명 '헤켈'이라고 표기되어 있는데 『이광수 전집』은 이를 역시 '헤겔'로 잘못 옮겨놓았다(『이광수 전집』 17권, p. 167). 헉슬리는 『진화와 윤리』(*Evolution and Ethics*, 1893)의 저자인 영국의 헉슬리(T. H. Huxley, 1825~1895)를 지칭한다. 헉슬리의 이 글은 옌푸(嚴復, 1852~1921)에 의해서 『天然論』이라는 이름으로 1898년 중국어로 번역되었다. 『진화와 윤리』가 옌푸에 의해서 『천연론』으로 1898년에 번역됨으로써 20세기초의 중국 지식인들을 진동시키고 사회다위니즘의 보급에 지대한 영향을 준다. 옌푸는 스펜서의 『사회학연구』(1873)를 1903년에 『群學肄言』이라는 제목으로 번역한다. 헤켈은 이돈화(李敦化)의 글 「吾人의 新死生觀」(『개벽』 20호, 1922)에서도 "헷겔과 여한 인까지도 부분적 사(死)를 주장하여 왔다"(27쪽)라고 거명되고 있다. 조남현 편, 『시대정신에 합일된 사람성주의』, 범우, 2007을 참조.

와 헤켈 같은 진화론자들을 거명한다.

⑥ "당시 세계를 특히 일본학계를 풍미하던 독일 사상"이라는 것이 고생물학자 하인리히 브론(H. G. Bronn, 1800~1862)과 함께 독일 다위니즘의 기원을 이룬 에른스트 헤켈의 일원론(Monismus)의 사회진화론 및 이와 영향사적으로 연계되어 있는 가토 히로유키(1836~1916)의 『인권신설』(人權新說, 1882)의 사회진화론 및 헤켈의 『우주의 수수께끼』의 번역(1906), 변용 등과 무관하지 않다. 사실 당시 일본 학계를 풍미한 진화론 사상은 생물학으로서의 진화론과 함께 진화생물학을 사회학적 · 철학적으로 해석하는 사회진화론의 혼성 현상이다. 굳이 이의 갈래를 짓는다면 오카 아사지로가 전자와, 가토 히로유키는 후자와 관련된다. 오카가 비교적 다윈의 생물학적 관점을 충실하게 받아들이며 이를 재해석한 반면, 가토의 진화론은 사회진화론적 입장, 천부인권설의 궤도 수정으로 국권 우위를 주장하고 강자의 권리를 재구성하는 우승열패의 법칙을 강조한다.

따라서 이광수에게 있어서 진화론의 이해와 수용은 다윈, 스펜서, 헤켈 → 가토 히로유키, 오카 아사지로, 우키다 가즈타미(浮田和民) → 이광수라는 복합적 전파 통로로 이루어진 것이라는 추정이 가능하게 되는 것이다. 이렇게 이광수가 이해하고 있는 진화론은 그가 변용하여 제시하고 있는 어구에서 함축되고 있듯이 복합적이다. 다윈의 '생존경쟁', '자연선택', 스펜서의 '최적자 생존'의 사회다윈주의, 헤켈의 '최우자의 승리', '강자가 선자' 및 일원론의 진화철학, 가토의 우승열패설이 뒤섞여 있는 형국이다. 이 같은 진화론 내지 진화 사상에 결정적인 영향을 준 것은 위의 『그의 자서전』이나 「동경잡신」에서 제시된 것처럼 메이지 시대에 있어서 진화론 사상의 도래와 파급인 것은 자명한 사실이다.

1877년에 동경대학 동물학 교수로 임용된 미국인 에드워드 모스(Edward S. Morse, 1895~1921)에 의해서 생물진화론이, 미국에서 돌아온 도야마(外山正一), 외인 교수 어니스트 페놀로사(Ernest Fenillosa, 1853~1908)에 의해 다윈과 함께 스펜서의 사회진화론이 소개됨과 더불어 당시 일본에서는 생물진화론과 함께 사회다위니즘(사회진화론)에 관련된 많은 서적들이 출간된다. 진화론은 급속하게 과학 지식으로서 뿐만 아니라 사회이론으로서 매우 영향력 있게 전파되었던 것이다. 다윈의 『종의 기원』(1859)이 『생물시원』(1896), 『種之起源』(1905)으로, 『인간의 유래』(1874)가 『인조론』(1894)으로, 그리고 헤켈의 『우주의 수수께끼』(1899)가 『宇宙の謎』(1906/1917)로 번역되었을 뿐 아니라 『동물진화론』(1883)이 간행되고 가토의 『인권신설』(1882), 아리가 나가오(有賀長雄)의 『사회진화론』(1883), 오카 아사지로의 『진화론 강화』(1904) 등이 출간되었다. 뿐만 아니라 1906년에 博文館에서 발간한 『제국백과전서』(帝國百科全書) 200책 속에는 이광수가 읽었을 것으로 짐작되는 『진화론』(十時彌, 1906)과 『종교진화론』 등 두 권의 진화론 관련 책이 포함되어 있다. 그런데 이런 책들이 펼치는 진화론은 상당수가 생물학으로서의 진화론보다는 스펜서 등의 사회다위니즘 또는 사회진화론이 훨씬 더 강세 현상을 보였던 것이다. 당시에 생물학적 진화론을 중심으로 하는 대표적인 책으로는 이시카와 지요마쓰(石川千代松)의 『진화신론』(進化新論), 오카 아사지로의 『진화론 강화』, 그리고 『진화론』(十時彌, 1906)이 있다. 아키바라(秋原律郎)는 『일본사회학사』(1979)에서 사회진화론과 유기체설에서 스펜서의 수용과 그 특질을 다루면서 사회진화론이 채용됨으로써 거기서 유기체설이 강조되었다고 지적한다. 정용재의 『찰스 다윈』(1988)에 의하면 일본은 인간 사회와 그 진보 발달을 진화론적으로 설명하려는 사회유기체설 또는 사회다위니즘 관계의 서적이 빈번하게 출판된바, 그 대표적 주창자인 허버트 스펜서의 저작이 일본의 경우 1877년에서 1888년까지의 12년 동안에 『사씨교육론』(斯氏教育論, 1880), 『사회학지원리』(社會學之原理, 1882), 『만물진화요론』(1884) 등 20여권에 이르고 있다는 지적이다.[10] 이것은 일본에서의 진화론이 생물진화론보다는 사회진화론 사상이 월등하고 비중 있게 수용되고 전개되었음을 의미한다. 일본에서 허버트 스펜서의 진화론 철학이 급속히 수용된 것은 1877년 무렵이다.

사회다위니즘은 다윈의 생물진화론을 자연과 사회와의 상위를 무시하고 사회학에 도입 및 적용하여 생존경쟁과 자연선택, 적자생존을 사회 진화의 기본적 동력으로 삼으려는 이론이다. 스펜서의 주장으로 사회는 자유방임주의를 유지하기 때문에 최적자가 승리할 수 있다는 다윈의 원리를 사회에 적응시킨 것이다. 즉 단적으로 지적해서 생존을 위한 사회적 투쟁, 적자생존의 사상이다. 일본의 경우에 이 사회진화론은 가토 히로유키의 『신권신설』의 우승열패설, 진화론에 의한 적자생존 법칙의 적용에서 비롯된다. 가토는 'Evolution'을 처음으로 '進化'로 옮긴 사람이다. 중국의 사회진화사상은 옌푸(嚴復)에 의한 창발적 진화론자 토머스 헉슬리의 『천연론』(*Evolution and Ethics*, 1898, 『진화와 윤리』), 스펜서의 『군학이언』(사회학)의 번역으로 비롯된다. 옌푸는 진화 법칙을 물경(物競) · 천택(天擇)이라고 일컬었다. 진화론 사상은 한말 개화기에 중국 · 일본을 통해서 처음으로 한국에 수용된다.

그렇다면 이광수의 진화론은 생물학적 진화론을 넘어서 어느 성향 지향의 진화론이며 특히 헤켈, 스펜서의 진화론과는 어떤 관련이 있는지를 살펴보려는 것이 이 글의 초점이다. 이광수의 진화론 사상이 베르그송의 『창조적 진화』(*L'evolution L'créatrice*, 1907)의 '생명의 약동', 즉 '엘랑 비탈'(elan vital)과 관련된 생기론적 진화론인 것으로 해석하는 학자의 주장[11]

10 정용재, 『찰스 다윈』, 민음사, 1988, p. 154. 秋原律郎, 「日本社會學史年表」, 『日本社會學史』, 와세다대학 출판부, 1979, pp. 315~339 참조.

11 하타노 세츠코, 『「무정」 연구』, 1993(이후 최주한 역, 『「무정」을 읽는다』, 소명출판, 2008,

도 있으나, 여기서는 주로 스펜서와 헤켈의 사회진화론 또는 사상사적 분류인 기계론적 진화론과 연관시켜서 살펴보고자 한다.

2. 기계론적 진화론과 에른스트 헤켈, 허버트 스펜서

(1) 형이상학적 진화론

필립 위너(Philip P. Wiener)가 주 편자인 방대한 『사상사 사전』(*Dictionary of the History of Ideas*, 1978) 2권에서 토마스 A. 구지가 쓴 「진화론」 항에 의하면, 찰스 다윈의 『종의 기원』(1859)으로 비롯된 다위니즘은 19세기의 위대한 지적 사건으로 서구의 많은 지적 문화 양상에 혁명적인 충격과 영향을 주게 된다. 그것은 과학에 있어서의 의사(疑似) 신학적인 사고의 틀을 파괴하며 그 결과로 생물학자들은 더 이상 종의 창조에 관한 성서의 이야기 속에 관심을 두려하지 않게 된다. 또 지질학자들은 노아의 홍수 이야기에 관심을 두지 않게 된 것이다. 이렇게 자연계의 질서를 설정한 다윈 사상은 전지적 영역으로 넓게, 그리고 급속하게 퍼져나가게 된 것이다. 그래서 예컨대 사회과학은 극도로 진화론적이게 된다. 다윈주의의 개념이 인류에게 주는 영향은 실로 지대하다. 『종의 기원』은 인류가 신이 창조한 아담에서 유래하는 것이 아니고, 멀리 떨어진 인류 이전의 전(前)인류적 조선으로부터 유래했다는 것을 시사하게 된 것이다. 이광수가 『그의 자서전』에서 다윈의 진화론이 마땅히 성경을 대신할 것이라고 생각하게 된 것도 바로 이와 관련된다.

---

pp. 234~241). 와타 도모미 앞의 논문 중 「베르그송적 진화론: 억압과정으로서의 「무정」」 장, 2007.

인류 문화의 국면들이 그 기원과 발전, 존속 또는 소멸과 관련하여 연구하는 데 이르게 되고, '진화'라는 말은 생물학의 범역을 넘어서 인류학자 · 심리학자 · 사회학자 · 도덕 · 법률 · 정치 체제를 연구하는 역사가들의 작업의 표제로서 등장하기 시작하게 되는 것이다. 사실 "문학 · 미술 · 음악 · 사상사 전반을 포함하면서 모든 인류의 노력 전 영역에 진화의 레슨이 침투한 것은 그리 오래전이 아닌 것이다"(de Beer, 1905, p. 216). 다위니즘은 테니슨, 새뮤얼 버틀러, 조지 버나드 쇼 등과 같은 영국 문학자들의 관심을 자극하여, 자주 반감을 불러일으키기도 한 것이다. 그러나 결국 다위니즘은 철학에 있어서 우주 창조론적 사변을 갱신하고 자극함으로써, 마침내 1859년 이후 형이상학적 진화론의 다양한 체계가 이루어지게 된 것이다.[12] 생물학의 진화론이 마침내 철학적 · 사회학적인 진화론으로 발전 · 확산하게 되었다는 것이다. 이른바 생물학의 사회학으로서의 확산화 현상이다.

다윈 자신은 비록 이와 같은 철학적 결론을 이끌어낼 어떠한 의도도 없다고 부정하지만, 그럼에도 불구하고 그의 사상이 하나의 세계관을 구축할 만큼 일반화될 수 있었던 사실은 분명했다. 즉, 『종의 기원』의 마지막 문장은 "이 생명관의 장대함"(grandeur of this view of life)에 관해서 논했다. 이로써 그 책의 결론의 형이상학적 해석은 그 결론을 일반화했을 뿐만 아니라, 다윈이 정당하게 피한 의문을 다루는 경향이 있다. 그러한 의문 가운데서 생명은 어떻게 탄생했으며, 그것은 왜 진화를 시작했으며, 진화는 항상 연속적인 것인가, 자연사의 원리는 우주의 질서, 자연계의 목적, 인간 정신의 모습, 행동 표백의 자유, 그래서 인간의 지식을 어느 정도 타당하게 설명하는가 하는 것 등이다. 토마스 구지는 예의 『사상사 사전』의

12 Thoma A. Goudge, "Evoltionism", *Dictionary of the History of Ideas* Vol. II, Philip P. Wiener, Charles Scribner's Son, 1978, p. 181을 참조.

「진화론」 해설에서 생물학을 넘어서 이렇게 형성된 형이상학적 진화론 철학의 네 개의 주요 파생 방향을 지적하면서 그것을 기계론적 진화론(Mechanistic Evolution), 생기론적 진화론(Vitalistic Evolution), 창발적 진화론(Emergent Evolution), 실용적 진화론(Pragmatic Evolution)으로 각각 분화한다.[13]

이 가운데서 이광수와 가장 관련이 있는 진화론 사상의 계보는 물론 두 번째 '생기론적 진화론'과의 관련성도 있지만, 그보다는 헤켈과 스펜서가 중심을 이루는 그 첫 번째의 '기계론적 진화론'이며, 다른 말로 하면 사회다위니즘 또는 사회적 진화론이다. 옌푸가 중국에 『천연론』(天然論)으로 소개 · 번역한 『진화와 윤리』의 토머스 헉슬리는 창발적 진화론자이다.

구지는 큰 개념의 형이상학적 진화론의 한 부수적 양상으로서 헤켈과 스펜서가 속하는 기계론적 진화론에 대해서 다음과 같은 내용으로 설명한다. 그 내용을 지적하면 다음과 같다. 하나의 일반화된 교의에 의하면 전 우주는 외적인 힘 또는 법칙에 의해서 그 기본적인 소재에 작용이 미치는 결과로서 진보해온 것이다. 독일에 있어서 다윈에 대한 정열적인 옹호자인 생물학자 에른스트 헤켈은 그의 대중적인 저작인 『우주의 수수께끼』(1899)의 1장과 13장(XIII)에서 그 교의를 상술한다. 즉 헤켈에 의하면 '진화'는 우주의 모든 수수께끼를 풀 수 있는 마법의 개념이다. "천체의 운동에서 식물의 성장, 인간의 의식에까지" 모든 자연현상은 "하나와 동일의 위대한 인과법칙에 따르는 것"이라고 그는 강력히 주장한다. 그것은 "거대하고 동일한, 중단 없는 발전 과정"을 산출한다. 이 과정에서는 무수한 타입의 조직화가 일어나지만, 그러나 "모든 것은 궁극적으로는 원

13 앞의 책, pp. 181~185. 기계론적 진화론과 관련되는 이가 에른스트 헤켈과 허버트 스펜서, 생기론적 진화론은 앙리 베르그송, 창발적 진화론은 토마스 H. 헉슬리, 실용적 진화론에는 존 듀이가 관련된다.

자의 역할에 관련된다." 다만 전부를 통해서 연속성이 지배하면 세계의 소재를 구성하는 원자는 그로부터 인간의 의식이 진화한 미발달의 의식, 즉 "영혼을 갖추는 것을 상정하지 않으면 안 된다. 그래서 원자는 단순한 물리적 물질이 아니다. 그러므로 이와 같은 그의 교의를 유물론이 아니고 일원론(一元論)이라고 일컫는다. 세계의 모든 양상은 본질적으로 단일을 가정한다는 사상이다. 이것은 다위니즘을 데카르트, 칸트, 라플라스 등에 의해서 창시된 우주 창성론과 결합시키려는 철학적으로 조야하지만, 매우 영향력 있는 시도로서 보여질 수 있다는 것이다."[14]

(2) 헤켈의 일원론

에른스트 헤켈은 독일의 주도적인 다윈주의자이다. 헤켈은 1862년에 고생물학자 하인리히 브론(Heinrich Georg Bronn)의 죽음으로 인해서 방치된 독일에서의 다윈 해석의 공백 상태에 뛰어들어서 영국 밖에서 어느 누구보다도 다윈 이론을 지지하고 다듬고 역사적 틀 안에서 생물학을 통합하고 연구의 실천적인 프로그램을 계통발생(Phylogency)으로 설계한 사람이다.[15] 일원론인 그의 진화철학은 다윈의 관점이나 영국의 진화론 철학자인 허버트 스펜서 및 이원론자인 토마스 헉슬리와는 크게 다르다. 헤켈의 일원론은 물질적인 것과 유기적인 것의 단일성을 주장하며 정신적인 과정과 사회적 현상을 포괄시킨다. 그 발단 형식은 생기적 과정을 물리화학적 법칙과 실체로 감소시키려고 해서 기계론적이다. 그러나 생명의 역사를 구축하려는 그의 노력은 헤켈이 역사적 과정을 선취하게 되었음을 의미한다. 그 최종의 형식에 있어서 그의 일원론은 범신론적이다. 비록

14 앞의 책, pp. 181~182.

15 Sander Gliboff, *H. G. Bronn, Ernst Haeckel and the Origin of German Darwinism: A Study in Translation and Transformation*, The MIT Press, 2008, p. 155.

헤켈이 국가사회주의의 선구자로서 그리고 독일 지성사와 문학사에서 해악적인 사회다위니즘, 우생학, 민족에 대한 의사과학 이론, 나치의 인종적 이데올로기 같은 것들에 영향을 줌으로써 연유한다는 "Haeckel-to-Hitler thesis"로 간주되어져오기도 했다. 헤켈의 글과 강연이 뒷날의 인종차별, 민족적 우월감, 인종주의 진화론을 위한 과학적 정당화 마련에 이용되기도 했다. 다른 한편으로는 그의 작업에 대한 맥락적인 독서는 이 같은 해석을 뒷받침하지 못한다는 근자의 견해도 있다.

뷔르츠부르크, 비엔나, 베를린에서 피르호(R. Virchow), 요하네스 뮐러(Johannes P. Müller)와 함께 의학을 공부하고 예나대학에서 칼 게겐바우어의 지도 아래 동물학을 연구한 다음에 비교해부학의 교수가 된 그는 다윈의 『종의 기원』에 고무됨으로써, 독일에서 진화이론을 전파할 뿐 아니라, 다위니즘을 과학적으로, 물질주의적 윤리의 대중적 형태로서 향상시킨다. 특히 그는 『일반 형태학』(*Generelle Morphologie der Organismen*, 1866), 『자연창조사』(*Natürliche Schöpfungsgeschichte*, 1868), 『인간의 진화』(*Anthropogenie oder Entwickelungsgeschichte der Menschen*, 1879) 등 일련의 저작을 통해서 생명의 역사를 재구성한다. 이런 재구성 작업에서 인과적이고 기계론적인 접근 방법을 채택하여 1870년대에 "개체발생(ontogeny, 개체적 유기체의 발전)은 계통발생(phylogency)을 반복한다"는 반복이론 또는 생물발생론(biogenetic law, 진화재연설)을 발전시키게 된다. 그리고 헤켈의 일원론은 1866년에 『일반형태학』에서 처음으로 전개되는데, 그것은 유기체와 비유기체 간에는 본질적인 차이가 없으며 생명은 그보다 고등한 구조(조직체)인 것에서만 단지 비유기적인 것과 다른 것임을 나타낸다는 것이다. 헤켈의 '생물발생론'은 19세기말과 20세기초에 일부 독일 혈통에 전화됨으로써 나치의 국가사회주의의 인종 이론에서 한 정점을 이룬 악성의 인종주의에 과학적인 근거로서 나쁘게 이용되기도 하였으며 그의 일원론은 정치학에서도 도입되었던 것이다. 특히 '정치는 응용생물학'이라는 그의 언술이 나치철학의 옹호를 위해 많이 인용되었다고 지적된다.

헤켈의 관심은 매우 광범위한 것이 사실이지만, 주목되는 것은 그의 과학에서의 상당히 대중적인 성공과 과학 발전에 관해서 인류를 계몽하려는 동향에 있어서 더욱 두드러진 존재라는 점이다. 그의 과학상의 기여는 생물학에서 "개체발생은 계통발생을 반복한다"는 생물발생법칙의 선포와 모든 동물의 다양한 질서에서의 상관관계에 대한 계통수(系統樹)를 작성한 것이다. 그의 일원론은 항상 진화이론의 필요 결과나 효과로서 제시되었던 것이다.[16] 이 '일원론적 철학의 진실'을 확신하면서 그의 신념을 포괄적인 언술로 제시한 것이 바로 『우주의 수수께끼』(1899)인 것이다. 헤켈의 이 저작은 일본에서 1906년과 1917년에 『宇宙の謎』라는 이름으로 번역된다. 그리고 그의 *Die Lebenswunder* 또한 1913년에 『生命の不可思議』라는 제목으로 번역된다.

(3) 스펜서의 사회진화론

에른스트 헤켈보다 다소 세련된 기계론적 진화론은 허버트 스펜서(Herbert Spencer, 1820~1903)의 『종합 철학의 체계』(*A System of Synthetic Philosophy*, 1862~1893)에서 정식화된다. 스펜서는 이전에도 「발전 가설」(The Development Hypothesis, 1852)이라는 논문에서 고정되고 창조되어진

---

16 에른스트 헤켈에 대해 참조한 문헌은 다음과 같은 것들이다. ① *Dictionary of Scientific Biography* Vol. VI, ed. Charle Coulstur Gillipsie, Philip P. Wiener, Charles Scribner's Son, 1972, pp. 6~10. ② *Routledge Encyclopedia of Philosophy* Vol. 4, ed. Edward Craig, Routledge, 1998, pp. 200~201. ③ *The Encyclopedia of Philosophy* Vol. 13, ed. Paul Edwards, The Mcmillan Co & Free Press, 1978, pp. 399~400. ④ 신연재, 「진화론의 계보와 그 영향」, 『사회과학논집』 제8권 1호, 울산대학교, 1998, pp. 20~21. ⑤ 강대석, 「에른스트 헥켈의 일원론」, 『철학연구』 57집, 대한철학회, 1996, pp. 29~38.

종이라는 사상에 대한 공격과 변천설에 대한 옹호를 출간한 바가 있다. 『종의 기원』이 처음 출현하였을 때, 스펜서는 현생의 생물종은 공통의 선조로부터 변경을 수반하여 유래된다는 주장을 받아들인다. 그리고 스펜서는 다윈이 자연선택의 동의어로서 채택한 '적자생존'이라는 구절을 맬서스의 영향으로 만들기까지 한다.[17]

그렇기는 하지만, 스펜서는 다윈주의자가 아니었다. 그가 정식화한 진화의 일반 정의는 배(胚) 발생에 관한 폰 베어(Von Baer)의 기술, 라마르크류(類)의 전진주의에 의해서 고무된 것이다. 그는 진화를 "물질의 통합과 거기에 따르는 운동의 소실, 그동안에 물질은 상대적으로 불확실하고 응집성 없는 이질의 동질성으로부터 비교적 명확하고 밀착적인 이질성의 상태로 이행하는 것, 그리고 지속된 운동이 거기에 병행적인 변화를 받은 것"이라고 규정했다(『제1원리』[*First Principles*] 제6판, p. 144). 이 운동의 원인은 역학적이며 물질과 운동에 대해서 외발적이다. 스펜서는 그의 이 정의를 '우주의 수수께끼'에 대한 만능의 열쇠로써 모든 현상에 적용시키려 했다. 결국은 원초적인 성운에서 비롯한 태양계의 형성까지, 원시적인 인류의 공동체에서 시작해서 문명의 흥융에까지 적용하였던 것이다. 인간사회의 진화도 다른 진화 현상과 다른 것이 아니라, 보편적으로 적용할 수 있는 자연법칙의 한 특수 사례인 것으로 주장하게 된다. 이런 기도는 그 완성을 위해서 전 10권 30년의 시간이 소요되었던 것이다. 그것은 당시로서는 세계적으로 유명한 작업이었다.[18]

그 저작이 유명해진 이유는 『종합 철학의 체계』가 과학과 종교의 조정을 기획했기 때문이다. 그러나 그렇게 하기 위해서는 진화론이 크게 부정

---

17 *Dictionary of the History of Ideas* Vol. II, Philip P. Wiener, Charles Scribner's Son, 1978, p. 182.

18 루이스 A. 코저, 박명규 외 역, 『사회사상사』, 일지사, 1997, pp. 141~197을 참조.

되어야 했다. 『제1원리』(1862)의 제1권에서 스펜서는 만젤(Mansel)이 『종교적 사고의 한계』(1858)에서 궁극적인 진실이 알려질 수 없다고 한 것을 따라 인식론적 전제를 채택했다. 이제 종교는 현상의 배후에 불가해한 힘이 있다는 의식을 수반할 필요가 있으며 과학은 단지 현상과 관련한 그것들이 불가지의 진실의 현현인 것을 인정할 수 있다. 그래서 종교와 과학의 각각의 주장에서 대립은 필요치 않는 것이다. 그러나 진화의 과정은 현상의 특질일 뿐이라는 것을 따르게 된다. 궁극적인 진실은 진화하지 않는다. 더욱이 현상이라는 영역에서조차 진화는 총체적으로 침투적인 것은 아니다. 왜냐하면 진화는 본질적으로 미생물 · 생물 · 초생물의 다양한 영역에 지속적인 물질과 운동의 모든 배합이기 때문이다. 거기에서 작동하는 기계적 원인도 함께 지속적인 것이다. 그래서 스펜서는 디드로 이상으로 솔직하게, 결국 우주적 발전은 필연적으로 그 추이를 따른다고 선언한다. 대우주의 주기적인 사이클에 있어서 퇴행과 해체의 역방향의 과정이 따르게 되는 것이다. 그래서 그것이 포함하는 세부의 풍요로움에도 불구하고 『종합 철학 체계』는 반(反)진화론적 체계 쪽으로 내몰려지게 되는 것이 확실하다. 베르그송은 "진화론은 단지 이름뿐인 것이다"라고 지적한 것이다.[19]

이와 같이 같은 기계론적인 진화론의 범역에 있으면서도 헤켈과 스펜서는 각각의 입장이 그만큼 서로 다른 것이다. 헤켈의 일원론이 진화철학을 제시하면서 정신과 물질, 생물과 무생물의 통일을 주장하는 유물론임에 비해서 사회다위니즘을 대표하는 스펜서는 유기론의 입장이다. 그의 사회유기체론은 생물유기체론을 본받아 사회의 구조 · 기능 · 변동을 설명하려는 이론인 것이다. 라이엘(Charles Lyel)은 자신의 지질학 연구에서

19 앞의 책, p. 182.

진화 개념을 사회에 적용했다. 그는 모든 유기체의 발전이 동질에서 이질로의 법칙을 포함한다는 진화의 법칙을 생물학 · 심리학 · 사회학 · 윤리학 등의 개별 영역에 적용함으로써 사회유기체에 입각해서 사회사상을 전개한 것이다. 유명한 '적자생존' 메커니즘의 개념은 다윈에 의해서 채택되기도 한다. 이렇게 진화론 사고를 대중화시킨 스펜서는 생물계와 사회계 간의 병렬화를 그려낸 철학자이며 사회학자이다. 그의 학설이 당시의 유럽 학계에 충격을 주었음은 물론이거니와 일본에서도 메이지시기에 번역 · 소개됨으로써 스펜서 열풍이 일본 학계에 주는 영향 또한 실로 지대했던 것이 사실이다.[20] 그래서 가토 히로유키 및 도야마 유키오(外山行雄)와 같은 스펜서파 철학자가 출현한 것이다. 일본에서의 이 영향은 일본과 식민지로서의 이상한 공존과 결속 관계에 있는 조선의 상황에서도 『학지광』 등의 조선 유학생들의 지적 활동에서도 파급 효과가 커져서 재번역 · 소개 · 인용 · 적용 등의 여러 형태로 나타나게 된 것이다.

토마스 구지에 의해서 이렇게 형이상학적 진화론의 기계론적 유파로서 계보화된 허버트 스펜서와 에른스트 헤켈의 진화론의 보다 통칭적이고 일반론적인 명칭은 사회진화론 또는 사회다위니즘이다. 스펜서, 그리고 사회진화론의 지도자이며 독일의 다윈주의자이면서 그 개혁주의자인 헤켈은 부분적으로 사회진화론자로 일컬어진다. 사회진화론 또는 사회다위니즘은 사회의 역사적 변동을 생물 진화와의 유추나 병렬에 의해서 설명하려는 이론, 즉 다윈의 진화론, 특히 선택 원리와 생존 경쟁의 개념을 빌

---

20 일본 메이지시대에 허버트 스펜서의 대표적 번역본은 다음과 같다. 秋元律郎, 『日本社會學史』, pp. 315~327을 참조. 『權理提要』(尾崎行雄 역, 1877); 『干涉論』(鈴木義宗 역, 1880); 『社會平權論』(松島剛 역, 1881); 『女權眞論』(井上勤 역, 1881); 『社會學之原理』(乘行孝太郎 역, 1882); 『政體原論』(大石正己 역, 1882); 『社會學』(大石正己 역, 1882); 『哲學原理』(山口松五郎 역, 1884); 『倫理原論』(田中登作 역, 1892); 『綜合哲學原理』(勝井宇平 역, 1898); 『斯氏教育論』(尺振八 역, 1880); 『斯氏教育論』(有賀長雄 역, 1886).

려와서 인간 사회의 진화 · 발전을 설명하려는 이론으로서, 19세기 후반 영국의 스펜서에 의해서 제창된 것이다. 스펜서가 내세운 '적자생존'(최적자 생존, Survival of the Fittest) 개념과 원리에 기반한 사회에의 적용이 사회진화론의 기본적인 입장이다. 이와 같은 사회진화론의 성격 및 도래에 대한 논의들은 국내에서도 이제까지 비교적 활발히, 또 폭넓게 전개되었던 것이 사실이다.[21] 그러나 이들 논의의 관심들이 주로 일반론이나 개화기에 관련시키는 데 집중되어 있다. 그래서 비교문화론적 맥락성에 대한 보다 적극적이고 심화된 연구가 부족하다는 점에서 아쉬움이 없지 않을뿐더러 한국 근대문학 사상과의 연관성이 있는 연구에도 희소성이 없지 않다.

이광수는 그의 글들로 보아서 진화론 및 사회진화론에 많은 관심을 가졌던 것이 분명하다. 그의 진화론 사상을 보다 심도 있게 살펴보기 위해서는 주로 사회진화론이 어떤 경로로 어떻게 전래했는가 하는 것에 대한 역사적 개관의 차원을 넘어서서 사회진화론 이해의 중간적 매개 기능을 한 1871년 이후 일본에서 진화론 관련 서적의 번역, 적자생존(우승열패)의 변용과 해석 및 적용(수용) 등을 통해서 활발해진 일본의 국가주의적 사회진화론에 대한 검토, 그로부터 지배/피지배 관계에 있는 한국의 지식인들이 이해하고 받아들이고 있는 사회진화론의 수용 방법에 대한 독자적이거나 대비적 구명이 요망되는 것이다. 특히 이광수의 진화 사상을 해석하기 위해서는 헤켈과 스펜서의 사상이 겹쳐 있는 가토, 비교적 생물학적인

21 대표적인 논의는 다음과 같다. 이광린, 『구할말 진화론의 수용과 그 영향』, 1999; 정용재, 『찰스 다윈』(민음사, 1998); 「사회 진화론 수용의 비교사적 검토」, 『역사비평』 34호 특집; 진복희, 「사회진화론의 19세기 말부터 20세기 초까지 한국에서의 기능」, 『한국 정치학회보』 27집, 1993; 신연재, 「진화론의 계보와 그 영향」, 『사회과학논집』 제8권 1호, 울산대학교, 1998; 장수익, 「한국 근대 소설과 사회진화론」, 『한국현대문학연구』 19집, 2006; 최재천 외, 『21세기 다윈혁명』, 사이언스북스, 2009.

오카 및 우키타에서의 변용 현상과 대비적으로 살펴보는 일이 의미 있을 것으로 믿어진다. 또한 동시대 반(半)식민지 상태의 중국에서의 진화론 수용과 전개도 비교해보는 시각이 바람직할 것이다. 그렇다면 이광수의 사상에 미친 사회진화론의 영향은 무엇인가.

3. 이광수의 사회진화론

(1) 힘의 정치학과 생존논리

현대의 만반사상이 모두 진화론의 윤리에 영향을 받는다고 주장하는 이광수의 글들 가운데에서 진화론이 비교적 뚜렷하게 거론되거나 수용되어 있는 글은 「교육가 제씨에게」(1916), 「동경잡신」(1916), 「혼인에 대한 관견」(1917), 「위선 수(獸)가 되고 연후에 인(人)이 되라」(1917), 「신생활론」(1918), 「자녀중심론」(1918) 등이다. 그밖에도 「금일 조선 야소교회의 결점」(1917), 「민족개조론」(1922) 등에서도 진화론의 요소가 내재해 있다. 하기는 「문학의 가치」(1910)에서도 '다윈의 진화론'이라는 말이 이미 출현한 것으로 보면, 그의 진화론에의 관심은 상당했다고 할 수 있다. 물론 이들 글에서는 진화론 자체에 대한 특별히 전문적인 이해와 해설이 표명되거나 시도되었다고 할 수는 없지만, '생존경쟁', '적자생존', '우승열패', '약육강식', '자연도태'와 같은 진화론의 일반 표어 어구들이 빈번하게 원용되고 있어서, 진화이론의 깊은 효과가 작용하고 있음을 짐작케 하는 것만은 분명하다. 그래서 먼저 전제해두는 것은 이광수의 진화론이 스펜서의 사회진화론 내지 사회다위니즘의 성격을 띤다는 사실이다. 사회다위니즘을 가장 간략히 규정하면, '최적자 생존'에 대한 스펜서의 관념이 그대로 사회에 적용되어지는 사상[22]이다. 이미 그 이전 「태극학보」 25호(1908. 10)

에 실린 「수병투약」에서는 '약육강식'이 등장한다. 이 '적자생존'이라는 사회진화론의 핵심 어구가 이광수의 글에서 최초로 등장하는 것은 방랑 중 1914년에 러시아의 치타에 도착해서 『대한인정교보』에 쓴 논설 「적자생존」에서이다.

1) 적자생존(약육강식)과 힘의 정치학

허버트 스펜서의 교육론 영향[23]을 다분히 받고 있는 이광수의 교육론 「교육가 제씨에게」는 진화론 사상이 처음으로 가장 현저하게 투사되어 있는 글의 하나이다. 그 해당 부분을 옮겨보면 다음과 같다.

> 생활이란 자기 일신의 건강과 행복을 유지하고 발전하며, 경(更)히 자기의 미래의 자손을 위하여 지식과 체력과 정신과 재산을 유(遺)하는 만반 행동의 총화를 위(謂)함이라. 차를 진화론자들은 개체의 보존·발전 급 종족의 보전·발전이라 함이라 함은 경진하여 자기 일신 우는 자기의 종족으로 하여금 타인 우는 타종족의 상(上)에 상(上)하게 함을 운함이라. 차 양 목적을 위하여 분투함을 생존경쟁이라 하나니, 차 간단한 원리야 말로 동식물계의 만반현상(萬般現象)을 지배하는 대법칙이라. 생물학자—우왈 생물계의 만반현상, 즉 생존경쟁의 현상을 생하려는 욕망 우는 의지에 출하다 하여 욕망 우는 의지로 생물계 만반현상의 원동력을 삼으니라.

22 B. R. Hergenham, *An Introdution to the History of Psychology*, Fourth Edition, Wadsworth, 2001, p. 261. 최기영, 『식민지 시기 민족 지성과 문화운동』, 한울아카데미, 2003, pp. 157~161 및 p. 174 참조.

23 이광수가 허버트 스펜서 교육론의 영향을 받고 있음은 「민족적 경륜」(1924)에서 "[……] 이러한 의미를 영국의 스펜서도 그의 교육론에서 역설하였다"(『이광수 전집』 17권, 삼중당, 1962, p. 278)라고 명시되어 있고, 그 이전의 「문사와 수양」에서 '지·덕·체'론에서 확실해진다.

> 연이(然而) 인류도 생물인 즉, 인류 만반활동은 즉 생존경쟁이요, 차 활동의 원동력은 즉 생하려는 욕망 우는 의지라. 여사(如似)하여 인(仁)이 인성지본이라든가, 애(愛)가 인성지본이라든가, 선(善)이 인성지본이라든가 하던 고대 윤리학의 근저가 파괴되고, 현금에는 생하려는 욕망 우는 의지로써 인성지본을 삼으니, 어시호, 고래의 정신세계 · 윤리 · 도덕세계가 파괴되고 생하려는 욕망 중심의 윤리와 철학이 생하도다. 금일 세계 제문명국의 실지로 행하는 윤리 · 정치 · 교육의 근본 사상이 실로 차 생하려는 욕망에서 발하니라. 고로 약빈(弱貧) · 소(小) · 무기력(無氣力) · 나타(懶惰) · 부(負) 등은 죄악이요, 강(强) · 부대(富大) · 용무(勇武) · 근면(勤勉) · 승(勝) 등은 선이며 덕이며 인이니라.[24]

먼저, 진화론의 핵심 요체로서의 '생존경쟁'을 설명하고 있는 이 글에는 이광수가 이해하거나 파악하고 있는 진화이론의 몇 가지 면모가 제시되어 있다. 첫째는 '생물계 만반현상의 원동력'으로서의 원리인 생존경쟁이라는 것이 생물학적으로 개체와 종족의 연속의 법칙(Law of Genetic Continuity)에 따라서 보존과 발전을 위한 '생'하려는 욕망이 근거된 경쟁인 것으로 규정하고 있다.

그런데 여기서 발전의 교의를 중요시한다는 것은 진화가 곧 발전을 의미한다는 스펜서의 발전의 법칙이라는 견해와 관련됨으로써, 생물학과 사회 간의 유추에 근거해 다위니즘을 사회적이라는 사회다위니즘과의 연관적인 고리가 이루어진다.

---

24 「교육가 제씨에게」, 『이광수 전집』 17권, 삼중당, 1962, p. 734. 윤홍로도 춘원의 진화론 이해의 예증으로서 이 대목에 주목한 바 있다(윤홍로, 「개화기 진화론과 문학사상」, 『이광수 문학과 삶』, 한국연구원, 1992, pp. 34~36. 윤홍로, 『한국소설의 해석』, 단국대학교 출판부, 1998, pp. 85~86을 볼 것). 최근 이 대목에 대한 논의로는 차승기, 「이광수의 반전통주의」, 『작가세계』, 2003년 여름호, pp. 86~88이 있음.

둘째로, 이러한 생물적인 것과 사회적인 것의 연계 관계는 "인류도 생물인, 즉 인류 만반 활동은 생존경쟁"이라는 규정의 대목에서 더욱 확실해진다. 동식물계의 만반 현상을 지배하는 법칙을 인류의 만반 활동에 적용한 것이다. 즉 인간 개개인의 사회 국가에도 생물계처럼 생존경쟁의 메커니즘이 관철된다는 것이다. 이처럼 다윈의 진화론, 특히 생존경쟁과 선택원리의 개념을 인간에 적용함으로써 경쟁으로써 인간 사회의 진화 · 발전을 설명하는 것, 즉 사회의 역사적 변동을 생물 진화와의 유비에 의해서 설명하려고 하는 것이 사회다위니즘 또는 사회진화론이다. 이것은 19세기 후반 영국의 허버트 스펜서에 의해서 제창된 이론이다. 이에 관해서 호프스태터(R. Hofstadter)는 진화의 일반 법칙이 형성되어질 수 있다는 스펜서의 가정은 그로 하여금 진화의 생물학적 개요를 사회에 적용하게 한 것이며, 스펜서나 사회다윈주의자가 진화론을 사회에 적용한 것이 그 시발점인 것으로 본 것은 당연하다[25]고 지적한다.

이광수는 「문사와 수양」(1921)에서 스펜서의 「교육론」(1861)—가장 가치있는 지식 · 지육 · 덕육 · 체육 등 4장—을 다시 「민족적 경륜」(1924)에서의 교육의 '피적포이술'(避敵捕餌術)을 언급하는 대목에서 제시함으로써 적지 않은 영향을 암시하고 있듯이, 이 글에서도 스펜서의 사회진화론으로부터 영향을 받고 있다. 이렇게 진화론의 생물 개념을 사회적 이념에 적용 · 관련시키려는 현상은 그의 「중추계급과 사회」(1921)의 서두에서 "유기체인 생물의 세포에 핵이 있음과 같이 사회의 형성에도 핵이 있습니다"[26]라고 한 유기론적 명제에서도 분명해지는 것이다.

셋째는 스펜서가 1852년에 쓴 유명한 논문[27]에서 처음으로 도입한 어

---

25 Richard Hofstadter, *Social Darwinism in American Thought*, Revised Edition, the Beacon Press, 1962, p. 38.

26 이광수, 「중추계급과 사회」, 앞의 책, p. 151.

구 '최적자 생존'(survival of the fittest, 다윈이 스펜서로부터 빌린 말)의 법칙이 강조돼 투사되어 있다. 여기서 스테레오타입이나 다름없는 적자생존이나 또는 우승열패에서 진화된 최적자 또는 우적자(fittest)와 적합(fit)은 '강(强)·부대(富大)·용무(勇武)·근면(勤勉)·승(勝)·선(善)'으로, 진화되지 못하거나 덜 진화된 부적자(unfit) 또는 열패자는 '약빈(弱貧)·소(小)·무기력(無氣力)·나타(懶惰)·부(負)·악(惡)'으로서 이원적으로 대비화시킴으로써 우자(優者)와 강자, 적자와 열자(劣者), 약자와 패자라는 등식의 우승열패와 약육강식이라는 힘의 논리를 구도화한다. 즉, 강이 선이고 승이며 약이 악이고 패이며 도태된다는 철저한 약육강식의 권력주의적 경향인 '힘의 정치학'(Machtpoltik)으로서의 적자생존 교의가 존중되어 있다.

이는 생존경쟁에서 강한자만이 살아남고 '힘이 옳음'이라는, 『그의 자서전』에서 밝혔던 관점과도 일치되는 현상이다. 사실 『그의 자서전』에는 역설적으로 강자의 힘의 정치학, 약자의 힘의 정치학이 공존하고 있다. "힘이 옳음이라 힘센 자만 살 권리가 있다. 힘센 자의 하는 일이 다 옳다." "강자는 강자이며 우리가 겨루고 싸울 적이요 약자는 약자이며 우리가 부려먹을 노예가 아닌가." 이광수의 이 힘의 정치학은 인종과 국가 간의 치열한 경쟁의 주류 속에서 타민족 또는 타인종 지배를 정당화하려는 제국주의적 지배 논리로서의 적자생존(우승열패·약육강식)의 옹호와 인정으로서의 논리인 것을 인식하면서 그럼에도 불구하고 오히려 강자만이 이기고 살아남는 제국주의적 힘에 대응하는 힘의 유효성과 열패 가운데에서 더 강한 생존적 힘의 준비와 실력의 양성을 시사하는 암묵적인 역설이 함께 내재되어 있음을 간과해서는 안 된다. 힘을 갖추어 외세에 대응한다는

---

27 Herbert Spencer, "A Theory of Population Deduced from the General Law of Animal Fertility", 1852. 다윈은 이 구절을 그의 『종의 기원』 5판에서 스펜서로부터 차용하였음.

개념이다. 이는 다음과 같은 그의 다른 글에서 드러나게 된다.

> 힘. 그렇다. 힘이다. 일본은 힘으로 우리나라를 빼앗았다. 빼앗긴 나라를 도로 찾는 것도 '힘'이다. 대한 나라를 내려누르는 일본 나라의 힘은 오직 그보다 더 큰 힘을 가지고야 밀어낼 수가 있다.

1914년 『대한인정교보』의 논설 「적자생존」에서의 "살아갈 만한 힘이 있어야 산다", "일본이 우리나라를 먹은 심장은 괘씸하도다. 그러나 우리 힘이 그를 막기만 하였더면 아무리 우리를 먹으려한들 어찌 먹으리오"라고 주장한다.

이와 같은 이광수의 우승열패, 약육강식의 '힘의 정치학'의 형성은 헤켈을 받아들여서 국가주의와 세력 확장을 지향하는 가토 히로유키 및 바이런 평전을 쓴 키무라 타카타로(木村鷹太郎, 1870~1931)의 우승열패의 '힘의 논리'[28]와의 연관성 속에서 그 시발이 이루어질 수도 있었던 것이지만, 그 베이스라인에 있어서는 서로의 이질화나 변형화가 이루어지는 것도 사실이다. 따라서 '교육가 제씨에게'라는 표제 그대로 교육가들에게 주는 이 글은 개체와 종족을 보존 · 발전시킬 만한 능력, 즉 힘을 양성하는 것이 교육의 목적이고 이상인 만큼, 지력과 체력과 정신력, 즉 힘의 강화를 위한 교육가의 의무를 강조하고 있는 것이다. 그래서 이광수의 힘의 정치학은 그것이 가토 히로유키의 우승열패적 · 국가주의적 진화론과 이론 형성적 연관성이 없지도 않지만, 야누스의 얼굴처럼 그것이 함의하는 다른 내면적 일면은 교육의 힘을 통한 힘을 준비하고 갖추라는 민족적 자강론

---

28 하타노 세츠코, 앞의 책, pp. 188~189 참조. 기무라, 『バイロン文學界之大魔王』(大學館, 1902)에서 여러 문맥을 인용했는데 이에 대한 자료가 없기에 하타노의 견해를 빌림.

의 입장으로 변이하고 변형화된 것이다. 우승열패에 관련되어 동시대인 1923년 『신생명』 4호에서의 채필근(蔡弼近)의 「진화론 개설」에서도 진화론으로서 '생존경쟁', '우승열패'가 거론되며 "강자가 열자 약자를 압복하고 자기 생명을 보존"(p. 28)이라고 지적됨으로써 압복으로서의 힘의 정치학이 함의되어 있다.

2) 이광수와 『진화론 강화』

「동경잡신」에 제시된 진화론은 '적자생존', '자연도태'(자연선택, natural selection)라는 진화이론의 두 요소로서 어구의 인용,[29] 우승열패 · 약육강식의 극단화된 생활 법칙에 대해서 '도적'과 '불한당'(不汗黨: 제 땀을 흘리지 않고 생활하는 무리)으로의 비유화를 통해서 함축성 있게 강제적으로 타인의 소득을 탈취하면서 불로소득 하는 삶의 행태에 대한 비판에 응용한다. 또 '기생충'이라는 생물학적 수사를 끌어와서 기생(寄生)적 삶도 공박한다. 그리고 「동경잡신」은 이미 앞에서 언급한 것처럼, 조선의 인사들이 신문명의 대체를 이해하기 위해서 꼭 읽어야 할 책으로서, 오카 아사지로의 『진화론강화』(進化論講話, 1904)를 추천한다. 이로 보면 이 책이 진화론 관계 서적으로서 이광수가 읽었다는 것이 확실하며, 헤켈의 번역본인 『우주의 수수께끼』와 더불어 진화론을 이해하는 가장 중요한 근거가 된 것으로 판단된다. 이 『진화론강화』는 유럽에서 유학하여 생물학에 대한 전문지식을 갖고 있는 오카가 쓴, 다윈의 생물학적 진화론에 대한 충실한 소개서로 평가되는 책이다. 그러나 그럼에도 불구하고 이광수가 이미 이에 대해서 "과학은 물론 [……] 윤리 · 정치 · 종교를 물론하고 진화론의 원리

29 "천(天)은 적자 생존과 자연도태라는 엄정한 법칙 하에 여차(如此)한 무리의 생존 번식권을 탈하시나니라." 『이광수 전집』 17권, 삼중당, 1962, p. 498.

의 영향"을 운운하면서 간략하게 해설하고 있는 사실만으로도 이 역시 순수 생물진화론이라기보다는 생물학의 원리나 진화론의 사고를 인간 사회에 적용시킴으로써 사회다위니즘으로서의 면모나 양상이 있음을 배제하지 않았음이 확실하다. 아마도 이러한 사고방식은 당시 일본 지식층의 일반적인 상식이었던 것 같다. 그래서 일본의 사회진화론의 유입과 전개를 밝히는 글에서 윤건차는 다음과 같이 지적한다.

> 구미의 진화론 계몽기와 명치 일본의 서구 사상 · 수용기가 겹쳐진 속에서 일본에서는 다윈의 진화론이 처음부터 서구 사상의 일부인 '사회진화론'으로서 수용되어 갔다고 볼 수 있다. 명치 초기 일본에 필요했던 것은 어떤 면에서는 생물학 이론으로서의 진화론이 아니라, 인간 사회의 진화 발전을 설명하고 신진 열강과 어깨를 나란히 하는 데 필요한 사회이론으로서의 진화론이었다는 것을 의미한다.[30]

이광수의 진화론 이해는 이러한 일본에 있어서의 지적 지형이나 방향과 연관되어 있으리라는 것은 자명하다. 이 점에서 진화론 이해를 위한 제3의 매개 기능을 한 것으로는 十時彌의 『진화론』(進化論, 博文館, 1906)이다. 이 책은 거의 전적으로 생물진화론에 관한 책이다. 저자인 十時彌는 서문에서 "태서의 학자 坤氏"의 책을 기초했다고 하였는데, 坤氏가 누구인지 확인할 수가 없고, 생물진화론으로서 독자에게 정독을 권한 책은 이시카와 지요마쓰(石川千代松)의 『進化新論』이라고 지적하고 있다.[31]

---

30 윤건차, 「일본의 사회진화론과 그 영향」, 『역사비평』 34호, 역사비평사, 1996.

31 十時彌, 「進化論序」, 『進化論』, 博文館, 1906/1909, p. 3.

3) 정조론과 『무정』

「혼인에 대한 관견」은 근대적 정조 관념의 정립을 두고 진화 사상을 피력한 글이다. 글의 바탕은 분명히 진화론으로서 이는 이광수가 첫 장편소설 『무정』(1917)이 연재되던 같은 기간에 씌어진 것이다.

> 말하자면 우리나라에서 이른바 정조는 일종의 종교적 미신이었소. 그러나 현대는 과학적 철학적 근거가 없는 사상이나 제도는 아무 효력이 없는 것이요. 현대 모든 문물 제도의 표준은 개인과 종족의 생활을 고상하게 하고, 아울러 그 번영을 기함에 있으니까, 오직 이 표준에 적합한 자라야 비로소 선이라 칭하고 존재할 가치가 있다 할 것이요. 차에 반(反)한 자는 아무리 고래로 선이라 하여 오던 자라도 그 존재의 가치를 잃어 버리는 것이요.
>
> 그런데 우주는 진화하니까 따라서 인생도 진화하니까 또 진화라는 것은 변천을 의미하니까 모든 도덕과 제도도 진화되고 변천할 것이외다. 이 진화에 잘 순응하여 현명하고 민첩하게 변천하는 것이 종족 번영의 유일한 길이외다. 그런데 종래 조선은 이 진화의 천리(天理)에 역행하였소. 역행하여 얻은 결과는 무엇이던가요? 그러므로 조선이 이제 정신 차려야 할 일은 진화의 천리를 순종함이외다.[32]

정조관을 두고 발전으로서의 진화 사상 및 전통적(종교적) 미신 상태로부터의 벗어남이라는 삶의 근대적 가치와 과학이 역설되어 있는 대목이다. 진화를 변화의 천리나 법칙으로서 받아들이고 있다. 진화론은 생물 등 우주와 그 구성요소의 일부가 수(數) · 다양성 · 복합성의 증가와 같이 거스를 수 없고 누적적인 변화를 겪으면서 형성된다는 것을 주장하는 일

32 이광수, 「혼인에 대한 관견」, 앞의 책, p. 59.

군의 사상이다. 그래서 진화론은 우주와 그 구성 부분들이 영원히 같다든가, 그들은 창조된 이래 늘 같아왔다든가, 또는 과거에 있어서 주기적으로 그러했던 상태처럼 같아질 것이라든가, 고차적이고 완전한 원천의 유출이라는 신념과 대립되는 것이다. 진화의 법칙이 변이, 즉 변천임을 밝히고 있는 이 글은 현대의 문물제도의 표준에 '적합한 자'와 '반(反)하는 자', 즉 'fit'와 'unfit'를 대응적으로 제시함으로써 진화론, 특히 스펜서주의의 핵심 요소 중 하나인 '적자생존'의 메커니즘을 강조하거나 그에 근거되어 있다. 반(反)하는 역행은 'unfit'이며 도태와 연계되지만, '순응'은 변화에 대한 적응(adaptation)이나 '진보적 변이'와 상응하는 'fitness'와 생존의 개념이다. 따라서 변천과 발전인 진화의 천리에 순종 · 적응해야 할 것을 강조한다. 자연스러운 결론이다. 이렇게 적자생존의 사회진화론은 이광수의 정조와 사랑에 대한 문학 사상에 영향을 주게 된다. 그래서 이 글과 함께 동일한 시기에 씌어진 장편소설 『무정』에서의 정조론과 이 글의 정조관은 밀접한 상동관계를 지니고 있다.

이광수의 첫 장편소설이자 여성의 성장소설(Bildungsroman)인 『무정』(1917)은 진화론과 밀접한 상관성을 갖고 있는 작품이다. 『다윈의 플롯』(*Darwin's Plots*)을 쓴 질리언 비어는 진화론이 19세기의 사유와 창조성에 내재하는 두 가지 상상적 요소를 담고 있다고 지적한[33] 그 두 가지 중의 하나가 바로 자연철학과 성장소설(또는 교양소설)에서도 표현된 성장에 대한 관심이다. 성장소설이란 성장 이념(Bildungsidee)에 근거한 소설 형태이며, 『무정』은 성장소설이면서 동시에 교육소설(Erziehungsroman) 및 발전소설(Entwicklungsroman)과의 혼성형 소설이다. 이 『무정』의 여주인공 박

---

33 Gillian Beer, *Darwin's Plots: Evolutionary Narrative in Darwin, George Eliot and Nineteenth Century Fiction*, 남경태 역, 휴머니스트, 2008, p. 230.

영채란 인물은 사실상 정조와 사랑, 즉 정절에 대해서 '종교적 미신'을 갖고 있는, 진화해가는 근대적 세계에 대해서 'unfit'한 여성이다. 아버지가 정해준 배필인 이형식에 대한 사랑과 정조 지키기, 겁탈을 당하고 나서 갖는 정조 훼손에 대한 죄의식과 행동, 자살행 차 안에서 만난 신여성 김병욱과 교환하는 대화에서의 정조관(정절관)의 차이 등 서사적 장면들은 신구의 정조관 · 연애관을 대비시킨 논설의 담론과 서로 상응한다. 뿐만 아니라 끝내는 "진화의 천리를 순종"함과 'fit'의 상태로 변이하고 적응 · 성장해가는 박영채의 삶의 과정이 또한 상동하는 관계이다. 영채가 차중에서 만난 김병욱이라는 여인은 성장소설의 절대적 구성요소인 성장으로 이끄는 멘토인 것이다.

4) 인위적 진화론

「신생활론」(1918)의 바탕을 이루는 진화이론은 '인위적 진화'[34]이다. 이광수는 인위적 진화를 강조한다. 「민족개조론」 다음으로 긴 장편 논설인 이 글의 이론적인 중심 관점은 1장인 「생활은 변화라」, 2장 「의식적 변화와 무의식적 변화」에 제시되어 있는 변화의 진화론과 인위적 진화론이다. 그래서 인위적으로 진화와 변화를 촉진하는 동력은 바로 이성적인 비판에 있음을 강조한다. 여기에 제시되고 있는 진화론은 첫째로 생활은 외계에 순응하는 변화라는 점층적인 변화로서 파악된다. 이에 '고정' 대 '변화'의 고정론과 변화론의 이항이 대립한다.

---

34 이광수와 관련해 이 문제를 다룬 대표적인 논의로는 박성진, 「1920년대 전반기 사회 진화론의 변형과 민족개조론」, 『일제의 조선 침략과 민족운동』, 한국민족운동사연구회 편, 국학자료원, 1998, pp. 13~16과 하타노 세츠코, 「『무정』의 빛과 그림자」, 『『무정』을 읽는다』, 최주한 역, 소명출판, 2008, pp. 87~93 및 「李光洙の民族主義思想と進化論」, 『朝鮮學報』 第136輯, 1990.

> 난(卵)으로써 유충(幼蟲)으로써, 용(蛹)의 용(蛹)으로써, 완전한 성충에 달하는 모양으로 오인. 인류의 생활은 부단의 변화를 경(經)하여 완전을 향하고 진화하는 것이외다.[35]

이렇게 변화론은 알에서 성충에 이르는 생물계의 변화와 인류의 생활 변화와 진화를 서로 관련지우는 진화론에 기초해 있다. 그러면서도 이광수는 동식물계에 있어서 자연법칙이나 자연선택(natural selection)에 의한 진화와 함께, 원예사나 목축업자에 의해서 행하여지는 '인위(인공) 선택'(artificial selection)에 의한 다른 진화가 있는 것처럼, 생활에 있어서의 진화를 자연선택에 의한 진화와는 다른 다윈의 인위적 진화를 강조한다. 이것부터가 사회적 다위니즘의 현상이거나 형이상학적인 진화론이다.

> 인류의 특색은 자기가 자기의 이상을 정하고 자기의 노력으로 자기를 진화시킴에 있습니다. 즉 다른 만물은 자연의 법칙을 따라 무의식적으로 진화하는 것이로되, 인류, 그 중에도 문명을 가진 인류는 자기의 노력으로 자기가 의식해가면서 진화하나니, 이것은 인위적 진화라 할 수 있습니다.[36]

자연선택과 순응을 통한 점진적인 발전이 이루어지는 동식물의 진화와 같은 '무의식적 변화'와는 차별화되는 진보적 변이(progressive transmutation)를 위해서 자기 노력으로 자기의 진화를 인위적으로, 또한 의식적으로 행하는 '의식적 변화'가 곧 인위적 진화인 것으로 규정한다. 이로써 그는 동식물계의 진화와 인간의 변화를 구분하고 있을 뿐만 아니

35 이광수, 앞의 책, p. 517.
36 같은 책, p. 518.

라, 하급의 열등한 인종(민족)이 아닌 문명화된 국민으로서의 '문명을 갖춘 인류'의 진화는 지적이고 인위적인 진화이고, 또 그 두 방법은 바로 교육과 혁명이라고 주장한다. 이 두 방법에서 교육은 지식에 의해, 혁명은 폭력에 의해서 변화를 일시에 단축할 수 있다고 본다. 자연 또는 사회적 질서의 느린 전개가 '진화'라면 급격한 변화를 의미하는 것은 '혁명'인 것이다. 그는 의식적 변화로서의 인위적 진화를 물리화학적으로 설명한다. 즉 화학의 힘이나 전기의 힘으로 식물의 성장을 속성 · 촉진시키기 위해서 공기 중에 방치하면 백년, 천년 걸리게 되지만, 전기의 고열로 수분 내에 연소하며 철을 산화시켜버리는 것처럼 사상 · 학술 · 교육 · 정치의 힘으로 성장을 속성 · 촉진할 수 있다는 것이다. 그래서 이제는 무의식적인 진화에서 벗어나서 이상을 확립하고 그 이상을 의식하면서 자각을 가지고 변화하지 않으면 안 된다고 주장한다. 따라서 이 글은 변화의 동력이 비판에서 온다고 보고 변화가 아니라 생활의 고정화를 가져온 유교사상과 기독교사상에 대한 비판을 내용으로 하고 있다. 그래서 「신생활론」은 그 이름대로 생활 개혁론인 것이다. 여기에 나타나는 진화론은 힘의 정치학이 아니라 우적자(優適者)로서의 '신생'의 방식을 위한 변화의 원동력으로서의 자기비판과 적응에 의한 진보적 변이이다.

그런데, 한 일본 학자의 연구[37]에 의하면, 이광수에게 이와 같은 '인위적 진화'의 발상을 부여한 것은 이광수가 「동경잡신」에서 "우러러 사모한" 대상으로 밝힌 우키타 카즈타미(浮田和民)의 『사회학강의』(1901)의 진화사상과 연계된다는 것이다. 교육과 혁명을 인위적 진화의 두 실례로 보는 이광수의 관점과 한편으로 교육을 시행하고 다른 한편으로 개혁을 시행함으로써 점진적인 개혁을 주장하는 우키타의 견해가 서로 상응하기

37 하타노 세츠코, 앞의 책, pp. 89~90.

때문이라는 것이다. 충분히 납득되는 해석이다. 그러나 분명한 것은 우키타의 인위적 진화의 관점 역시 이광수의 경우와 마찬가지로 그것이 자체적 관점에서 이루어진 것이기보다는 생물학에서의 자연선택을 넘어선 '인위적 선택'의 진화를 배경과 원류로 하는 서구의 '인위 선택'(artificial selection) 및 사회다위니즘의 사상과 무관한 것이 아니라는 점이다. 이광수는 인위적 진화를 생존의 논리로 파악한 것이다.

5) 진화 · 진보의 다크사이드

한편, 이광수의 『재생』, 『사랑』, 『흙』과 같은 문학작품에서는 매독 · 임질과 같은 질병의 은유가 현저하다. 이른바 질병의 메타포 현상이고, 타락자 또는 변질자(degenerate)의 인물화 현상이다. 특히 성병 환자나 매독이 이상성의 징후나 이미지로서 이들 소설에서 자주 제시되고 있다. 이것은 이미 앞에서도 많이 논급한 바 있는, 노르다우가 지적하는 퇴화(degeneration) 사상의 표출 현상이며 그 중요한 자질이다. 『재생』에서 순영은 매독에 침염되며, 『사랑』에서 타락자인 허영 역시 성병에 전염된다. 그런데 바로 이 질병의 은유화로 제시되는 퇴화 현상은 앞서 인용한 챔버레인이나 샌드라 길맨이 지적하고 있는 것처럼 진보나 진화의 '이면'(dark side)인 것이다. 이는 진화가 퇴화와 양면으로 잇대어 있음을 의미한다. 이광수의 소설 공간에 있어서의 진화론은 신체에 침염된 질병이 이렇게 이면인 다크 사이드를 이루면서 진화론 · 퇴화론이 함께 조종되고 있는 것이다.

(2) 헤켈의 『우주의 수수께끼』와 이광수의 문학과 사상

에른스트 헤켈의 『우주의 수수께끼』(*Die Welträtsel*, 1889)는 그가 일원론 철학의 진실을 확신하면서 신념의 포괄적인 진술로서 출간한 책이다. 그 책은 수십 년 간의 학구적인 고찰의 총계로서, 그의 60여 년 간의 라이프 워크의 정수로서 평가된다. 독일 · 영국 등 유럽에서 베스트셀러로서 대단한 인기가 있었던 책이며, 1901년에 *The Riddle of the Universe*라는 제목으로 영역된다. 이 제목은 일곱 개의 우주적 수수께끼(World Enigmas: 물질과 힘의 본성, 운동의 기원, 생명의 기원, 자연의 질서, 단순 지각과 의식의 기원, 이성적 사고와 언어, 의지의 자유)에 관한 에밀 뒤브아-레이몽(Emil Dubois-Raymond)의 1880년에 있었던 베를린과학원 강연에서 연유한다. 그렇듯이 헤켈은 그의 일원론이 이들 우주의 수수께끼에 대한 문제들을 해결할 것이라고 믿으면서 책의 내용을 인류학(인간) · 심리학(영혼) · 우주론(우주) · 신학(신)의 부문들로 각각 분화하고 있다.[38] 이 『우주의 수수께끼』는 1906년에 구리하라(栗原古城)에 의해 『宇宙の謎』(玄黃社)라는 제목으로 일본어로 번역된다. 이광수로 하여금 헤켈의 『우주의 수수께끼』를 『알 수 없는 우주』로 접하면서 '진리에 접한 것' 같은 충격을 준 것은 이 일본어 번역과 메카비(Joseph McCabe)의 영어 번역이었을 것이다.

그렇다면, 헤켈의 『우주의 수수께끼』가 이광수의 생명우주론 진화사상과 문학에 영향을 주고 있는 것은 어떤 것일까.

그 첫 번째의 영향은 헤켈식 진화와 생존경쟁이다. 헤켈은 『우주의 수수께끼』 1장과 13장에서 진화를 모든 우주적 수수께끼를 풀 수 있게 하는 마법의 개념으로 보고 천체의 운동에서 식물의 성장, 인간의 의식에 이르기까지 모든 자연현상을 하나의, 동일의 위대한 인과법칙에 따르는 것이라고 주장한다. 그는 19세기의 산물인 진화론이 오늘 우리의 모든 학문에 있어서 가장 확실한 기초를 이룬 것이라고 지적한다. 그리고 그는 진화의

---

38 Paul Edward, *The Encyclopedia of Philosophy* Vol. 3, The Macmillan Co & The Free Press, 1978, p. 399; Charles Coulston Gillipsie, *Dictionary of Scientific Biography* Vol. VI, Charles Scribner's Son, 1972, p. 9.

핵심인 '생존경쟁'을 다음과 같이 규정한다.

> 生存競爭はつまり適者生存であり. 最優者の勝利であつて, 强者が善者であるとも云ふこが承認せられて. 始ぬてこれが正當と云へるのである.[39]
>
> 생존경쟁은 즉 적자생존이며 최우자의 승리이며 강자가 선자임이 승인됨으로써 비로소 이것이 정당하다고 할 수가 있다.

'생존경쟁'은 곧 '적자생존'(survival of the fittest)이며 '최우자의 승리'(the victory of the best), '강자가 선자'(the strongest as the best)라는 것이다. 이것이 헤켈식 진화론의 생존경쟁의 논리이다. 이를 접함으로써 이광수는 『그의 자서전』에서 제시하고 있는 것처럼, 진화론의 적자생존의 어구를 'survival of the best'로 자의화한다. 그리고 이와 관련해 헤켈을 받아들인 가토오와 연관됨으로써 이광수의 진화론의 일면이 우승열패의 '힘이 옳음'이라는 '힘의 정치학'으로서의 면모와 양상을 지니게 한다. 가토의 사상의 특색은 헤켈 등의 유물론적 사상이 기조함과 함께 다른 한편으로 권력주의적 경향이 있는 것이다.

두 번째는 헤켈의 기독교에 대한 비난이 이광수의 기독교사상 및 조선야소교회 비판의 한 근거가 되고 있다는 점이다. 헤켈은 기독교, 특히 로마 가톨릭을 이원론으로 보고 원시적 미신으로 비난하였으며, 자연을 경멸한다며 기독교를 비난하였다. 그래서 새로운 연합국에서는 일원론이 교육의 근거로서 종교를 대체해야 한다고 주장했던 것이다. 그에 대한 전기 작가들은 그의 교회 교리에 대한 이와 같은 신앙의 방기와 신과 성직자와 교회의 교리에 대한 신랄한 폭발이 친구의 죽음, 특히 아내인 안나

---

39 栗原古城 譯, 『宇宙の謎』, 玄黃社, 1906, pp. 441~442(영문 구는 영문판에 의거한 것임).

세테(Anna Sethe)의 복부 전염병으로 인한 돌연사가 중심적 계기인 것으로 다루고 있다.[40]

어쨌거나, 헤켈의 전통적·초자연적 종교에 대한 공격은 여러 양상을 지니고 있다. 그는 명백하게 계시와 신학적 신앙을 거부했으며 정치와 교육에서 제도로서의 교회의 영향력을 공격했다.

헤켈에 있어서 종교의 척도는 진·선·미이다. 즉, 그는 진·선·미에 대해서 합리적 지원을 주려고 했으며 이 삼위일체의 고리를 기독교적 관념을 지배하는 것으로 간주했다. 그는 기독교 도식의 인간적인 것이 박애·관대·동정·구제인 것으로 보았으며, 일원론적 종교에서 강조되었었다. 그러나 그는 초기 기독교가 삶을 단지 영원을 준비하는 것이기 때문에 지상세계의 무가치성을 설교한다고 주장함으로써 지상세계의 행복과 미를 목표로 하는 일원론적 종교와는 상충하는 것으로 본 것이다.

이광수는 「금일 조선야소교회의 결점」과 「신생활론」에서 기독교를 비판한다. 물론 이에 앞서 그는 「야소교의 조선에 준 은혜」(1917)에서 기독교가 조선 사회에 준 기여를 1) 서양 사정의 알림, 2) 도덕의 진흥, 3) 교육의 보급, 4) 여자 지위의 향상, 5) 조혼폐해의 교정, 6) 한글의 보급, 7) 사상의 자극, 8) 개성의 자각 등으로 긍정적으로 평가를 한 바 있다. 그러면서도 그는 「야소교의 결점」과 「신생활론」에서는 1) 계급적, 2) 교회지상주의, 3) 교역자의 무식, 4) 미신적인 것으로 신랄하게 비판한다.

기도만 올리면 풍랑에 파선도 아니하고, 생존경쟁에 열패도 아니하는 줄 압니

40 Edward Craig ed, *Routledge Encyclopedia of Philosophy* Vol. 4, Routledge, 1999, p. 201; Sander Gliboff, H. G. *Bronn, Ernst Haeckel, and the Origin of German Darwinism: A Study in Translation and Transformation*, The MIT Press, 2008, pp. 170~171 참조; Paul Edward, *The Encyclopedia of Philosophy* Vol. 3, The Macmillan Co & The Free Press, 1978, p. 401 참조.

다. 이것이 야매한 민족에게 전포하는 야소교요 조선의 야소교는 불쌍히 이에 속하였지요.[41]

이러한 진화론적 관점에서의 기독교 비판은 그 비판의식에 있어서 설사 문맥상으로 일치하는 요소가 직접화되고 있지는 않지만, 헤켈의 기독교 비판과 결코 무관한 것이 아니다. 독서 경험에 의해서 자극적 영향이 작용한 결과인 것이다. 헤켈의 반성직자 중심주의(anti-clericalism) 및 '미신적'이라는 기독교 비판과 이광수의 '교회지상주의' 및 '미신적'이라는 비판과 상당히 일치하거나 유사한 고찰이다. 결과적으로 그는 불교에 귀의한다.

세 번째로, 이광수의 소설 『무정』에는 헤켈의 『우주의 수수께끼』 및 그 속편으로 써진 『생명의 불가사의』에서의 우주관이나 생명관으로부터 사상적 영향을 받고 있는 논평의 수사학 및 은유화의 서사 요소들이 없지 않다. 예컨대, 주인공 이형식의 의식 내면 풍경을 제시하는 논증적 묘사에서 보이고 있는, 작가 서술자의 천체 우주론과 생명관의 지식 그리고 아주 기상적(奇想的)인 물리화학적 '에텔'(Ether)의 은유 등이 그것이다. 이것은 겁탈당한 박영채의 평양으로의 자살행을 따라가는 이형식의 의식 상태를 제시하는 장면에서 거의 집중되어 있다. 생명과 우주의 생명이 모두 포용되는 일원론적 우주관을 제시하고, 우주적 정기, 진공의 관념으로서의 에텔이 이형식의 내면적 의식공간으로서 은유화되고 있기 때문이다.

사람의 생명(生命)은 우주(宇宙)의 생명과 같다. 우주가 만물(萬物)을 포용(包容)하는 모양으로 인생(人生)도 만물을 포용한다. 우주는 결코 태양(太陽)이나 북

41 이광수, 앞의 책, p. 25.

극(北極)만으로 그 내용(內容)을 삼지 아니하고, 만천(滿天)의 모든 성신(星辰)과 만지(萬地)의 모든 만물로 다 포용을 삼는다. 그러므로 창궁(蒼穹)에 극히 조고마한 별도 우주의 전생명(全生命)의 일부분(一部分)이요, 내지 지상(地上)의 극히 미세(微細)한 지풀잎 하나, 티끌 하나도 모두 우주의 전생명의 일부분이다. 태양이 지구(地球)보다 위대(偉大)하니, 태양(太陽)이 우주(宇宙)의 생명(生命)에 대한 관계가 지구(地球)의 그것보다 크다고는 할지나, 그렇다고 태양(太陽)만이 우주(宇宙)의 생명(生命)이요, 지구(地球)는 우주(宇宙)의 생명(生命)에 관계가 전무하다고는 못 할지다. 또 태양계(太陽系)에 있어서는 태양(太陽)이 중심(中心)이로되, 무궁대(無窮大)한 전우주(全宇宙)에 대하여는 태양(太陽) 그 물건도 한 티끌에 지나지 못하는 것이다. 이와 같이 사람의 생명(生命)도 결코 일의무(一義務)나 일도덕률(一道德律)을 위하여 존재(存在)하는 것이 아니요, 인생(人生)의 만반 의무(萬般義務)와 우주(宇宙)에 대한 만반 의무(萬般義務)를 위하여 존재하는 것이라. 그러므로 충(忠)이나, 효(孝)나, 정절(貞節)이나, 명예(名譽)가 사람의 생명(生命)의 중심(中心)은 아니니, 대개 사람의 생명(生命)이 충(忠)이나 효(孝)에 재함이 아니요, 충(忠)이나 효(孝)가 사람의 생명에서 출함이라. 사람의 생명(生命)은 결코 충(忠)이나 효(孝)나의 하나에 속한 것이 아니요, 실로 사람의 생명(生命)이 충, 효, 정절, 명예 등(忠, 孝, 貞節, 名譽 等)을 포용(包容)하는 것이 마치 대우주(大宇宙)의 생명(生命)이 북극성(北極星)이나 백랑성(白狼星)이나 태양(太陽)에 재함이 아니요, 실로 대우주(大宇宙)의 생명(生命)이 북극성(北極星)과 백랑성(白狼星)과 태양과 기타 큰 별, 잔별과 지상(地上)의 모든 미물(微物)까지도 포용(包容)함과 같다.

형식의 귀에는 차의 가는 소리도 들리거니와 지구의 돌아가는 소리도 들리고 무한히 먼 공중에서 별과 별이 마주치는 소리와 무한히 작은 에텔의 분자의 흐르는 소리도 듣는다. 메와 들에 풀과 나무가 밤 동안에 자라노라고 바삭바삭 하는 소리와, 자기의 몸에 피 돌아가는 것과, 그 피를 받아 즐거워하는 세포들의 소곤거리는 소리도 들린다.

옳다, 자기는 목숨 없는 흙덩이였었다. 목숨 없는 흙덩어리였었다. 자기는 자기의 주위에 있는 만물을 보지도 못하였었고 거기서 나는 소리를 듣지도 못하였었다. 설혹, 만물의 빛이 자기의 눈에 들어오고 소리가 자기의 귀에 들어온다 하더라도, 그는 오직 에텔의 물결에 지나지 못하였었다.

우주의 생명과 사람의 생명이 같고, 우주가 만물을 포용하고 있는 것과 같이, 인생도 만물을 포용한다는, 이 같은 포용에 있어서 우주와 인생은 본질적으로 다름없다는 생명에 관한 관점은 헤켈의 『우주의 수수께끼』에 제시되어 있는 우주론이나 일원론적 사유와 닮아 있다. 그리고 에텔의 은유화 역시 그렇다. 이에 관한 와타 도모미의 연구는[42] 기차 안에서 이광수의 내면 풍경을 "에텔의 물결", "목숨 없는 흙덩어리"로 은유화한 대목에 유의함으로써 헤켈의 『우주의 수수께끼』의 제3편 「우주적 연구」의 실체 법칙(substanzgesetz)장에 8개항으로 다루어진 에테르의 성질에서 비중 있게 다루어진 '에텔'(Äther)과 '덩어리'(물질, Mass)의 이중의 대비 도식과 관련지어서 주목되는 해석을 한 것이다. 세심한 작품 읽기를 통해서 얻은 해석적 성과로 평가된다. 요컨대 이와 같은 해석은 이광수가 헤켈의 『우주의 수수께끼』에 대한 독서 경험을 통함으로써 비로소 가능해질 수 있었다는 견해이다. 이광수의 『우주의 수수께끼』 독서와 『무정』 쓰기는 시기적으로 거의 같은 시점에 겹쳐져 있다. 그래서 이런 은유화는 우연의 소산이 아닌 것이다.

42 '에텔'의 문제를 이광수의 『무정』과 관련시킨 첫 논고는 와다 도모미의 박사학위논문 「이광수 소설의 생명의식 연구」(서울대학교, 2007)임. 헤켈의 에텔/덩어리(물질)의 대비는 영어판 p. 229, 일본어 번역판 p. 371에 제시되어 있음.

사실, 우주의 수수께끼 풀이와 에텔에 관련된 이 같은 인류학적이고 우주론적 생명우주론의 상상력은 헤켈의 『우주의 수수께끼』를 접함으로써 마침내 가능할 수 있는 현상인 것이다. 이광수가 『그의 자서전』에서 이를 접함으로써 비로소 진리에 접한 것 같은 기쁨을 갖게 되었다는 것을 고백하고 있는 사실만으로도 이 같은 양자의 연계 관계의 가능성은 확실해지는 것이다.

4. 이광수의 진화론 사상

결론적으로 진화론은 이광수로 하여금 그로부터 어떤 영향을 받게 하였는가. 다시 말하자면 그는 진화론을 어떻게 받아들였는가.

이를 논급하기에 먼저 지적할 것은 그가 받아들이거나 이해하고 있는 진화론은 자연선택 · 생존경쟁 같은 생물진화론도 약간은 포함되지만, 그보다는 사회진화론 중심이라는 사실이다. 즉 허버트 스펜서와 에른스트 헤켈의 진화론 사상의 영향이다. 이 점에서 사상사적으로는 이 글의 2장에서 인용 · 제시한 기계론적 진화론과 관련된다. 이 점은 구한말의 진화론의 도래 이래로 전개된 한국의 다위니즘의 현상과도 일치되는 현상이다. 물론 근대 초기에 수용된 진화론이 옌푸에 의해 번역된 『천연론』처럼 스펜서에 대해서 비판적이었던 토마스 헉슬리의 창발적인 진화론과의 관련도 있다.

에른스트 헤켈과 관련하여 독일 다위니즘을 연구한 샌더 글리보프는 다윈의 이론이 사람에 따라 그 해석과 적용의 여러 변화가 있음을 지적하고 국가적 맥락에 있어서는 가장 현저한 다윈주의자들이 사회 진화와 진보의 이론으로서 읽는다고 지적한다. 즉, 이탈리아에 있어서는 국민 일치운동을 고취하는 것으로, 중국에서는 식민지의 지배에 항거하는 것으로, 러시아의 생물학자들에게는 투쟁의 은유로서 그리고 거친 환경에서 생존하려는 협력과 공동체적 노력의 향유[43] 쪽으로 그 의미의 범역을 바꾸게 했다는 것이다. 생물학적인 진화론이 사회사상의 일반적 양식으로서의 사회진화론으로 연계화됨으로써 이와 같은 다양한 변형화의 운명을 내포할 수밖에 없었는지도 모른다.

1905년에 쓴 「문학의 가치」에서부터 진화론을 의식하거나 이해한 이광수에게 있어서 생존경쟁과 적자생존으로서의 진화론 및 사회다위니즘은 강자의 정치학으로서의 힘의 논리로서 우승자와 열패자의 위치에서, 우적자(fittest)로의 적응의 준비론적 실력 양성과 개조의 경쟁 원리나 근거로서, 생활의 갱신을 위한 비판의 이론적 근거로서 받아들여지는 한편, 또 다른 면으로는 사회진화론이 강자에 의한 약자에의 지배 논리로써 이용됨으로써 제국주의나 국가적 사회주의의 지배의 정당성 및 악성의 인종주의에 대한 근거로서 이용되어지는, 즉 강자의 힘의 정치학으로서의 진화론에 대해서도 이해하고 있었던 것으로 짐작된다. 그 때문에 그는 진화론에 있어서의 생존경쟁을 천리나 만상을 지배하는 원동력이나 대법칙으로서 생에 대한 욕망과 경쟁의 의지로 이해하면서 또 상극의 원리이면서 강대한 제국주의에 의해서 주사된 독액으로서의 악마적 사상이라고 비판하고 그 대안으로 사랑의 '상애'(相愛) 사상을 강조하게도 된다. 그런 점에서 「상생의 세계에서 상애의 세계에」(1923)는 한편으로는 레닌주의에 대한 비판이면서 다른 한편으로는 다윈의 생존경쟁의 진화론에 대해서 톨스토이적인 사랑의 사상과 함께 상호 부조와 상호 협력에 의해서 진화한다는 크로포트킨의 "상호 부조"라는 사회진화론 등의 복합적인 사상이

43 Sander Gliboff, 앞의 책, p. 202.

투영되어 있기도 하다.

이광수는 『그의 자서전』에서 보여주는 것처럼 어느 때는 사회진화론의 대표적인 어구인 "최적자 생존"을 "잘난 자는 산다"로 변용화한 강자의 논리로서의 '힘의 정치학'을 강조한다. 이는 스펜서와 헤켈 그리고 가토를 혼합 · 변용한 어구로 만들고 있는 것이다. 이 같은 변용화는 그 사상의 근저를 이루고 있는 것이 스펜서나 헤켈 사상의 복합성에 기인하고 있음을 의미한다. 이 점은 진화론에 대한 '힘의 정치학'으로서의 진화론이 강자의 제국주의적 지배를 정당화하는 이론적 근거일 뿐 아니라 약자의 민족주의의 형성이나 열패자의 힘과 실력 양성을 위한 이론적 근거로서도 이해되고 있다. 강자의 힘의 정치학, 약자의 힘의 정치학으로서의 진화론이 공존한다. 즉 이광수의 진화론은 지배를 정당화하는 강자의 위상에서의 논리로 이해하는 한편 약자와 도태의 열패 상태로부터 벗어나고자 하는 힘의 준비 및 민족적인 생존 지향으로서의 약자의 진화론이다.

한편, 이광수는 '진화'를 발전을 위한 변화의 천리와 원리로서 생존을 위한 경쟁과 적응 원리로서 인간 사회의 발전 원리로서 받아들이기도 한다. 그래서 그의 개조 사상은 그 근저에 변화에 적응 발전하자는 진화론 사상이 내재하고 있는 것이다. 특히 그의 진화론의 특성은 인위적 진화론에 근거되어 있다. 그러면서도 혁명으로서의 진화론이 아니라 교육으로서의 진화론이다. 이광수는 혁명처럼 급격한 변화를 가져오는 진화보다는 「신생활론」, 「교육가 제씨에게」, 「민족개조론」의 경우처럼 교육과 도덕을 통해서 점진적으로 이루어지는 사회 개조 및 진보와 발전에 대해서 더 큰 관심을 갖고 있다. 이런 진화 사상에 근거해서 그의 점진주의와 개량주의가 형성하게 된 것이다.

그리고 에른스트 헤켈의 『알 수 없는 우주』(사실은 『우주의 수수께끼』)는 이광수로 하여금 독일의 사회적 진화론의 '생존경쟁'의 논리에 대해서 뿐만 아니라 사회 개조, 전통적 신앙에 대한 비판, 진화의 윤리에 대한 이해 및 작품 『무정』에서의 우주 · 생명 · 에텔 등에 대한 비유화와 수사적 논변에도 영향을 주고 있다.

제9장
「민족개조론」의 읽기와 반복, 다시 읽기
—러셀, 르봉과 관련하여 다시 보기

1. 「민족개조론」 읽기의 두 양상

「이광수를 위한 변명」(2000)을 쓴 재미 정신과 의사 이중오는 말썽 많은 「민족개조론」을 둘러싼 이제까지의 비평적 논쟁 형태에 대해서 개인적으로 솔직히 불만이 많음을 토로하면서, 이 텍스트에 접근하는 세 가지 방법으로서의 길을 다음과 같이 구분 · 제시한다.

> 첫째는 거두절미하고 텍스트 자체로 직접 들어가는 길이다. 둘째는 이제 춘원에게 돌려지는 역사적 평가를(즉 친일분자 춘원이라는) 가지고 돋보기안경을 코에 걸친 채 그 텍스트에 들어서는 중간 길이다. 셋째는 숨겨진 먼 길. 아마 춘원이 직접 자신의 족적을 그곳에 찍으며 걸어갔으리라 추측되는 코스를 에둘러서 텍스트로 들어서는 길이다.[1]

1 이중오, 『이광수를 위한 변명』, 중앙M&B, 2000, p. 194.

이렇게 세 가지 길을 전제하고, 무색투명한 해석학적 개방성을 주장하는 그는 비유적으로 지적해서 '춘원극장'의 관객들 가운데서 가장 많은 입장 수입을 올리는 곳이 바로 두 번째 코스이며 대부분이 그 코스에서 갑론을박을 하며 춘원의 공과를 다툰다는 것이다. 그리고 처음의 길은 찾는 이가 아주 적어서인지 이제 황폐화해 있으며, 세 번째 길은 전문 연구자들에게도 알려져 있지 않는 길이어서, 첫 번째와 세 번째 길을 걸어서 「민족개조론」에 새로이 접근해보고 싶다고 자신의 해석자로서의 입장을 밝히고 있다.

그는 스스로 문학 연구가나 비평가의 범역 밖에 있는 국외자임을 밝히고 있지만, 여느 비평가에 못지않은 나름의 통찰력을 갖고서, 이광수의 글과 문학과 삶에 대해서 행해지는 연구자와 비평가들의 평가의 과거나 현주소가 지나치리만큼 경직된 이데올로기의 수인으로 갇혀 있는 측면을 신랄하게 지적하기를 주저하지 않는다. 이는 전문 비평가나 연구자들의 자존심을 심하게 건드릴지는 몰라도, 결코 주제넘은 지적이 아니다. 『개벽』(1922년 5월)의 원전이 아니라, 1962년에 『이광수 전집』이 발간될 때 편집자들에 의해서 원전의 삭제 부분(『개벽』, p. 47)이 복원되기도 했지만, 동시에 결정적인 대목 108자를 자의적으로 생략시켜버린(『개벽』, p. 58) 『이광수 전집』의 「민족개조론」을 그 분석 근거로 한 고증적 한계는 분명히 있지만, 다시 읽기의 첨가적 가치와 상관없이 선행적 읽기를 순환적으로 반복하기만 하는 비평, 공은 제로로 버리고 용서해야 할 친일의 한계적 실수나 약점만을 들추어내어서 종횡무진 매도와 공격과 비난만을 확대 · 재생산하는 데에 주력하는 가학적 연구 행태를 비판한다. 이광수 독법에 대한 국외자의 이 같은 지적은 어쩌면 오늘의 너무 자의적이고 경직된 비평계가 아프게 감수해야 할 선의의 책망일지도 모른다.

사실, 「민족개조론」은 1922년 5월에 『개벽』에서 발표된 이래로, 80여년의 시간이 지난 오늘에 이르기까지도 한국 근대의 논단사에서 가장 첨예한 논쟁과 비난을 불러일으키는 문헌이다. 그 중 거의 모두가 부정과 공격적 비판의 표적으로 삼고 있다. 그 대표적인 것이 발표 당시의 불만자들에 의한 가택 피습 테러사건, 「민족개조론」에 대한 부정적 비판의 원형이라고 할 사회주의자 신일용(辛日溶)의 비판[2]을 비롯해서 주로 사회주의계가 중심이 된 일련의 비평을 거쳐서 송욱(宋稶) · 김윤식 · 송건호의 "정치적 배신의 도덕적 위장", "민족개조론이라기보다는 오히려 인종개량론", "악명 높은 민족개조론", "총독부 밀정", "민족주의의 탈을 쓴 일제의 주구"[3]에 비유한, 진정한 의미의 글 읽기에서는 도를 넘는 혹독한 비평에 의해 비난의 표적이 된다. 이 같은 이광수에 대한 선행적 읽기와 비판은 그의 친일 현상을 '변절'의 기록이기보다는 '상처'로 보려 한다는 이경훈의 『이광수의 친일문학연구』(1998)로 이어지면서 현재의 비평에서도 1939년 이후의 이광수의 친일화 현상, 즉 누가 보아도 명확한 현상의 친일 마지노선을 더욱 소급하여 전면적으로 확산 · 입증하려는, 과도한 티끌 찾기의 친일성 탐색과 비판의 시각과 목소리들이 여전히 위력적인 세력으로서 지속 · 작용하고 있다. 최근에도 「민족개조론」이 '대중 통제이자 지배'이며 '파시즘적'이라는 지적도 제시되었다. 공과(功過)에 대한 냉철한 평가의 균형이 아쉬운 시절이다. 이에 비해서 이해적 읽기에 의한 긍정적

2 신일용, 「춘원의 민족개조론을 평함」, 『신생활』 7호, 1922, pp. 2~18. 이에 앞서 신상우(申相雨)의 「춘원의 민족개조론을 독하고 그 일단을 논함」(『신생활』 6호, 1922년 6월호, pp. 73~77)이 있음.

3 송욱, 「한국지식인과 역사적 현실」, 『사상계』 145호, 1965. 4, pp. 234~243. 김윤식, 『이광수와 그의 시대』, 솔, 1999, p. 40. 여기서 '밀정' 운운의 사고 주체는 논리상 논자가 아니고 '망명객들'이지만, 이는 분명치 않은 대상을 끌어와서 논자 자신의 주장을 투사 · 객관화하려는 일종의 전가성 어법이다. 송건호, 「춘원 이광수론: 한 친일문학가의 의식구조」, 『한국근대문학사론』, 한길사, 1982, pp. 622~666 참조.

독법을 대표하는 것은 안병욱(安秉煜)의 『이광수의 「민족개조론」』[4](1967), 윤홍로의 『이광수 문학과 삶』[5](1992) 및 이중오의 『이광수를 위한 변명』(2000) 등인데, 이런 독법은 수적으로 아주 제한되거나 국한되어 있는 형세이다.

전자들이 텍스트 자체보다는 텍스트가 형성된 때의 시대적 정황 및 텍스트 외적인 요소로서의 이광수 삶의 처신(일제 말기의 행적)과 행태에 더 유의하는 해석의 정치학에 더 무게 중심을 두고 있다면, 후자들은 이보다는 텍스트에 근접하는 이해적 읽기, 비판보다는 도산 안창호(安昌浩)의 흥사단 사상과의 연계성에 근거한 읽기에 의해 긍정적이며 변호적이고 동화적 해설의 입장에 서 있다. 특히 안병욱의 글은 해설적이고 옹호론적이며 새로이 텍스트를 읽으려는 이중오 역시 「민족개조론」을 그 자체로서는 "하자가 없는 논문"이며 읽고 읽어도 "친일로 경사된 문건이 아닌 것"으로 변호하여 평가한다.

이것이 문제의 「민족개조론」을 두고 오랜 시간 동안 마치 검사/변호사의 대응처럼 전개되어오고 또 현재에도 진행되어가고 있는 이광수에 대한 비판론과 옹호론으로서의 비평적 논의의 두 큰 가닥이다. 그래서 「민족개조론」 읽기는 근대 비평사의 추이는 물론이고 읽기 이론으로서의 읽기와 반복, 다시 읽기 행위에 대한 비평론적 탐구와 독서 반응의 한 모형이 될 만한 현상임이 분명하다.

그런데 근자에 이런 대치적이고 이분법적인 단순논리를 넘어서서 이광수가 차용한 구스타프 르봉과 관련하여 「민족개조론」 다시 읽기를 현시적으로 시도하는 해외 학자 엘리 최의 독법,[6] 실증주의적 자료 조사와 검

4 안병욱, 「이광수의 「민족개조론」: 민족 백년대계를 구상한 대경륜의 서」, 『사상계』 165호, p. 196.

5 윤홍로, 『이광수 문학과 삶』, 한국연구원, 1992.

색의 정치함에 근거하는 사학자 김원모의 『영마루의 구름: 춘원 이광수의 친일과 민족보존론』[7](2009)의 검증적 독법 그리고 비록 부분적이라고 할지라도 「민족개조론」을 일본제국에 협력하는 것으로 보는 읽기와 반복의 기존 관점을 비판하고 실력 양성론으로 보는 김재용의 다시 보기로서의 해석과 '문화기획'을 주제로 하는 김현주의 작업[8] 등은 「민족개조론」에 대한 기존 해석의 양극 현상으로부터 보다 유연성과 신축성이 있는 진전 단계로 이끌어갈 객관적이고 통합적 해석 차원의 한 가능성을 보여주는 조짐으로서의 의의를 지니고 있다. 다시 읽기의 필요성이 제기된 것이다.

그렇다면, 「민족개조론」에 대한 그 많은 비판에서 공격과 비난의 요인이나 주된 대상이 된 부분은 과연 무엇인가, 왜 그렇게 비판의 표적이 된 것인가. 거기에는 일제의 식민지 지배에 대한 현실적이거나 역사적 반감과 함께 이광수의 권위상에 대한 애증(愛憎)이 큰 요인으로 복합적으로 작용하거나 교차하고 있는 것이 사실이다. 많은 비판자들의 지적은 이광수가 독립운동의 본거지로서 임시정부가 있는 상해로부터 귀국하여 민족을 개조하겠다며 「민족개조론」을 쓴 것 자체가 투항주의이고 배반인 동시에 귀순이며 그런 과정에서 씌어진 「민족개조론」은 독립운동의 김 빼기 작전이며, 자신의 정치적 배신에 대한 도덕적 위장이고 보호책이라고 지적한다. 3 · 1운동을 마치 무지몽매한 야만 인종이 자각 없이 추이해가는 한 변화에 휩쓸린 것에 불과한 것처럼 폄하 표현함으로써 한국 민족을 스스

6 엘리 최(Ellie Choi), 「이광수의 「민족개조론」 다시 읽기: 세계적 흐름으로서의 개조론의 문맥에서의 구스타프 르봉의 위상과 관련하여」, 『문학사상』 423호, 2008. 1, pp. 76~94.

7 김원모, 『영마루의 구름: 춘원 이광수의 친일과 민족보존론』, 단국대학교 출판부, 2009.

8 김재용, 「국민주의자로서의 이광수」, 김영민 외, 『이광수문학의 재인식』, 소명출판, 2009, pp. 208~212. 김현주, 『이광수와 문화의 기획』, 태학사, 2005.

로 야만 상태로 비하하였으며, 일제의 식민지 지배보다는 조선인들의 민족성이란 내적 취약성을 공격함으로써 일제의 식민지 정책에 순응하고 지하의 독립운동에 고의로 찬물을 끼얹는 반민족 행위를 한 것이라고 비판한다. 또한 제국주의자들의 식민지 지배 방식을 논리화한 구스타프 르봉의 이론을 "겁도 없이 수용"하고 있어서 「민족개조론」은 친일의 원죄로서, "악명" 높은 글이요, 일본인이 되기 위한 친일의 황민화적 개조론의 전제적 선언이라고 평가한다. 이렇듯 지배적 읽기의 정치학이 만들어 낸 괴물 같은 「민족개조론」의 모습은 이광수의 자기 위장과 반민족 친일 · 우생학(Eugenic)적 인종개량론[9]까지가 복합적으로 투사된 부정적인 사상의 기록으로서, 읽을 가치가 전혀 없는 텍스트인 것으로 폄하되고 있다. 특히 사회주의자 비평가들은 르봉의 「사회주의의 심리학」에서 시사되고 있듯이 이광수가 반사회주의자 또는 사회주의 비판자인 구스타프 르봉을 자주 인용[10]하고 있어서 더욱 비판적이었으며, 우파 민족진영 또는 민족주의자나 그 밖의 논자들은 그가 주장하는 실력 양성론에는 동의하면서도 부분적으로 3 · 1운동의 변화에 대해서 '야만인종' 운운의 비하적 비유(아마도 진화론의 발전 관계를 설명함에서 연유된 것일 듯)에는 동의하지 않는다. 개조는 부정을 근거로 하는 것이지만, 약체 대한제국의 외세에 대한 난조적 대응 반응의 안간힘의 정책을 일본에 대한 허위와 사기의 신

9 우생학: 1890년대 독일의 생물학자 August Weismann과 영국 과학자 Francis Galton(1822~1911)에 의해 창출된 개념이다. 『학지광』 15호(1918)에서는 「인종개선학」으로 소개되어 있다. 일본의 경우에 니이지마 조오(1843~1890)가 「인종개량론」(1880)으로 소개했다. 『新島襄 全集』, 同朋舍出版, 1983, pp. 355~370 참조. 박성진, 「인종 개선학의 수용」, 『한말 일제하 사회진화론과 식민지 사회사상』, 선인, 2003, 170~173.

10 Gustave Le Bon(1841~1931): 프랑스의 사회심리학자 · 문명평론가. 저서로 『군중심리』(1895), 『민족 발전의 심리 법칙』(1894), 『사회주의의 심리』(1898) 등이 있다. 이광수는 「국민생활에 대한 사상의 세력」(1922)으로 르봉의 글을 번역하였고 「민족개조론」과 「팔자설을 기초로 한 조선인의 인생관」(1921)에서도 르봉을 인용한다.

용 없는 정책인 것처럼 너무 자기 비하적으로 표현한 것, 또한 조선민족의 타락의 원인을 외세나 외적 요인보다 내부적 요인인 민족성의 결함으로 지적한 부분에 대해서 수긍할 수가 없어서 못마땅해 하거나 비판했던 것이다.

이와 같은 압도적인 비판적 반응과는 달리 안병욱의 해설은 "도산이 외치고 그것을 춘원이 조술한 이 민족개조사상과 운동은 우리 민족의 백년대계를 구성한 대경륜으로서 길이길이 역사의 건설적 지표"[11]로서 평가한다. 이는 해설 중심의 글이며 그 가치를 글 자체에 두기보다는 도산사상의 대행적 텍스트로 봄으로써 그 사상의 합작성이란 점에 의해서 긍정화되어 있다. 이 중요한 글은 표제 그대로 부정적인 읽기에 대한 긍정을 위한 반론적 변명으로서의 독서 반응이다.

「민족개조론」은 이제까지 지나치게 일그러진 글로 읽혀지거나 그대로 그것이 반복되는 읽기의 퍼스팩티브로부터 좀 더 자유롭고 투명하고 유연하게, 그리고 객관적으로 냉철하게 읽혀질 필요가 있는 글이다. "악명" 높은 나쁜 글로서 정설화될 만큼 사장시키고 친일 및 배반의 멍에를 지워서 전면적으로 폄하하고 매도되어야만 할 글은 아닌 것이다. 부분적으로 흠결이 있으면 있는 그대로 지적하고, 그러나 그 작은 흠결 때문에 글의 본지와 내용 전체를 일제 말기(1939~1945)의 친일과 억지로 연결하는 선입관이나 편견 없이 그대로 다시 읽을 필요가 있는, 사상사적으로 민족주의적 기획으로 존재 의미를 갖고 있는 글이다. 국가의 소멸과 부재로 인한 민족의 쇠퇴와 퇴행화로부터 진화와 진보와 개혁으로 나아가고자 하는 민족의 개조적 방향 모색과 사회운동단체의 선언으로서, 그리고 갱생을 위한 비판적 반성문으로서의 성격도 지니고 있기 때문이다. 개조와 개

---

11 안병욱, 앞의 글, p. 103.

조론은 원천적으로 이제까지의 그릇된 것을 고치자는 개조와 개혁의 사상을 함의한 것이기에 단점이나 취약성에 대한 제시와 지적은 필수적으로 전제될 수밖에 없는 것이다. 자기비판 없이 개조는 이루어질 수가 없는 것이다. 세계적 개조 사상에 부응하여 「민족개조론」은 민족에 대한 비판을 근거로 한 민족의 살 길을 위한 개조론인 것이다.

1939년 이후의 비판받아 마땅한 이광수의 친일론과 친일문학의 측면을 밝히는 작업은 「이광수의 친일문학 연구」(1998) 「머리말」에서 제시한 이경훈의 지적처럼 "[상처의] 아픔을 통해서 우리의 육체를 명징하게 확인케 하는 역설"로서 그리고 "반성과 주체성의 좌표"[12]로서 우리의 문학사를 위해서 분명코 긴요한 작업이다. 마찬가지로 결격이고 결정적인 과오임이 분명한, 비판해야 할 곳은 마땅히 비판해야 하지만, 결코 상처이거나 흠일 수 없는 생살 같은 내용과 부분들에 대해서까지 그것을 살리는 대신에 우리 스스로가 거기에 생채기를 만들어내고 키우고 소급함으로써 주권이 없는 험악한 시대를 살아온 세대의 얼룩과 한계적 과오를 일제하의 모든 친일 행위의 무슨 원흉이나 희생양으로 만들거나 헐뜯고 괴문서로 매장해버리는, 어찌 보면 너무 가학적이거나 결벽주의적 비평 작업을 지양하는 것도 그에 못지않게 문학사의 소중한 작업인 것이다. 과연 식민지시대를 살아가는 삶에서 흠 없고 과오 없는 사람이 얼마나 있었겠는가. 이를 어떻게 읽을 것인가. 이런 관점에서 이 글은 텍스트의 내재적 · 통합적 시각으로 「민족개조론」을 다시 읽어보고자 한 것이다. 비판보다는 가능한 한 감정적 반응을 자제하면서 글 자체에 대한 바로 보기와 절충적 이해의 읽기를 해보고자 한다.

12 이경훈, 「머리말」, 『이광수의 친일문학 연구』, 태학사, 1998.

2. 개조 사상과 「민족개조론」의 출현

(1) '개조' 담론의 시대와 사회

「민족개조론」(1922)은 모두 '상 · 중 · 하' 세 편으로 구성된 매우 긴 글이다. 쇠페로부터 민족의 재생을 위한 개조론이며 민족 갱생의 수사학과 수양적 대중운동 · 사회운동을 위한 취지를 담은 논설문이다. 상편에서는 민족 개조의 의의와 역사상으로 본 민족 개조운동인 갑신정변 이래 조선의 개조운동이, 중편에서는 민족 개조는 도덕적일 것, 민족성의 개조는 가능한가, 민족성 개조는 어느 정도의 시간을 필요로 할까의 문제가 다루어져 있다. 하편은 개조의 내용, 개조의 방법이 다루어진 개조론이다. 그래서 세계적 개조 사상에 부응하는 사상의 일환으로서의 민족의 개조론인 이 글은 같은 해에 씌어진 「예술과 인생」(1922)의 예술개조론과 더불어 이광수의 2대 개조론에 해당한다. 이 논설의 핵심은 개조의 응용편 · 실천편이라고 할 수 있는 하편의 개조 내용, 개조 방법에 있다고 흔히 지적되고 있지만, 상 · 중편의 이론편 역시 이광수의 민족 개조 내지 민족성 개조에 관련된 민족성의 이론적 기반과 사상을 분명하게 피력하고 있어서 개조 사상의 기조를 이해함에 있어서 하편에 못지않는 의의를 지니고 있다. 도산(島山) 안창호의 무실역행 사상이 크게 반영된 하편의 '개조 내용', '개조 방법'보다는 오히려 상 · 중편이 이론적으로 더 중요성을 지니고 있다. 따라서 이 글의 주된 관심은 오히려 응용 · 실천편보다도 이론편인 상 · 중편이다. 개조의 긴요성, 이론 원용, 개조운동의 몇몇 역사적 사례에 대한 비판적 분석, 조선민족 쇠퇴의 근본 원인으로 지적되는 도덕성의 결핍을 지적한 이 이론편에 있어서 기간(基幹)을 이루고 있는 것은 '개조', '민족성', '민족성(민족) 개조' 등 크게 세 가지의 기간 단어로 압축되는 개조 사상이다.

이광수에게 있어서 이 같은 개조의 담론 또는 민족 담론과 민족 개조 사상은 비단 「민족개조론」에서만이 아니고 「소년에게」(1921~1922)와 「예술과 생활」(1922), 「민족적 경륜」(1924)에서도 각각 제시되고 있다. 이광수가 이처럼 개조 또는 민족개조론을 주장한 것은 시기적으로 소급하면 그가 사장으로 부임한 상해(上海) 『독립신문』의 창간사 쓰기(1919. 8. 21) 「선전 · 개조」의 연재에서부터 비롯된다. 이 상해 시기의 개조론과 「민족개조론」의 개조론을 상호 이질적인 것으로 간주하는 시각도 없지 않지만, 그것은 환경이나 여건에 따른 강도의 차이이지, 전혀 다른 변질 현상은 아니다. 글의 「변언」에서도 시사하고 있듯이, 상호 접속되어 있다고 봄이 온당할 것 같다. 상해로부터의 귀환은 독립운동에서 사회문화운동으로의 양태적인 변환이나 전환이지 일제를 위한 반민족적 변절은 아니다. 민족을 지향하는 본질에 있어서는 불변적이다. 이에 대해서 김원모는 민족개조론은 결코 우연한 결과가 아니고 이광수가 상해에서 상해 독립신문사 사장으로 재직하면서 이미 치밀하게 준비 · 구상하고 『독립신문』에 「개조」를 집필 · 연재함으로써 민족개조론의 밑그림은 이때 이미 완성되었다고[13] 타당하게 지적한다.

제1차 세계대전 전후 유럽을 비롯한 세계의 사상적 경향으로서, 사상과 생활의 개조를 외치는 사회개조론이 대두하자 이와 결합되어 있는 이광수의 개조 사상과 개조론의 밑그림이 「민족개조론」의 '민족 개조의 의의'에서 비로소 구체적으로 전경화하게 된다. 이광수는 세계적 사회 개조 사상에 부응하여 개조의 필요성을 주장하고 가장 긴요한 개조가 다른 무엇보다 사회 개조 사상과 연관된 민족 개조, 민족성 개조임을 명제로써

13 김원모, 『영마루의 구름: 춘원 이광수의 친일과 민족보존론』, 단국대학교 출판부, 2009, p. 396.

천명하게 된 것이다. 이 사상은 민족을 쇠퇴시킨 타락된 민중성의 개조이며 이는 도덕에서 시작해야 한다고 주장한다. 「민족개조론」의 출현은 결코 우발적인 현상이 아니고 세계적인 시대사조인 개조 사상의 전파와 밀접히 연관되어 있는 것이다.

> 개조라는 말이 많이 유행되는 것은 개조라는 관념이 다수 세계인의 사상을 지배하게 된 표입니다. [……] 무릇 어떤 관념이 지배하던 시대가 지나가고 새로운 어떤 관념이 지배하려는 시대가 올 때에는 반드시 인심의 갱신이라든지 변천이라든지 혁명이라든지 하는 관념이 드는 것이지마는, 갱신 · 개혁 · 혁명 같은 관념만으로 만족치 못하고 더욱 근본적이요 더욱 조직적이요 더욱 전반적 참투적인 개조라는 관념이야말로 비로소 인심이 만족하게 된 것은 실로 이 시대의 특징이라고 하겠습니다. "지금은 개조의 시대다!" 하는 것이 현대의 표어외다. 정신이외다. 제국주의의 세계를 민주주의의 세계로 개조하여라. 자본주의의 세계를 공산주의의 세계로 개조하여라. 생존경쟁의 세계를 상호부조의 세계로 개조하여라. 남존여비의 세계를 남녀평등권의 세계로 개조하여라. [……] 이런 것이 현대의 사상계의 소리의 전체가 아닙니까.
>
> 이 시대사조는 우리 땅에도 들어와 각 방면으로 개조의 부르짖음이 들립니다. 그러나 오늘날 조선 사람으로서 시급히 하여야 할 개조는 실로 조선민족의 개조입니다. 대체 민족개조란 무엇인가.[14]

> 민족의 개조는 도덕적 방면으로부터 들어가야만 할 것이다.—특별히 조선민족의 쇠폐의 원인은 도덕적 원인이 근본이니 이를 개조함에는 도덕적 개조 · 정신적 개조가 가장 근본이 되는 것이라 함이외다.[15]

---

14 이광수, 「민족개조론」, 『개벽』 23호, 1922. 5, p. 19.
15 앞의 글, pp. 30~31.

민족개조라 함은 민족성개조라는 뜻이외다.[16]

이렇게 이광수로 하여금 개조론을 역설하게 되는 데에는 그의 말대로 세계인의 사상을 지배하는 '개조'(reconstruction)라는 시대사조의 동아시아로의 유입 · 전파와 맥락이 닿아 있는 것이다. "이 사조는 우리 땅에도 들어와"라고 분명히 지적하고 있듯이, 제1차 세계대전의 종식 전후에 민족자결(national self-determination)의 자유원리가 조선과 같이 식민지로 억압된 나라에 3 · 1운동이라는 민족 독립운동에 깊은 영향을 주었듯이(「기미독립선언문」의 내용도 이와 관련되어 있음), 같은 시대에 서구 세계에서 고조된 사회 개조의 사상적 물결이 일본과 중국 등 동아시아에 파급되어 영향을 크게 줌으로써 이러한 맥락 속에서 조선에서의 개조 사상이 형성되어진 것이다. 당시는 일본만 하더라도 비록 제1차 세계대전의 전승국의 일원이긴 하였지만, 아직도 지식인들이 서구의 과학과 문명과 사상을 배우고 받아들이면서 유용한 학습을 하는 수용 단계에 있었던 상태이며, 열강에 의한 민족 운명의 위기감을 갖고 있는 노쇠한 중국 또한 마찬가지로 서구에 대한 '언어 횡단적 실천'을 하면서 지식인들이 '개조 국민 영혼'(改造國民靈魂)이나 '국민성 개조'를 주장하고 있는 상태였던 것이다. 1920년대 전후에 나라의 주권이 없는 식민지 한국 사회에서 일본과 중국을 오간 이광수 등 지식인들에 의해 수용 · 제기된 일련의 개조론은 이와 같은 일본이나 중국이 수용한 버트런드 러셀, 칼 마르크스, 에드워드 카펜터, 존 듀이, 피터 크로포트킨, 엘렌 케이, 윌리엄 모리스 등 서구의 사회 개조 사상에서 공히 영향을 받은 것이다. 당시의 개조 사상은 주로 사회 개조 사상이다. 그런데 사회 개조 사상은 사회 개조라는 목적에 있어서는 동일하

16 앞의 글, p. 32.

지만, 앞서의 이광수의 글의 인용에서 알 수 있듯이, 그 개조의 방법과 입장은 서로가 다르고 다양할 수밖에 없었던 것이다.

동아시아에서 개조 사상의 수용을 선점한 것은 일본이다. 이 시기에 일본은 『사회개조의 8대 사상가』(1920)라는 사회개조 사상의 전체 분야를 축도하는 사상총서[17]를 출간한다. 그 전에 잡지 『카이조』(改造)를 창간(1919년 4월, 영문 제목: *The Reconstruction*)함으로써 진보주의자들은 「여자개조의 기초적 고찰」(1919, 與謝野晶子), 「물적 개조인가, 정신적 개조인가」(1920, 阿部秀助), 「세계 개조의 철학적 기초」(1919, 桑木嚴翼), 「사회 개조와 문예」(1919, 馬場孤蝶) 등과 같은 개조 사상의 많은 주장들이 발표[18]된다. 뿐만 아니라 버트런드 러셀(Bertrand Russell, 1872~1970)의 *Principles of Social Reconstruction*(1916)을 1920년 마츠모토(松本悟郎)가 「社會改造の原理」라는 제목으로 번역한다. 그리고 1919년 2월에는 존 듀이(Jonn Dewey, 1859~1952)가 일본을 방문해서 동경제국대학에서 한 강연 내용이 뒷날 『철학의 개조』(*Reconstruction in Philosophy*)라는 제목으로 출간된다. 한편, 루쉰(魯迅)은 일본에서의 유학기를 보내면서 『마라시력설』(摩羅詩力說) 등으로 국민성 개조를 위한 문예운동을 전개한다. 존 듀이는 『문학개량추의』(文學改良芻議, 1917) 등으로 문학혁명과 5 · 4운동으로 중국 사회의 개조에 적극적으로 참여한 후스(胡適, 1891~1962)의 미국 컬럼비아대학 시절의 지도교수이며 미국인 멘토이다. 바로 그가 1919년에 중국을 방문했으며, 버트런드 러셀이 강연을 위해서 1920년 10월 13일부터 1921년 7

17 生田長江 · 本間久雄, 『社會改造の八大思想家』, 東京堂書店, 1920. 여기에는 마르크스, 크로포트킨, 러셀, 톨스토이, 모리스, 카펜터, 입센, 케이 등 8명의 사상가가 소개 · 해설되어 있다. 이러 유(類)의 책으로 宮島新二郎, 相田隆太郎, 『改造思想十二講』, 新潮社, 1923이 있다. 1920년대 우리 잡지에서의 개조사상가 소개는 이들 책과 밀접하게 연관되어 있다.

18 吉田精一 編, 『現代日本文學年表』, 筑摩書店, 1965 참조.

월 6일까지 거의 2년 동안 중국을 방문 · 순회하며 개조 사상을 강학하게 된다. 바로 이 기간이 이광수의 중국 상해 체재 시간과 겹쳐진다는 점에서 시사되는 바가 적지 않다.

> 當時西方世界兩位最著明的學者被中國知識界極其隆重地迎到 中國從事長期講學, 一位是美國的杜威 另一位便是英國的羅素, 在一個時期內『羅素熱』風靡全中國 學子們競相閱講 飜譯介紹羅素的著作, 報刊雜誌 爭著刊載 羅素的 演講錄[19]

당시에 중국에 초빙된 서양 학자인 미국의 杜威(Jonn Dewey)와 영국의 羅素(Bertrand Russel) 양자가 중국 사회와 학계 사상계에 일으킨 영향의 열기를 지적한 대목이다. 특히 러셀의 중국행에서 1919년 10월 15일 상해에서의 '사회개조원리', 10월 16일의 강소성 교육회장에서의 '교육지 효용'의 강연을 위시해서 이른바 다섯 개의 오대연강[20]이 일으킨 러셀 열기가 중국에서 번역된 신문 · 잡지 등에 의해서 엄청나게 큰 파급효과를 일으켰음을 말해주고 있다. 이 시기에 중국에서도 『改造』라는 잡지가 있었다.[21]

바로 이런 시기에 일본을 거쳐서 상해에 머물고 있었던 이광수가 존 듀이의 방중(訪中)과 중국에서의 세계적인 사회 개조의 이론적 지도자인 러셀이 일으키는 열기에 결코 무관심할 수는 없었을 것이다. 그가 『독립신

19 馮崇義, 「前言」, 『羅素與中國: 西方思想在中國的一次經歷』, 稻禾出版社, 1993, p. 1.

20 馮崇義, 앞의 책, p. 102, pp. 106~28 참조. 『哲學問題: 心之分析, 物的分析』, 『數學邏輯, 社會結構學』이 그것이다.

21 앞의 책, p. 198. 羅素來華講學時 最崇拜他的 是張東蓀和張松斗. 張東蓀 當年三十出頭 身任『時事新報』和『改造』雜誌主編.

문』에서 '개조'를 강조한 것은 이 같은 듀이와 러셀 등 두 사람의 서방 세계 학자들에 의한 일본과 중국에서의 강학의 파급효과가 일으킨 자극과 결코 무관한 현상이 아니다. 이들의 열기로부터 받는 자극에 의해서 그는 개조와 민족(민족성) 개조가 바로 민족적 약점이나 쇠퇴로부터 벗어나는 '생로'(生路)임을 터득하게 된 것이다. 이처럼 이광수가 머물거나 거친 일본과 중국에 파급된 서구의 개조 또는 사회 개조의 사상이 이광수로 하여금 3·1운동 직후의 식민지 조선의 민족적 쇠폐의 상황에서 개조론이 절실히 요구되어진다고 믿어지게 됨으로써 개조와 그 개조의 두 방향을 모색케 한다. 이 두 방향이 바로 「인생과 예술」에서의 삶의 예술화와 민중예술론을 위한 예술개조론과 「민족개조론」에서의 민족적 쇠퇴에 대응하는 사회 개조 및 민족성 개조론이다. 사상적으로 전자와 관련되는 것이 모리스, 카펜터, 케이 등의 사회개조론이고 후자는 러셀, 듀이, 르봉의 철학사상과 사회심리학 또는 민족심리학이다.

> 첫째는 개인의 육(내)적 개조 즉 주관적 개조이다. 여기도 물론 도덕적 급 예술적인 양방면이 있는데, 도덕적으로는 허위와 궤휼과 증오·분노·원혐·시기를 버림이니…… 예술적 개조라 함은 개인이 자연과 인사를 대할 때에 가지는 심적 태도의 방향을 변환함을 가르침이외다. (「예술과 인생」)

> 민족개조란 것이 민족의 생활의 진로의 방향 변환 즉 그 목적과 계획의 근본적이요 고전적인 변경인 것. (「민족개조론」)

> 민족개조라 함은 민족적 개조라는 뜻이외다. (「민족개조론」)

> 민족개조는 도덕적 방향으로부터 들어가야만 할 것이다. (「민족개조론」)

두 글에서 개조와 관련된 대목들이다. 전자에서는 예술적 개조론에 어울리게 예술적 개조를 강조하고 여기에 도덕적 개조를 그 양면적 단일성으로 처리한 데 비해서 후자에서는 도덕적 개조, 정신적 개조를 그 근본으로 하고 있다. 어느 것이든 도덕적 의의를 배제하지 않는 이광수의 개조론에 있어서 도덕성이나 도덕적인 개조는 그의 개조의 근본 요소이다. 이 같은 개조 또는 민족(성) 개조론은 「민족개조론」 이전에도 이미 「소년에게」(1921~1922)에서 전제되었던 것이다. 「소년에게」는 개조와 민족개조론의 선행 주장으로서의 의의를 지니고 있다. 이 무렵부터 이광수의 글에서는 '민족'(당시의 언어로서는 '종족'), '민족성'이라는 말이 많이 등장하게 되는데, 이는 그의 사상의 기조에 민족의 운명에 대한 관심과 민족의식이 근거하고 있음을 뜻한다. 그렇다면 개조론은 어떻게 이루어지게 되었는가.

(2) 러셀과 듀이의 개조론 전래와 「민족개조론」

개조 또는 개조 사상은 3·1운동 직후의 식민지 조선의 시대적 담론에서 중요 자원이며 변화의 동인이었다. 이 무렵 이광수뿐만 아니라 많은 개조론들의 글이 소개되거나 전래되었기 때문이다. 『개벽』의 창간호에는 「세계를 알라」와 이동화의 「생활의 조건을 본위로 한 조선의 개조사업」(1921)을 비롯하여 「사상계의 거성 버—튜란드 러셀 씨를 소개함」(1921, 묘향산인), 「개조계의 1인인 에드워드 카펜타아를 소개함」(1922, 정규선)과 같은 글[22]이, 『학지광』 20호에서는 「사회성장이 사회학적 원리」(1920, 최민

22 『개벽』에서의 글에 대한 논의로는 다음과 같은 글들이 있다. 조남현, 「개벽에 나타난 사상연구」, 『한국현대문학사상논구』, 서울대학교 출판부, 1999. 최주한, 『제국권력에의 야망과 반감사이에서』, 소명출판, 2005. 박찬승, 『한국 근대 정치 사상사 연구』, 역사비평사, 1992, pp. 176~185. 박성진, 「1920년대 전반기 사회진화론의 변형과 민족개조론」, 『일제의 조선 침략과 민족운동』, 국학자료원, 1998.

순), 「세계개조와 오인의 각오」(1920, 김준연)가, 『신생활』에서는 검산인(劍山人)이라는 필명으로 「개조(改造)의 근본의(根本義)」(1923)라는 글이 발표된다. 이런 현상은 1920년대 초에 있어서 세계적 사조로서의 사회 개조 사상이 주로 일본을 거쳐서 중국과 조선의 지식·사상계에도 활발하게 파급·전래되었음을 의미한다. 이광수의 「민족개조론」의 서두와 검산인의 「개조의 근본의」 서두에서도 지적되고 있는 것처럼, 전후의 세계는 다방면으로 사회 개조의 부르짖음의 현상들이 나타났던 것이다. 예컨대 전쟁 중인 1917년 볼셰비키혁명에 의한 계급투쟁의 사회개조론이 있는가 하면, 생존경쟁의 세계를 상호부조의 세계로 개조하자는 크로포트킨의 개조론, 남녀평등의 세계로 개조하자는 케이의 여권·사회개조론 등이 그것이다. 일본의 경우, 이쿠타 지요고(生田長江)와 혼마 히사오(本間久雄)의 공저인 『사회개조의 8대 사상가』(1920)에서 사회 개조 사상의 전 분야의 축도로서 마르크스, 크로포트킨, 러셀, 톨스토이, 모리스, 카펜터, 입센, 케이 등의 여러 개조 사상가들이 다루어지고 있는 것 역시, 사회 개조라고 일컫는 목적에 있어서는 동일하지만, 그 개조가 근거하는 방법과 입장에 있어서는 서로가 다르고 다양함을 지니고 있음을 반증하는 것이다.

『신생활』에 실린 검산인(劍山人, 본명 미상)의 「개조의 근본의」는 이 같은 개조의 다원성보다는 표제 그대로 근본으로서 개조의 의미나 개념 및 그 일차적인 개조 대상인 사람 개조, 즉 인간(인성) 개조에 대해서 다음과 같이 지적한다. 사회 개조보다는 인간 개조로서의 근본 입장이다.

> 간명을 요함으로서 솔직하게 결론을 말하면 나는 개조에 대하여서는 제도와 조직의 개조—경제적·정치적 내지 사회적까지도 물론 필요하다. 과연 필요하나 그보다도 가장 필요한 것은 사람 개조이다. 사람 개조라는 것이 먼저 제일 급무인 것을 느낀다. 사람 개조라는 것은 어떠한 의미인가 하면 각 사람이 개조의

근본의를 충분히 이해하고 체득하는 것이다. 나의 본 바로써 말하면 개조의 근본의는 각 사람이 그 가슴 속에 심오하고 존귀한 것이 잠재한 것을 자각하고 그 존귀한 것의 발휘를 방해하는 것을 타파하고 충분히 이것을 발휘하도록 하는 것이 개조의 목적이요 근본 정신이다.[23]

즉 개조의 개념을 "각 사람이 그 가슴 속에 심오하고 존귀한 것이 잠재한 것을 자각하고 그 존귀한 것의 발휘를 방해하는 것을 타파하고 충분히 이것을 발휘하도록 하는 것"으로 규정한다. 그 근본적인 것은 경제 · 정치 · 사회의 제도와 조건의 개조보다도 '사람의 개조', 즉 인성(人性)의 정신 개조라는 것이다. 그런데 이를 설명하기 위해서 논자(검산인)는 "욕망"과 "충동" 및 "소유적 충동"과 "창조적 충동"과 같은 용어를 거론하고 있다. 바로 이것은 이 논의의 바탕이 러셀의 『사회개조의 원리』(1916)의 의도를 밝힌 「서문」 및 제1장 「생장의 원리」에 근거되어 있음을 단적으로 보여주는 것이다. 물론 본문 가운데서도 "버—트란드 랏셀"이라고 하여 직접적으로 거명도 하고 있지만, '본능'(욕망, desire 또는 instinct)과 '충동'(impulse)은 러셀이 그의 『사회개조의 원리』에서 인간 행위의 두 원천으로서 지목하는 주요 용어이며, '소유적 충동'(possesive impulse), '창조적 충동'(creative impulse) 역시 그러하다.

내 의도는 충동의 의식적 목적보다도 인간 생활을 틀 지움에 있어서 더 효과적이라는 신념에 근거해서 정치철학을 암시하는 것이다. 모든 충동은 소유적 충동과 창조적 충동의 두 군으로 분화될 수 있다.[24]

---

23 劍山人, 「改造의 根本義」, 『新生活』, 1923, p. 17.

24 Bertrand Russell, "Preface", *Principles of Social Reconstruction*, London: Routledge, 1916/1997, p. 7. "My aim is to suggest a philosophy of politics based upon the belief

모든 인간행위는 충동과 본능(욕망)이라는 두 원천에서 나오는 것이다.[25]

『사회개조의 원리』에서 핵심을 이루고 있는 것은, "소유적 충동"은 타인과 공유할 수 없는 것을 획득 또는 소유하고자 하는 충동이며, "창조적 충동"은 상당한 가치가 있는 것, 독점하기 불가능한 것, 즉 지식·예술·선의 등을 인생에 부여하고자 하는 충동이다. 그래서 최악의 생활은 소유적 충동에서, 최선의 생활은 창조적 충동에서 이루어지는 것이므로 후자의 실현을 주장한다. 러셀에 있어서 건강한 사회에의 키(key)는 이 창조적 충동의 전개를 고무하는 것이다. 그에게 있어서 좋은 제도는 최대의 창조성과 최소의 소유성이 있는 제도인 것이다. 즉 사회 개조의 방법은 창조적 생활을 가장 풍부하게 하고 소유의 성찰을 가장 감축하는 새로운 사회제도를 수립하는 것에 있다는 것이다.

「개조의 근본의」뿐만 아니라 1920년대 초기의 『학지광』이나 『개벽』에 제시되어 있는 일련의 개조론 또한 서구 개조 사상가들에 대한 소개에서 가장 기본적인 바탕과 공통점이 되어 있는 것은 모두가 러셀의 사회개조론 사상을 원용하고 있다는 점이다. 그리고 이들 일련의 소개의 글들, 즉 『개벽』에 기재된 「사상계의 거성 뻐-츄란드 러셀씨를 소개함」이나 「개조계의 1인인 에드워드 카펜타아를 소개함」과 같은 글들은 사실 모두가 이쿠타 지요고(生田長江)와 혼마 히사오(本間久雄)의 『사회개조의 8대 사상가』(1920)의 글들의 내용을 조선어로 그대로 다시 옮겨놓은 것, 특히 일본어에서 다시 조선어로 바꾸어 쓰기(transliteration)의 현상이라는 사실[26]이

---

that impulse had more effect than conscious purpose in moulding men's lives. Most impulses may be divided into two groups, the possessive and the creative [……]"

25 앞의 책, p. 12. "All human activity springs from two sources: impulse and desire."

26 生田長江, 本間久雄, 『社會改造の八大思想家』, 東京堂書店, 1920.

다. 이것은 1910년대 말이나 20년대 초반에 있어서 서구 사상의 정보가 일본어로부터 전래되고 그것을 그대로 조선어로 옮겨오기의 현상이다. 즉 이것은 우리의 근대의 '번역된 근대성'(translated modernity)[27]의 한 모습이었으며, 이 시기에 조선에서 제기된 개조론의 대부분이 일본에서 소개된 러셀이나 듀이, 카펜터의 개조 사상의 전사이거나 영향을 받았다는 전래 과정을 의미한다.

이광수의 「민족개조론」에 있어서 개조의 개념 역시 러셀의 『사회개조의 원리』 등과 적잖게 관련되어 있다. 그것은 「민족개조론」의 서두 「민족개조의 의의」에서 다시 짓기로서의 '개조'의 개념을 다음과 같이 규정하고 있다는 점에서 분명해지는 것이다.

> 문명인의 최대의 특징은 자기가 자기의 목적을 정하고 그 목적을 달하기 위하여 계획된 진로를 밟아 노력하면서 시각마다 자기의 속도를 측량하는 데 있습니다. 그는 본능이나 충동을 따라 행하지 아니하고 생활의 목적을 확립합니다⋯⋯ 그러므로 원시시대의 민족, 또는 아직 분명한 자각을 가지지 못한 민족의 역사는 자연현상의 변천의 기록과 같은 기록이로되 이미 고도의 문명을 가진 민족의 역사는 그의 목적의 변천의 기록이요 그 목적들을 위한 계획과 노력의 기록일 것이외다. 따라서 원시민족 · 미개민족의 목적의 변천은 오직 자연한 변천, 무모한 변천이로되, 고도의 문명을 가진 민족의 목적의 변천은 의식적 개조의 과정이외다.[28]

27 Lydia H. Liu, *Translingual Practice Literature, National Culture, and Translated Modernity: China 1900~1937*, Stanford University Press, 1995. 이 용어는 바로 이 책의 '부제'에서 연유함.

28 『개벽』 23호, 1922. 5, p. 20. 밑줄 친 부분 유의.

이처럼 이광수의 개조 사상에서도 러셀이 인간 행위의 원천으로서 강조하여 제시한 '본능'과 '충동'을(밑줄 친 부분) 거론한 것이다. 그리고 '목적'과 '변화'(변천)를 강조한다. 그러면서도 문명화된(civilized) 문명인은 이 충동이나 본능을 따라서 행하지 아니하고 생활이 목적을 확립한다고 밝힘으로써 "민족의 생활의 진로의 방향변환, 즉 그 목적과 계획의 근본적이고 조직적인 변경"으로서의 "방향변환"이 민족 개조인 것으로 '개조'에 대한 그 나름의 개념의 규정을 하고 있다. 이는 언뜻 보면, "본능이나 충동을 따라 행하지 아니하고"라고 한 것이 러셀의 '본능'과 '충동'에 대한 부정인 것처럼 보이지만, 그것은 소유에 집중하는 "소유적 충동"을 일컬음이지 "창조적 충동"을 거부한 것으로 보이지는 않는다. 그것은 목적을 정하고, "목적을 달하기 위해 [……] 노력한다"라고 한 주장이 러셀이 『사회개조의 원리』의 8장 「우리가 할 수 있는 것」(What we can do)에서 정치 또는 개인생활 어디에서든 그 최고의 원리는 창조적인 것을 조장해서 소유에 집중하는 충동과 욕망을 감소하지 않으면 안 된다는 주장, 즉 생활 밖에 보이는 목적, 신 진리, 미와 같은 비인격적이거나 인간을 넘어서는 목적에 봉사해야 한다는 창조성 해방의 주장과 어그러지지 않는 상동성을 갖고 있기 때문이다. 그리고 위의 인용문에서 문명 민족의 변천(변화)을 운운하는 것 역시 『사회개조의 원리』에서의 "문화화된 세계는 쇠퇴로부터 구해지려면 근원적인 변화—경제적 구조와 생철학에 있어서의 변화—에 대한 욕구를 갖는다"는 개조에의 암시와 일치한다.

그럼에도 불구하고 서로의 다른 점이 있다면, 개조의 대상이다. 이광수의 민족개조론의 경우, 러셀과는 달리 이름 그대로 소유에 집중하는 충동과 욕망의 감소나 창조적인 것을 최고의 원리로 해야 한다는 사회 개조라기보다는, "조선 사람으로서 시급히 하여야 할 개조는 실로 조선민족의 개조"로서의 민족과 민족성 개조라는 점이다. 즉 개조의 대상이 조직과 제도의 개조를, 즉 정치 · 경제 · 사회의 개조가 아니라 바로 민족과 민족성이 그 대상이다. 이것은 동시대의 다른 논자들에 의해서 제시된 “사람개조”나 “사람성”(인성) 개조와도 유사한 것 같지만 개조 대상이 인성(개체)/민족성(집단)이라는 점에서 다소 궤를 달리하는 듯하다. 그에게 있어서 “민족개조”는 “이미 가진 민족의 목적과 계획과 성질이 민족적 생존 · 번영에 적합지 아니함을 자각”(전제)하고 “새로운 목적과 계획을 정하여 민족 생활의 침로를 전하도록 의식적으로 조직적으로 노력하는 것”(지향)으로서의, 개인으로서의 사람이 아니라 개인들의 집합체인 민족 갱생의 길로서 규정된다. 민족의 목적과 계획—개인의 삶의 경우를 넘어서서 동종의 집단인 민족의 경우, 그와 같은 목적과 계획이 민족에게 처음부터 전제되어 있는지 나로서는 이해가 잘 안 되지만—을 다시 고쳐 만듦으로써 민족의 현재의 쇠퇴나 멸망으로부터 행복과 번영으로 되살린다는 새로운 민족주의의 구제자나 사상적 목공(木工)의 역할을 해보겠다는, 실로 엄청난 메니페스토(Menifesto)이며 대역사임이 분명하다. 여기서 필연적으로 부딪치게 되는 것이 ‘민족’과 ‘민족성’의 개념에 대한 이론적 규정 문제이며 이와 합성어를 이루게 되는 ‘민족개조’라는 의미와 실천적인 방법인 것이다.

한편, 러셀의 『사회개조의 원리』 번역 및 중국행과 함께 듀이의 일본 · 중국행과 함께 제자인 후스(胡適)의 개조론과 이광수와의 연관성도 결코 간과할 수는 없을 것 같다. 이광수와 후스는 근대문학의 개척자라는 점에서 사상의 영역에 있어서 서로가 상통하고 친숙할 수 있는 관계이다. 이에 대해서는 엘리 최의 간략한 논급[29]이 있을 뿐이지만, 존 듀이의 1919년 일본행 · 중국행과 사회 개조에 관한 강연 및 그의 컬럼비아대학 시절의 제자인 후스의 개조에 대한 견해는 이광수의 개조론에 대해서 적잖은

29 엘리 최, 앞의 글, pp. 89~91.

영향과 자극을 준 것으로 짐작된다. 프래그머티즘(pragmatism)의 철학자인 존 듀이는 1905년에 컬럼비아대학의 철학과 교수가 되고 1916년에 교육학의 주저인 『민주주의와 교육』을 간행한다. 존 듀이는 1919년부터 1921년까지 일본의 동경제국대학과 중국을 방문해 철학 · 교육학 등의 강연을 했으며 그때 그의 강연은 일본과 중국에서 엄청난 영향을 주게 된다. 도쿄대학에서 열린 강연이 1920년에 『철학의 개조』(*Reconstitution in Philosophy*)로 출판된다. 앞서 인용한 바 있는 빙숭의(憑崇義)의 지적처럼 그는 러셀에 대한 열기와 함께 5 · 4운동 시기에 사회 개조에 관한 강연으로 중국의 지식계에 커다란 파문과 영향을 미치게 된다. 듀이는 1921년 여름에 중국을 떠날 때까지 2년여의 강연 여행을 하는데, 이를 두고 후스는 우리 자신의 특별한 문제를 해결하는 철학적 방법을 주었다고 한다. 특히 듀이의 사회 및 정치철학의 점진주의(Gradualism)는 그의 제자인 후스의 점진주의에 영향을 준다. 그래서 후스는 그의 『신사조적 의의』(新思朝的意義, 1919)에서 문명의 개조에 대해서 다음과 같이 주장하고 있다.

> 문명은 막연하고 일방적인 풍습[攏統的]으로 창조되는 것이 아니고 조금씩 한 방울씩 창조되어지는 것이다. 진보는 하루저녁에 막연하고 일반적인 풍습으로 이루어지는 것이 아니라 조금씩 한 방울씩 이루어지는 것이다. 오늘날 사람들은 '해방과 개조'에 관해서 말하기를 좋아한다. [그러나] 그들은 해방이 어렴풋한 일반론의 수준에서의 자유를 뜻하는 것이 아니고 개조가 역시 모호한 일반론의 수준에서의 개조가 아니라는 것을 깨닫지 않으면 안 된다. [……] 개조는 제도 · 사상 · 개인의 개조를 뜻하며 그것은 조금씩의 개조이다.[30]

30 Jerome B. Grieder, *Hu Shih and the Chinese Renaissance: Liberalism in the Chinese Revolution 1917~1937*, Harvard University press, 1970, p. 126 및 "Dewey, John", *Encyclopedia of Philosophy* Vol. 3, ed Donald M. Borchert, Thomson Gale, 2006, pp.

윌리엄 제임스와도 관련이 있는, 역사는 점점 나아진다는 이 낙관적 신조의 개량주의(Meliorism) 및 완만하고 극적이지 않은 개혁으로서의 점진주의는 듀이의 사회철학 · 정치철학의 점진주의와 유관하다. 그는 중국을 파괴로부터 구하기 위해서는 군사력을 강화하는 것이 아니라 근본적인 계획, 즉 교육과 대중의 태도의 점진적인 변화를 통한 느리고 눈부시지 않는 개혁을 창도한다는 것이다.[31] 이것은 중국 문제의 '혁명적' 해결이 아니라 혁명운동으로부터의 소원화 현상이다. 후스는 듀이와 마찬가지로 급진주의를 신뢰하지 않았으며 사회 개조를 위해서는 물방울처럼 조금씩 이루어지는 점진주의의 방법을 주장한 것이다. 그래서 그는 보수적 전통주의자와 특히 과격한 혁명주의 극단으로부터도 상당한 공격을 받는 처지에 있었다. 생각건대 이광수의 상해(上海)로부터의 이탈과 개량주의 · 점진주의의 사상으로의 전환, 개조의 작업을 떠맡도록 복귀하게 한 하나의 외적 요인이 이런 중국에서의 후스와의 관련성 또는 영향과도 무관하지 않을 것으로 추론된다. 이런 점진주의적이고 반사회주의적인 관점에 있어서 이광수와 후스는 너무도 유사하기 때문이다. 이광수의 귀국은 허영숙이라는 한 연인만을 위한 사랑의 행위도 일제에의 귀순도 아니다. 특히 사회주의계의 비판자들은 독립운동을 포기한 것이라고 혹독하게 비난하지만, 그 나름으로 그에게는 상해에서의 급진적 독립운동과는 다른 차원의 뜻이 있는 점진적 성향의 문화운동을 위한 방향 바꾸기의 귀환인 것이다. 같은 시대에 이광수가 상해에 머물러 있었다는 것은 그의 개조 사상의 형성이 일본과 중국 양쪽의 사회 개조 사상과 서로 연계되어 이루어지고 있음을 시사해주고 있는 것이다. 그의 개량주의 · 점진주의 또한 이

43~50을 볼 것.

31 앞의 책, Jerome B. Grieder pp. 67~68, p. 70 참조.

와 전혀 무관한 것이 아닐 것이다. 이제 다음 차례는 개조의 대상으로서의 '민족' 및 '민족성'이 무엇인가라는 규정 문제이다. 즉 민족성 개조에 있어서는 민족성의 개념과 민족성의 취약점이 전제되어야 하는 것이다.

3. 구스타프 르봉의 『민족 발전의 심리 법칙』과 「민족개조론」

(1) '민족'과 '민족성'이라는 말

그렇다면, '민족'(race)은 무엇이며 또 '민족성'(국민성, national character)이란 무엇인가. 그리고 이광수는 이를 규정하기 위해서 그 개념 확정에 필요한 이론가로서 군중심리학자이며 민족심리학자인 구스타프 르봉(Gustave Le Bon, 1841~1931)의 『민족발전의 심리』(1894)의 이론을 어떻게 인용·활용하였는가. 이 책의 원제목은 *Les Lois Psychologiques de E'évolution des peuples*(F. Alcan, Paris, 1894)이다. 정확히 옮기면 『민족 발전의 심리 법칙』이다. 영문판은 *The Psychology of Peoples*(G. E. Stechert & Co, 1924; Arno Press, 1974)이다. 1910년에 마에타(前田長大)에 의해서 『民族發展の心理』(大日本文明協會)라는 제목으로 번역된 것이다. 이는 일본인들이 자신들의 민족성을 규정하는 데 기반을 제시한 것이다. 그 한 예가 르봉을 끌어들인 혼마 히사오의 『문학개론』에서의 '국민성' 규정이다. 이광수가 읽고 옮긴 것은 바로 이 일본어 번역본이다. 르봉을 살펴보기에 앞서서 먼저 민족·민족성에 대한 일반론들을 잠시 살펴볼 필요가 있다.

인류학에서는 세계의 인류를 유별하는 두 개의 입장이 있다. 1) 피부·모발·안색(顔色), 코·눈·입술·얼굴의 윤곽, 머리 모양, 신장·체격 등의 신체 형질을 특색으로 구분하는 것, 이를 인종이라고 일컫는다. 2) 의식주의 생활방식, 풍속 · 습관 · 종교 · 언어 등 문화의 특질을 가지고 구분하는 것을 민족이라고 일컫는다. 그래서 일반적 용어로서 민족이란 동일한 문화를 지닌 사람들의 집단, 동일한 문화 가운데서 성장하는 사람들, 같은 기질 또는 정신, 즉 같은 민족성 또는 국민성을 가지고 있을 뿐만 아니라 동류의식, 즉 민족의식을 가지며 그 위에 같은 조상으로부터 내려온 의식을 가지고 있는 것으로 생각한다. 이렇게 민족은 객관적 기준과 주관적 기준이라는 양면에서 규정된다. 객관적으로는 같은 명칭과 문화적 요소를 공유하고 공통의 기원에 얽힌 신화나 공통의 역사적 기억을 보유하는 사람들이 이루는 집단이 특정의 영역에서 스스로 결합하여 연대감을 가진 존재라고 이해되는 경우이다. 어떤 민족의 분포가 국민국가로서 중시되는 경우에 영토는 민족 정체성을 일으키는 지표이며 대부분의 민족은 공통어, 즉 언어의 공통성을 지니고 있다. 주관적 기준으로서는 "우리는 타자와 다르다"라는 "우리의식", "우리에의 귀속의식"과 연대감을 갖고 있다. 물론 "우리의식"을 가진 집단의 뜻은 결코 고정적이 아니며 유동적이다. 이 같은 객관적 기준과 주관적 기준은 오히려 불가분의 관련을 가지고 있어서 같은 것의 양면이다. 민족은 풍토 · 생활조건 · 사회 · 가족제도 · 인간관계 · 언어 · 종교 · 신앙 · 의식주의 관행 총체가 공속 감각을 가지고 있는 것이다.[32] 또 정치적 단위 및 '상상의 공동체'(imagined communities, 베네딕트 앤더슨)라는 규정도 있다.

한편, '민족성'(국민성)은 어떤 민족이 특징적으로 가지고 있는 감정 및 특질과 성격을 일컫는 말이다. 'national character' 또는 'nationality'로서의 '민족성'은 '인간성'이라는 말이 사람으로서의 성품이나 본성을 일컫듯이, 통일적 성격을 규정하기는 어렵지만, 동일한 집단으로서의 민족이

---

32 『岩波哲學思想事典』, 岩波書店, 1998, pp. 1557~1558 참조.

지닌 성벽(habitudes)이라고 할 수 있다. 즉, 동질적 사상 · 정서 · 의지 · 감정의 총화인 것이다. 에드먼드 버크의 지적처럼 그것은 완만한 역사적 발전의 결과이며 오랜 시간을 거쳐서 특별한 환경 · 계기 · 기질 · 습성, 그리고 오랜 시간에서 노출된 민족(또는 국민)의 도덕적 · 사회적 성벽에 의해서 이루어진 것이다.[33] 존 스튜어트 밀은 민족성을 규정함에 있어서 두 개의 결정적인 기준을 전제하며 이들은 서로 얽힌다고 한다. 주어진 한 집단에 의해서 서로가 느끼는 동감(sympathy)과 인종(민족) · 혈통 · 언어 · 종교 · 지리 그리고 특별히 정치적 전력(前歷)과 같은 동감을 촉진시키려는 역사적이고 여타의 다른 외적 원인이 그것이다.[34]

이와는 다소 다르게 리디아 리우(Lydia H. Liu)는 그의 『언어 전이적 실천』(*Translingual Practice*, 1995)의 「국민성 번역하기」장 「국민성의 신화」에서 루쉰(魯迅)의 『아Q정전』과 아서 스미스(Athur Smith)의 『중국인의 성격』(支那人之氣質, *Chinese Charateristics*)을 비교하는 가운데 이 문제에 관해서 상당 부분을 할애하고 있다. 해당 구절을 인용해보면 다음과 같다.

> 꾸오민싱(Guomin Xing, 國民性), 또는 복합어 민쭈싱(minzuxing, 民族性) 꾸오민더핀꺼(Guominde Pingge, 國民的品格)은 메이지 시대의 신조어 '고쿠민세이(民族性)'이며 일본이 18세기와 19세기 간의 지적 동향과 자주 연관하여 국민성(민족성)에 대한 근대 유럽의 개념을 번역하여 쓴 많은 신조어 중에 하나인 것이다. 독일 낭만주의에 있어서의 민족주의 담론을 지배한 민족정신(Volksgeist, Folk Spirit) 사상에 의해서 촉발되어 국민성 개념은 국민들간의 근본적 차이를 강조했으며 종종 독일정신의 큰 깊이와 독일인의 독특성을 강조했던 것이다. 당시 프

33 Pericles Lewis, *Modernism, Nationalism and the Novel*, Cambridge University Press, 2000, p. 71.

34 앞의 책, p. 65 참조.

랑스와 독일의 주도적 사상가들 가운데서 헤르더(Johann Gottfried Herder, 1744~1803)는 민족(국민) 개성(National Individuality)과 민족의식(National Consciousness)에 관한 본질주의적 개념의 전개에 가장 큰 영향을 끼친 인물이다. 그의 이론은 19세기와 20세기 초 엄청난 인기를 얻었고 현재 탈냉전시대에도 약간 조정된 형태로 널리 퍼져 있다. 국민성(민족성)이라는 사상은 국민적(민족적) 정체성이라는 총체적 범주 아래 인간 개별적 차이를 포괄하며 서구 제국주의의 팽창과 세계 지배를 전경화하는 데 크게 유용함을 입증하였다. 특히 인종적인 우월성에 관한 수사학은 동서양의 만남에 개재되어 있던 폭력성을 문화본질주의(Cultural Essentialism)와 진화론적 발전이라는 견지에서 해명하는 데 사용되었다. 이렇게 함으로써 정복당한 민족 혹은 국민으로부터 문화적 또는 역사적 차이에 관한 대안적 관점이 표명될 수 있는 재량권의 기반을 박탈했던 것이다.[35]

국민성(민족성)의 개념은 20세기 전환기와 그 이후에 중국으로 수입된 대부분의 일본 신조어와 마찬가지로, 자신들 나름의 근대적 국민국가에 관한 이론을 전개하기 위해서 청 말의 지식인들에 의해서 처음으로 사용되었다. 1920년 「신민의」(新民議)란 제목의 글에서 양계초(梁啓超)는 중국 국민의 통탄스러운 상태를 초래하게 된 악덕의 원인들이 어디에서 연유하는가를 밝히는 데 관심을 표명했다. 그는 그러한 악덕들이 무엇보다도 중국 국민성(민족성)의 취약성 또는 결함에서 비롯된 것으로 보았다. 그는 「중국국민의 품격을 논함(論中國國民之品格)」에서 그 결함들이 민족주의의 결핍 · 독립과 자치에 대한 의지의 부재 · 공공의식의 결여라고 구체적으로 지적했다.[36]

---

35 Lydia H. Liu, *Translingual Practice Literature, National Culture, and Translated Modernity: China 1900~1937*, Stanford University Press, 1995, pp. 47~48. 이 책은 『언어횡단적 실천』(민정기 역, 소명)이라는 제목으로 번역되어 있다.

36 앞의 책, p. 48.

양계초와 쑨야선(孫中仙, 孫文을 말함)이 당시 서구 제국주의에 대한 가장 선구적인 비판자들이었으면서도 유럽의 국가들이 자신들의 민족적 우월성을 주장하기 위해 사용하기 시작한 담론을 수용할 수밖에 없었다는 사실은 중국 지식인이 처해 있던 곤경의 핵심을 보여준다.[37]

요컨대 중국의 근대 문학, 국민문화, 번역된 근대성을 다룬 리디아 리우에 의하면 '국민성'(민족성)이라는 용어는 서구로부터 일본을 통해서 수용된 신조어이며 원래 서구의 국가들이 자기 민족과 타민족과의 차이와 우월성을 주장하기 위해서 만든 것이지만, 20세기 전환기에 중국의 지식인들은 나름의 근대적 국민국가에 관한 이론을 만들어내기 위해서 이 용어를 사용했다는 것이다.

같은 시기에 '민족성'에 대한 이 같은 지식인들의 특별한 지각은 조선의 경우에서도 마찬가지이다. 이 신조어의 유래가 일본이나 중국 어디에 있든 간에 이광수의 「민족개조론」과 함께 동시대의 지식인 이돈화의 「조선인의 민족성을 논하노라」에서는 '민족'과 '민족성'이 다음과 같이 규정되고 있다.

그는 언어 · 풍속 · 종교 · 도덕 · 습관 등이 모든 것에 다 같이 특수의 차이가 나타날 뿐이요, 그 민족으로서 민족 전체를 대표할 만한 즉 언어 · 풍속 · 종교 · 도덕 · 습관 등을 총 대표하여 그로써 융화되고 순화된 혹 종의 특성이 그 민족 간에는 스스로 표현(表顯)하나니 그를 칭하여 그 민족에 대한 민족성이라 통칭하는 것이라.[38]

37 앞의 책, p. 49.
38 이돈화, 「조선인의 민족성을 논하노라」, 『개벽』 5호, p. 2.

이렇게 민족은 민족성이 있으며, 민족성은 민족의 민족이 된 가치이며 민족의 민족이 된 표창(表彰)이라는 것이다. 민족성이라는 개념은 타자로부터 차별화하는 민족적인 정체성이라는 의미로 사용되고 있다. 그런데 '민족성'과 '국민성'은 그 뉘앙스에 있어서 다소 차이가 있다. 국민성이 보다 정치적 성격인 데 비해서 한 종족(민족)의 모든 개인들에서 관찰되어질 수 있는 심리적 요소의 집합이 민족성인 것이다. 이광수의 '민족', '민족성'에 대한 특성의 인식은 「조선민족론」(1933)에 규정되어 있다. 그는 여기서 민족의 본질적 요소를 혈통 · 성격의 기조, 문화로 규정한다. 이는 민족의 운명을 만드는 것은 민족의 성격이라는 구스타프 르봉의 생각과 닮은 현상이다.

(2) 이광수의 민족성 담론과 구스타프 르봉

1) 민족성과 그 장단에 대한 분석

「민족개조론」은 이광수가 세계적인 사상 현상인 개조의 시대를 당면하여 사회 개조의 일환으로서, 민족 개조, 민족성 개조가 민족의 생활의 진로와 방향 변환으로서 가장 긴요하다는 관점에서 쓴 글이다. 개조의 대상인 민족성을 먼저 규명하는 방법으로서 그의 민족성 담론은 이와 관련된 빌헬름 분트(1832~1920)의 『민족심리학』(*Völkerpsychologie*, 1912)보다는 분명 구스타프 르봉의 민족심리 이론을 그 바탕으로 하고 있다.[39] 즉 이광수

39 이에 대해서 약간씩이나마 논의한 글은 다음과 같다. 이경훈, 『이광수의 친일문학연구』, 태학사, 1998, pp. 79~82. 박성진, 『1920년대 전반기 사회진화론의 변형과 민족개조론』. 김현주, 『이광수와 문화기획』, 태학사, 2001, pp. 209~218. 김현주, 「이광수의 문화적 파시즘」, 김현주 외, 『문학 속의 파시즘』, 삼인, 2001, pp. 97~107 등에서 부분적으로 다루고 있다. 엘리 최(Ellie Choi)의 「이광수의 「민족개조론」 다시읽기」, 『문학사상』(2008. 1)에서 논의가 보다 본격화되었다. 그런데 엘리 최가 이광수(노아자)역, 「국민생활에 대한 사상의 세력」(『개벽』 22호)의 원전을 『군중심리학』(*Psychologie des foules*)라고 한 것은 잘못된 것이다(『문학

가 민족성 개조를 전개함에 있어서 '민족', '민족성'에 대한 본질적 특성을 규정하기 위한 그 이론적인 바탕이 된 것은 르봉의 『군중심리』(1895, 일본어 번역본, 1908/1910)에서의 '군중'보다는 『민족 발전의 심리 법칙』(1894)의 일본어 번역본 『민족 발전의 심리』(1910)에서의 '종족'(민족)이다. 바꾸어 말하면 '민족'이나 '민족성'(국민성)에 대한 개념의 확정과 '민족성 개조'와 그 방법을 위한 이론의 근거적 기반으로서 참고한 것은 르봉의 민족심리학에서의 민족성, 민족 성격에 적지 않게 의존했다는 뜻이다. 이광수는 「민족개조론」을 쓰기 이전에도 이미 「팔자설을 기초로 한 조선인의 인생관」(1921)에서 르봉의 일본어 번역본 『민족심리학』(『민족 발전의 심리』의 통칭)을 다음과 같이 인용할 뿐만 아니라 일본어 번역본인 『민족 발전의 심리』(1910)의 4편 1장인 「국민생활에 대한 사상의 세력」을 재번역하여 1922년 4월에 『개벽』에 발표한다. 이 번역에서 이광수는 일본어의 '種族', '與衆'을 '민족'(race), '국민'(people), '민중'(masses)으로 옮기고, '人人'(히도비도, many men)을 '인중'(人衆)으로 옮기고 있다. 이러한 번역의 재번역, 즉 일본어 번역으로부터의 이중 번역 현상은 1920년 전후의 우리 문화에서는 너무 흔한 현상이다.

> 법(불)국의 석학 르봉 박사는 그의 저 『민족심리학』에 일국민의 역사는 반드시 그 종족의 심리조직에 배태하는 것이라 하여[40] 그 국민의 심리적 특징(해부적 특징에 대하여)만을 알면 그 국민의 생활의 과거와 현재와 미래를 단정할 수 있으

사상』 2008. 1, p. 81). 그 글의 원전은 *Lois Psychologiques de L'évolution des peuples*(1894) 4편 1장이며, 이의 일본어 번역본 前田長太 역, 『民族發展の心理』(大日本文明協會 譯, 1910)의 4편 제1장 「國民の生活に於ける思想の勢力」, pp. 103~184이다.

40 영문 글 제목은 "The Role of Ideas in the Life of Peoples", *The Psychology of Peoples*, G. E. Stechert 1924/Arno Press, 1974, pp. 167~189.

리라 하며 일국민의 문명을 조직한 각 요소는 전부 그 국민의 정신의 발현이라 하였습니다. 그리고 국민정신은 극히 단순한 1 · 2개의 근본사상을 기초로 하는 것이니, 일국민의 만반제도와 물물이 전혀 그 사상의 표현이라 하여 여러 민족의 실례를 들었습니다.[41]

「민족개조론」에서는 마에타(前田長太)의 일본어 번역본 『민족 발전의 심리』가 다음과 같이 세 대목으로 인용된다.

민족심리학의 태두 법국의 석학 르봉 박사는 그의 명저 민족심리학에 '언어 · 제도 · 사상 · 미술 · 문학 등 무릇 일국의 문명을 조작하는 각 요소는 이를 지어낸 민족성의 외적 표현이라'(민족심리학 제2장 제 1절)고 단언하였으니 이는 내가 이상에 누누이 설명한 바를 가장 간명하게 결론한 것이라고 볼 수 있습니다.[42]

전에 인용한 르봉 박사는 민족적 성격에 근본적 성격과 부속적 성격의 2부가 있다 하여 부속적 성격은 가변적이나 근본적 서역은 거의 불가변이니 오직 유전적 축적으로 지완한 변화가 있을 뿐이라 합니다.[43]

또 박사의 민족의 성격을 해부적 성격과 심리적 성격의 둘로 논아[나누어] 우리가 흔히 민족성이라 일컫는 바를 심리적 성격이라 하고 체질은 특징을 해부적이라 합니다. 그래서 박사는 일민족의 해부적 특징의 근본적인 몇 가지가 변할 수 없는 모양으로 일민족의 심리적 특징 즉 민족성의 근본적인 몇 가지도 변할

41 『이광수 전집』 17권, p. 166. 이 인용은 일본어 번역본 p. 129, p. 65, pp. 5~6 등에서 온 것이다.

42 『개벽』 23호, 1922, p. 34. 일본어 번역본 2편 1장, pp. 65~66.

43 앞의 글, p. 38. 일본어 번역본 pp. 24~26, p. 13.

수 없는 것이라 합니다. [……] 그러나 해부적 특징에 이렇게 고정 불가변한 것이 있고 거기서 유추하여 심리적 특징에도 그런 것이 있으리라 함은 한 가설에 불과한 것이다. 과학적으로 정확한 증명을 하기는 어렵지만 여러 가지 역사적 실례로 보건대 그것이 진리인 듯합니다.[44]

이렇게 르봉의 일본어 번역본에서 민족과 민족성 또는 민족적 성격의 개념과 분화 양상, 즉 근본적 성격(fundamental characteristics), 불변적/부속적 성격(secondary characteristics), 가변적/심리적 성격(psychological characteristics), 민족성/해부적 성격(anatomical characteristics) 그리고 '국민정신'(soul of people[race])이라는 용어를 끌어옴으로써 그것으로 자기주장과 동화시키거나 믿을 만한 기준으로서 받아들여 민족(성) 개조의 근거 원리로 '응용'하고자 하는 것이다. 그는 '종족'이라는 말을 '민족'으로 치환한다. 사실 이광수가 이렇듯 그의 민족개조론을 위한 이론적 근거로 삼고 있는 르봉의 『민족 발전의 심리』(민족 발전의 심리—이광수 『민족심리학』으로 표제함)는 그 「서문」에 밝히고 있듯이, 그 의도와 목적이 '종족혼'(soul of race)을 구성하는 심리적 성격을 묘사하고 국민의 역사와 그 문명이 여하히 이들 성격에 의해서 결정되는가를 보여주려는 데에 있다[45]고 밝히고 있다.

그래서 이광수가 근거로 삼은 일본어 번역본에는 '민족성'의 문제와 유관한 '국민정신'(soul of people), '종족혼'(민족혼, soul of race), '국민적 성격'(national character), '국민혼'(민족혼, soul of people), '종족 성격'(character of race), '일국민의 심리적 조직'(mental constitution of a people), '종족의 심

44 앞의 글, p. 39. 일본어 번역본 『民族發展の心理』(1910), p. 13, p. 32, p. 45.

45 『民族發展の心理』(1910), p. 5. 영문판은 Gustave Le Bon, *The Psychology of Peoples*, Arno Press, 1974, "Introduction", p. xvii.

리적 성격'(psychological characteristics of races) 등과 같은 유사한 용어들이 아주 착종스럽게 제시되어 있지만, 정작 '민족성'이라는 확실한 단어는 어느 한 곳에서도 발견되지 않는다. 이 가운데서 이광수는 '국민혼', '종족혼' 및 '종족의 심리적 성격', '한 종족의 심적 조직'(mental constitution of a race) 등을 조합시킴으로써 민족성의 개념으로 터득하고 있다. 즉 일본어 번역본에서의 '국민혼', '종족의 성격', '종족의 심리적 성격' 및 '종족혼' 등의 용어를 "민족성"이나 "민족적의 심리적 성격"으로 대치시키고 있기 때문이다. 이광수는 '민족성'을 "일민족의 심리적 특징", 한민족 "개인의 성격의 총화"이며 민족의 모든 생활의 양식과 내용을 결정하는 근본 성격이고, '종족의 심리적 성격'과 근사한 이 민족성은 극히 단순한 한둘의 근본 도덕으로 결정된다고 규정한다.

르봉은 '종족혼', '국민적(민족적) 성격', '국민혼', '종족 성격'(심리적 성격)에 관련된 성격을 각각 다음과 같이 규정하고 있다.

종족혼: "해부학 · 언어 · 환경, 혹은 정치적 기구가 할 수 없는 분류의 요소는 제도 · 예술 · 신념 및 각 국민의 정치적 격변의 배후에 진화를 결정하는 도덕적 · 지적 성격이 존재한다는 심리에 의해서 공급된다. 이 성격이 '종족혼'이라고 일컬을 수 있는 것을 형성하는 성격의 총합이다."[46]

국민혼: "한 문명의 조직 요소는 국민혼의 외적 발현이다. [……] 국민혼의 3대 근원적인 기반은 공통의 감정, 공통의 관심, 공통의 신앙이다."[47]

국민적 성격: "한 종족(민족)의 모든 개인들 가운데서 볼 수 있는 심리적 요소들의 집합이 바로 국민적(민족적) 성격이라고 일컬을 수 있다."[48]

---

46 일본어 번역본, p. 15. 영문판은 p. 5.
47 일본어 번역본, pp. 65~66. 영문판은 p. 13, p. 63.
48 일본어 번역본, p. 13, 영문판은 p. 6.

종족 성격: "종족 성격의 변화는 근본 성격의 불변성과 부속적 성격의 가변성이라는 분명한 규칙을 구성한다."[49]

이상에서 이광수는 특히 '종족혼' 및 '국민혼'(민족혼)을 그 기본으로 하는 것이 바로 민족성이나 국민성인 것으로 파악하고 있다. 그래서 그에 의하면 "언어 · 제도 · 사상 · 신앙 · 미술 · 문학 등 무릇 일국의 문명을 조직하는 각종 요소는 이를 지어낸 민족성의 외적 표현"이라는 르봉의 견해를 받아들이고 민족성은 곧 "민족의 심리적 특징"(psychological characteristics of race)으로, "개인의 성격의 총화"로 이해한다. 그리고 이 민족성은 극히 단순한 한둘의 근본도덕으로 결정되기 때문에 개조는 도덕적 개조에 의해서 가능하다고 지적한다. 이렇게 이광수가 민족의 심리적 성격과 민족심리의 구조로서의 민족성(국민성)을 르봉이 일컫는 바대로 종족혼(종족성) 및 민족혼(국민혼)과 결부시키게 된 데에는 추측컨대 그가 특별하게 관심을 두었던 혼마 히사오(本間久雄)의 관점을 적지 않게 참작했을 것으로 믿어진다.

혼마는 이광수가 문학도의 필독의 책으로 천거한 그의 『문학개론』(와세다대학 출판부 장판, 1920)의 제5장 「문학과 국민성」에서 르봉의 『민족 발전의 심리』 1편 1장의 "종족은 시간을 초월한 일종의 영존적 생물이다"로 시작되는 한 다음의 단락을 인용하고 나서, "어떠한 종족도, 민족도 그 종족혼, 민족혼이라 일컫는 것으로부터 이탈되는 것은 안 된다"[50]고 술회하고는 "어떤 나라의 문학도 종족성 또는 종족혼이라는 것을 기본으로 하는 국민성이라는 것의 영향으로부터 빠져나오는 것은 안 된다"고 함으로써 종족혼(종족성) 민족혼(국민혼)을 한 민족의 성격이기에 심리적 특징인 국

49 일본어 번역본, p. 24. 영문판은 p. 17.

50 本間久雄, 『文學概論』, 早稻田大學出版部, 1920, p. 70. 르봉 일문 번역, pp. 17~18, 영문 번역, pp. 10~11.

민성(민족성)의 기본으로서 보았던 것이다.

종족은 시간을 초월한 일종의 영존적 생물이다. 이것은 단지 어떤 일정한 기간에만 살고 있는 개인이 조직되어 있을 뿐만 아니라 각 개인의 선조이고 죽은 지 오랜 계통으로써 조직되어 있는 것이다. 따라서 친족의 참뜻을 알려고 한다면 반드시 과거와 현재를 걸쳐 연구하지 않으면 안 된다. 죽은 사람의 수는 살아 있는 사람의 수보다 많을 뿐만 아니라, 그 힘에 있어서도 살아 있는 사람보다도 더 강할 것이다.

죽은 사람은 무수히 많고 무의식 세계를 지배하기 때문에, 한 나라의 백성은 오히려 살아 있는 사람보다도 죽은 사람에 의해 보다 많이 지도받고 있으며, 종족과 같이 유일하게 죽은 사람만을 만든다고 해도 좋을 것이다. 죽은 사람은 세월에 세월을 거듭해 우리들의 사상을 만들고 감정을 만든다. 따라서 우리들의 행동의 모든 동기를 만들었던 것이다. 이런 의미에서 우리들은 두 가지 공과를 가지고 있지만 이것을 죽은 사람에게 받는다. (혼마, 『문학개론』, p. 70)

그리고 혼마는 다음과 같이 문학과 국민성 간의 밀접한 관례를 지적한다.

又最近の學者では,フラソスのギスタフ・ル・ボソ(Gustave Le Bon) がその『民族發展の心理』(*Lois Psychologiques de L'evolution des Peuples*) の中に種族魂といふことが, すべての文化の根底であるといふことを力說してゐる. 尤も, ここにいふ「國民性」といふことは,「人種」とか種族魂といふこととは異つてある. これは單に人種とか種族とかいふよりは, 更に複雜なあるものであつて, 人種又は種族を基本として, さもさまの外的影響の下に形づくられた國民の特質といふことである. けれども, 國民性の基本條件はその國民所屬の種族そのも

のに聯關するのであるから，國民性の研究の中核は，その種族性の考究にあると云つても差支へないであらう.[51]

(또한 최근의 학자 중에서는 구스타프 르봉이 그 『민족 발전의 심리』(*Lois Psychologiques de L'evolution des peuples*)라는 책에서 종족 혼이라는 것이, 모든 문화의 기초이다라고 역설하고 있다. 하지만 여기에서 말하는 「국민성」이라는 것은 「인종」이나 종족 혼과는 다르다. 이것은 단지 인종이라든지 종족이라든지 하는 것보다는 한층 더 복잡한 것이라서 인종 또는 종족을 기본으로서 여러 가지 외적인 영향 하에 형태가 만들어진 국민의 특질이라는 것이다. 그렇지만, 국민성 연구의 중요한 점은 그 국민이 소속한 종족 그 자체에 연관하는 것이기 때문에 국민성 연구의 핵심은 그 종족성의 고찰에 있다고 해도 상관이 없을 것이다.)

이밖에도 혼마는 르봉의 견해를 두고, 어떤 민족도 어떤 종족도 그 종족혼 · 민족혼이라고 부르는 것으로부터 벗어날 수 없으며 어떤 나라의 문학도 종족성 또는 종족이라는 것을 기본으로 하는 국민성의 영향에서 벗어날 수 없다고 설명한다. 이런 르봉－혼마로 이어지는 경위와 맥락 속에서 '민족성'(국민성)의 명칭과 개념을 나름대로 파악한 이광수는 르봉이 민족의 심리적 성격으로 분류한 불변하는 근본적 성격과 변하는 부속적 성격의 분화 및 '해부적 성격'에 대응하는 '심리적 성격'론에 근거함으로써 그러한 이론적 기조 위에서 근본적 성격이 아니라 부속적 성격으로의 민족성의 열악함, 즉 취약함에 대한 개조의 가능성을 믿고 주장하게 되는 것이다. 그는 이렇게 르봉의 민족심리학을 통해서 민족성과 민족성 개조에 대한 이해와 해석의 근거를 가다듬게 된 것이다.

---

51 앞의 책, p. 67.

그렇다면, 조선의 민족성은 무엇이 문제인가. 그 결점에 대한 책임은 누구에게 있으며 어떻게 그것을 개조할 수 있는가. 쇠퇴하고 부패한 민족을 고칠 방법은 민족성을 개조하는 것이 대안이기 때문에 르봉으로부터 받아들인 이 같은 민족성 이론은 이광수로 하여금 반전통적으로 기존적인 과거에 대한 강력한 자기비판의 언어를 부여케 한다. 그래서 조선 민족의 민족성 개조 개념이 마치 국민성이나 민족성의 장점보다는(단점만이 아니고 분명히 장점도 지적하고 있음) 취약하고 열등함을 전제로 한 것처럼 보여지기도 한다. 이광수는 조선민족의 쇠퇴를 가져온 근본 원인으로서 악정(惡政)을 제일로 지목하고 보다 궁극적인 것은 그러한 결함이나 취약함이 주로 민족성의 도덕적인 부패로부터 연유한 것으로 초점화하고 있다. 그렇기 때문에 그는 민족성의 개조는 조선민족을 살리는 유일한 살 길[生路]이라고 주장하게 된 것이다. 이러한 점에서 르봉의 민족심리에 대한 규정 및 성격 분화의 견해는 이광수의 「민족개조론」 사상의 전개에 있어서 개조를 위한 이론적인 근거로서 크게 원용된다. 『군중심리』에 제시된 '군중'이 아닌 '민족'(종족)에 대한 이해를 위한 르봉의 민족심리학에의 신뢰는 「팔자설을 기초로 한 조선인의 인생관」(1921)에서 르봉의 『민족 발전의 심리』(민족심리학)를 인용케 할 뿐만 아니라 그의 한 장절(4편 1장)인 「국민생활에 대한 사상의 세력」(1920)을 중역해 『개벽』에 옮기게 할 정도로 긴밀한 것이다.

앞서 인용을 통해서 '국민성'을 두고 르봉-혼마의 관련성을 지적했지만, 일본에서의 르봉에 대한 관심 및 국민성 담론은 메이지시대 말기에서부터 비롯된다. 이 시기에 『군중심리』의 번역(1920, 大日本文明協會), 및 『민족 발전의 심리』의 번역(1910)으로 르봉이 소개되면서 르봉의 저작은 역사 발전, 민족성, 군중심리에 관한 사상을 메이지 다이쇼 시대의 사상가들에게 파급하게 되었고 '국민성'의 문제는 하가 야이치(芳賀矢一)의

『국민성 십론』(1907)을 비롯해서 이를 잇는 이가라시 치키라(五十嵐力)의 『신국문학사』에서 일본 국민성의 장점(7) 단점(5)의 열거, 혼마의 『문학개론』 그리고 武津의 『민족성의 연구』(1920), 구리야카와 하쿠손의 문학평론 「개조와 국민성」, 아서 스미스(Arthur Smith)의 『중국인 기질』(*Chinese Characteristics*)의 번역 『支那人之氣質』(시부에 타모츠 옮김, 1903) 등에서 다루어짐으로써 일본의 민족주의자들 사이에서 매우 활발하게 논의가 되었던 것이다. 물론 여기에는 영향사적으로 독일의 문화적 우월성에 대한 민족철학 · 민족주의적 패러다임의 공세적 양상도 작용했던 것이다. 그래서 일본에 있어서의 이런 '국민성'의 문제는 정치적으로 국수주의와 함께 황도주의적 이데올로기로 전개되어나가게 된다. 뿐만 아니라 중국에 있어서도 국민성 담론으로서의 "개조국민영혼", 즉 국민성 개조는 량치차오(梁啓超), 후스(胡適), 루쉰(魯迅) 등에 의해서 제기되었던 것이다.[52] '국민성' 또는 '민족성'의 문제는 정치화됨으로써 배타적 인종우월주의와 제국주의의 부정적 성격이 있음에도 불구하고, 역설적으로 5 · 4운동기의 중국의 작가들은 고착된 전통과 문화를 고발하기 위해서 중국 민족성 개조의 이론을 전개한 것이다. 그들은 중국의 위기의 근본 원인이 단순히 병비(兵備)의 약소함에 있는 것이 아니라 근본적으로 중국인의 근본정신이 '노예근성'에 있다고 보고 국민성의 개조를 역설한 것이다. 「문학이란 하(何)오?」(1916)에서부터 제시되는 이광수의 민족성(국민성) 담론으로서의 민족성(national character) 및 '민족성 개조'(transforming the national character)는 이러한 외적 상황과의 상호 맥락적인 관계와 내적으로 스승인 도산 사상과의 연관성 속에서 이루어지게 된 것이다.

---

52 Lydia H. Liu, 앞의 책, pp. 47~69. "The Myth of National Character", "Translating National Character."

이광수의 「민족개조론」은 골턴(Francis Galton)류의 우생학(Eugenic)에 있어서의 '인종개량론'을 지향하는 것이 아니다. 그리고 그 의도하는 것이 민족과 민족성의 개조가 아니라 '대중'의 통제이자 지배라는 해석은 넘치는 해석이다. 그것은 르봉의 『군중심리』나 로스의 『군중통제』의 군중통제 이론에만 연결하려는, 편향되어 있는 시각이며 해석이다. 이광수는 대중 또는 종족(민족)을 위험시하거나 멸시하려 하는 사회통제론자는 아니기 때문이다. 「민족개조론」은 퇴화나 쇠퇴를 가져올 민족성의 타락 상태로부터 민족의 정신적 · 도덕적 재생을 지향해보고자 하는 이광수의 민족갱생의 소견서이며 그러한 프로젝트를 실현하기 위한 정신적 사회운동의 한 방법론이다.

비판론자들은 다만 르봉을 원용했다고 해서 르봉에 대한 정밀한 이해의 근거도 없이 오직 선입견에 의해서 그를 제국주의 사상가로 단정하여 "제국주의의 식민지 지배방식을 논리화한 민족이론"으로 규정하고, 이런 이론을 인용한 행위를 "겁도 없이 그대로 수용"[53]했다고 비난하는 것은 비평의 정도를 넘어선 지적이다. 르봉의 통칭 「민족심리학」이라고 일컫는 『민족 발전의 심리 법칙』은 물론 종족의 우열적(열등 · 중등 · 고등) 차이, 사회주의에 대한 부정적 시각 등의 관점과 입장에 따라서는 비판의 요소가 전혀 없지도 않지만, 민족성(종족혼)을 조직하는 심리적 성격을 묘사하고, 그 성격에서 국민의 역사와 문명이 어디서 배태되어 나오는가를 논증하고, 문명을 조직하는 요소인 제도 · 예술 · 신앙이 민족혼(민족성)의 직접적 발현인 것으로 보고자 한 민족심리학으로서, 『군중심리』와 함께 르봉의 대표적인 저서이다. 그런 점에서 「민족개조론」은 민족심리학 이론에 근거해, 국민 또는 민족의 정체성이라고 할 수 있는 조선민족의 정체

53 김윤식, 『이광수와 그의 시대』, 한길사, 1986, p. 745.

성 또는 성격 및 민족성의 장단—약점의 지적이 지배적이지만—을 처음으로 시도적으로 해부해본 일종의 민족심리학이라는 점에서도 그 의미가 적지 않은 것이다. 그의 긍정 · 부정 간 민족성의 분류는 그에게 자극과 영향을 준 것으로 믿어지는 하가 야이치의 『국민성 십론』(1907)과 이가라시 치카라의 『신국문학사』의 국민성의 분류에 손색이 없는 것으로도 평가할 수 있다. 그리고 변화와 개조를 위해서 자기 민족성의 부정적인 측면을 적시하고 이를 비판함으로써 반성적 전환을 모색한다는 것이 곧 제국주의에 대한 암묵적 거래로서 식민지 지배의 정당화로서, '복종'으로서 해석될 수는 없는 것이다. 그런 독법은 오류를 동반한 지나친 확대해석이다.

또한 이광수가 르봉을 원용한 것은 그의 전면적인 사상에 이어져 있는 것이 아니라 민족(종족)의 민족성이나 심리적 근본 성격 혹은 심리, 즉 민족심리론을 위한 이론적 · 방법론적 잣대에 집중되어 있다. 이것은 개량적 점진주의에 근거한 민족과 민족성의 해부와 변화를 설계해봄으로써 민족의 현실적인 곤경을 타개하려는 이광수의 사회심리학적이고 민족심리학적인 색다른 견해가 투영된, 즉 생물학적인 인생 개량의 우생학으로서가 아니고 정신적이고 도덕운동적 민족 갱생(race regeneration)의 이데올로기와 실천적 사회운동 방법이 담긴 개조론이다. 그야말로 민족 발전의 심리학이며 개조의 실천 방법이다.

이광수는 한민족의 성격에는 근본적 성격과 부속적 성격이 있으며, 전자는 변화시킬 수 없지만, 후자는 변화시킬 수 있다는 르봉의 주장에 따라서 ① 근본적 성격은 좋지만 부속적 성격이 좋지 못한 경우, ② 근본적 성격 자체가 좋지 못한 경우가 있음을 전제하고, 자기 나름의 주장과 견해로 ①의 경우는 주위와 대변동과 교육의 힘으로 개조할 수 있는 것이 분명하고 개조가 어려운 ②의 경우도 개조할 수 있다고 주장한다. 그래서 그는 조선의 민족성을 분류하여 긍정적으로 인(仁) · 의(義) · 예(禮) · 용

(勇), 즉 관대 · 박애 · 예의 · 염결 · 자존 · 무용 · 쾌활로 분석한다.[54] 여기에 대비하여 근본 성격인 인 · 의 · 예 · 용의 부작용으로서 허위, 비사회적 이기심, 나타(懶惰), 무신(無信), 겁나, 사회성의 결핍과 같은 부정적인 성격이 나타난 것이라고 민족성의 장단을 분석한다. 그리고 이와 같은 오늘날 조선민족 쇠퇴의 원인이 된 허위와 나타, 비사회성, 경제적 쇠약, 과학의 부진은 근본적 민족성의 반면(半面)이 가져온 화이며 이른바 르봉의 부속적 성격에 해당하기 때문에 개조가 가능하다고 주장한다.

이렇게 이광수는 르봉의 민족성에 관한 이론을 상당 부분 인용하고 응용하면서 허위 · 나타 · 이기심, 사회성의 결여 등 도덕성의 부패를 극복하는 방책으로서 제시함으로써 사회 개조보다는 인성의 개조로서의 덕(德) · 체(體) · 지(知)의 삼육과 부의 축적, 사회복지의 함양을 지적하고 있으며 근본 원칙이 되어야 할 것이 바로 신민족성의 기초가 되어야 할 개조의 근본 원칙으로서의 "무실(懋實)과 역행(力行) 그리고 사회적 봉사심(단결의 정신: 단체주의)"이라고 지적한다. 무실과 역행은 곧 진실주의와 실천주의인 것이다. 이를 위해서 「민족개조론」은 민족의 근본적인 악성격을 가장 소량으로 이어받은 사람들인 '개조된 개인'인 지도자 중추계급과 함께 이들이 동맹하는 수양동우회 같은 사회운동과 단체운동으로서의 개조된 '단체'를 강조한다.[55] 이는 사회심리학에서 지적하는 대중운동으로서의 사회운동이다. 그래서 개조 경로의 10항과 개조주의의 내용인 8항에 제시되어 있다. 이런 개조를 위해 이 같은 단체(organization)의 힘을 강조한 것은 사회 개조를 위해서는 힘으로서의 단체가 긴요하다는 러셀의

54 이는 동시대의 이돈화의 '선성'이나 '선심'보다는 훨씬 다양한 편이다. 단점만을 지적한 것이 아니다.

55 김성태, 「진보사상이 한국 근 · 현대소설의 형성에 미친 영향연구」, 서강대학교 박사학위논문, 1995, pp. 35~49 참조.

견해와도 상통할 뿐 아니뤅 사회운동으로서의 도덕적 운동을 강조한 루즈벨트(Theodore Roosevelt)의 시대개혁 정신인 'reform spirit of age'의 도덕운동(moral movement)과도 상통하는 성격을 지닌다.

르봉은 『민족 발전의 심리 법칙』의 결론에서 "한 종족(민족)은 심리적 성격을 가지며 그 성격은 거의 그 종족이 해부적(신체적) 성격과 같이 고정적이다. 심리적 종족은 해부적 종족과 같이 오랜 세월의 결과로서만 변화한다", "사회적 · 개혁은 혁명의 작업이 아니며 '느린 축적'(slow accumulation)을 통해서 작용한다"[56]라고 지적하고 있다. 이를 받아들임으로써 이광수는 중편의 끝인 "얼마나 시간을 요할까"에서 민족성 개조의 소요 시간을 지적하여 개조운동을 "서서한 축적작용", "영구한 사업"으로 규정한다. 이는 앞서 든 후스의 물방울 비유와 함께 그의 개조 사상이 시간론적으로 실력 양성의 준비론과 점진주의임을 드러내주는 가장 뚜렷한 증표인 것이다.

이광수가 르봉의 일본어 번역서 『민족 발전의 심리』로부터 받은 영향 또는 수용 현상은 이 같은 민족의 심리적 성격의 규정 및 개조의 시간만이 아니다. 더 하나 분명한 것은 조선민족의 쇠퇴(衰頹)의 원인이 바로 '타락한 민족성' 또는 도덕적 원인이 근본이라는 진단이다. 이러한 진단적 사유는 르봉의 『민족 발전의 심리』의 5편 「종적 성격의 해소 및 종족의 쇠퇴」에서의 국민 쇠퇴(decadence)의 주된 원인은 그 성격의 폐차(lowering)에 있다는 진단과 일치한다. 르봉은 노르다우의 이른바 『퇴화론』이 함께 가세한 듯한, 즉 그는 여기서 라틴 국민의 쇠퇴의 징후가 이기주의의 전파, 주도력과 의지력의 감퇴, 성격 및 도덕성의 퇴패, 현시 청

56 『民族發展の心理』, p. 221. *The Psychology of Peoples*, 1924, Arno Press 1974, pp. 230~231.

년, 사회주의의 개연적 영향이라고 제시한 것이다.

이 같은 징후적 분석이 이광수로 하여금 조선민족으로 하여금 쇠퇴에 빠지게 한 원인으로서 허위, 비사회적 이기심, 나타, 무신, 겁유, 사회성의 결핍과 같은 단처들을 도출해내는 데 있어서 영향을 준 것으로 짐작된다. 그리고 「민족개조론」의 중심인물, 「중추 계급과 사회」의 '중심인물' 또는 '중추 계급' 및 「천재야! 천재야!」의 '천재'(俊才로서의 élite)의 엘리트주의 또한 『민족 발전의 심리』의 제4편 제3장 「국민의 역사에 있어서의 위인의 세력」의 '위인'(great men), 즉 '소수의 위인'(small élite), '초월적 위인'(élite of superior men) 및 '위대한 천재'(splendid genies)의 주장 그리고 개조 운동을 위한 수양동우회 같은 단체생활 내지 '단체'관, '소단체'(small phalanx)와 무관한 것이 아니다.

2) 르봉은 과연 어떤 사람인가

구스타프 르봉(Gustave Le Bon, 1847~1931)은 이미 앞부분의 이광수의 사회심리학적 문학론의 감염론에서 언급된 바 있지만, 프랑스의 사회심리학자이며 사회학자로서 군중심리학 이론의 중요하고 확실한 창시자이다. 전전 유럽문화에 대한 그의 의의 있는 기여는 그가 일종의 응용민족심리학으로서 다른 민족과 집단 현상에 관한 그의 글에 있다. 그의 저작은 레닌, 무솔리니, 디어도어 루스벨트, 프로이트 등과 같은 이질적인 성향의 인물들에게 크게 영향을 주었다. 특히 디어도어 루스벨트는 그의 대통령 집무 기간 동안 내내 자기의 집무실에 르봉의 『민족 진화의 심리 법칙』(1894)을 성서 다음으로 함께 두었다고 전한다. 르봉의 친구인 에드몽 피카르는 그를 "다방면의 천재 인간"(Homo Multiplex)이라고 묘사한다.

르봉은 의사로서 수련했으며, 결코 의료인으로 살지는 않았지만, 그의 역사, 사회, 정치, 종교 현상에 대한 분석에 있어서 병리성과 규범에 대한 의학적 견지를 보유하였다. 이런 관점이 그로 하여금 질서, 국가 권위, 민족주의 프랑스 '국민'의 고결함의 편향, 사회주의, 노동운동, 자유교육 이상, 이민에 대한 반대 등으로 그 시대의 정치적 영역에 있어서 보수주의로 기울게 한 것이다.

1895년에 출판한 『군중심리』(*Psychologie des Foules*)에서 그는 현대를 '군중의 시대'라고 규정하고 전통적인 지배계급의 붕괴, 과학과 산업에 있어서의 여러 변화, 민중의 군집으로서의 사회생활, 정치생활에 진출한 것에 주의를 환기시키고 군중의 심리와 행동의 해명을 통해서 여러 가지 사회현상을 고찰한 것이다. 그에 의하면 모든 개인의 집합에 의한 군중은 그 심리적 측면에 있어서 개인 그 자체와는 비상하게 다른 독특한 집단정신(군중심리)을 가지며 비합리적 성격을 보여준다는 것이다. 즉 군중은 의식적 개인의 상실, 충동성 · 격앙성 · 경신성을 보여주고, 암시에 이끌리고 쉽게 파괴적 행동에 이끌리게 된다는 것이다. 총체적으로 그의 군중론은 암시와 최면의 심적 메커니즘을 강조하고 비합리적 정서나 무의식의 역할을 중시한다는 것이다. 이로 인해 보수적이고 반민주주의적 가치의식을 지녔다고 지적되기도 하지만, 그의 『군중심리』는 군중심리의 고전으로서 읽힐 뿐만 아니라 프로이트에게도 영향을 미치게 된다.[57] 그의 저작들은 여러 관점에서 당대의 중요한 정치적 관심사와 지적 전략에 반영되었지만, 근본적인 것은 사회심리학이다.

그의 대표적인 저서로는 『민족 발전의 심리적 법칙』(1854), 『군중심리』(1895) 외에도 『사회주의의 심리』(1896), 『혁명의 심리』(1912) 등이 있다. 이 중 『군중심리』만이 현재도 많은 대학들에서 가르치는 르봉의 유일한 저

57 Alan E. Kazdin, *Encyclopedia of Psychology* Vol 5, Oxford University Press, 2000, pp. 40~41 및 『社會科學大事典』 鹿島出版, 1971, p. 127 참조.

작이다. 천재로서 그의 저작들 대부분은 자본주의에 대해서 비판적인 지식인들의 이른바 '침묵의 공모'(conspiracy of silence)[58]에 의해서 잊혀지고 매장되어져버리고 있는 것이다. '착오와 배리의 미로'로서 비난한다. 그리고 극단적으로는 파시스트의 지도자 이론들이 그의 군중심리학 이론에 많이 빚지고 있다는 논란이 있으며, 히틀러의 『나의 투쟁』(*Mein Kampf*)이 르봉의 책에서 제시된 선전(프로파간다) 기술에 크게 의존한 것이라는 지적도 없지 않다. 르봉은 와이드너(A. Weidner)의 지적처럼 철학 · 과학 · 예술이 이데올로기에 의해서 크게 왜곡되고 오염된 20세기의 지적 삶의 주된 예언자요 희생자이지만, 역설적으로 오늘날 대부분의 사회학자들은 그의 관점이 자신들의 관점을 역(逆)으로 거스르고 있기 때문에 그의 가르침을 침묵으로 무시해버리고 있다는 것이다.[59] 1931년 이래 사회과학자들은 그의 저작을 권위로서 받아들이지 않을 뿐만 아니라, 좌파 지배의 정치적 풍토에서 사회주의를 맹렬히 비판한 그의 보수주의 철학에 대해서 호의적인 연구로 받아들이지 않았던 것이다. 그래서 경멸적인 '침묵의 공모'에 의해서 르봉은 관심에서 묻혀버리게 된 것이다.

이와 같은 학계로부터의 르봉의 하강 현상은 『사회주의의 심리』(1898)의 출판과 직접적으로 연관되어 있다. 그는 사회주의를 지상 천국이라고 약속하는 새로운 종교라고 기술하고 사회주의가 전세계에 걸쳐서 승리할 것이라고 상당히 일찍이 예언했다. 그렇지만 그 약속을 실현할 수 없기 때문에 사회주의는 많은 종교들 중에서 가장 단명할 것임을 예언했으며, 단지 집단주의와 '총체적 공포'만이 결과로 남을 것이라고 본 것이다.[60]

---

58 Alice Widener, *Gustave Le Bon: The Man and His Works*, Liberty Press, 1979, p. 13, p. 17.

59 앞의 책, p. 15.

60 앞의 책, pp. 19~20.

그의 사회주의에 대한 이 같은 비판은 이미 『민족 발전의 심리 법칙』(민족심리학)에서도 여러 곳에 제시되어 있다. 이런 르봉의 반(反)사회주의적 예언을 자본주의와 산업화의 부정적 효과들에 대해서 비판적이었던 지식인들에게 결코 환영받을 수 없었으며 연구의 명제로부터 그 이름이 빠질 수밖에 없었던 것이다. 르봉에 대한 사회주의자들의 이 같은 적의는 그의 『혁명의 심리』(1912)가 출간됨에 따라서 더욱 강화되게 된다. 그는 이 책에서 혁명은 건설적 성격을 수행하지 못하며 단지 존재하는 제도를 다른 이름으로 대치할 뿐이고 "루이14세의 절대주의가 노동연합 지도자들의 절대주의에 의해서 대치될 뿐이다"라고 지적하고 있다. 사회주의의 미래에 대한 이 같은 예단은 당시로서는 결코 쉬운 일이 아니다. 그렇다면 구스타프 르봉이 이렇게 아주 확실히 반(反)사회주의자인 것이 분명하다면 과연 그는 보수주의자인가? 그 대답은 다만 개인적 해석에 달린 것이라고[61] 와이드너는 지적한다.

러시아혁명과 함께 사회주의의 위력이 바야흐로 엄청난 기세로 전파 · 도래한 시대에 사회주의가 탈대의적 이데올로기로서 갖는 잠재적 위험성 —종교적 광분, 특권에 대한 질투, 타자의 부에 대한 탈취, 경쟁의 자연법칙 과시 등—을 지적하고 사회주의의 단명한 미래에 대해서 예단하고 경고한 것은 현시점에서 보면, 비록 그가 파시즘을 사회주의에 대한 하나의 '용감한' 대안책으로 보려는 경향도 있다는 지적도 있지만, 쉽게 간과해버릴 관점이 아닌 것이다. 르봉은 오래된 규범의 보수주의도, 새로운 이데올로기의 극단주의도 비타협과 정체가 폭력과 열광을 초래하기 때문에 사회에 대해서 거의 손상적이라고 확신했던 것이다.[62] 와이드너에 의하면 그는 진

61 앞의 책, p. 21.

62 John L. Stanley, "Introduction to the Transaction Edition", Gustarve Le Bon, *The Psychology of Socialism*, Trandsaction Books, 1982, p. xxxi 참조.

보적 사상가였으며 부단히 관습과 허위를 무시했고 인간과 사회의 참된 본성을 탐색했으며 르네상스기의 프란시스 베이컨처럼 자신의 시대의 협소하고 완고한 위계적 교육체제에 반대한 인물로 평가된다.[63]

그럼에도 불구하고 그의 반대론자들은 사회주의에 편향하거나 동조적이었던 시대상황 속에서 그가 반사회주의적이었기 때문에 단지 대중주의자나 통속주의자로 과소평가하거나 보수적인 제국주의 사상가로 규정했던 것이다. 르봉에 대한 이 같은 부정적인 관점은 1920년대의 한국 지식인들의 르봉에 대한 이해에도 그대로 투영되어 있다. '침묵의 공모'와 다름없이 그에 대한 어떤 독서적 검토나 해석도 없이 선험에 의해서 결과적으로 공모에 동조하고 제국주의와 파시스트 사상가로 일단 치부해버렸을 뿐만 아니라, 그러한 그의 사상과 이론을 인용하고 그것에 근거해 있다고 해서 이광수의 「민족개조론」에 대한 폄하나 비판을 유지 · 강화시키고 있는 형국인 것이다. 1920년대 초, 「민족개조론」에 대한 비판이 주로 사회주의자의 관점에서 비롯되고 주도된 것은 르봉에 대한 서구 사회주의의 좌파 지식인들의 비판과 일맥상통되는 현상이지만, 사회주의와 굳이 관련되지 않아도 르봉에 대한 지식인들의 부정적인 이미지는 오늘의 이광수 비평에서 마치 양자가 사상적 쌍생아인 듯 그대로 작용한다. 르봉의 『민족 발전의 심리 법칙』을 한마디로 "제국주의자들의 식민지 지배 방식을 논리화한 민족 이론"으로 너무나 쉽게 간단히 단정하고, 이로써 이광수를 그런 사상의 겁 없는 모사자인 양 비판해버리는 김윤식의 비평, 그보다는 좀 더 열등 인종과 고등 인종의 차이, 원시 종족, 열성 종족, 중등 종족, 고등 종족의 심리적 성격의 분류 등 『민족 발전의 심리 법칙』의 내용 검토에 더 학구적으로 가까이 다가갔지만 그럼에도 불구하고 이광수

63 A. Widener, 앞의 책, p. 21.

를 "제국주의 프랑스의 르봉 박사가 쓴 민족심리학적 관점"에 붙잡힌 자로 기술함으로써 역시 김윤식의 관점과 동일하게 그것을 제국주의 이론으로 보고 「민족개조론」에서 '황민화'와 '내선일체'의 가능성을 거기서 예단하는 이경훈의 비평, 또한 식민지 민족주의자들의 글이 파시스트적 경향으로 빠지는 데에는 "이광수가 르봉 사상을 번역한 것이 계기"이며 민족개조론은 민족의 개조가 아니라 "대중의 통제이자 지배"라고 지적하는 김현주의 성급한 단정적인 비평의 입장이 그러하다. 결국 이것은 이광수에게 영향을 준 르봉의 사상을 민족심리학과 관련시켜서 깊이 검토하기도 전에 군중심리론과 연결시킨 결과이다. 그래서 현실 비평도 르봉이든 이광수이든 반사회주의적 관점은 보수적 제국주의와 파시즘의 사상으로서 규정했던 이전의 관점에 결과적으로 연계되어 있다. 또한 「민족개조론」을 변절의 문서로 보는 관점이 있다. 이와는 다른 관점에서 새롭게 보려고 한 시각을 열어준 것이 엘리 최의 비교론적 입장이다. 긍정 · 부정 간에 르봉과 「민족개조론」의 상관성을 밝히고 있는 이들 성격이 서로 다른 관점은 어느 것이든 모두 이에 대한 보다 심화된 비교사상적 연구가 바람직하다는 점을 시사해주고 있는 것이다. 투쟁적 독립운동만이 절대가치이며 다른 개조사상의 문화운동은 그것이 민족에 기여한 가치가 있어도 외면해버리는 평가의 태도, 대상보다도 비평의 관점과 방법이 더 경직되고 대치적인 것, 친일에 대해서 이광수에게만 유독 가혹한 비평적 태도가 문제이다. 개조나 갱신(재생)의 사상을 제시하는 것이 비난될 수 만은 없는 것이다. 르봉의 『민족 발전의 심리 법칙』과 이광수의 「민족개조론」에 대한 더 면밀한 비교 검토가 수행될 필요가 있다.

4. 「민족개조론」의 평가

이광수의 「민족개조론」은 많은 비난과 비판에도 불구하고 제1차 세계대전이 끝나고 전세계적으로 개조의 사상이 팽배하던 시대에 부응한 조선에서의 개조론을 대표하는 글이라는 것은 분명하다. 그 성립에는 러셀과 듀이와 르봉은 물론 일본 · 중국 등 동아시아의 민족성 개조나 또는 개조론과의 담론적 상호 연계성이 작용한 것이 사실이다. 나라라는 주권을 가진 국민국가의 소멸, 민족의 퇴화로부터 도덕적인 진화 · 진보 · 개혁을 위한 민족 갱생의 길을 민족(민족성)의 개조운동으로 전개하고자 하는 글이다. 그것은 워낙 그 주제가 방대하고 엄청난 거대담론이고 논자인 이광수의 개인적 행적, 우파 민족진영의 준비론과 좌파 사회주의 진영의 비타협적 투쟁론으로 양분된 사상, 이념적으로 이질화된 현실 대응, 개조의 가치를 전제로 한 자국의 존재와 가치에 대한 지나치게 비하적이고 강등적인 어조, 비판을 전제한 자기비하적인 지적, 조선의 쇠락한 상황을 다른 어떤 타자적 · 외적 요인보다도 타락한 민족성에만 돌리고 있다는 비판, 거기에 따르는 선도자연하는 엘리트 의식, 상대적으로 타자의 가치와 준거에 대한 추종과 차용 및 비판이 모두 복합적으로 서로 뒤엉키어서 우리의 비평사나 논쟁사에 있어서 가장 큰 논란의 대상이 되어오고 있는 글이기도 하다. 그래서 「민족개조론」은 현단계에 있어서도 관점에 따라서는 일제에 대한 투항주의와 황민화(皇民化)의 '악명' 높은 글로, 민족 백년대계를 구상한 대경륜의 좋은 글로, 양극으로 상반되게 평가된다. 거기에다가 동서의 사상적 맥락 속에서 형성되어진 점진주의와 준비론에 대한 이전의 좌파적 비판의 비타협적인 시각은 일본 제국주의의 '식민지 정책'과 깊이 밀착하거나 상응하는 것으로 관련지우는 오늘의 비평과 이어진 채 여전히 비난과 공격의 대상이 되고 있다. 물론 「민족개조론」에는 글로서 비판받아야 할 결격들이 분명히 존재한다. 가령 이광수가 3 · 1운동을 마치 "무지몽매한 야만인종이 자각 없이 추이하여 가는 변화와 같은 변화"로 비유한 수사학이나—그것은 르봉의 군중심리론적 관점이 아니고 진화론적 진화 단계와 관련된 것이긴 하지만— 조선민족의 신용의 실추를 분석하는 비판적 예증으로서 일본에 대한 대한제국의 외교정책의 난조와 안간힘의 혼선 현상을, 일본에 대한 신용 없는 밀의와 기만으로 지적한 내용(『이광수 전집』[삼중당] 간행 때 삭제함)은 아무리 민족 개조가 개조되어야 할 민족성의 취약성과 저열성을 전제로 한다고 할지라도 그것은 민족학적으로, 그리고 억압된 피식민지 지식인의 관점에서 선의적으로 보아서 문명인으로서의 치밀함과 계획과 노력을 강조하고 외교적으로 분명하지 못하고 갈팡질팡하는 못난 난조 상태를 지적한 것으로 이해되지만, '친일'의 요소나 예단으로 간주될 충분한 오해를 불러일으킬 여지가 있는, 잘못되고 적절치 못한 수사학이요 예증이다. 또한 글이 너무 지루하고 반복적일 뿐 아니라 민족성 개조로서의 일관성의 난조도 없지 않다.

그러나 이러한 결격적인 요소가 있음에도 불구하고 「민족개조론」은 타자에 의한 정복이라는 피식민의 상황 속에서, 즉 독립된 국가가 아니고 일본 영토의 일부인 식민지의 상황에서 이에 대응하는 직접적 독립투쟁이 아닌 다른 또 하나의 방법으로서 민족의 쇠퇴의 원인에 대한 반성적 자기 분석과 개조라는 고통스럽고 과감성 있는 언어로 민족성의 장단을 분류 · 해부하고 난조와 혼선 현상을 민족학의 정치학, 희망의 사상을 제기했다는 점에서 그 의의가 평가될 만한 것이며 오로지 폄하되거나 부정되어져야만 할 것은 결코 아니다. 이런 아픈 자기 부정 없이 자기 구성의 개조가 이루어질 수는 없으며 대응과 내적 반성은 함께 민족에게 필요한 요건인 것이다. 또한 작은 결격 때문에 그의 더 많은 긍정적인 부분을 폐기시켜버릴 수는 없는 것이다. 「민족개조론」에서 또 하나 우리가 각별히 주목할 수 있는 의의는 이것이 세계적인 개조 사상에 부응하는 조선에서의 대표적인 개조론이라는 점과 함께 민족성, 즉 민족의 심리적 성격(특성)에 대한 검토와 고구가 비로소 이루어지고 있다는 점이다. 즉 이광수는 조선민족의 기본 조건 또는 근본적 성격을 관대 · 박애 · 예의 · 염결 · 자존 · 무용 · 쾌활로 분류하고, 부정적 성격으로는 그 긍정적인 것의 이면으로서 허위, 나타, 비사회성, 경제적 쇠약, 과학의 무지, 신용 없음, 공상, 공담(空談) 등을 지적한다. 조선의 민족성은 무엇이 문제인가. 이런 민족성(국민성)의 담론과 특질 분화는 당시의 중국과 일본에서도 제기되었고, 특히 일본은 하가 야이치의 『국민성십론』 및 이가라시 치카라의 『신국문학사』의 외국인이 본 일본 국민성 특질의 논의가 전개되었다. 이광수의 시각과 분류가 이런 장단 분류의 영향을 받고 있다는 점에서 비판의 여지도 있겠지만, 조선의 민족성에 대한 최초의 본격적인 민족심리학의 고구라는 점에서 평가해볼 글이다. 이 점에서 「민족개조론」에 대한 금후의 논의는 감정적 반응을 지양하고 좀 더 유연해지고 명증한 해석이 이루어져야 할 것이다. 「민족개조론」은 이광수의 작품과 연결시킬 경우, 『재생』이 가장 밀접한 상동성을 갖고 있다. 이미 퇴화론에서 지적했지만, 매독에의 전염, 타락한 범죄적 삶으로 표상되는 도덕적 취약성, 편재된 타락의 징후로부터 정신적 · 도덕적 재상을 지향해가는 소설의 서사 동향이 「민족개조론」이 제기하고 있는 민족 재생(race-regeneration)의 이데올로기나 독트린과 일치하고 있기 때문이다. 이광수의 개량주의적 · 점진주의적 준비론과 상통하는 르봉의 『민족 발전의 심리적 법칙』에서의 「결론」 몇 단락으로 끝을 맺고자 한다.

> 한 민족(종족)의 심리적 성격은 거의 그 민족(종족)의 해부적(물질적) 성격과 같이 고정적이다. 심리적 종족은 해부적 종족과 같이 세월의 대대의 축적의 결과

로서만 천천히 변화된다.

주위 환경의 다양한 변이에 의해서 만들어진 보조적 요소들은 모두 해부학적 종의 경우에서처럼 고정되고 유전적인 심리적 성격들에 접합된다. 끊임없이 갱신됨으로써 현저한 가변성의 일정한 척도를 종족(민족)에 부여한다.

한 민족의 생명과 그 문명의 일체의 표현은 불가결하나 실제적인 어떤 것의 가시적 징표인 영혼(마음)의 반영일 뿐이다. 외적인 사건들은 숨겨진 틀의 분명한 표면일 뿐이다.

한 민족의 역사에서 근본적인 역할을 하는 것은 우연도 아니고 외형적 환경도 아니고 더욱이 정치적 제도도 아니다. 민족의 운명을 만드는 것은 한 민족의 성격이다.[64]

---

64 일역 『민족 발전의 심리』, 대일본문명협회, 1910, pp. 221~223 및 영문역 *The Psychology of People*, G. E. Stechert & Co., 1924, Arno Press, 1974, pp. 230~234.

제10장
에필로그
—여덟 개의 해답과 민족/국민의 자장(磁場)

이 연구는 20세기 근대 초기에 있어서 한국 근대문학의 생성과 전개의 사상사를 규명해보려고 착수하였다. 작품론적 성격으로서가 아니라 문학이론적 측면에서 근대적 문학이론이 어떻게 형성되었는가를 비교문학 내지 비교문화론 및 사상사적 근거 위에서 동서의 영향사적 접근 방법으로 탐구하려는 목적과 시각을 전제로 한 것이다. 간결히 말해서 사상의 맥락 찾기이다. 구체적인 고구와 검토의 대상으로서 한국 근대문학 생성의 선도적 역할을 한 춘원 이광수의 문학론 및 문학비평을 주요 대상으로 하여 기존의 논의와 관계없이 새롭고 면밀한 다시 읽기를 토대로, 이광수가 수용한 것으로 명시되거나 추정되는 영국 · 미국 · 프랑스 · 독일 · 일본 · 중국 등 많은 동서 문학서와 글들을 섭렵하고, 그 상호 관계와 인용 · 차용 · 영향 등의 양상을 구체적으로 검출해내는 작업을 수행한 것이다. 자료 수집의 난점, 당시의 방대한 문학 · 예술 · 사상 · 심리학 · 철학 관련 서적 읽기, 그로부터 이광수 문학론의 원천 찾기 등 한정된 시간과 능력 속에서 엄청난 연구를 수행한다는 것은 참으로 지난한 작업이었다. 연구자와 같은 세대의 학자나 비평가들에 의해서 이미 이루어진 기왕의 성과들의 많은 오류나 과오를 이제 혼자서라도 책임 있게 바로잡아보겠다는, 다소는 과욕적인 의무감으로 스스로 생각해도 매우 열성적으로 매달리면서 몇 해 동안 작업한 노력의 결실이다. 서설을 겸한 「책머리에」에서 미리 제시했던 여덟 개의 물음에 대한 해답이다.

이광수의 문학론만을 대상으로 각각 200자 원고지 150매 이상의 양으로 씌어진 8편의 논문과 1편의 보유적 귀중 자료의 번역 등 모두 9편의 글로 완성된 것이다. 이광수의 문학론과 평론을 대상으로 한 질문에 대한 해답으로서의 각 편의 연구 성과를 지적하면 간명하게 다음과 같이 요약된다.

제1장 '정의 분자'론과 개론형 일반 문학론의 형성과 전개: 이광수는 한국 근대문학 최초의 문학론 또는 비평론에 해당하는 「문학의 가치」(1910), 「문학이란 하(何)오?」(1916)를 비롯하여 「문학강좌」(1924) 등 문학개론형의 일반 문학론 수편을 쓴다. '문학'의 개념을 전통적 '문'(文)의 개념과는 달리 'Literature'의 개념으로 일치시키는 등 모두가 근대 이전의 문학론과는 이질화된 새로운 문학론으로서의 의의를 지니고 있다. 특히 「문학의 가치」나 「문학이란 하(何)오?」는 '정(情)의 분자(分子)'를 강조하는 정의 시학으로서의 특성을 지닌 문학론이다. 이 '정의 분자'로서의 문학론이 성립되는 연계 재원이나 원천으로서 이제까지의 연구는 모두 쓰보우치 쇼오(坪內逍遙)의 '인정'과 관련지어왔으나, 이 조사 · 연구 작업을 통해서 그보다는 바로 시마무라 호게츠(島村抱月)의 『문학개론』(1920)의 '情の分子'에서 연유되었다는 사실 및 이 또한 원접적으로는 윈체스터(C. T. Winchester)의 *Some Principles of Literary Criticism*의 'emotional element'와 관련되어 있다는 것이 밝혀졌으며 '정의 시학'으로서의 문학관 전개 역시 이와 관련성이 있다는 것이 확인되었다. 그리고 '문학'의 근대적 정의를 비롯해 이광수의 근대적 일반 문학론의 전개가 단계적으로

여하히 제시되고 있는가를 규명하였다. 또 「문학의 가치」는 정의분자론 뿐 아니라 정(情)과 이(理) 및 정서와 사상의 융합론임도 해명되었다.

제2장 모방-암시의 사회심리학적 문학론과 감염의 수사학: 1921년에 쓴 「문사와 수양」은 일견 교육학적 인격론처럼 보이는 글이다. 그러나 면밀히 분석해보면 이광수 문학 전체를 위한 메니페스토나, 그의 문학의 대사회적인 미션이 천명되어 있는 문학론이다. 도덕성을 강조하는 이 글에 나타난 기본 방법이나 문사의 글이 사회나 독자에게 미치는 영향력을 G. 타르드와 B. 사이디스의 암시와 모방의 이론을 근본적인 것으로 내세우는 사회심리학자 에드워드 로스의 『사회심리학』(1908)의 모방 및 감염이론과 관련되어 있다. 이제까지의 연구는 로스를 '루소'로 잘못 기록 전사해온 『이광수 전집』(삼중당)의 오류로 인해서 비교 연구가 거의 불가능하거나 잘못된 추적 상태가 될 여지가 많았다. 이번에 본 연구자에 의해서 이광수가 「문사와 수양」에서 인용한 사람은 루소가 아니라 미국 최초의 사회심리학자이며 군중심리학자인 에드워드 로스(Edward A. Ross)이며 그의 책 『사회심리학』(*Social Psychology*, 1908)임이 밝혀지고 이에 대한 연관성이 구체적으로 분석되었다. 그래서 이광수 문학론의 중심 주제의 하나인 작품이 독자에 주는 감염(contagion) 또는 전염의 이론은 에드워드 로스의 이론과 함께 구스타프 르봉의 『군중심리』(1885), 톨스토이의 『예술이란 무엇인가』(1898)의 감염론이 상호 복합화됨으로써 전염의 수사학 또는 감염론으로서 형성되어진 것이다. 이광수의 '모방'에 대한 오역도 밝혀졌다. 그리고 「문사와 수양」의 또 하나의 바탕이 된 '지 · 덕 · 체'론은 허버트 스펜서의 교육론과도 연결된다. 그래서 「문사와 수양」은 문사의 인격수양론이기도 하다.

제3장 인생을 위한 예술과 이상주의 문학관: 이광수는 앞서의 「문사와 수양」에서 예술지상주의의 '예술을 위한 예술'을 배격하고 예술은 인간

품성의 도양, 사회의 개량을 위한 가치를 중시해야 한다고 하며 예술의 최고 목적은 사회도덕적 성격을 가진 미적 감정의 생산을 중시하는 '인생을 위한 예술'이어야 한다는 예술관을 주장한다. 「문학강화」(1924), 「우리 문예의 방향」(1925), 「문예쇄담」(1925)에서의 입장이 모두 그러하다. 이렇게 그가 인생을 위한 예술로서의 인도주의적이고 공리적인 문학관을 형성함에 있어서 가장 큰 영향력을 발휘한 것은 톨스토이의 예술론 그리고 오이켄 등의 철학의 신이상주의이며 일본문학의 시라카바파(白樺派)의 이상적 인도주의의 영향도 작용한 것이다. 그리하여 그는 매우 극단적으로 예술을 위한 예술로서의 탐미적이고 미적 예술, 데카당스적 예술을 배격하고 신이상주의 문학을 주장하게 된다. 그리고 그가 주장하는 이상주의적 자연주의론도 맥락성을 밝혀낸 것이다.

제4장 이광수 문학론의 '퇴화' 효과: 이광수는 「문사와 수양」에서부터 세기말 데카당스 문학에 빠진 이 땅의 젊은 문사들을 지적해서 '도덕적 악성병'(moral insanity)에 걸렸다고 진단하고 한국문학이 '결핵균'이나 '매독균'과 같은 퇴폐주의의 악성병이 감염되었다고 지적함으로써 도덕적으로 단죄한다. 이러한 사상의 원류는 어디서 온 것인가. 그것은 19세기의 서구문학을 도덕적인 관점에서 규탄한 막스 노르다우의 『퇴화』(*Entartung*, 영문명: *Degeneration*, 1892)에서 연유한다. 여러 나라에 번역되어 한 시대를 풍미한 노르다우의 이 책은 일본에서도 나카지마 시게카즈(中島茂一)에 의해서 1914년 『현대의 타락』이라는 제목으로 축역될 뿐 아니라, 구리야카와 하쿠손(厨川白村)의 『근대문학십강』(1912) 등에서도 소개된다. 이광수는 바로 이 노르다우의 『퇴화』의 일본어 번역본인 『현대의 타락』과 『근대문학십강』을 접함으로써 이를 통해 일본 세기말 퇴폐문학에 침염되는 한국문학의 세기말 · 퇴폐주의의 문학 풍조를 비판하는 이론적 근거를 삼게 된 것이다.

제5장 『퇴화』를 위한 중간 부록: ① 쓰보우치 쇼오: 『현대의 타락』의 서(序)」: 막스 노르다우의 『퇴화』가 『현대의 타락』이라는 제목으로 1914년에 일본어로 번역될 때 쓰보우치가 이 번역서의 서문으로 쓴 글이다. 예술을 위한 예술, 인생을 위한 예술, '타락'(퇴화)론 등 본격적인 문학론으로서의 성격을 지닌 글로 평가된다. 이광수의 문학론과 연계된 좋은 자료이어서 이를 우리 글로 옮긴 것이다.

② 막스 노르다우의 『퇴화』(타락)의 1권 「세기말」 및 「진단」 장에 대한 발췌 · 초역한 영문과 노르다우의 퇴화론에 대한 반론인 에드몬드 헤이크의 「재생론」 및 윌리엄 제임스의 서평, 조지 버나드 쇼의 「예술의 건강성」을 각각 옮겨본 것이다. 이광수의 문학론은 물론이거니와 그의 소설 『재생』의 생성을 위한 사상적 기반이 되는 글이다. 특히 이 글은 헤이크의 「재생론」을 노르다우의 일본어 번역 「현대의 타락」과 함께 발간할 때 「비타락론」이라는 제목으로 번역 · 게재된 것이다.

제6장 생활의 예술화와 민중예술론 · 예술교육론: 이광수는 1922년 1월 『개벽』에 매우 특이한 예술개조론인 「예술과 인생」을 발표한다. 생활의 예술화 및 민중예술론을 한국문학에서 처음으로 주장하는 예술론이다. 몇몇 학자나 비평가들에 의해서 "엄청난 관념론"이니 "관념론적 이상주의와 유물론을 뒤범벅한 유토피아를 그린 것" 등의 혹평의 대상으로 평가되기도 한다. 그러나 보다 면밀히 검토해보면, 이 글은 사회개조론자들인 존 러스킨, 윌리엄 모리스, 엘렌 케이, 로맹 롤랑, 에드워드 카펜터 등의 생활예술론과 민중예술론의 사상 등을 일본의 혼마 히사오(本間久雄)의 『생활의 예술화, 예술의 생활화』(1917), 『생활의 예술화』(1920), 『민중예술의 의의와 가치』(1916)를 수용 매체로 하면서 이를 나름대로 변용한 이광수의 생활예술론이며 민중예술론이다. 특히 윌리엄 모리스의 『예술을 위한 희망과 공포』(1877~1886), 에드워드 카펜터의 『천사의 날개』

(1898) 등의 생의 미화, 노동의 예술화 그리고 엘렌 케이의 「갱신적 수양론」(recreatine culture)의 영향이 짙게 투영되어 있다. 도덕화와 예술화의 개조론도 그렇지만, 러스킨이나 모리스를 끌어와서 조선의 산업화의 타락 현상을 분석하면서 예술적 창조의 기쁨을 잃고 단순히 '일손'이 되어버린 노동자들을 위한 민중예술과 생활의 예술화를 제기한 것은 단순한 관념주의로 비판해버리기보다는 이광수 비평의 색다른 다른 한 면으로 평가해볼 만한 것이다. 뿐만 아니라 관념적이라는 재래의 혹평과는 달리 산업사회의 인간 소외와 예술교육이 세상을 바꾼다는 매우 현대적인 예술교육론적 관점이 시사되어 있기도 하다.

제7장 상(常)과 중용(中庸)의 문학과 매슈 아널드와 구리야카와 하쿠손: 이광수가 1928년에 쓴 「중용과 철저」라는 평론은 양주동과의 논쟁은 물론 많은 이들과의 논쟁을 불러일으켰던 글이다. 기본사상은 표제 그대로 '중용'과 '상'을 강조함으로써 문학의 초시대성과 시대성 가운데서 전자를 옹호하는 입장이다. '변'(變)과 '시대정신'을 중심으로 보는 양주동과 '상'과 '중용'을 중시하는 이광수의 대립의 논쟁이다. 여기서 '중용'이라고 하면 유가사상인 자사(子思)의 중용을 쉽게 연상할 수 있지만, 또 이를 상당 부분 의식함으로써 동서사상의 종합적 문학관으로 이해되지만, 보다 큰 비중으로서 문제 삼아야 할 원천 재원은 메튜 아널드의 문학비평에 있어서의 'permanence'의 개념, 호라티우스의 『황금의 중용』과의 연계이며 글의 논리상에 있어서 일본의 구리야카와 하쿠손의 『근대문학십강』, 『문예사조론』으로부터 자극 고무된 바가 결코 적지 않다. 시대성을 넘어서는 문학의 초시대적 가치를 긍정하는 관점과 사회주의 문학에 대한 비판이 내재한다. 여기에 비유된 '고추' 맛에 대비되는 쌀밥론과 밥맛론이 구리야가와와 이광수의 연계를 분명히 한다.

제8장 이광수의 진화론 사상: 이광수의 자전서사 『그의 자서전』(1936)

의 「대학생」 장에는 다윈의 진화론과 함께 헤겔로 잘못 전사되어온 에른스트 헤켈의 『알 수 없는 우주』(즉, 『우주의 수수께끼』[*Die Welträstel*], 1899)가 소개되어 있다. 이 책은 일곱 개의 세계적 수수께끼가 제시되고 헤켈이 그의 일원론적 견지에서 해결한다는 믿음을 담고 있다. 이광수가 받아들이거나 이해하고 있는 진화론은 다윈의 생물진화론이기보다는 사회진화론이다. 즉 허버트 스펜서나 에른스트 헤켈의 진화론이다. 스펜서의 사회진화론 수용에 대해서는 생략하고, 헤켈과의 관련성만 지적해보면 이광수는 헤켈의 『우주의 수수께끼』를 구리하라(栗原古城)의 번역판 『宇宙の謎』(1906/1917), 가토 히로유키(加藤弘之)의 『인권신설』(1882)을 통해서 이해한 것 같다. 물론 그는 오카 아사지로(丘淺次郎)의 『진화론 강화』(1904)를 운위함으로써 그를 통한 생물진화론에 대한 이해도 있었지만, 허버트 스펜서와 헤켈의 진화론 사상에 주로 연관되어 있다.

① 헤켈의 『우주의 수수께끼』는 '생존경쟁'을 "생존경쟁은 즉 적자생존이며, 최우자의 승리이며 강자가 선자임이 승인됨으로써 비로소 이것이 지당하다고 할 수가 있다"고 규정한다. 이광수가 『그의 자서전』에서 헤켈을 인용하면서 한 진화사상의 용어 및 '힘의 옳음'이라는 약육강식으로서의 힘의 정치학의 강조는 이와 관련된다.

② 헤켈의 기독교에 대한 비판이 이광수의 기독교사상 및 조선 야소교회 비판의 한 시각적인 근거가 되어 있다.

③ 이광수의 소설 『무정』(1917)에는 헤켈의 『우주의 수수께끼』 및 그 연속편으로 써진 『생명의 불가사의』(*Die Lebenswunder*, 1904)에서의 우주관이나 생명관으로부터 영향을 받은 요소가 발견된다. 이 형식의 내면풍경을 제시하거나 묘사하는 대목에서의 천체우주론 및 물리화학적인 '에텔'(Ether) 은유가 그것이라고 할 수 있다.

이광수에게 있어서 생존경쟁과 적자생존으로서의 사회다위니즘은 강자의 정치학으로서의 힘의 논리로서, 열패자의 위치에서 우자나(fittest)로의 적응 등의 준비론적 원리나 근거로서 생활의 갱신을 위한 비판의 이론적 근거로서 다원적으로 받아들여지는 한편, 강자에 의한 약자의 지배 논리로 이용됨으로써 자국주의나 국가사회주의의 지배의 정당성 및 악성의 인종주의에 대한 근거로서 이해되는 것에 대해서도 이해하거나 감지하고 있었다.

제9장 「민족개조론」의 읽기와 반복, 다시 읽기: 현재까지 이광수의 글 중에서 가장 맹렬한 논란의 대상인 「민족개조론」을 다시 읽으려는 시도를 한 것이다. 이를 위해서 글의 형성의 근거나 기반이 된 세계적 흐름의 사회개조사상, 즉 버트란트 러셀, 존 듀이 및 '민족성'(민족)에 대한 『민족 발전의 심리 법칙』에 나타난 『민족심리학』(구스타프 르봉)의 이론들에 대한 보다 접근적인 태도를 가지고 연관 지었을 뿐만 아니라 이의 중개적 매개 기능을 한 마에다 나카타가 번역한 『민족 발전의 심리』(1910)도 함께 연계하여서 「민족개조론」 성립의 이론적 근거를 보다 본격적으로 검토한 것이다. 글의 전체적 구조는 전반이 민족 개조의 이론편이고, 후반은 실천편이다. 이론편에 보다 중점을 두고 서구는 물론 일본 · 중국 등 세계적 흐름의 동서의 개조사상 및 군중심리의 이론가인 르봉의 『민족 발전의 심리 법칙』의 민족심리학 이론이 이에 투영된 양상들을 검토했다. '민족(성)'의 규정이나 특성은 르봉의 민족성론에, '개조'의 사상은 원천적으로 러셀, 듀이의 사회개조론 등에 연결되지만, 일본의 '국민성' 논의, 중국에서의 '국민성 개조' 사상 또는 매개 연계 역할도 간과할 수 없이 작용한 것이다.

독립된 '국가'(나라)는 없고 또 쇠퇴했지만 '민족'만이 존재하는 식민지 치하에서 민족의 재생을 장기적으로 기획하기 위해서 세계적으로 전파되는 개조 사상에 부응하여 민족개조론, 즉 민족성의 부족한 취약성을 점검하고 이에 대한 대응 방법으로서의 사회운동의 전개를 제기한 것은 민족에 대한 희망의 사상으로서 꼭 부정적으로 평가될 것이 아니다. 비난받을 부정적인 부분이 없지 않지만, 주지는 나라의 쇠퇴와 소멸, 그로 인한 민족의 타락(퇴보)으로부터 진화와 발전, 개조를 지향 모색코자 하는 글이다. 또 일본의 국민성 개조에 동화되거나 전적으로 일치된 것도 아니다. 물론 쇠퇴의 원인을 식민지 지배의 타자에서 찾지 않고 민족 내부에서 찾고 있다는 점에서 비판의 여지를 갖고 있는 것도 사실이다. 그러나 외부의 타자는 타자이고 내부적으로 자책적인 자기비판이 없이 진정한 개조와 재생적 발전이 수행될 수는 없다는 점으로 보면, 이에 대한 이전의 사회주의적 관점에서의 비판 이상으로 악명 높은 글이나, 도덕적 위장 및 황민화 개조론으로만 폄하만 하는 것은 분명 부분만 보거나 선입견이 작용하는 편향적인 현상이다. 대응과 반성은 모두 중요한 것이다. 「민족개조론」은 민족성의 장단을 처음으로 분석 · 진단하고 민족 발전을 위한 민족심리학을 그 나름으로 결구하고 그 대책을 개인적으로 제시해내었다는 것만으로도, 그리고 변하고 개조해야 민족이 살 수 있다는 과감한 주장만으로서도 그 의의를 간과해버릴 수는 없는 것이다. 민족성의 개조란 사회와 생활의 개조를 의미하는 것이다. 물론 타자에의 인식에 있어서 비판되어야 할 양상이 있는 것은 사실이다.

이상으로 이광수의 문학론이 형성됨에 있어서 이를 가능하게끔 자극하고 고무한 원천들에 대한 나의 탐색 작업을 완결한다. 연구의 시선이 타자의 가치 쪽으로 너무 기울어진 것이 아닌가 하는 지적도 있을 것으로 예상된다. 그러나 이는 근대성을 지향하는 이광수의 시대의 문학 · 역사 · 문화에 있어서, 에마뉘엘 레비나스(Emmanuel Levinas)가 일컫는 "타자의 자취"(Die spur des Anderen)로서의 이 같은 타자의 가치에 대한 긍정이나 수용은 필연적일 수밖에 없는 문화적 현상이며 과정임을 감안할 수밖에 없는 결과이다. 이 전 수용의 중간 매체로서 번역 · 소개 등 '번역된 근대성'의 성격을 지닌 일본의 근대문화가 작용했다는 것은 우리의 근대문화 담당인 대부분의 지식인들이 일본에서 공부한 유학생 출신임을 간과해버릴 수 없는 것이다. 이것이 일본의 준주변(semi-prophery)이 되어버린 식민지 조선에 있어서 문화의 제약성의 단면이기도 하다. 그러한 가운데 이광수는 위에서 지적된 바와 같은 로스, 르봉의 사회심리학(군중심리 · 민족심리), 윈체스터, 매슈 아널드, 러스킨, 모리스의 문학론과 비평 및 예술경제론, 톨스토이와 노르다우의 예술론, 러셀, 듀이, 오이켄, 엘렌 케이, 카펜터 등의 철학 · 비평 등을 섭렵하면서 그의 혼신의 지적 편력에 의해서 근대적 문학론 · 예술론 및 개조론을 산출해낸 것이다. 그 사이에서 쓰보우치 쇼오, 시마무라 호게츠, 혼마 히사오, 나쓰메 소세키, 구리야카와 하쿠손 및 근대 일본의 문예사조와 사상적 경험들이 매개 기능을 한 것도 사실이다. 근대적 문학 개념의 정립과 '정의 분자' 및 정 · 이(情 · 理) 융합의 문학관, 문예학으로서의 문학 연구 범주에 대한 인지, 암시-모방 이론에 근거한 사회심리학적 · 예술론적 감염의 문학론 제시, '퇴화'론에 근거한 세기말, 퇴폐적 탐미문학에 대한 배격과 인생 지향의 도덕적이고 인도적인 이상주의 문학론과 이상주의적 자연주의론의 전개, 생의 예술화와 민중예술론의 주창, 상(常)의 초시대적 문학론에 근거해 사회주의 계급문학에 대응하는 문학의 내재성에 대해서 옹호하는 것이다. 이처럼 한국 근대 초기에 문학과 문예비평에 있어서 그의 기여는 놀라운 것이어서 결코 부인되거나 간과될 수 없는 큰 의의를 지니고 있으며 전체적으로 그의 사상은 극단주의적이라기보다 절충주의(eclecticism)를 지향하고 있다.

그러나 이광수와 그의 문학론이 이렇듯 밝고 긍정적인 측면만이 있는 것은 분명 아니다. 유감스럽게도 임종국의 『친일문학론』(1966/1978)과 이경훈의 『이광수의 친일문학연구』(1998), 『친일문학 전집 II』(1995)와 같은 집중적인 연구를 필두로 오랜 시간을 두고 많은 사람들의 많은 논저들에서 반복적으로 지적 · 비판되고 있듯이, 친일문학이라는 부정적인 다크 사이드가 이와 명암의 이중적인 경계면을 이루고 있기 때문이다. 이광수는 그의 평론 「조선민족론」(1933)에서 "민족은 운명이다"라고 규정한다. '민족'은 공유의 본질적인 요소인 혈연 · 심리 · 문화의 견고한 공동체임과 함께 운명의 공동체라는 의식을 그 사상의 기조로 함으로써 문학과 문화운동의 근원과 출발점을 삼았던 인물이다. 그래서 민족주의 문학론을 대표하는 「여(余)의 작가적 태도」(1931)에서 그가 소설을 쓰는 구경의 동기가 바로 "조선과 조선민족을 위하는 봉사—의무의 이행"이라고 밝힘으로써 민족주의와 민족주의 문학론을 표방했던 것이다. 민족의 발견이라고 이를 만큼, 주권의 나라는 없고 민족만이 존재할 뿐인 1910년 이래의 정치적 불모적 상황에서 글쓰기를 선택하였으며 이 '민족'(조선민족)이라는 말은 호 · 불호간에 그의 글쓰기에서 운명으로서의 민족에 대한 강한 집착 현상을 보여왔던 것이 사실이다.

그런데 1930년대 중반을 거치면서 이 상상의 공동체라고 일컫는 '민족'이라는 말은 그의 글에서 '국민'(예: 국민성 · 국민문학)으로 변어 · 대치되어 버리게 된다. 일본어로 씌어진 「문학과 국민성」(1939), 「국민문학의 의의」(1940), 「내선일체와 국민문학」(1940), 「황민화와 조선문학」(1940), 「신체제와 조선 문화의 진로」(1940), 「신체제하의 예술의 방향」(1941) 등의 글의 경우가 그것이다. 이 글들은 모두 '국민'에 밀접하게 관련됨으로써 그 이전과는 현저하게 변별되는 분기적 경계를 넘어서버렸다. 이는 이광수의 민족이라는 '에트놀로기'(Ethnologie)와 국민이라는 '콜로니사치온'(Kolonisation, 식민)의 대립적 또는 변질적 분열 현상임이 분명하다. 이렇게 이광수가 '민족'으로부터 '국민'으로의 의식 및 사상의 퍼스팩티브가 바꾸어지고 있는 현상, 즉 민족주의로부터 국민주의로의 전환이 바로 그가 친일 동화와 전쟁 협력으로서의 변질적 징후를 명시적으로 드러내는 신호로서의 의미를 지니고 있는 것이다.

민족과 국민은 모두 오늘에 있어서는 상상의 공공체인 '내이션'의 의미를 지닌 것이 사실이지만, '민족'과 '국민'은 그 뉘앙스의 차이를 분명히 지니고 있다. 당시의 '종족'이라는 말과 동의관계인 '민족'이 혈연공동체로서 주권 여하에 관계없이 자연 상태의 동일한 종족이나 민의 연대와 응결적 집합 관계임에 비해서 '국민'은 하나의 나라(국가)라는 주권 하에 다스려지는 민의 집합, 즉 정치적 집합 관계이어서 식민지 상황에서의 '국민'이란 곧 일본 제국의 국가주의적 내셔널리즘이라는 정치적 체제 지향의 성격을 지닌다. '국민'은 협의적 개념으로 일본 제국의 신민으로서의 국민이라는 의미가 함의되어 있는 것이다. 더욱이 이와 연관되어 있는 일제 말기의 '국민문학'이라는 말은 1920년대의 최남선의 국민문학의 성격과는 다른, 최재서의 『轉換期の 朝鮮文學』(人文社, 1943)의 「조선문학의 현단계」에서 규정되어 있는 신체제 문학으로서의 '국민문학'과 체제적으로 연관되고 일치되어 있는 의미로서의 용어이며 문학이다.

이 시점에서부터 이광수는 스스로 창씨개명은 물론 조선어 지키기의 글쓰기에서 타자의 언어인 일본어로 글을 쓰게 된다. 조선문학은 일본 국민문학의 일부이며 일본어가 국어이고 조선인은 조선인인 것을 잊어버리고 '피와 살과 뼈가 일본인이 됨으로써' 민족감정과 전통을 발전적으로 해소하여 이른바 '내선일체'와 황민화(皇民化)에 의해서 조선민족이 일본국민으로서 동화되어 살아가기 및 조선 사람으로 하여금 일본 국민으로서의 소속감(feeling of belonging)을 갖기를 전도적 열의를 갖고서 권장하게 된다. 앤서니 기든스가 일컫는 이른바 '국민에의 소속감'(feeling of belonging to nation)을 일본에 대한 공속의식 내지 귀속의식으로 이끌어가고자 한 것이다. 이 같은 조선과 일본의 환상적인 평등주의와 동조동근의

한 뿌리 논리를 표방하면서 조선의 일본화, 조선문학의 일본문학화를 지향하는 제국주의적 선전에 연루되어버리고 만다. 그 이유가 타의 · 자의 혹은 판단 착오든, 일제의 책략에 말려들었든 어디에 있든 이 같은 현상은 조선을 대표하는 이광수의 삶과 문학에서 지울 수 없는 변질과 오욕의 장이며 일제 식민지 말기의 한국문학의 흉한 상처인 것이다.

이렇게 이광수의 문학론은 빛과 그늘, 공과 과의 두 얼굴을 함께 공유하고 있다. 이 중에서 이것이냐 저것이냐(Entweder-oder)는 해석자의 선택과 평가에 달려 있겠지만, 분명한 것은 이 다크 사이드는 거듭 되살리고 기억해야 할 대상이 아니라 지우고 청산(절단 · 축소)하고 치유해버려야 할 식민지 역사의 트라우마인 것이다. 이광수 문학론의 진가는 전자 측에 있다. 「문학의 가치」 발표에서 꼭 한 세기가 된 현시점에서 일제 말기에 그가 행한 친일 협력을 변론할 수는 없지만 이제 이광수의 문학은 그가 한국 근대문학에 끼친 성과와 공헌의 평가에 인색한 극단주의에 의해서 오로지 부정 일변도의 시각과 공격의 표적으로만 삼아지는 하방화 상태에서 복권되어야 한다. 그것이 균형된 역사 이해인 것이다.

참고문헌

국내 논저

고영복 편, 『사회학설사』, 사회문제연구소 출판부, 1994.

공임순, 『식민지의 적자들』, 평화출판사, 2005.

구인환, 『이광수의 소설연구』, 삼명사, 1987.

———, 「이광수의 문학사상」, 1981.

권보드래, 『한국근대 소설의 기원』, 소명, 2002.

권영민, 『한국 근대문학과 시대정신』, 문예출판사, 1983.

———, 『한국현대문학사 I: 1896~1945』, 민음사, 2002.

———, 『이광수의 계몽문학론』, 1984.

김경언, 「이광수와 루쉰(魯迅)의 비교문학적 고찰」, 『문창어문논집』 39, 2002.

김규창, 「춘원과 소세키의 문학론 parallelism의 차이」, 『서울교대논문집』 13집, 1980.

김동석, 『부르주아의 인간상』, 탐구당, 1949.

김동식, 「한국의 근대적 문학개념 형성 과정 연구」, 서울대학교 대학원 박사학위논문, 1999.

김동인, 『춘원연구』, 신구문화사, 1956.

김붕구, 「신문학 초기의 계몽사상과 근대적 자아」, 1964.

김성태, 「진보사상이 한국 근 · 현대 소설의 형성에 미친 영향 연구」, 서강대학교 박사학위논문, 1996.

김열규, 「이광수 문학론의 전개」, 1969.

김영민, 『한국근대문학비평사』, 소명출판, 1999.

김병익, 『작가와 상황』, 1973.

김원모, 『영마루의 구름: 춘원 이광수의 친일과 민족보존론』, 단국대학교 출판부, 2009.

김용직, 「춘원의 문학사적 위치」, 『문학사상』 1호, 1972.
김우종, 「춘원문학연구」, 『충남대학교 논문집』 5집, 1966.
김윤식, 「한국문학 초창기의 문학론과 비평의 양상」, 1973.
———, 『이광수와 그의 시대』, 한길사, 1986 / 솔, 1999(개정증보).
———, 『근대한국문학연구』, 일지사, 1973.
김재영, 「이광수 초기 문학론의 구조와 와세다 미사학」, 『이광수 문학의 재인식』, 소명, 2009.
김 철 외, 『문학 속의 파시즘』, 삼인, 2001.
김춘섭, 「이광수의 문학비평연구」, 『어문논총』, 제10~11호, 전남대학교, 1989.
김태준, 「춘원 이광수의 예술관」, 1990.
———, 「이광수의 문학론: 〈문학이란 하오〉를 중심으로」, 『춘원 이광수 문학연구』, 1994.
김학동, 『한국문학의 비교문학적 연구』, 일조각, 1972.
김 현 편, 『이광수』(작가론 총서), 문학과지성사, 1977.
김현주, 『이광수와 문화의 기획』, 태학사, 2005.
———, 「이광수의 문화적 파시즘: 1920년대 전반기 이광수의 '정치학'과 '문화론'의 관련성을 중심으로」, 2001.
동국대학교 문학연구소 편, 『이광수 연구』 上, 下, 태학사, 1992. (※ 1910년대로부터 1980년대 초반까지 이광수 문학에 관한 논문과 평문들이 총체적으로 모아진 것으로, 이광수 연구사의 종합편인 셈이다.)
『문학사상』 춘원 이광수 특집, 「밖에서 본 이광수: '춘원 이광수' 혹은 '가야마 미쓰로'의 문학공간」, 423호, 2008, 1. (※ 엘리 최의 「이광수의 〈민족개조론〉 다시 읽기」 등 5편의 논문이 게재되어 있음.)
문학과사상연구회 편, 『이광수 문학의 재인식』, 소명, 2009. (※ 김영민 등의 새 논문이 게재되어 있음.)
박계주 · 곽학송, 『춘원 이광수: 그의 생애 · 문학사상』, 삼중당, 1962.
박성진, 『한말 일제하 사회진화론과 식민지 사회사상』, 선인, 2003.
박숙자, 『한국문학과 개인성』, 소명, 2008.
박찬승, 「한말 · 일제 시기 사회진화론의 성격과 양상」, 『역사비평』 34호, 1996.

백영근, 「근대 문학 원론의 양상 연구: 「문학이란 하오」를 중심으로」, 『서울산업대학교 논문집』 36집, 1992.
백 철, 『조선 신문학 사조사』, 수선사, 1948.
권영민, 『한국현대문학사 I: 1895~1945』, 민음사, 2002.
신동욱 편, 『최남선과 이광수의 문학』, 새문사, 1981.
———, 「춘원의 문학 비평」, 『한국현대문학론』, 박영사, 1972.
———, 『최남선과 이광수의 문학』, 새문사, 1981.
———, 『한국 현대문학론』, 박영사, 1972.
서영채, 『사랑의 문법』, 민음사, 2004.
송건호, 「춘원 이광수론: 한 친일 문학가의 의식구조」, 1982.
송명희, 『이광수의 민족주의와 페미니즘』, 국학자료원, 1997.
송 욱, 「한국지식인과 역사적 현실」, 1970.
안병욱, 「이광수의 민족개조론」, 1967.
『역사비평』 봄호(통권 34호), 1996, 2, 「사회진화론 수용의 비교사적 검토」.
연세대학교 국학연구원 편, 『춘원 이광수 문학 연구』, 1994.
와다 도모미, 「이광수 소설의 생명의식 연구」, 서울대학교 대학원 박사학위논문, 2007.
윤건차, 「일본의 사회진화론과 그 영향」, 『역사비평』 34호, 1996.
윤홍로, 『이광수 문학과 삶』, 한국연구원, 1992.
———, 『한국소설의 해석』, 단국대학교 출판부, 1998.
이동하, 『이광수: 「무정」의 빛, 친일의 어둠』, 동아일보사, 1992.
이경훈 편역, 『친일문학전집 II』, 평민사, 1975.
———, 『이광수의 친일문학 연구』, 태학사, 1998.
이병헌, 「이광수의 문학론 연구」, 『민족문화연구』 22, 고려대학교, 1989.
이선영, 「춘원의 비교문학적 고찰」, 1965.
이정화, 『아버님 춘원』, 광영사, 1956.
이재선, 『한국 소설사: 근 · 현대편』, 민음사, 2002.
이중오, 『이광수를 위한 변명』, 중앙M&B, 2000.
이철호, 「생명의식으로서의 문학: 『무정』의 생명론에 관한 연구 비교문학』, 2007.
임종국, 『친일문학론』, 평화출판사, 1966/1978.

임형택 · 최원식 편, 『한국근대문학사론』, 한길사, 1982.
임 화, 『신문학사』, 한길사, 1993.
『작가세계』, 2003 여름호, '이광수 특집.' (※ 김윤식, 「이광수의 글쓰기와 향산광랑의 글쓰기: 자부심과 굴욕감의 역전현상」 외 5편의 글이 게재됨).
전광용, 「이광수 연구서설」, 『단국대 동양학』 4집, 1974.
정명환, 「이광수의 계몽사상」, 1970.
정병호, 「이광수 최초문학론과 일본문학사의 현재」, 『일본학보』 54호.
———, 「한일 근대문예론에 있어서 정(情)의 위치: 지(知) 정(情) 의(意)의 범주를 중심으로」, 『아세아 문화연구』 제8집, 2004.
정용재, 『찰스 다윈』, 민음사, 1988.
조남현, 『한국 현대문학 사상 연구』, 서울대학교 출판부, 1999.
조동일, 『한국 문학 사상사 시론』, 지식산업사, 1978.
조진기, 「초창기 문학이론과 작품과의 거리」, 1974.
주낙원, 『사회학의 역사』, 교육과학사, 1990/1992.
주종연, 「이광수의 초기문학 비평론」, 『어문학』 3집, 국민대학교, 1984.
중국현대문학학회, 『노신의 문학과 사상』, 백산서당, 1996.
차승기, 「이광수의 반전통주의」, 『작가세계』, 2003, 여름호
최기영, 『식민지시기 민족 지성과 문화운동』, 한울아카데미, 2003.
최재서, 『문학원론』, 춘조사, 1957.
———, 『轉換器の 朝鮮文學』, 人文社, 1943.
최재천 외, 『21세기 다윈혁명』, 사이언스북스, 2009.
최주한, 『제국 권력에의 야망과 반감 사이에서: 소설을 통해 본 식민지 지식인 이광수의 초상』, 소명, 2005.
추연욱, 「춘원문예비평 연구」, 『어문론집』 2집, 계명대학교, 1969.
한국문학연구학회, 『한국근대문학과 일본문학』, 국학자료원, 2001.
한승옥 편저, 『이광수 문학사전』, 고려대학교 출판부, 2002.
———, 『이광수 장편소설 연구』, 박문사, 2009.
홍석표, 『중국현대문학사』, 이화여자대학교 출판부, 2009.
홍신선, 『한국근대문학이론 형성과정에 관한 연구』, 동국대학교 박사학위논문, 1987.

홍혜원, 『이광수 소설의 이야기와 담론』, 이화여자대학교 출판부, 2002.
황종연, 「문학이라는 역어: 문학이란 하오 혹은 한국근대문학론의 성립에 관한 고찰」, 『동아어문논집』 32집, 1997.

국외 논저

Alice Widener(ed), *Gustave Le Bon: The Man and His Works*, Liberty Press, 1979.
Ann Sung-hi Lee, *Yi Kwang-su and Modern Korean Literature Mujŏng*, East Asia Program Cornell University, 2005.
Barbara Spackman, *Decadent Genealogies: The Rhetoric of Sickness from Baudelaire to D'Annunzio*, Cornell University Press, 1989.
Bertrand Russell, *Principles of Social Reconstruction*, Routledge, 1916/1997.
C. T. Winchester, *Some Principles of Literary Criticism*, The Macmillam Co, 1899/1925.
Claudette Sartiliot, *Citation and Modernity*, University of Oklahoma Press, 1993.
Claudio Guillen, *The Challenge of Comparative Literature*, Harvard University Press,

Edward A. Ross, 高部 勝太郎 譯, 『ロッス社會心理學』, 磯部 甲陽堂, 1917.

Edward A. Ross, *Social Psychology*, 1908, Arno Press, 1974.

Ellen Karolina Sofia Key, 本間久雄 譯, 『エレケイ論集』, 玄同社, 1922.

Ellen Key, *The Younger Generation*, G. P. Putnam's Sons, 1914.

Ernest R. Hilgard, *Psychology in America: A Historical Survey, Harcourt Brace Jovanich*, Publishers, 1987.

———, *The Riddle of the Universe*, trans. Joseph McCabe, Harper & Brothers, 1901.

———, 『生命の不可思議』, 岩波書店, 1928/1988.

Ernst Haeckel, 栗原古城 譯, 『宇宙の謎』, 玄黃社.

Ernst Haeckel, *The Evolution of Man*, Kegan Paul, 1883.

Frank A. Tillman, Steven M. Cahn, *Philosophy of Art and Aesthetics: From Plato to Wittgenstein*, Rainbow-Bridge Book co, 1969.

Frederick Burwick, *Mimesis and Its Romantic Reflections*, Pennsylvania State University Press, 2001.

Fredric Jameson and Masao Miyoshi, ed., *The Cultures of Globalization*, Duke University Press, 1999.

Gail Marshall ed, *The Cambridge Companion to The Fin de Siécle*, Cambridge UP, 2007.

Gisela Brinker-Gabler, ed., *Encountering the Other(s): Studies in Literature, History, and Culture*, State University of New York Press, 1995.

Gustave Le Bon, 大山郁夫 譯, 『群衆心理』, 大日本文明協會, 1908/1910.

———, *The Psychology of Peoples*, Arno Press, 1974.

———, *The Crowd: A Study of the Popular Mind*, The Viking Press, 1960/1965.

———, *The Psychology of Socialism*(1899), Translation Books, 1982.

———, 前田長太 譯, 『民族發展の心理』, 大日本文明協會, 1910.

Halver Eifring ed, *Love and Emton in Traditional Chinese Literature*, Brill, 2004.

Heinrich F. Plett, *Intertextuality*, Walter de Gruyter, 1991.

Ian Scort-Kilvert ed, *British Writer* Vol. 5, Charles Scribner's, 1983.

J. Edward Chamberlin, Sander Gilman, *Degeneration: The Dark side of Progress*,

Columbia University Press, 1985.

Jerome B. Grieder, *Hu Shih and the Chinese Renaissance: Liberalism in the Chinese Revolution, 1917~1937*, Harvard University Press, 1970.

John H. Cartwright, Brian Baker, *Literature and Science*, ABC–Clio, 2005.

John R. Reed, *Decadent Style*, Ohio University Press, 1985.

Kirk A Denton, *Modern Chinese Literary Thought, Writings on Literature, 1893~1945*, Stanford University Press, 1996.

Leo Tolstoi, *What is Art?: Translated from the Russian original by Aylmer Maude*, Replica Books, 2000, chater IX.

Liz Constable, Dennis Denisoff, Mathew Potolsky ed, *Perennial Decay: on the Aestetics and Politics of Decadence*, University of Pennsylvania Press, 1999.

Lydia H. Liu, *Translingual Practice: Literature: National Culture, and Translated Modernity–China, 1900~1937*, Stanford University Press, 1995.

Margaret Cohen, Carolyn Dever, *The Literary Channel: The Inter–National Invention of the Novel*, Princeton University Press, 2002.

Mary Esteve, *The Aestetics and Politics of the Crowd in American Literature*, Cornell University Press, 2003.

Matei Calinescu, *Rereading*, Yale University Press, 1993.

Mathew Arnold, *Culture and Anarchy*(1869), Yale University Press, 1994.

Mathew Arnold, *Essay in Criticism*, J. M Dent & sons, 1969/1984.

Max Nordau, *Entartung*, 中島 茂一 譯, 『現代の墮落』(抄譯), 大日本文明學會, 1914.

Max Siman Nordau, *Degeneration (Entartung)*, William Heineman, London, 1898. (Popular Edition).

Michael W. Taylor, “The Philosophy of Herbert Spencer”, *Contiaguum Studies*, 2007.

Pericles Lewis, *Modernism, Nationalism and the Novel*, Cambridge University Press, 2000.

Ralph H. Turner, Lewis M. Killian, *Collective Behavior*, Prentice Hall, 1987.

Raymond Williams, *Culture and Society 1780~1950*, Columbia University Press,

1958/1983.

René Wellek, *The Concepts of Criticism*, Yale University Press, 1963/1978.

Richard Hofstadter, *Social Darwinism in American Thought*, Revised Edition, the Beacon Press, 1962.

Robert C. Bannister, *Social Darwinism Science & Myth in Anglo American Social Thought*, Temple University Press, 1979.

Robert M. Young, Darwin's Metaphor, *Nature's Place in Victorian Culture*, Cambridge University Press, 1985.

Robin Gilmour, *The Victorian Period: The Intellectual and Cultural Context of English Literature, 1830~1890*, Longman, 1993.

Robin Gilmour, *The Victorian Period: The Intellectual and Cultural Context of English Literature*, Longman, 1993/1995.

Sally Ledger and Roger Luckarst, *The Fin de Siécle: A Reader in Culture History C1880~1900*, Oxford University Press, 2000.

Sander Gliboff, *H. G. Bronn, Ernst Haeckel, the Origins of German Darwinism: A Study in Translation and Transformation*, The MIT Press, 2005.

Suzanne Nalbantian, *Seeds of Decadence in the Late Nineteenth-Century Novel*, The Macmillan Press, 1983.

Thomas Anz, *Gesund oder krank?: Medizin, Moral und Ästhetik in der deutschen Gegenwartsliteratur*, Metzlersche Verlagsbuchhandlung, 1989.

William Greenslade, *Degeneration, Culture and the Novel 1880~1940*, Cambridge UP, 1994.

William Morris, *Hopes and Fears for Art & Signs of Change*, Thoemmes Press, 1994.

Wolfdietrich Rasch, *Die literarische Decadence um 1900*, Verlag C. H. Beck, 1986.

Yingjin Zhang(ed), *China in a Polycentric World: Essay in Chinese Comparative Literature*, Stanford University Press, 1998.

高須芳次郎,『明治大正昭和文學講話』, 新潮社.

露國トルストイ 著, 有馬祐政 譯,『藝術論』, 東京: 博文館, 1906.

魯迅,『魯迅全集』, 學習硏究, 1978.

島村抱月, 『抱月全集』 第二巻, 1930, 博文館.

———, 『抱月全集』 第一巻, 1930, 博文館.

麻生磯差, 松田武夫, 布古貞次, 『日本文學概論』, 秀英出版, 1985.

本間久雄, 『文學概論』, 早稲田大學出版部, 1921.

本間久雄, 『生活の芸術化』 東京堂, 1925.

憑崇義, 『羅素與中國: 西方思想在中國的一次經歷』, 稻禾出版社, 1993.

사에구사 도시카쓰 외, 『한국 근대문학과 일본』, 소명, 2003.

———, 「'재생(再生)'의 뜻은 무엇인가」, 1994.

生田長江, 本間久雄 共著, 『社會改造の八代思想家』, 東京堂書店, 1920.

十時彌, 『進化論』, 博文館, 1906/1909.

五十嵐力, 『新國文學史』, 早稲田大學出版部, 1912/1925(7版).

尹相仁, 『世紀末と漱石』, 岩波書店, 1994.

『日本近代文學大事典』 2巻, 日本近代文學館, 1977.

『日本近代文學大事典』 4巻, 日本近代文學館, 1977.

廚川白村, 『近代文學十講』, 大日本圖書株式會社, 1912/1922. (角天文庫)

廚川白村, 『文藝思潮史』, 改造社, 1930.

秋元律郎, 『日本社會學史』, 形成と社會構造, 早稲田大學出版部, 1979.

太田善男, 『文學概論』, 博文館, 1906.

坪內逍遙, 『小說神髓』, 정병호 역, 고려대학교 출판부, 2007.

夏木漱石, 「文學論」, 『漱石全集』 第11巻, 漱石全集刊行會, 1928.

『新島襄 全集』, 同朋舍出版, 1983.

エドゥード カマペンタァ, 『天使の翼(日語) 古屋旁礁 早川孝之譯』, 表現の生活研究會, 1925.

久松潛一, 吉田精一 外, 『增補新版 日本文學史 近代 I』, 至文堂, 1989.

和田繁二郎 監修, 『日本の近代文學』, 同明舍, 1991.

紅野敏雄 三好行雄, 『大正の文學』, 近代文學史 2, 有斐閣, 1992.

日本文學研究資料刊行會編, 日本文學研究資料叢書, 『大正の文學』, 有精堂, 1983.

遠藤祐, 『近代文學評論大系 5』, 角川書店, 1980.

長谷川泉偏, 『日本文學新史 近代』, 至文堂, 平成 2년.

長谷川泉偏, 『日本文學新史 現代』, 至文堂, 平成 3년.

찾아보기

ㅇ